全国夜間中学校研究会70周年記念事業

全国夜間中学校
関係史料集

第2巻

第Ⅰ期

成立と模索の時代

1954－1970年

■

編集・解説

全国夜間中学校研究会

史料収集・保存・管理委員会

不二出版

凡　例

一、『全国夜間中学校関係史料集』全22巻・別冊１は、全国夜間中学校研究会70周年記念事業として、全国夜間中学校研究会（当初の名称は「中学校夜間部教育研究協議会」）による史料群を編集・復刻するものである。

一、本史料集の構成は、第Ⅰ期「成立と模索の時代　1954－1970年」全３巻（第１－３巻）／第Ⅱ期「多様化と拡充の時代　1971－1990年」全４巻（第４－７巻）／第Ⅲ期「グローバル化と人権の時代　1991－2010年」全８巻（第８－15巻）／第Ⅳ期「法制化と新展開の時代　2011年－現代」全７巻（第16－22巻）の全Ⅳ期を予定している。

一、全巻数及び構成は配本開始時（2024年10月）のものであり、変更となる場合がある。

一、本史料集の第１回配本は、第Ⅰ期「成立と模索の時代　1954－1970年」全３巻（第１－３巻）である。

一、本史料集は編者による解説を別冊として附す。

一、収録内容については各巻冒頭目次にその史料名、項目名を記した。項目の選択及び表記は原史料を生かしたが、明らかな誤植などは適宜修正した。

一、収録した史料は、全国夜間中学校研究会の史料収集・保存・管理委員会が、全国夜間中学校研究会に加盟する学校ないし現旧会員の協力のもとに収集した史料群のなかから、歴史的価値に鑑みて選定した。特に、全国夜間中学校研究大会の際に作成された大会資料及び記録誌の冊子類を基礎に据え、冊子刊行以前の時期に関してもこれに類する史料を中心に選定した。

一、原則として史料の扉（表紙）から奥付までをモノクロで収録した。その際、紙幅の関係から適宜、拡大・縮小ほかの調整を行った。

一、収録にあたって、必要最小限の誤りの修正やプライバシー権保護のための最小限の加工を行った部分に関しては注記を附した。また、複数の史料に重複する記事がある場合など、個別に判断した結果、史料内の記事の一部を掲載しなかった場合がある。

一、今日の人権の視点から不適切な表現や差別的と考えられる表現、明らかな学問上の誤りが含まれる場合でも、史料の復刻という性格上、原則としてそのまま収録した。ただし、編集委員会で必要と判断した場合は、特別に当該史料に注記を附した箇所がある。

一、歴史的に高い価値のある夜間中学校で学んだ生徒・卒業生等の体験発表の記録や作文などに関しては、著作権者の許諾が得られた場合はそのまま復刻し、著作権者への確認が困難であった場合は、編集委員会が原文を基に内容を要約して作成した紹介文を代わりに掲載した。ただし、1970年以前に作成された著作物で、著作者が当初から著作物が広く公開されることを認識していた可能性が高く、また著作物の公開後に新たな利用を拒絶する意思を表明しておらず、全国夜間中学校研究会に対して著作物の利用を許諾していると判断できる場合に限って、許諾の有無に関わらず匿名化した記事をそのまま掲載した。そのような判断が困難であった場合には、掲載しなかった。

一、史料に記載された個人名に関しては、全国夜間中学校研究会の会員および公人とみなすことができる人物に関してはそのまま掲載した。夜間中学校・自主夜間中学等の生徒や卒業生の個人名は、本人ないし遺族の許諾が得られた場合を除き、原則として匿名化して掲載した。その他の市民や団体関係者等は個別に判断したが、可能な限り著作権者に対して掲載の許諾を得た。匿名化に際しては、ひとつの記事のなかでAから順に任意のアルファベットを記載し、同じ人物に関しては同じアルファベット記号を用いた。

一、史料に記載された地名や電話番号に関しては、編集委員会で個別に判断し、必要に応じてアルファベット表記に修正する、一部を伏せるなどの加工を行った。

一、写真に関しては、全国夜間中学校研究会の会員および議員・行政職員などの公人のみが写っている写真は、原則としてそのまま掲載した。これに該当しない人物が写っている写真に関しては、個人を特定することが明らかに困難な場合や本人に掲載の許諾を得られた場合はそのまま掲載し、それ以外の写真は不掲載ないし個人が特定できないよう加工を行った。

一、史料に対する書き込みがあった場合は、個別に判断し、不要な書き込みは削除し、意味のある書き込みと判断した場合にはそのまま掲載した。

※　本史料集の著作権については極力調査いたしておりますが、不明な点もございます。お気づきの方は小社までご一報下さい。(不二出版)

全国夜間中学校関係史料集　第２巻

目　次

1961年度

研究大会

《資料・要項》

《研究発表》

《協議》

1964年度

研究大会

1965年度

研究大会

1960年度

第7回

全国夜間中学校教育研究協議会

大会要項

昭和35年11月11日(金)12日(土)
京都アメリカ文化センター

全国夜間中学校教育研究協議会
京都市中学校二部教育研究会
京都市教育委員会

全国夜間中学校　分布
昭和３５年９月

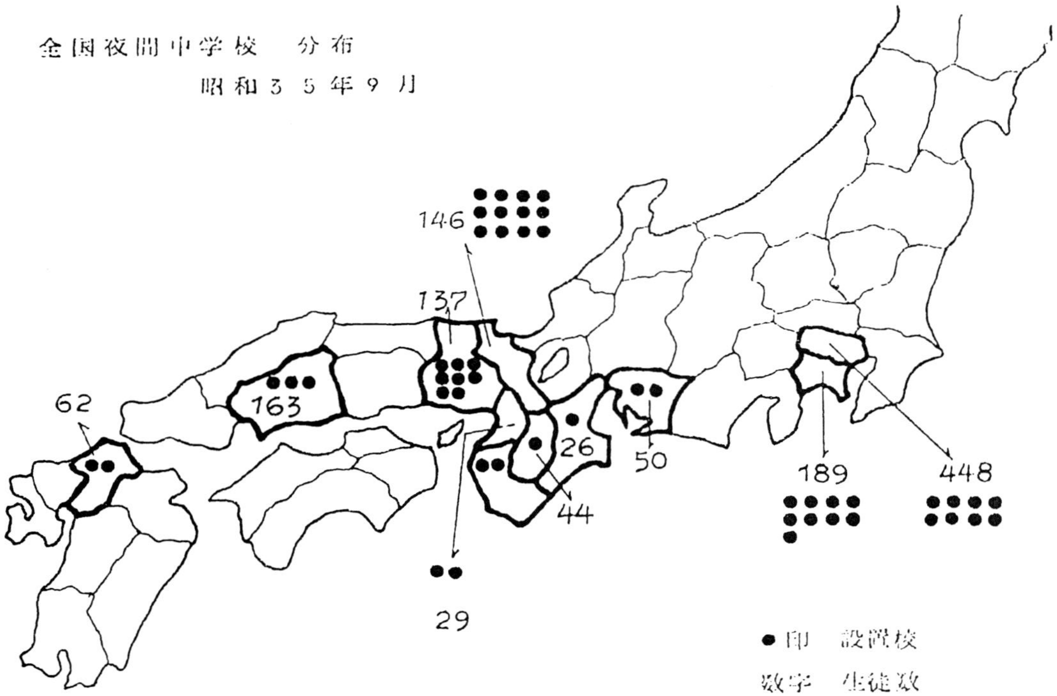

第７回大会準備委員会事務局編

挨　　拶

第７回全国夜間中学校教育研究協議会準備委員長
京都市立朱雀中学校長　　西　田　重　雄

秋色の濃いこの京洛の地に全国より参加せられました各位をお迎えして，ここに第７回全国大会を開かせていただきますことは誠に欣快の至りに存じます。

思えば昭和２９年当地において第１回の大会が開催されたのをはじめとして，毎年各地で真摯熱心な研究協議が重ねられ，本年再びこの京都にお集り下さる機会を得て，一層感慨を深くする次第であります。

家庭と社会との恵まれない条件の下に，不遇の谷間に埋没して未だに救いの手をさしのべられない不就学生徒も多く，また夜間部に学び得た者にしても普通の中学生に比してまだまだ不利な状態に置かれている現状を見る時，そしてこの恵まれない者の教育を担当している教員諸君が幾多の困難な問題を抱えながら日夜営々と努力を積重ねておられる姿を思う時，この大会が夜間中学校教育を更に力強く前進させるよき契機となればと念願せずには居られません。

設備・接待その他不十分なことばかりで，御熱意をもって遠路御来会下さいました各位に御満足いただけるかどうか案じておりますが，年に一度のこの貴重な機会を皆様方の御協力によりみのり多きものにしていただきますならばこれ以上の喜びはございません。

大　会　要　項

主　　題　　中学校夜間部教育充実について

研究発表

① 漁労に従事する子供等の労使関係と教育について　　横浜浦島丘中学校
② 通学区域と性道徳の問題　　福岡宇美中学校
③ 生活記録に即した生活指導　　福岡東光中学校
④ 夜間中学における訪問（福祉）教師について
……背景・役割・実施効果の一例……　　東京都共同
⑤ 学習能力の実態とその指導について　　名古屋東港中学校
⑥ フリッカー値による夜間生徒の疲労度について　　京都市共同

協議題

A 対外対策に関して
① 夜間中学を法制化するには如何にしたらよいか
夜間部主事を教頭としての資格とすることについて　　広島観音中学校
② 地方公共団体よりの予算措置の強化について　　福岡東光中学校
③ 教育委員会の夜間部に対する関心をどう高めて行くか　　横浜浦島丘中学校

B 学習指導に関して
① 学力差のはなはだしいクラスの指導法について　　福岡宇美中学校

C 就学奨励に関して
① 不就学生徒の現状とその対策について　　京都市共同
② 生徒募集の効果的な方法について　　名古屋東港中学校

D 総　括
① 夜間中学教育の充実について　　東京都共同

日　程

第1日　11月11日(金)午前10時
1 開会式
2 研究発表
3 協議
4 理事会

第2日　11月12日(土)
1 協議
2 大会宣言
3 閉会式
4 懇親会

	10.00	10.30	11.30	12.00	13.30	16.00	17.30	19.00
第1日	受付	開会式	研究発表 ①	昼食	映画「日本の宝」	研究発表 ②③④⑤⑥	協議 協議題 A，B	理事会（平安寮）

	10.00	11.30	12.00	12.30	14.30
第2日	協議 協議題 C，D	大会宣言	閉会式	会員懇親会	

全国夜間中学校教育研究協議会役員

顧問	寺本喜一	京都府立大学教授
	伊藤泰治	東京都立一橋高等学校長
	村田忠一	元京都市二部研究会長
	立石実信	前横浜市立平楽中学校長
	関根重四郎	
会長	小林俊之助	東京都大田区立糀谷中学校長
副会長	西田重雄	京都市立朱雀中学校長
	村杉武夫	横浜市立浦島丘中学校長
理事	塚本清	名古屋市立東港中学校長
	谷口精	三重県上野市立崇広中学校長
	伊原徳三郎	京都市立嘉楽中学校長
	飛永辰次郎	福岡市立東光中学校長
	木田泰夫	和歌山県新宮市立城南中学校長
	古田加茂太	広島市立二葉中学校長
	（欠員）	奈良県
	（欠員）	兵庫県
会計監査	住友国春	東京都八王子市立第五中学校長
	竹内親儀	名古屋市立天神山中学校長
幹事	町田義三	東京都足立区立第四中学校主事
	飯田赳夫	横浜市立西中学校長

全　国　夜　間　中　学　校　摘　要

第７回全国夜間中学校教育研究協議会準備委員会編　（昭和３５年１０月１０日現在）

No. 1

都府県	市区郡	校名	所在地	開設年	学級数	生徒数	教員数 専	教員数 兼	教員数 講	教員数 計	週授業日数	定期的援助 公的援助 完	補	教	一部	費	定期的援助 私的援助 P	後	個	福	一時的援助 個	福	他	開設理由 貧	就	不	義	資
東京都	足立区	足立四中	足立区梅島町１０	26. 7	3	80	6	0	3	9	6	○		○							○				○	○		
8校	葛飾区	双葉中	葛飾区上千葉町５１１	28. 4	3	58	6	0	3	9	6	○		○	○			○			○					○	○	
448名	大田区	糀谷中	大田区糀谷２ノ６１３	28. 9	3	69	6	4	2	12	6	○			○			○			○				○			
	墨田区	曳舟中	墨田区吾嬬町西３ノ１	28. 5	3	96	6	0	4	9	6	○			○			○			○				○	○		
	世田谷区	新星中	世田谷区三宿町１０	29. 5	3	45	6	1	5	12	6	○		○	○		○				○				○			
	荒川区	荒川九中	荒川区日暮里町１ノ６８７	32. 4	3	49	6	3	1	10	6	○		○							○		○		○			
	八王子市	八王子五中	八王子市明神町９１	27. 5	3	41	6	0	3	9	6		○	○				○							○			
(1,428人)	立川市	立川三中	立川市羽衣町３ノ３８	27. 5	1	10	3	3	1	7	6		○		○						○						○	
神奈川県	横浜市	戸塚中	戸塚区矢部町１４６	24. 4	1	8	1	5	0	6	6		○				○							○	○			
9校	〃	蒔田中	南区花ノ木町２ノ４５	25. 5	1	44	0	7	0	7	6		○		○		○				○			○	○			○
193名	〃	平楽中	南区平楽１	26. 5	1	30	0	5	0	5	6		○				○							○	○	○		
	〃	西中	西区西戸部町３ノ２８６	25. 5	2	39	1	12	0	13	6		○				○										○	
	〃	浦島丘中	神奈川区白幡東町１７	25. 5	3	21	1	15	0	16	6		○													○		
	〃	金沢中	金沢区釜利谷町４４３	31. 6	1	5	1	4	0	5	6		○		○						○			○	○	○		
	〃	鶴見中	鶴見区鶴見町１２５３	24. 4	1	13	1	5	0	6	6		○		○		○	○			○	○		○	○			
	〃	港中	中区山下町２４１	25. 4	1	15	1	4	0	5	6		○	○											○			
(785人)	川崎市	川中島中	川崎市藤崎町２ノ１	28. 6	2	18				10	6		○	○											○	○		
愛知県	名古屋市	東港中	港区港楽町１ノ９	27.12	2	25	2	1	0	3	6		○		○		○				○	○			○		○	
2校 50名(231人)	〃	天神山中	港区天神山町２ノ７０	27.12	2	25	2	1	0	3	6			(有)											○		○	
三重県 1(28人)	上野市	崇広中	上野市丸之内７８	29. 4	2	26	0	5	0	5	3			○		○									○			
奈良県 1	生駒郡	安堵中	生駒郡安堵村東安堵	31. 4	1	11					1																	
												完全給食	補食	教科書無料	一部補助	経費予算化	P・T・A	後援会等	個人	福祉団体	個人	福祉団体	その他	貧困救済	就学奨励	不良化防止	義務教育完遂	資格取得

（註）〔ゴヂック〕区は生徒数４０名以上校。教員数計欄の〔ゴヂック〕は教員１０名以上。
各県（　）人数は昭和３４年度までの卒業者数。

表 2

都府県	市区郡	校名	所在地	開設年	学級数	生徒数	教員数				週授業日数	定期的援助									一時的援助			開設理由				
												公的援助					私的援助											
							専	兼	講	計		完	補	教	一部	費	P	後	個	福	個	福	他	貧	就	不	義	資
京都府	綴喜郡	男山中	綴喜郡八幡町	34. 5	1	44	0	7	0	7	5			○			○					○	○					
12校	京都市	朱雀中	中京区壬生中川町40	25.10	1	12	1	5	0	6	6		○	○						○		○	○		○			
146名	〃	高野中	左京区田中上古川町25	26.10	1	11	1	4	0	5	6		○							○					○			
	〃	北野中	中京区西ノ京仲保町15	25. 5	1	16	1	4	0	5	6		○							○					○			
	〃	烏丸中	上京区相国寺門前町	25. 5	1	10	1	5	0	6	6		○		○		○			○					○			
	〃	皆山中	下京区間之町七条上ル	25. 5	1	19	1	5	0	6	6		○							○					○			
	〃	九条中	南区九条南小路町	25. 5	1	12	1	4	0	5	6		○							○					○			
	〃	洛東中	東山区六原門脇町	25. 5	1	9	1	6	0	7	6		○							○					○			
	〃	山科中	東山区東野八反畑町54	25. 5	1	8	1	4	0	5	6		○							○					○			
	〃	彌栄中	東山区祇園町南側	28. 9	1	14	1	4	0	5	6		○							○					○			
	〃	藤森中	伏見区深草飯食町	25. 5	1	10	1	4	0	5	6		○							○					○			
(1,202人)	〃	嘉楽中	上京区千本今出川東	25. 5	1	19	1	4	0	5	6		○	○			○			○					○			
大阪府	堺市	大浜中	堺市大浜南町2ノ16	25. 7	1	10	0	6	0	6	6		○		○										○	○		
2校 29名(31人)	岸和田市	岸城中	岸和田市野田町230	29. 4	1	19	0	4	0	4	2				○							○			○			
兵庫県	神戸市	丸山中	長田区三番町3ノ1	25. 1	2	55	3	1	1	5	6				○		○						○		○	○		
8校	尼崎市	小田南中	尼崎市長州中通1ノ51ノ7	25. 5	1	8	0	4	0	4	6	○		○						○				○	○			
138名	〃	大庄東中	尼崎市菜切町37	26. 6	1	9	0	6	0	6	6	○		○			○							○				
	〃	城内中	尼崎市西長州4ノ50	27. 4	1	11	1	6	1	8	6	○		○										○				
	〃	昭和中	尼崎市三反田芦原町1ノ1	26. 4	1	11	0	6	0	6	6	○		○			○							○	○			
	〃	明倫中	尼崎市蓬川町	27. 4	1	7	0	7	0	7	6		○	○										○				
	伊丹市	南中	伊丹市平松町8ノ1	25. 8	1	11	0	6	1	7	6		○	○										○				
(238人)	西宮市	大社中	西宮市神祇官町62	26. 4	1	26	1	2	2	5	6			○							○			○	○			
和歌山県	新宮市	城南中	新宮市伊佐田					無				回				答												
(72人)	〃	緑ケ丘中	新宮市野田町	27.10	2	40	4	31	0	35	2		ナ		シ										○		○	
広島県	広島市	観音中	広島市南観音町734	28. 5	3	73	4	0	4	8	6		○	○			○	○						○	○			
3校 163名	〃	二葉中	広島市長尾町	28. 5	3	52	4	0	7	11	6		○	○			○	○							○			
(217人)	豊田郡	豊浜中	豊田郡豊浜村	26. 1	2	38	1	6	0	7	6			○	○										○			
福岡県	福岡市	東光中	福岡市西堅粕6ノ250	26. 4	2	47	2	0	0	2	6	○			○						○			○	○			
2校 62名(81人)	粕屋郡	宇美中	粕屋郡宇美町	27. 2	1	15	1	0	0	1	6					○								○	○			
計 校 生徒 名 卒業数4,431人												完全給食	補食	教科書無料	一部補助	経費予算化	P・T・A	後援会等	個人	福祉団体	個人	福祉団体	その他	貧困救済	就学奨励	不良化防止	義務教育完遂	資格取得

(註)〔ゴヂック〕区は生徒数40名以上校。　数員数計欄の〔ゴヂック〕は教員10名以上。
各県（　）人数は昭和34年度までの卒業者数。

研究発表要約　　(○印発表者)

漁撈に従事する子供らの労使関係と教育について

横浜　浦島丘中学校

―労働条件と夜間学習―

1．漁場及び漁獲法　　3．家庭環境と夜間学習
2．雇傭関係と労働条件　　4．まとめ　（今後の問題点）

通学区域と性道徳の問題

福岡　宇美中学校

上記の問題に宇美中学校が悩んで居ますのでこの機会に大方の御指導を仰ぎ度いと存じて提出しましたような次第で別段研究などと云えるような事は致していませんので現状をお話し申し上げて参考に供し度いと存じます。

元来本校は福岡市近郊の中小炭坑地帯に位置生徒の家庭の職業は約６割が炭坑関係の従業員で貧困者が多く為めに長欠，不就学生徒数は夜間開設当時の昭和２７年（当時全校生徒数約１千人）前後は百人を越える状況にあつた。これ等の家庭は殆ど無職（生活扶助）日雇人夫，洗い炭，豆炭工場人夫等で貧困が次のように影響していく

貧困 → 生活の為め子供の教育どころでない／家族関係（乱れがち）の複雑性／親・大人の利那的享楽主義 ｝性に眼覚める中学生を刺戟する

又次の環境がまちかまえている

ハイテイーンの男女（貸本屋・菓子屋）会合 → 夜遊び，桃色遊ぎ → 一夜の恋の取引／性の強迫

↑ 夜間学習を終えての帰途

事　例

○２年Ｓ子．帰途貸本屋に立寄る → 顔見知りの男（ちよつと来い）→ 強迫 → 暴行

回を重ねる度に男の数が増し‥→ 遂に４人による輪姦 → たまらず親に届け出る。

○２年Ｔ子．合意（興味）による恋の取引，次々と多数の男を相手とし（性だけが生き甲斐）

次々と友人後輩を誘い合い男に提供

既に被害を受けた者／性の享楽に夜を過している者／その危険性あるもの ｝小学校６年から中学校３年に及ぶ

夜間中学生で目ぼしい者は狙われる。学校近くで夜の学校帰りを待ちうけている。

送り届けた事しばしば／警察に電話した事数回 ｝併し女生徒その者にも問題がある。

最後に指導の困難性

1．街の男の強迫　　2．女生徒の性的興味

3．上記以外の社会的，経済的，家庭的環境の整備

等々学校教育外の問題が多々含まれている。

生活記録に即した生活指導

福岡東光中　平井哲夫

夜間中学に通つて来ている生徒は，社会的，経済的に恵まれていないのである。彼等は何らかの悩みを有しているのではなかろうか。これらの彼等の悩みを知り，それに適応した指導を

していくには，生活記録を書かせる事により，生徒の実態を知り，これにより指導を加えて導くのが最良の方法との観点に立ちこの方法により本校は教育を推進しているのである。

人の実態を知るには，この他言語，動作により知る方法もあるであろうが，文章表現によれば更に良く知り得るであろう°生徒は，悩み或は喜びを率直に表わすのである。各人にノートをもたせ，これに生徒の毎日の反省録を書かせているのである。教師はこれを読み，適当な指導，助言を与えて返すのである。この方法により生徒の生活実態を知り指導をしている。

それでまず，この学級の実態を知り，この基礎資料の上に立つて，生徒の生活記録を読むものである。この学級の実態と生活記録との関係をながめながら生活記録の批評，考察を試みる。

夜間中学における訪問（福祉）教師について

‥‥背景・役割・実施・効果の一例‥‥

東京都共同

1．訪問教師の背景　　2．訪問教師の役割　　3．訪問実施効果の一例
4．今後に於ける指導上の参考　　5．まとめ

夜間学級生徒は経済的には勿論，能力，道徳的，身体的，社会的面に於て水準以下の者が多くこの意味から一つの特殊学級と云い得る。このような生徒を就学させる段階にまで高め，又指導するには昼間部生徒や定時制高校生の指導とは比較にならないものがある。家庭（両親その他）問題にも相当深く立ち入り，本人の能力，性格の分析，交友関係，就職の斡旋，不良化を未然に防止するための処置等非常に問題が多く，教師にも熟練と時間が必要とされる。非行初期の段階にある者は多く不良化防止の面からも，これ等生徒の指導を徹底させるためにはかなり自由な立場に於かれた訪問教師的なものの存在が必要とされる。この訪問教師の必要性についてはしばしば叫ばれて来たが，実現されていないようであり，二部学級はいつも行政的面でも力の入れにくいものとされて来ている。教師も専ら昼間には不適当なものが唯員数として廻されてくるような傾向がありはしないか。そこで東京都に於ては各教師が時間のやり繰りをして訪問を従来よりも強く実施してみた。その結果かなり指導の参考になる点が見出され，又訪問教師の必要性も更に痛感されたので第七回大会を通じて訪問教師の必要性を訴え同時に設置されると否とに拘らず時限のやり繰りによる訪問の実施をすすめるものである。

学習能力の実態とその指導について

名古屋市立東港中学校

夜間中学生徒の学力の差は大きな開きがあり，一斉指導は大変困難である。この原因を探求し適切な指導を進めていくために，国語，数学の二教科を中心として学力テストを実施し，それと平行して知能，性格，情意テストも行つてその指導対策を研究した。国語は教育漢字８８１字を標本抽出して読み書きの実態を把握すると共に文章の読解力テストをして能力の実態をつかみ，数学は小学校課程の加減乗除の段階から小数，分数，中学校課程への主要指導項目を設定して能力の実態を把握した。知能，性格，情意テストで本人の学習上の欠陥を把握して個別指導の資料としている指導法としては学年のワクをはずして能力別グループを編成して能率的な指導を進めている。

フリッカー値による夜間生徒の疲労度について

京都市共同
○市川三次

昨年度にひきつゞき本年は夜間中学生徒の疲労度についてフリッカー反応による測定を試みた。精神的，肉体的疲労のはげしい中での勉学に対する理解を深める意味で京都市内の生徒について朝～夕，授業前～後について調査した結果，昼間生とはかなり異なつた数値が出ているので発表する。ただ，資料数の不足と，単にクリッカー値だけで判断できない様な複雑な因子がその中にあるわけで即断は許されない。今後何等かの参考となれば考えてここに発表する。

協議題発題要約

生徒募集の効果的な方法について

名古屋市立東港中学校

中学生の不就学生徒の数は現在名古屋市に於ては本人の疾病を除いて５６６名を下つていない。夜間学級はこれら不就学生徒の根絶を期すために設置されているにも拘らず夜間学級を利用する生徒は 1割にもすぎない現状である。生徒募集の方法として毎学期はじめ市内各中学校を訪問し，夜間中学のＰＲや不就学生徒の実情に即して夜間中学への入学を奨励していただくように別紙のような入学案内を配布している。なお教育委員会からも機会あるごとに校長会を通じてＰＲしていただいておるが未だ充分な入学生徒を確保できない状態なのである。

そこでこうした状態の打開策として各校でどのような方策をとつておられるかおうかがい致したい。

学力差の甚だしいクラスの指導について

福岡　宇美中学校

夜間の中学生にはその家庭環境から長欠，不就学であつた生徒が殆ど全部である。従つて学力差がひどく一斉授業では理解し得ぬ生徒が多い。
その一方法として
同一題材を（同一教科書で）取扱うに深度を次の三段階に分けて指導した。

1班　普通　　2班　劣る　　3班　大変劣る

国語に例をとれば

1班　読解，新出漢字，鑑賞等　　2班　大意の把握　　3班　読みのみ

以上の利点として
生徒側，相互の学習意慾がたかまる。
　　能率的学習が出来る。
教師側，労力が省ける。　　教科書が同一でよい。
　　但し数学は除外する。
数学はこれではついていけぬ生徒があるので教材の程度を小学校の

6年程度　　5年程度　　4年程度

に分けて指導した。
尚特に精薄に近い生徒は又特別に程度を下げて指導した。

不就学対策の現状

京都市共同

最近，１０代少年の非行が色々と問題になり，その対策も考えられています。
そこで私達京都市二部学級研究会としましては，貧困にあえぎながらも向学の志を忘れない少年達を救済するために，この数年来の不就学生徒に対する対策を協議題にしました。
この内容は，3.4年前からの，全市長欠生徒数をしらべ，又二部学級在籍数と比較しながら，私達がやつて来た長欠診断カードによる打診を反省し，より有効な方法を協議するものです。

夜間中学を法制化するにはどうしたらよいか

提案校　広島市立観音中学校

本問題を提案した理由は，法制化されていない事が教育上又運営上に於て，幾多の障碍を生じているからである。過去に於ても，本問題は度々論議されたが，公式の法制化が無理であるならば，法制化に準じた教育体制の確立を促進するよう努力すべきである。準法制化とは，現在ある法規の許す範囲内で実質上の改善をすることである。そしてそれは理事者側の態度如何では可能性は充分にある。この内容の詳細や資料についての説明は大会の席上行うが，この法制化によってうるおされる者は，単に現在就学中の者に止まらず，未だ各都市に多数存在すると思われる不就学者・長欠者に及ぶものであると共に，青少年の不良化防止の足がかりにもなる事を特に強調しておきたい。次に主事の地位確立についても，前述の趣旨からその運営上欠く事の出来ない要件の一つとして，こゝに問題として提起しておく次第である。

全国夜間中学校教育研究協議会々則

第１条（名　　称）　本会は全国夜間中学校教育研究協議会と称する。

第２条（目　　的）　本会は全国中学校夜間部相互の連絡をはかり，あわせて中学校夜間部教育の実態と方法とを研究協議し，これが改善を促進して我国の教育の新生面の開拓に寄与することを目的とする。

第３条（事 務 所）　本会の事務所は会長勤務校に置く。

第４条（事　　業）　本会は第２条の目的を達成するため下の事業を行う。

1　相互の連絡提携，情報の交換
2　教育に関する研究調査講習会協議会等の開催
3　学校教育普及のための宣伝啓蒙
4　その他本会の目的達成に必要な事業

第５条（構　　成）　本会は夜間部設置の中学校を以て構成し各校々長と教員とを会員とする。

各都道府県に支部を置くことができる。

第６条（役　　員）　本会に下の役員を置く。役員の任期は１年とする。但し再選を妨げない。

1　会　長　　1　名
2　副会長　　2　名
3　理　事　　都道府県　　各１名
4　幹　事　　若干名（内１名　会計）
5　会計監査　2　名
6　その他専門委員を置くことが出来る。

第７条（役員の選出）　会長，副会長及び会計監査は理事会で選出する。

理事は各都道府県から選出する。

幹事及び専門委員は理事会がこれを委嘱する。

第８条（役員の任務）　会長は本会を代表し会務を総理する。

副会長は会長を補佐し会長事故あるときは代理する。

理事は理事会を構成し本会の運営について審議し会務を分掌し兼ねて連絡の当に当る。

幹事は会務を分掌する。

専門委員は専門委員会を構成し理事会の諮問に答申する。

第９条（顧　　問）　本会に顧問を置くことができる。顧問は理事会の推薦による。

第10条（大　　会）　本会は毎年１回大会を開いて重要事項を研究協議する。

但し必要あるときは臨時に開くことができる。

大会の議長および副議長はその都度選出する。

第11条（会　　計）　本会の経費は会費その他の収入を以てする。

本会の会費は各中学校年額３００円とする。

本会の会計年度は毎年４月１日に始まり翌年３月３１日に終る。

第12条（細　　則）　会長は理事会の協賛を得て本会運営に関する細則を定めることができる。

第13条（変　　更）　本会の会則の変更は大会議決による。

附　　則

本会則は昭和２９年１１月２０日から施行する。

訪　問　教　師

役割・実施の現状・結果の一例

東京都夜間中学校研究会

生　活　指　導　部

〈昭和３５年１１月１１日〉

訪　問　教　師

役割、実施の現状及び結果の一例

―――はじめに―――

家庭、職場等の訪問は、夜間学級に於ては生活指導上特に必要であり、不就学者の督促や就職指導等も含めると非常に莫大なものとなります。

専任の訪問教師が設置されていない現状では各校何とかやりくりをし乍らそれぞれ独自の形で実施されていることと思います。

今年は生活指導に関する問題をということに決りましたのですが、時間的に余裕がありませんでしたので、教師の訪問を中心として二、三の項目について記してみました。訪問を中心とする生活指導の研究は次の機会に発表されることを期待して、今回は現状の報告程度になつてしまいました。内容は極めて平凡なつまらないものの羅列にすぎませんので、参考にして頂けるかどうか心配ですが、これを機会に前進のための何等かの手がかりが得られればと思つています。

昭和３５年１１月１１日

東京都夜間中学校研究会
生　活　指　導　部

訪問教師について〝概観〟

夜間学級は多くは経済的に貧困であるという理由で入学を許可しているが、同時に欠損家庭が大部分であり、保護者の教育に対する関心も薄く、本人自身の知能は低く身体状況も一般に悪く、彼等をとりまく交友関係等環境的にマイナスの面が多く、昼間の就労による疲労も加わり、これらを総合的にながめると昼間部の生徒と比較し特殊の生徒が集まつた学級であり、非行行動を重ねながらやゝもすると不良化に前進する可能性を多分にもつている者達の集りであると云えよう。

これらの生徒を指導するためには当然昼間部や定時制高校と大いに異る方法が考えられなければならず、又夜間学級本来の性格から不就学者救済の仕事も含め

(イ) 学内に於ては

能力差の著しい彼等の教科指導は個人指導的なものとなり、各種の不満感をいだいている彼等には性格指導上特別の配慮が必要とされ、又

(ロ) 学外に於ては

これは本来は教委の責任に於て実施されるべきであろうが実情は指導以前の問題として不就学者を調査し、訪問し、まず就学させ登校させるという特殊な仕事を分担し，又彼等の貧困を少しでも軽減する意味で何等かの仕事に就かせ、適性その他から転職についても配慮し，時には家庭内にまで飛込んで家族ぐるみの助言をさえ必要とされる時がある。更に非行生徒やその程度の進行しつつある生徒の指導にはちよつと想像の出来ない苦労がある。

このような指導の実践には夜間部の通常の勤務時間内では到底困難であり時間的に相当余裕を持つた者の存在は不可欠のものとなつている。所謂訪問（補導）教師の設置についてはかねてから要望し続けて来たが未だその実現をみていないようであり，特に他地区訪問の際法的裏付のないことからかなり支障を感じているようである。何れにせよ夜間学級生徒の指導には理論よりも根気強い実践が必要であり絶えざる訪問は最善の指導と考えられるので，東京都各校では時間表編成等のやりくりにより一定の時間を自由に外出できるように操作してこれを実施し始めた。

そこで概念的ではあるが訪問教師のりんかくを記してみると、

(イ) 性　格

訪問教師は普通の教師が主として学内における生徒の指導に当るのに対して，校外生活，家庭や職場環境の調査，分析等に当ると共に必要に応じて直接の指導も分担する教師と考えられる。

(ロ) 活動範囲

不就学者の督促，就職指導，家庭，職場の訪問等相当広範囲にわたるが学級担任も亦同様の

仕事にタッチするであろうから、事前の打合せも十分行い、相互に協力出来るようになつていなければならない。又学級中で長欠になり勝ちなもの、長欠であるもの、非行生徒には特に力を入れるべきであろう。不就学者の督促はかなりの比重を占めており、本来は市、区教委の任務であろうからこの点については関係官庁との連絡も密にしておかなければならないと思う。

(ト) 活動形態

夜間学級生徒の特殊性から訪問時間等が、不定なので適時に訪問する余裕がなければならず重点的に訪問し必要に応じ訪問度数を重ねるべきであろう。一人の生徒を学校・家庭・職場・校外生活等の点から総合的に観察し指導しなければならない。

(ニ) 主な仕事

1. 家庭、職場等を訪問し生徒の背景をよく観察し資料を蒐集し整理し担任教師に連絡する。
2. 関係官公庁の係員との連絡を緊密にすること。
3. 不就学生徒の就学対策に基く訪問と一度入学してから長欠になり又は在校中行動の特に異常な生徒の訪問
4. しかし時には民生委員であり、人生相談係りであり、特に生徒に非行のあつたとき、不良化防止の観点からその仕事は実に多岐にわたる場合が考えられる。

以上のように概観されるが、東京都内各校の現状はどうなつているか。以下訪問に関連した事項を例挙してみると

2. 誰が訪問しているか

特別に訪問を専門とする職員が設置されていない現状であり、各校多少の相違はあるにしても原則として各担任教師が当り、フリーの教師が援助するという形をとつている。しかし実際の活動はこれが逆になる場合もあろう。但しこゝで特に留意を要すると思われる点は誰もが訪問実施についての適性をもつているかどうか疑問であるということである。訪問の結果つき当る問題は非常に種々雑多でありそれ等を適切に処理指導するためにはかなり広い視野と識見がなければならず、特に子供達に対する愛情と根気強さと、まめに行動出来る身体の持主でなければならないということである。それでは不就学生督促のための訪問は別として主として

3. どのような時訪問を実施して来たか　をまとめてみると

1. 欠席がはじまつて2〜5日以上の場合
2. 遅刻、早退、欠席の確認を必要とするとき（大部分連絡簿を使用している。）
3. 生徒指導上家庭や職場から資料を蒐集する必要のあるとき

4. 非行行動の発生を予見し又は発生したとき。
5. 就職指導（就職、転職の斡旋）のとき
6. 直接保護者、雇傭主に協力又は援助を依頼するとき
7. 家庭不和、職場不和に対しての助言や調整に当るとき
8. その他定期的に月一回位は家庭、職場を訪問するのが望ましいと思う

訪問の無駄をはぶくため電話、ハガキ等で予告しておけば能率的である。

4. 訪問の時刻は大体いつ頃か

時刻は問題により一概に言えないが、家庭は夜間、職場は昼間の方が双方に好都合のようであり家庭の方は午後8〜9時、職場は午后2〜4時がよいという結果が出た。勿論急を要する場合は不定であり、不良化防止の観点からは生徒が問題を起し勝ちな休日の前後、給料日の直後は訪問に適切な日とも云えよう。何れにせよ、通常の授業を担当しているものが訪問することには無理がある。訪問実施の結果

5. 支障を感じた点は

1. 学区域が広範囲のため時間的、労働的に大変である。
2. 家をみつけ出すことが、一般に困難であつた。
3. 直接出来ても無関心、無理解であり余計な者が来たという感じを持たれる場合が多い。
4. 職場では落着いて話が出来ない。
5. 訪問教師としての任命がなされていないので学区外1/4の家庭に訪問指導する信念がにぶる。
6. 相手が果して家に居るのかどうか不明の場合が多い。
7. なかなか話したがらない事情がありそうで、当方から話の本筋を切り出しにくい。
8. 隣、近所から話の内容をかくすことが出来ないような住居の構造にも問題がある。

法的裏付がないので権限にないが、各校担任と相談し諒解を得られ快よく協力してくれる場合は多い。そういう場合の生徒は大低昼間部に通学することが殆んど不可能な状態にあるか或は教師の手に負えないような問題児である場合が多い。

6. 不就学者の督促　は教師ばかりの任務ではないにしても

現状では調査結果にもとづいて実施している。定期的には毎年3月末から4月上旬にかけて

1. 市、区内小学校に連絡して小学校6年生当時の長欠者の調査を依頼
2. 市，区内中学校に未就学生徒の調査を依頼　報告を求める。

3. 民生委員宛ハガキ等で連絡し担当区内の未就学者を報告してもらう。

4. 市教委の長欠生調査とも照合してみる。

5. 募集ポスターを付近の駅、その他適当な場所に掲示し又は生徒を通じて夜間の存在を知つてもらう、等でありこれらの準備に基づき未就学者の名簿を作成する。他校に就学すべき生徒に対しては勿論事前に担任教師に連絡し諒解を求めたり、事情を聴いておく。

6. 4月上旬頃から督促を開始する。以上のようで督促によつて現在就学している生徒は30%以上になつている。又在籍者中で再び長欠状態を続けている者に対しては封書等で保護者宛督促したり、訪問によりよく事情を調査し原因をつきとめ、種々の障害を排除するよう努力し、再び登校出来るようにする。その理由により単純に解決出来ない場合の方が多い。特に怠業、怠学、放浪等非行行動が現れている者に対しては訪問を重ね生徒との根気較べが始まる。最後というか、その手段として適当な施設に送致することを保護者と話し合う例もある。

7. 過年令者の取扱い は

1. 一応督促はするが就学の意志が全くみられない者はそれ以上すすめない。

2. 自発的に申出た者は本人の性格、身体状況、家庭環境、職業等を調査し、学級の一員として不適当と思われない限り就学させている従来は一般にまじめな生徒が多かつた。

3. 一応25才位までを限度としているところもある。

4. 特別にやつていないところもある。

8. 督促の上で支障を感じた点 は

1. 学力遅進、経済力その他の点から生徒、保護者共に劣等感をいだいており、又本人自身勉強ぎらいであつたり親の無理解のためなかなか就学に応じてくれない。

2. 他校生徒に働きかける法的裏付がない

3. 夜間中学に対する一般会社の認識不足。

4. 不就学の実態や理由が仲々把握しにくい。

5. 経済的に極度に貧困の場合、身体状況等から就学させることが果して本人にとつて良いかどうか判定に苦しむ場合もある。又督促の上で

9. 効果的であつた と思われた点は

1. ポスターを数枚適当な場所に掲示した。

2. マスコミの利用（市区広報、新聞、ラジオ、週刊誌等）

3. 最初の四、五日は生徒と同伴で登校してみた

4. 学校が楽しい処であるという感じを持たせた

5. 根気よく訪問した　　　　　　　　等であるが、時には親の無理解、無関心を反省させる意味で親の方から直接学校に出頭するよう強くしむけることもあり、生徒をまず職場に安定させる意味からしばらくの間登校させないで様子をみる場合もある。

10. 非行行動から不良化への進行を防止するため

1. 特にその行動や態度をよく観察する

2. 欠席、遅刻、早退は直ちにその理由を調査する

3. 適当な助言、指導をし再び非行をくり返えさないよう本人と話合の上で約束する

4. 家庭、職場に連絡し協力を求める

5. 出席カード、生徒時程表等の作成により自主的に規律ある生活が出来るようにしむける

6. 他の生徒を通じて本人の行動について報告してもらう

7. 福祉委員、警察少年係等と連絡相談し密接な関係を保つておく

8. 場合により登、下校時生徒と同伴する

9. ホームルームの活用

都各校に於いて学外の不良との交友状態は数名ある程度であるが、従来、不良が学内にまで入り込んで授業の妨害になつたことなどもある。適当な指導によつても解決出来ない場合は警察に依頼したこともある。このような場合、生徒も含め適切に指導すれば円満に解決出来る場合が多い。しかしこのような問題はいつ起るか予期出来ないだけに常に留意している必要があろう。

11. 非行の度合が進行したと思われる直接の原因は

例は余り多くはなく、原因はなかなかつきとめにくいが大まかに言えば

1. 家庭、職場、学校との連絡が不十分であつた。これは学校側からみれば連絡と訪問の不十分が指摘される

2. 悪友との交際

3. 両親の指導が不適当、特に放任、欠損家庭は放任以前の問題がある

4. 家庭不和

5. 怠業、怠学、金銭の濫費等非行行動の体験から進行

不良化の幼稚園と云われる

12. 欠席、遅刻、早退の原因調査

に特にゆるがせに出来ない問題である

1. 家庭（職場）連絡簿を使用しているところが多いようである。しかし父兄の印鑑は自分で押せる場合が多いし、理由も適当に考えられるので効果は余りないようである。（気休めの程度）
2. 仕事の都合で残業のため遅刻する場合連絡簿は効果的である。
3. 欠席した場合は翌日（出席した日）直ちに理由を本人から聞き、家庭に連絡して真偽を確める。
4. 出欠一覧表を作成しこれは各自に記入させ自主性を持たせたらどうか

何れにしても夜間の生徒は不良化する傾向が強く、非行初期の行動を体験している者も少くない。非行後期以上の問題行動のある生徒は余り表面に出て来ていないが、特に教師の手を煩わすような問題生徒に対しては

1. 本人及び保護者との話合い（この場合条件をつける）
2. 警察少年係との相談
3. 相談所、その他の施設収容等が考えられよう

13. 非行生徒の指導上やりにくいと思われた点

1. 時間的余裕がない
2. 通学区域が広い
3. 校外指導の組織化が困難
4. 保護者の協力が得にくい
5. 疲労からくる学習意欲の低下は自ら欠席、遅刻、早退勝ちとなり勢い他にはけ口を求めようとする。
6. 保護者が無責任であり一般に放任状態である。保護者が居る場合、この子をよろしくお願い致しますと云つて学校をたずねて来た例は殆んどないと云つてよい位である。
7. 家族が留守勝ちで誰も気がねなく気まゝな生活が出来る
8. 適職があれば一応落着くだろうと考えられる場合、それが仲々みつかない。（本人の程度が低いためもある。）

何れの学校でも不良化を未然に防止する上から教師の訪問は効果的であつたようである。

○ 不適応生徒の早期発見が出来た

○ 環境上の生徒の不満を緩和することが出来た

○ 親や雇主の考え方を改めさせ積極的に協力してもらえた

○ 家庭、職場の人間関係を調整したり労働条件も緩和出来た

○ 経済的な条件も考慮して生徒に希望を持たせ自覚を促すことが出来た

就職指導についてもタツチする場合が多く

14. 斡旋を必要とするとき

は

1. 生徒から斡旋について希望がのべられたとき
2. 小学校から直接夜間に入学し適職が見つからない時
3. 労働条件がよくない場合
4. 雇主の無理解のため通学困難となつた場合
5. 職場環境不良、個性に合わない（適性がない）等で特に転職希望の申出があつた場合
6. その他問題行動を起し、現在の職場に居られなくなつた時などは教師側から進んで適当な職場を探さなければならない時もある。

生徒で転職するものは割合に多く一回以上は５０％、二～三回以上は２０％程度、四～五回以上は５％となつている

斡旋の経路は

生徒から希望申出 ——— 教師の斡旋 ——— 就職
生　徒　自　身 ——— 知人、友人 ——— 就職
生　徒　自　身 ——— 家　　族 ——— 就職
生　徒　自　身 ——————————— 就職
職　　　　　安 ——— 学校 ——— 生徒 ——— 就職　　等の形を

とつており、以前は職安の紹介又は生徒間の連絡紹介等で殆んど用が足りていたようである。

後援会の存在を生かし、後援会員の協力を得て就職させたり、就職希望カードに記入させ、教師保護者と相談して生徒の希望を入れるよう努力しているところもある。

一度就職させた以上は強固な意志をつちかう意味からも理由のない限りなるべく転職しないよう指導しているが、怠業し、落着のない生徒は特に訪問を重ねて指導したり、自ら探させたり種々の方法をとり入れている。

これらの場合、教師の活動する時刻は不定であるが、主として昼間であり、正午～３時以降、遅い時で午後８時～９時頃、小企業の雇主から電話で依頼があるのは午後６時～８時である。

15. 斡旋上の難点 としては

1. 義理、人情にはさまれて動きがとれないでいる場合
2. 性格と仕事が合わず、求人側と求職側の条件が合わない
3. 個人商店等職場の労働条件が一般によくない
4. 生徒自身の能力、道徳性等が劣等である。又身体的にも同様のことが云える
5. 雇主に教育に理解のある人が少ない
6. 健保、失保のない所が多い
7. 種々の職場について教師自身予備知識が不十分である等があげられる

以上教師が訪問する場合を中心として二、三の点について記してみたが、これは現在までに各校で実施してみた結果を唯平面的に項目別に羅列してみたに過ぎない。これからはもつと科学的な探求がなされ、最も効果的な生活指導が出来るよう努めなければならないと思う。それでは次頁以下数頁に亘つて特に教師が訪問の度数を重ねて指導した生徒について、二、三の例をあげてみる。

16. 訪問指導の一例

性	女	年令	14才	現住所	荒川区	職業	ミシン掛け

本人及び環境	○ 本　人（身体、能力、性格など） 身体は普通、手先が器用、知能は普通、盗癖あり 性格　多少の虚言癖、無精、意志薄弱、放浪性、怠学 ○ 家庭（家族、両親、経済状態など） 母のみ。母は身持ちが悪く虚言癖あり。 経済状態は隣人の話によると、それほど悪い方でもない ○ 職場及び交友関係 職場では母が一緒に働いており、職場での悪影響は考えられない。 交際は広く、友人は性行が余りよくない。 ○ 特記事項 本人の異常行動は母が家に居ない時に多いこと。母に身持が悪く、その結果から母に対する不尊敬が本人の現在のようにしていると思う

問題行動	処置
昭和34. 春　家出	関係方面と連絡
昭和35.4月	本人が自分で帰つて来た
｜　怠学	訓戒を与える
10月	担任及びフリーの教師が家庭を訪問
	但し母親とは会えない
	来校の約束を守らなかつたことなどもある

好転の理由と思われるもの	好転というよりも小康を保つている程度 一週一回は訪問するので余りうそをつくことが出来ない 訓戒中に録音をとつて余りうそをつけないようにしたことなども或は小康を保つている理由かとも思われる
現状	最近は特に目立つて異常さはないが、依然として遅刻、欠席は継続しているが、その回数はかなり少なくなりつつある。

性	男	年令	15才	現住所	立川市	職業	クリーニング見習

本人及び環境

○ 本　人（身体、能力、性格など）
身体　普通、能力　中の下、　殊に理数科劣る
性格は暗い。態度、すべてに消極的

○ 家　庭（家族、両親、経済状態など）
兄弟6人（男3），父のみ。　農業（家業）父親は郵便局外勤
経済状態はよくない

○ 職場及び交友関係
実の伯父の家に引きとられ、伯父夫婦と3人だけの職場。
郷里の友人は少ない。立川での友人は夜間部の下級生1人だけ

○ 特記事項

問題行動	処置
放浪的な家出を何回もくり返し、最後にはどうしても伯父の家には帰らないと云い出した。	第一回の家出理由は伯父の勉強の強要らしく、伯父夫婦が反省し手加減することを約束した。 第二回の理由は自転車を川に落した責任を感じて逃げ出したという。厳格すぎる日常生活と金銭的不満を伯父夫婦に訴え、本人のよき相談相手となるよう、又本人の発奮も促した。 最後のこじれで悪化したときは身柄を保護するためと、都会生活に慣れていない生徒の立直りのおどかしの意味で警察に依頼し、突差に警官の監視を依頼した。 本人も伯父も事の重大さを感じて効果的であつた。

好転の理由と思われるもの

1. 年若い伯父夫婦の理解ある協力と援助が効果的であつた。
2. 店の仕事の面で一切の責任を持たせ本人の自覚を促した。
3. よき相談相手となつて本人の気持を明るくしてやつた。
4. 郷里ではマラソン選手で活躍していたことから、野球や剣道などの運動方面に余暇を利用させた。伯父は元自衛隊員でこの方面の技能はすぐれていた。

現状

クリーニングの外交、作業を全面的によくやつている。
気持も落つき安定している。性格も以前より明朗になつた。

－12－

性	女	年令	14才	現住所	立川市	職業	旅館女中

本人及び環境

○ 本　人（身体、能力、性格など）
身体　やせ型、小柄、健康。　能力　中の上、殊に国語優れる
性格　明朗、快活。　態度　かげひなたが目立たない。はつきりしている。

○ 家　庭（家族、両親、経済状態など）
兄弟5人（長女）父親　健。母親離別。母親がわりに弟妹の世話から家事一切をするようになつて夜間部に編入。
父は競馬の調教師として満洲で働いていたが、戦後地方新聞の記者と称して放漫な極めて不安定な生活をしている。精神的にも問題の家庭である。

○ 職場及び交友関係
人に好感を持たせる。如才なさから誰にでも好かれ、友人が多い。
たゞし長続きはしない。人に嫌われもするし、自分からも転々と移り変つて平気でいる。

○ 特記事項
家庭で父親に全面的に問題がある。自分の放漫な生活から子供は放任している。
問題があると惨酷な厳罰をするから、生徒の性格はその場限りのはつきりした態度で難をのがれようとする。経済的不満から盗癖がひどい。

問題行動	処置
学校、家庭とに盗癖で度々問題を起こす。 少年係の保護をよく受ける。 家を出て飲食店に住み込む。 若い職人などと同居を好み少年係の補導を受ける。 旅館の下働きをするようになつて米兵に興味を持つ。 やくざ風の男を好み盗癖はひどくなる。	本人は自己の行為を明確に自覚している。父親のように問題の起きたあとから惨酷に折檻するより、平生の家庭生活を暖かくすることに努めた。少年係の協力援助は効果があつた。 家庭の経済面と本人の希望で飲食店に働きにでたが、男女関係で興味を持ちはじめたので、少年係の補導を受けても改まらない。親は金銭的の解決策を講じてやらなければならない。 この事情に協力してくれた旅館主は生徒の将来のため、積極的に仲に立ち、生徒を引き取り、自分の子供のように世話をしてくれた。厳重に監視している間に米兵や町の男に興味を持ち、旅館の衣服を持ち出すことも度々だが、親身も及ばない愛情で生徒の立ち直りへゆるやかな一歩一歩あゆみを進め、どうにか現在に至つた。

好転の理由と思われるもの

1. 問題の父親との関係を一時的に断つた。
2. 少年係の協力、援助、卒業後も常に情報を交換できた。
3. 親身にまさる旅館の若夫婦の協力援助
精神的にも物質的にも飢えているので、親身になつて世話してくれる人のあたたかい愛情で正しく受けとめたことによる。

現状

人の温情に感謝し、不安定の移り気も落ちついて、よく働いている。
前からの関係とは手を切り、別の相手ができ、みだらなことなく今のところは、まあまあどうにか男女関係も安定している。

－13－

性	女	年令	15才	現住所		職業	なし

本人及び環境

○ 本　人（身体、能力、性格など）

年令に比し幼稚のところがあるが、全体としてませている。

身体はやゝ虚弱、知能指数は極めて低い

○ 家　庭（家族、両親、経済状態など）

父親なし。兄、弟は殆んど独立しており、家庭は物質的には裕福

母親があるが末子のため甘やかして育てゝ来た。

○ 職場及び交友関係

現在職場なし。家事手伝い程度。

男、女の不良との交友があつて

○ 特記事項

放浪性にあり、昼間部に居る時一週間前後家出をした事が再三ある。

問題行動	処置
家出をし今さら昼間部にいられないというので特に夜間部で預る。 欠席多し。 あまりに欠席多く、相談所へやることにする。 夏休みまでずつと通学。 （一度飲酒の上登校したことあり） 最近帰りがおそく、二、三日続けて家出した。 生活的な面ではあまり芳しくない。	昼間部担任と母親、本人と相談の末、二部に入学させた。 母親と生活管理、欠席について種々話合い、色々な手をうつてみる。（小遣　その他） 本人があやまり、改めるというので一応保留する。 （厳重に説諭） 夏休み中の生活管理について相談（何とか通した） 厳重説諭。本人は通学だけはすると確約。 今後どのようにしようか考慮中。

好転したと思われる理由

好転（？）といえるかどうか。一応通学だけは比較的よくしている。

施設に入れるより以外に方法が考えられない所まで行ったが 厳重な説諭をしてから、がらりと態度に変つて来た。それまでは父兄からも教師側からも特に強い叱責は受けているからだ。

施設行を何回も予告している。

現状

あまり芳しくないが登校だけはしている。

今後の生活指導は非常に重要である。

— 14 —

性	女	年令	12才	現住所		職業	子守り

本人及び環境

○ 本　人（身体、両親、性格など）

健康、知能も普通。

○ 家　庭（家族、両親、経済状態など）

父親は二度目であるが、そんな嫌な人でもないらしい。

兄弟は多い。

○ 職場及び交友関係

二場主の住いの方にいて子供の相手をしているので良い。

○ 特記事項

問題行動	処置
二部へ入学する意志を表し、自分でつとめ先をさがしたが思わしくなく、学校へも来ない。 二度目のところも思わしくない。	先方を訪問、本人のやめた時の様子などから、早めに適職をさがそうとする。 母親と相談の上、当方で就職斡旋することにする。 丁度願つてもないところ（仕事の内容、賃金、距離）があり住込みで働かせた。

好転したと思われる理由

はじめの頃にいたところのように過重な仕事でなく、又一人前扱いするような仕事でないので、本人として気軽るなのであろう。

又雇主が理解があり、自分の子と同じように扱つてくれる。母親なども、当方の説諭があるので、雇主にめいわくをかけることもないのが、現在の良好さの理由であろう。

現状

現在、何の不安もなく通学している。

（少々わがまゝが出て、あきてきたかもしれない。）

— 15 —

性	男	年令	14才	現住所	渋谷区	職業	組立工

本人及び環境

○ 本　人（身体、能力、性格など）

健康。体力は標準よりやゝおとる。　学力　　中の下。　性格は明朗

○ 家　庭（家族、両親、経済状態など）

父親とは別居、母親と共に簡易旅館に宿泊。母親はくつみがきをして家計をたてている。

○ 職場及び交友関係

職場は小さな電気組立工場であるが、雇主は教育に非常に理解を持つている。

交友関係は良いが、過年児が多いため、時にはのこされる時もあるが、同じ職場にある同級生（19才）が良く面倒を見ている。

○ 特記事項

問題行動	処　置
お金の使い方が激しく，家庭には収入は入れていない。 四月も職場、学校を休み、渋谷近辺をうろついていた様子。 問題行動としては極めて初期のもの。	家庭との連絡により、学校職場を休んだ理由が病気。家庭の理由でないことがわかり，同じ職場における生徒に対して、職場へ来たら必ず一緒に登校するようにたのみ母親には職場へ本人が行くよう，つとめてすゝめてもらつた。学級の生徒にも自然のかたちで遊んであげるよう協力もたのんだ。その後、本人が職場に行き、自然のかたちで，もとの状態にもどつた。

好転の理由と思われるもの

同じ職場における同級生の協力。級全体の理解と、家庭との早期連絡

現状

極めて良好。同級生から可愛がられている。

性	男	年令	16才	現住所	板橋区　　在住	職業	工員

本人及び環境

○ 本　人（身体、能力、性格など）

健康、明朗（人なつこい）素直だが若干落着きを欠く。（気は優しいが多少軽薄な点あり。）小学校時代より貧困のため苦労している。例，給食費払えずいじめられる。

小卒より二年経つて中校入学。（その間も働く）

知能　　上。　通信簿の成績はクラスの中位だが，努力すれば伸びると思う。

○ 家　庭（家族、両親、経済状態など）

実母と継父。兄～住込。姉～結婚。現在親のもとに本人と学令前の子（2人）いる。

貧困。（親の職業～屋外の販売業）職業の関係で就眠は深夜になる。

○ 職場及び交友関係

零細企業　　現在非行少年との交際はない。不良グループの誘惑に負けてはならないとの自覚はあるが，家庭が教育的に理想的形態ではないので，年令的に見ても周囲の大人達の暖い配慮がないと悪へ向う危険性がないとは言えない。

○ 特記事項

父親　教育に理解不足（可成本人に対して厳格）

それが因で夫婦に諍することが有り，親も本人が住込することを希んでいる。

本人も家業手伝より住込んで早く一人前になりたい気持でいる。

問題行動　　処　置

特に効果が揚つたとまでは言えぬが，一応好転の方向に向つているのではないかと思われる事例を記してみたい。

教師の主観も入つておりメモ程度に書き記したものだが，今年4月以降で本人に関する行動記録はノートに10数頁に及んでいる。然し未だ本人が新しい住込先に落着くまでに至つていない関係もあつて，現在その経過を詳述する余裕は持たぬが，具体的事実の記載が本調査の目的と思われるので，概要を次に述べよう。

一学期本人の申し出により担任が世話して就職させた某電機製作所が本人のみの落度によるものではないが，事情あつて数十日でそこをやめる形となつた。その際本人や雇主と数度にわたり話合いの時間を持ち，極力感情のしこりを残さぬよう色々奔走し助言を行つた。たまたま曾て（小卒当時）本人が住込んでいた職場の方から再び雇いたい旨学校に申出があつたので，其の事を連絡の為（電機製作所をやめてからは家業手伝をさせられるため本人は欠席勝ち）数日前家庭訪問した所（母親在宅）今まで親が全く学校まかせで無責任だつたことを詫び，今後担任に負担かけぬようにする。又滞つていたP，T，A会費も近いうち納入するという。その後の話合の結果近日中に前述の（学校に申出のあつた）職場に再就職（住込）することに内定する。待遇も前回より良い模様。定着する事を願つている。

好転の理由と思われるもの

当事者（本人，親，雇主）との話合いを徹底的に行う。行動を克明に記録し，その資料を基にして話題を豊富にし，なごやかな落着いた雰囲気の下で面接す。面接時には更に次の点に配慮した。他人を極力非難せぬようにし，また本人の教育上，マイナスになると思われる秘密は守る。例えば，教師と本人間で既に解決処理した些細な過去のあやまちをみだりに他人（第三者）へ洩らさない等。

現状

教師を信頼し何でも打合けて話す。

学習にも再び興味を示すようになる。

性	女	年令	23才	現住所	中野区	職業	無

本人及び環境	○ 本　人（身体、能力、性格など） ① 脊髄性によりくる身体障害者にして視力弱く、字も見えず、かく事も不能。 ② 能力は小学3年位のみにて低し。 ③ 性格は明るい。精神分裂性の如くよくうそを言う。 ○ 家　庭（家族、両親、経済状態など） 両親の父は実父なれど母は継母にして、之れらの事も次に記す事項と関係す。 妹、弟、各一人あれど、かなり愛情なき家庭とみられた。 父親は建築業於、経済状態によい様である。 ○ 職場及び交友関係 一度女中（色々の仕事が出来ない故犬の散歩と留守番）に出たが、うそを言うのと、他の理由で現在自分の家にいる。交友関係は性質も明るいので、他の者と仲がよい様である。 ○ 特記事項 死春の為警察に勾留のしらせを母よりあり訪問し、色々事情を知る。 されど本人はこの事、其の他につき一切を語らない。

問題行動	処置
按摩志願の為ヘレンケラー学園に入学の手段として中学の免状を得たき故この学校に入学したが、事実上総ての学課は視力と知能低き故、理解は不能であつた。三年間忠実に出席を希望してすべてに愛情をもつて一学期を終つた。 たまたま夏季休業の終りに前記の売春をしたとか、9月20に母親より通知あつた。丁度私事（担任）3年修学旅行の前日故、現在この問題につき考慮中。	機会ある毎に本人と話し合いして居るが、なかなか自分というものを現わさず、淀橋警察署（勾留された警察）を通して婦人相談所に入寮する様考えて居る。

好転われの理由もの	未解決につき現在に至る
現状	

17. ま　と　め

非行行動の原因については色々の要素が含まれているので一概に断定し難いが、家庭の放任、愛情の欠如、教育に対する無理解、無関心交友の悪影響などが筆頭に揚げられ、その原因は家庭や社会にあると云えよう。足立区児童生徒健全生活指導委員会発行の健全生活者導の手引の不良行為原因表にもあるように、家庭の放任と悪友の影響、行為別には怠学、怠業中の盛場徘徊が多いとされているが、共通する点が多いようである。唯、職場に於て一応安定して就労している生徒は学校、その他でも殆んど問題を起さないと云つてもよく、問題が発生するときはそれ以前に職場をはなれていることが多いからである。この意味からも、適職に就かせることは重要なことの一つである。

夜間学級生徒の場合は欠損家庭が多く、これ自体すでに放任より以上の問題がひそんでおり、愛情の問題も考え保護者親に代つてほんとうによい相談相手となつてやらなければならないと痛感する。

これがためには、常に生徒と接触、自由に話すことが出来るようなふんいきをつくることから始めなければならないと思う。しかし、教師はどこまでも指導者であるから、同情にひきずられてはならないし、特に

1. 生徒の非行に対しては決して放任的であつてはならず
2. 善悪の判断は明確にし、うやむやにしてはならない
3. やたらにほめたり、又罪をいつまでも追求したり、生徒を特別視してはならないという心構えが必要であろう。
4. 生活指導は理論よりも実践が重んじられ、先ず生徒と愉快に交わることであり、最も効果的と思われるのは生徒と共に遊ぶことであり、その中から生徒の本当の姿を知り、なごやかなふんいきの中で話合い、且つ助言指導していくことであろう。その点本校に於ける毎月のレクリエーション的な体育祭や、毎週の特活は生徒指導上絶対必要であると痛感している。（新星中）とあるが、一日中職場でよく巳され疲労しきつた子供達にとつて、一日の最後の憩いの場とし、又生徒に接近するという意味からも大いにとり入れるべきものと思う。又通常の事ではあるが、
5. 生徒をよく知るためによく観察し欠席、遅刻、早退の理由などもなるべく累加記録し、生徒一人一人の生活指導上のカードを作成してみたり、時には録音機等使用することも一策であろう。

要、する に夜間学級生徒の指導には、校外生活指導、家庭職場訪問、不就学者の督促、就職指導、不良化防止等々と訪問の実施は不可欠であり、それを極言すれば夜間学級は訪問教師を中心とする特殊学級であると云えよう。逆に云えば、従来脱落して行つたものの多くは訪問による指導の不足から生じているものとも云えよう。

特に不良化の傾向が年少者に、都心より週辺に、個人より集団にと移行増大しつゝある時、訪問教師の役割は価値の大きなものと云えよう。反面、訪問教師のみに頼ることは過重な負担を与える意味からも注意すべきであろう。何れにせよ、教師が訪問する実際の活動は夕方から夜分が多く、その地域が広範囲であり、又他学区の保護者、雇主に対する教師の権限、法的身分の裏付けがないため効果が薄れる現状からみて、時間的余裕をもつた専任の制度の確立は切に要望されているものである。

第七回全国大会宣言決議

義務教育の完遂は教育基本法の精神に鑑みあらゆる教育施策に優先すべきことは論をまたないところであります。

近年長期欠席児童生徒数が、漸次減少の傾向を示していることはまことに喜ばしいことでありますが全国中学校の現状を見ますと昭和三十三年度においては一・六八％の長欠者にて、その数八万五千人これに長年不就学者を加へれば十万人以上の不就学、長欠者の現存することは想像にかたくないのであります。

これらの多数生徒の将来はまことに憂慮に堪えないものがありますこれについては文部、厚生、労働各省をはじめ各地方教育委員会において就学対策を講ぜられているわけですがその施策を具体的に実現し生徒を完全に就学させることはまだまだほど遠い現状にあります、まことに遺憾といわねばなりません。

私どもはこの切実な事態に対して夜間中学校を設けその全国的協議機関において従来真剣な努力を傾倒しその実績を挙げて来たのであります。

もとよりわれわれは夜間中学を最善の施策として提唱するものではありません、然しながら現状においては夜間中学は尚お法規に定められた国民の義務教育を完遂するため就学対策の一として不就学、長期欠席者を救済し、また向学心に燃える青少年の切実な要求に応える唯一の現実的施設であります。

よってこれを全国各地に設置し得る措置を講ぜられることを要望するものであります。

尚不就学者の救済並に現在の夜間中学教育を推進するためにはまだまだ数多くの困難な問題がいつも大きな障壁となっているのであります。

私どもはいまこゝに広く全国各地の貴重な体験と資料とを持ち寄り第七回全国大会を開いて夜間中学の諸問題を慎重に協議検討し不就学、長欠生徒の救済と夜間中学教育の推進を図るため左の通り決議し総意をあげてその実現を期するものであります。

決　　議

一、不就学生徒救済のため行政措置により全国的に夜間中学を設置することを要請する。

一、学校給食法の法規に基ずく給食の実施を要請する。

一、夜間中学主事制、訪問教師の設置並に専任職員の定数の確立を要請する。

一、就学対策の財政措置の確立を要請する。

昭和三十五年十一月十二日

第七回全国夜間中学校研究協議会

陳情書

義務教育の徹底と、青少年の不良化防止に資するため全国十万に及ぶ不就学、長欠者の解消のため、行政措置（特殊学級扱い等）により、全国的に夜間中学を設置し得るよう特段の御配慮をお願いいたします。

理　由

新制度の中学校が義務教育として発足、ここに十四年を経過した今日、尚不就学、長欠者が十万人もありますことは、現場に職を奉ずる者として、最も憂慮する教育問題の一つであります。

特に経済的貧困と親の無理解等のため折角の向学心に燃えながら放任されかつまた不良化の危険にさらされつゝありますことは誠に遺憾に堪えないのであります。

私ども既に夜間中学を併設する学校の校長、教員はこの悩みを解決するため、毎年全国大会を開催して、お互いに資料を持ちより研究討議をしているのであります。

三十五年度も十一月十一日、十二日の両日京都に大会を開催別記の通り決議をいたしましたので、何卒実情御賢察の上、現場教師の切なる叫びをお取りあげの上、その実現方を強く要望いたす次第であります。

昭和三十六年一月　　日

全国夜間中学校研究協議会々長　小　林　俊之助

殿

昭35.9.2日允

中学夜間部(二部)設置学校校長 殿
専任 殿

全国夜間中学校教育研究協議会
昭35年度全国大会準備委員会事務局
京都市二部学級研究会長
西田重雄

昭和35年度 夜間中学校(夜間部・二部学級)実態調査について

別紙の項目について本年度の実態調査をいたしますので 至急御記入の上 御回送下さい。

記

1. 昭和35年9月20日必着のこと. 京都市中京区壬生中川町 京都市立朱雀中学校内
全国夜間中学校全国大会 準備事務局 宛

2. 内容は 最も新らしい時期における数及び記録

3. 〔協力依頼事項〕御手数ですが広く全国に拡がっているこの種の学級で未だ 当事務局でも知らない学校もありますので 貴校所在市府県等において設置されている学校がありましたら 一枚を御転送頂き、本部に連絡を保たしめるよう 御すすめ下さい。

以上

学校所在地 三重県上野市丸之内78番地				
校名 三重県上野市立崇廣中学校		教員数 専任 名 兼任 5 名 講師 名		
学級数 2	生徒数 32 名		開設年月日 昭和25年9月18日	
開設の動機 不就学生の対策として発足す。				
定期的援助	公的援助の(有)無 (口でかにむこと) 完全給食 補食 (教科書無料配付) 一部補助 その他(通学費)			
	私的援助の(有)無 (PTA) 後援会 その他(具体的に)			
一時的援助の有(無) 地方福祉団体 個人 その他				

〔参考通信欄〕来る11月18 19日京都市において全国大会を開く予定でありますが貴校における参加予定者の氏名・数を下記に御記入下さい。

校長 1
教諭専任 1 名
参加予定 2 名

1961年度

昭和三十六年十一月一日(水)
昭和三十六年十一月二日(木)

会場　東京都立南多摩高等学校体育館
東京都八王子市明神町二十八番地
電話(〇三六)〇九二九・□

第八回全国夜間中学校研究会大会要項

主催　全国夜間中学校研究会
　　　財団法人 長欠児童生徒援護会

後援　東京都教育委員会
　　　東京都八王子市教育委員会
　　　東京都足立区教育委員会
　　　東京都大田区教育委員会
　　　東京都墨田区教育委員会
　　　東京都荒川区教育委員会
　　　東京都葛飾区教育委員会
　　　東京都世田谷区教育委員会

挨拶

第八回全国夜間中学校研究会大会準備委員長
東京都八王子市立第五中学校長　住友国春

東京都の誇りとする山紫水明の多摩地区八王子市に於て、第八回全国夜間中学校研究大会が盛大に開催される光栄を心から慶ぶ次第であります。

顧るに、夜間中学校も既に十年の歩を続け実に無より有を創造する苦難の十余年でありました。その発足において茫洋たる前途の不安を感じながらも着々今日の実績を作り上げて来た先輩各位に敬意と感謝をさゝげるものであります。

然し乍ら夜間中学もその使命に対し一応よつて来た十年間社会の期待にそい得たか否かを反省するときいまだなお努力を傾注しなければならない事柄が余りにも多いのでありまして、われわれ校長としては、大会毎にこれら多くの問題と取り組んで研究討議を繰り返えし、恵まれない条件の下に救いを求めている幾多の不就学生徒達の教育に日夜幾多の困難を抱えながら努力を重ねている姿を思うとき、これらの諸問題解決のため更に勇気と熱情を傾け目的達成のために力強く踏切らねばならない秋であると思います。

願わくば御来会　各位の活発な御意見の開陳により　本大会を有意義に終らせて頂き更に飛躍した前途を希う次第であります。

さて、遠路折角御参会戴きましても準備等誠に不行届で御不満の点も多々おありかと存じますが、私達の熱意の一端を御酌みとり頂けますならば幸いと存じます。

…1…

第八回全国夜間中学校研究会大会要項

一、主　題　不就学生徒の救済と夜間中学校教育の推進

二、挨　拶　主催者

来賓

三、研究発表会

○夜間中学生徒の通学理由の要因分析の実態について　京都十一校共同

貧困に於ける家族共同的保障の問題について　東京荒川九中

○社会不適応非行青少年と交渉を絶ち切ることができない夜間学級をどのように指導するか　西宮大社中　…2…

夜間中学の実態と問題点について（文書発表）　東京双葉中

○ギルフォード性格テスト　京都十一校共同

東京都夜間中学生の学力知能性格の一面　東京七校共同

我が校の実態　名古屋天神山中

○夜間中学校の視聴覚教育について　東京新星中

夜間中学校の図工科教育について　横浜浦島丘中

四、協議題

○主事制の確立について　東京七校共同

事務職員の設置について　東京七校共同

○就学対策及び就労状態について　京都十一校共同

夜間中学と年少労働の問題　京都山科中

○出席督励について　（名古屋天神山中／広島豊田郡豊浜中）

○全国大会の持ち方について　横濱八校共同

会則一部変更について　東京七校共同　…3…

五、談話題

○不就学対策について全国的にどんな傾向かうけたまわりたい　横浜八校共同

各省は夜間中学校をどうお考えになつているか　横浜八校共同

○非行青少年に妨害されつつ授業してきた実情　西宮大社中

六、講　演

演　題　現下の教育について　毎日新聞社論説委員　関人雄先生

七、挨拶　　　文部事務官

八、日程

日＼時	第一日 十一月一日（水）
・9.00	受付
・9.30	開会式
・10.50	議長選出 報告
・11.10	研究発表
・12 30	昼食 レクリエーション
・1.10	研究発表
・3.20	協議
・4.20	休憩
・4.30	座談会
・5.30	

日＼時	第二日 十一月二日（木）
・9.00	講演
・9.40	協議
・12.10	昼食
・1.00	閉会式
・2.00	散会 機織見学（希望者）

全国夜間中学校研究会々則

第一条（名　称）本会は全国夜間中学校研究会と称する。

第二条（目　的）本会は全国中学校夜間部相互の連絡をはかり、あわせて中学校夜間部教育の実態と方法とを研究協議し、これが改善を促進して日本教育の新生面の開拓に寄与することを目的とする。

第三条（事務所）本会の事務所は会長勤務校に置く。

第四条（事　業）本会は第二条の目的を達成するため左の事業を行う。

1. 相互の連絡提携、情報の交換
2. 教育に関する研究調査講習会協議会等の開催
3. 学校教育普及のための宣伝啓蒙
4. その他本会の目的達成に必要な事業

第五条（構　成）本会は夜間部設置の中学校を以て構成し、各校々長と教員とを会員とする。

各都道府県に支部を置くことができる。

第六条（役　員）本会に左の役員を置く。役員の任期は一年とする。但し再選を妨げない。

1. 会長　一名
2. 副会長　二名
3. 理事　都道府県各一名
4. 幹事　若干名（内一名会計）

5. 会計監査　　　　二　名

6. その他専門委員を置くことが出来る。

第七条（役員の選出）　会長、副会長及び会計監査は理事会で選出する。

理事は各都道府県から選出する。

幹事及び専門委員は理事会がこれを委嘱する。

第八条（役員の任務）　会長は、本会を代表し会務を総理する。

副会長は、会長を補佐し会長事故あるときは代理する。

理事は理事会を構成し、本会の運営について審議し会務を分掌し、兼ねて連絡の任に当る。

幹事は会務を分掌する。

専門委員は専門委員会を構成し、理事会の諮問に答申する。

第九条（顧　　問）　本会に顧問を置くことができる。顧問は理事会の推薦による。

第十条（大　　会）　本会は毎年一回大会を開いて、重要事項を研究協議する。

但し、必要あるときは臨時に開くことができる。

本会の議長および副議長はその都度選出する。

第十一条（会　　計）　本会の経費は会費その他の収入を以ってする。

本会の会費は、各中学校年額五〇〇円とする。

本会の会計年度は毎年四月一日に始まり、翌年三月三十一日に終る

第十二条（細　　則）　会長は理事会の協賛を得て、本会運営に関する細則を定めることができる。

第十三条（変　　更）　本会の会則の変更は大会議決による。

附　　則

本会則は昭和二十九年十一月二十日から施行する。

全国夜間中学校研究会役員（含顧問）

一　顧　問	寺本喜一氏	（京都府立大学教授）	
	伊藤泰治氏	（東京都立一橋高等学校長）	
	立石実信氏	（前横浜市立平楽中学校長）	
	関根重四郎氏	（東京都墨田区立本所中学校長）	
二　会　長	住友国春氏	（東京都八王子市立第五中学校長）	
三　副会長	村杉武夫氏	（前横浜市立浦島丘中学校長）	
	古田加茂太氏	（広島市立二葉中学校長）	
四　理　事	塚本清氏	（名古屋市立東港中学校長）	
	谷口精氏	（三重県上野市立崇広中学校長）	
	西田重雄氏	（京都市立朱雀中学校長）	
	野村卯之助氏	（和歌山県新宮市立城南中学校長）	
	林正道氏	（広島県豊田郡豊浜中学校長）	
	滝田晃太郎氏	（尼崎市立明倫中学校長）	
	飯田科夫氏	（横浜市立浦島丘中学校長）	
五　会計監査	伊原徳三郎氏	（京都市立嘉楽中学校長）	
六　幹　事	町田義三氏	（東京都足立区立第四中学校主事）	―会計
	石坂周一氏	（東京都大田区立糀谷中学校主事）	―庶務

設置校一覧

東京	足立区	足立四中
〃	葛飾区	双葉中
〃	大田区	糀谷中
〃	墨田区	曳舟中
〃	世田谷区	新星中
〃	荒川区	荒川九中
〃	八王子市	八王子五中
神奈川	横浜市	戸塚中
〃	〃	蒔田中
〃	〃	平楽中
〃	〃	西中
〃	〃	浦島丘中
〃	〃	金沢中
神奈川	横浜市	鶴見中
〃	〃	港中
〃	川崎市	川中島中
愛知	名古屋市	東港中
〃	〃	天神山中
京都	綴喜郡	男山中
〃	京都市	朱雀中
〃	〃	高野中
〃	〃	北野中
〃	〃	烏丸中
〃	〃	皆山中
〃	〃	九条中
〃	〃	洛東中
京都	京都市	山科中
〃	〃	藤森中
〃	〃	嘉楽中
大阪	堺市	大浜中
〃	岸和田市	岸城中
兵庫	神戸市	丸山中
〃	尼崎市	小田南中
〃	〃	大庄東中
〃	〃	城内中
〃	〃	昭和中
〃	〃	明倫中
〃	〃	伊丹中
〃	〃	西宮中

設置校一覧

三重	上野市	崇広中
奈良	生駒郡	安堵中
広島	広島市	観音中
〃	〃	二葉中
〃	豊田郡	豊浜中
福岡	福岡市	東光中

計 四五校

昭和三十六年十一月一日（水）
同　　　　十一月二日（木）

研究発表の要約

第八回全国夜間中学校研究会準備事務局編

一、夜間中学校生徒の通学理由の要因分析の実態と ギルフォード性格テストについて

京都市共同

最近京都における夜間中学生徒の通学理由が、単に貧困だけでなく、様々な理由、さらにはそれらがからみ合った極めて複雑な形をとってきているようである。そこで全国各夜間学級の協力をえて、全国的に調査を行ない、いくつかの類型に整理してみた。その結果、貧困が最大である事は変りがないが、複雑家庭、被差別感情なども思ったより多い数を占め、特に間接的な、その原因を直接生徒に自覚せしめるには不適当な理由によるものが一、二位をしめているし、その理由も単独ではなく、２～５つの理由にもとづいて通学している生徒もいる事は重大な問題であるといわねばならない。以上のごとく、分析した結果をふまえて、夜間教育の問題性を検討する資料としたい。またＹＧ（矢田部ギルフォード）式性格テストを京都市二部生徒に対して行ない、夜間通学生の性格を概観した。その結果、ある程度以上くわしく知ろうとすることは危険を伴うが、一応の方向を知ることが出来たので、あわせて発表する。

なおこの両者の関連についても一、二発表を試みたい。

以上

二．貧困における親族共同保障について

——実定法との関連において——

東京 荒川九中　斉　藤　哲　夫

序

公教育における夜間中学校の存在と展望は、過去及び現在における不就学、長期欠席生徒の存在を前提としている。不就学、長期欠席生徒の存在は、生活困窮者の広範な存在を意味し、それ故に、これ等の者は児童労働に従事することによって家計から脱却しようとする児童労働者として、わが国の生産及び再生産過程に位置づけられる。他方、広範に存在する零細企業は、このような児童労働者を吸収しつづけている。（2）

第一の問題点は明らかに、わが国の産業構造にあるもののように思える。

学齢の児童生徒の福祉を中心課題とするわが国の法規範構造は多岐にわたる。労働法規範は、満十五才未満の学齢児童生徒の就労を禁止し、学校教育関係法規は、「義務的教育九ヶ年制」を規定した。また「義務的教育」の教育義務を「保護者」にあるものとし、経済的理由による就学困難な者に対しては、国及び地方公共団体に就学奨励義務を規定し、生活保護法もこれ等の者に教育扶助を与えることを国家義務とした。にもかゝわらず、学齢の児童労働者は事実において存在し、これ等の者が不就学、長期欠席者となっている。夜間中学校は、その一部に就学の機会と教育の一部を与えているとはいえ、現在にいたるまでの義務的教育未修了者の累積数は膨大なものとなっている。

第二の問題点は明らかに、わが国の国家法の欠如にあるもののように思える。

学齢児童生徒に対する教育義務が保護者にあるとするならば、保護者の生活困窮は直ちにその子女に対する教育義務の放棄につながることは明白である。このような貧困に対しては生活保護法が適用される。にもかゝわらず、夜間中学校生徒の保護者に対する生活扶助は殆んど行われていない。この事実は、家庭生活が生徒の労働対象に依存することによって、国が定める「最低生活基準」よりもかろうじて上になることが出来、その限りにおいて生活扶助の対象とならないということを示すものなのだろうか。

第三の問題点はこゝにあるように思える。

私はこのことを次のように分析したい。

すなわち、わが国における生活保護法の適用事情は、わが国の産業構造の二重性、つまり封建遺制的なるものとの癒着形態に完全とはいえないまでも見合っている。というのはこうである。そのような社会であるが故に、「生活保護」自体が「権利」としてではなく国あるいは社会からの「恩恵」として観念されているため、生活がどんなに困窮状態になっても、子女を働かせても「生活保護」はうけたくない、という心理状態になるわけである。また事実、生活保護法の適用をうけたが最後、地域社会ではいうにおよばずあらゆる機会に有形、無形の制約を全生活に亘って受けなければならないのである。このような精神的心理的圧迫をいつもうけるよりは、家族総ぐるみで働くことのほうがどんなにいゝことか。そう考えるに違いないのである。（3）

法律はこれを当然とするかのように、全法体系に「家」制度的イデオロギーを貫ぬき、親族共同保障を規定しているのである。

「貧困における親族共同保障」の規定は、わが国の社会保障制度をすゝめる上の最大のガンであるともいえよう。

夜間中学校は、一方において貧しい人々の子女の救済機関として機能しながら、他方わが国の[illegible]

の法制化を要望し、さらに生活保護の被適用をサービスにするという論理を含みながら存在している。私は生徒の児童労働の分析を通じて、その救済と夜間中学校の将来を、実態との関連において明らかにする。

三　わが校の実態

名古屋市天神山中　畑川　明

一、本市における小・中学生の長期欠席者の現状について。
二、本校の実態
　(1) 家庭環境調査として
　　(イ) 家族の状況　　(ロ) 家族の数
　　(ハ) 家族の職業　　(ニ) 生徒の職業
　　(ホ) 住込・通勤・内職別
　(2) 学習の環境調査として
　　(イ) 家庭学習について
　　(ロ) 家庭で勉強しない理由
　　(ハ) 夜間に入学の理由
　(3) 生活記録
　　生徒の日常生活の記録として、数名の生徒の記録を記載。
（発表時間は十分～十五分位の予定）

(4)

四　東京都夜間中学生の学力 知能 性格の一面

東京都共同

知能検査

被検者二二五名の平均知能指数八三点であること、並びに精神薄弱乃至境界線級と評価し得るものが、即ち正常な学校教育では学習効果が上らず、特別な援助或いは保護が必要とみなされるものが全体の六五%を数える事実を教育実践の視点からpositive（外的）Negative（内的）に分けて考えてみよう。前者の視点はたとえ知能指数が低く、その知的能力が甚だ正常児に劣っていても、それは彼等に遺伝元として内在する本来的な素質の反映としてではなく彼等の生活史やその環境条件が正常な精神発達に劣悪な条件の結果であって、飽くまでもマイナスを環境乃至後天的要因に還元して教育可能性を支持する立場である。(5)

後者の視点は低い知能レベルを環境乃至後天的要因に還元するのではなく遺伝元そのものの中に内在する本来的な表現を規定する立場である。

前者を支持するならば彼等の知能レベルは社会学的所産であり、後者を支持するならば、それは治療教育にみられる生物的所産である。勿論、知能＝環境的要因×遺伝的要因という輻輳説からすれば、"素質か環境か"でなく、"素質も環境も"であるから前者後者を峻別することは、問題であるが、そのいずれかに力点が置かれ、それを心理学的にたずねることは毫も個人の尊厳を傷けるものではないであろう。

前者をとるならば彼等の上に押しかぶさって精神発達を阻害している所のマイナスの社会的環境要因を排除するべく教師には対社会的な行動・未成熟な人間性解放という戦うヒューマニズムの展望が強く要請され、後者をとるならば彼等の知能レベルを教育の出発点として、彼等の次元に適切な教育目的・教育内容教育方法の確立が要請されるのである。
二者いずれをより強い要因とみるかは夜間中学校における教育実践の分水嶺となる。
しかし、留意すべきことはいずれに傾斜をつけるにしても、人間自然の多様性、無限界性を皮相な科学をもってして規定づけることは犯罪にも等しく科学の現段階においては、分析不可能な深遠、微妙な領域があることをふまえて"あれか、これか"の排除性よりも、"あれも、これも"の包括性をより大切にすることが、物的自然を対象とする学問でなく人間を対象とする教育実践並びにその背景を形成している教育哲学、教育科学の獲得の困難と輝かしい展望であることを無視してはならないことであろう。

学　力　検　査

基礎学力として国民教科の国語、算数を採用したが、結果は国語が学年毎に右肩の上昇をたどり、算数は一年より二年で下降し、三年次でやや上昇といった程度で夜間中学校における学習効果は皆無に等しい。国語の上昇も学習効果でなく社会生活そのもののもたらす生活体験の結果とみなされ、算数の如きはむしろマイナスの傾向にあるのは、我々教師にとって甚だshockingなことである。
しかし、これは教師中心(lecture-centre)の弱点を現わすもので、如何に対象の特質を見極めずいたずらに方法を講ずる情熱が何等の成果をも包蔵しないという判然とした一例であろう。
ここで断定できることは、昼間教育のモデルを夜間の教育実践として展開しても学習効果は皆無に等しいという冷厳な事実である。
これは能力の限界からみても、昼間労働という生理的限界からみても、知識中心、書物中心の所与の社会の要請としての文化遺産の伝達、物神化された知識の伝達は死せる教育であり、全人(a whole)としての人間形成に教育の主点が移行されなければならないことの証左である。換言するならば、教科書的なるもの或いは学習指導要領的なものの伝達といった学習が夜間中学校で何を意味しているかも充分に語っているのである。
夜間中学校の教育実践は分かち伝え得る文化遺産の多寡という、いわゆるテストやいわゆる学力検査のスケールでは計り得ないもの、人間形成の深奥で彼等自身の主体の触手をのばしながら創造的に生徒対生徒、生徒対教師、生徒対社会の対決が活き活きと試みられる世界でなければならないことを教えているのである。即ちseinの伝達からwerdenの発展が必要なのである。
彼等は学齢児より社会生活の場面において、より豊かな生きた現実生活の渦中にあるのであるから、書物の中にではなく、そうした直接の生活体験に教育の契機を見出し、その生活経験を人間形成の文脈の中に位置づけ定着させていくことが夜間中学校の教育実践の主題と考えられる。
高校進学の予備教育機関なら、それはそれなりのパターンがあり得ようが、夜間中学校を人間形成の系列における一分野として独自の教育の場と考えるなら我々教師は夜間中学校の目的規定や教育理念に明確な解答を用意すべく努力が払われるべきである。
現実の如く知能レベルが低く、対象の特質が複雑な個人差を包んでいる混合学級の如き教育場面で一斉授業を行っても意味ないことであることを、この学力検査の結果は語っているのである。
昼間、人間性を疎外された機械の使役と化し、或いは零細企業における単純な手工労働といった彼らの日常の大部分を費いやす社会環境はいわゆるsub-cultureの世界であり前期中等普通教育という文化理念の内在化はよくよく教師並びに教育権力に対する彼等の問題提起として迫られた課題であることを自覚すべきであると思う。

五　夜間中学の実態と問題点について

東京双葉中　臼倉　甚八

夜間中学に関する問題は不就学長欠児童生徒の問題につながり、大体社会機構の諸々の間隙にあえぎつつ育つ青少年を如何に見つめ如何に指導するかの問題にまで視野をひろげて考えないとその本質、実態を衝けないような気がする。

厖大な研究課題であるので、実態に直接取組んで本質的な論述をすることは他日にゆずりここでは夜間中学運営の衝に当って考えさせられる問題、話題に上る問題のうち幾つかを取り上げ、私見を加えながら行を進める間に其の行間に実態らしきものの透視を願い、私なりの結論を見出して大方諸賢の御批判を得たい。

取り上げた問題の要点

一、夜間中学は現行法に於ても合法施設である。
　1、法的論拠
　2、社会政策その他の面から
二、学習と義務教育修了の意味
　1、勤労青少年に適した学習方法
　2、社会的制約と自覚
三、長欠児童生徒の置かれている社会的位置
　1、学校や教師の評価と問題児童生徒の行方
　2、忘れられがちな少年層
　3、就労可能な年令層に於ける社会保障と進学
四、当面の諸問題
　1、入学に関する諸問題と不良対策
　2、夏冬の授業日と生徒の生活とのズレ
　3、幅の広い生徒の諸事情とその扱い
　4、学習時間の不足とカリキュラム等
五、強力な教育施策の必要
　1、現在の施策批判
　2、解決えの道

昭和三十六年十一月一日二日・八王子市に開催の
第八回全国夜間中学校研究会大会に所信の一部

夜間中学の実態と問題点に就て

東京都葛飾区上千葉町五一
東京都葛飾区立双葉中学校
江倉 甚八

夜間中学の実態と問題点について

東京都葛飾区双葉中学校
江倉 甚八

夜間中学に関する問題は不就学長欠児童生徒の問題につながり大体社会機構の諸々の問題に或いはつつ言って青少年を如何に見つめ如何に指導するかの問題にまで一応の視野を含めて考えないとその本質は掴めないような気がする。
尨大な研究課題になる。

ここでは数字的な実態把握の資料については新鮮なものの提出される事を期待するに止め、夜間中学運営の衝に当って来て考えさせられた問題、話題にのぼった問題のうち幾つかを取り上げ、私見を加えながら筆を進める間に少ない行間に本質的実態の一つ一つのものの透視を願い、それらの結論を見出して大方の諸賢の御批判を得たい。

一、夜間中学は現行法のもとでは違法施設である。

1. 法的論拠

○中学校課程は昼間授業を行うべしとの命令規程も夜間行うべからずとの禁止規程もない。

○学校教育法提案理由の一部抜萃

……教育の機会均等を保障するために、高等学校・大学における夜間学校を法規上正式に認めて、通信教育を制度化し、高等学校にはパート・タイムの学校をも認めている……

これは就労可能な年令層に教育の機会均等を保障する精神と見られる。

この措置は昼間通学が不可能であり就労か就学可能な年令層に達している中学校の学令生徒に適用されなければならないものと思う。

○義務教育未修了について種々の社会的制約をうける限り義務教育を受ける事は青少年にとって生存に関する基本的権利であって これを阻む事は出来ない。法規の解釈は適用をうける者の利益に従う。

2、社会政策其の他の面から

○現在夜間中学に通っている者は生活の事情が 夜間ならば通学出来る者と理解する保護者の状態のもとにある者で、夜間中学がなければ中学校課程を修了出来ない者である。

○昼間通学の出来ない者(未就学者を除く)には家庭事情の複雑なものが多く、かつ貧困である。年少のうちは他から支援援護がなければ通学出来ない立場の者が多い。自身で学校に通うと主張し出せるのは自分の力で出来、発言力も強くなった学令を過ぎた頃の年令からである。

○現在の社会保障の程度に於て全部の少年に昼間通学は望めない。従って夜間中学こうした施設として青少年の将来を開く事は何ら支障はない。

三、学習と義務教育修了の意味

1、勤労青少年の学習

○現在の検定教科書は時間のない勤労青少年にとって内容が膨大に過ぎ通常の学習方法では消化しきれないで 効果的な学習の成果を上げ難い。

○中学校課程の勤労青少年には次のような教科書があればよいと思う。

週持時間内で処理出来る比較的に便利なものであること。

内容は精選整理され社会的から見てこれをよく勉強すれば昼間通っている生徒に負けないだけの力のもとになるものであること。

出来得るだけ実生活に結びつけて理解する事が出来、実生活を助けて行くものであること。

○教育基本法第二条 教育の目的はあらゆる機会に、あらゆる場所において実現されなければならない。

2、義務教育修了の意味

○義務教育修了とは国家の要請に基づく学習修練を経た者に一人前としての自覚を与え諸々の社会的制約を解いてやる事にあると思う。

○昼間通学三年課程の常識的形式論にとらわれて 角を矯めんとして若い牛の前途を断つのは本末顛倒ではないであろうか。

三、長欠児童生徒(病気其の他を除く)の置かれている社会的位置

1、学校や教員の評価と長欠児童生徒の行方

○学校や教員の社会的評価は大体進学率などで云々され、長欠児童生徒の一部の問題化する家庭や警察の補導関係まで放置されたりしている場合が多い。

○長欠児童生徒は補導に非常に困難が伴い常に喜ばれない存在になっている。次第に忘れられ非行者だけの世界へと一層疎外されていくのが多い。

2. 言われる非行化と少年傾向

長欠児童生徒と呼ばれる子供達の殆どが家庭面からの問題の一部を次のようにまとめて対策と大体次のように見受ける。

○複雑な家庭事情にあるか、若しくは生活手段にあるか又は双方である。家に助けているのもあるが学令は過ぎている。

○家族と同居して就労している場合、家庭内での発言力が非常に強くなって、思うままに早くから経済的に独立して行く傾向が見られる。

○就職の他にのは別として人を見抜く目と損得勘定が鋭い。

○本当に話し合って指導して貰える人や親の温い心の場がほしい。

○人生の固定観念がゆがんで形成されがちな状態にある。

3. 就労可能な年令層における社会保障と通学

○昼間通学の出来ない事情に陥ると、境遇に重大な変化があるか又は都会地で夜間中学に通いかけるの他、現在のところ中学校を卒業する道はない。

○或る年令に達して何等かの形で上ってくると……自分の力によって中学の卒業資格を得たいとすることには全く道はない。資格を得られる通信教育もパートタイムの学校もない。僅かに開かれているのが都会地にある夜間中学だけである。小学校を卒業していない場合には設定課程がないので別の問題がある。

○就労可能な年令層にある者には何かの社会保障で昼間通学を強制するより、夜間通学・パートタイム或は通信教育によって正規に就学する道を開いた方が少年保護の立場からかえって良いのではないかと思う。

四、当面の諸問題

1. 入学に関する諸問題

○小学校を卒業していないが相当の学力のある青年が入学を希望して来る場合がしばしばあるが

○義務教育課程の就学は年令の基本権として一応考えられるが
不良対策の面から
学校運営の面から

2. 夏と冬の農繁期について生徒の生活とのずれを如何ように調整するか。

3. 少い授業時間で如何にして学力を向上させるか。

○生徒が職場で仕事の終るのが通常五時、学校は九時には終りにしないと帰る途中の危険もあり過労になると将来の発育はもとより、すぐに職場での健康を心配しなければならぬ。

○特活・HR・クラブ活動まで入れて時間割を如何に編成するか。

○学力をつけるに如何ようにするのが良い方法なのか。

4.

五、~~強力な教育施策の必要~~

一般の就学率向上と並んで長欠児童生徒救済の一環を担う夜間中学の立場から見ての機構批判

○問題の冒頭に於て夜間中学は「違法施設」であると断言した。これは夜間通学している者も正規の中学生である事と昼間と同一の卒業証書を出すべきであるとの前提とするためであって夜間中学を現在のままにしておいてよいという意味ではない。

○不就学、長期欠席児童生徒に関する教育問題は未開拓の分野になっているように思われるが、この分野の真摯な研究と対策の樹立は社会一般の安寧と青少年の将来の幸福に甚大な影響があるものと思われる。現在それら青少年は人間形成の最も重要な時期に放り出されている。

○不合理と現実の複雑な関係にとまどうのであるが次の事は重要な一事としてあげる事が出来る。

●・労働基準法第六十条(2)
……修学時間を通算して一日について七時間、一週間について四十二時間とする。

・学校教育法第十六条（学令子女使用者の避止義務）
子女を使用する者は、その使用によって、子女が、義務教育を受けることを妨げてはならない。

●・同法第九十条（子女使用者の義務違反の処罰）
第十六条の規定に違反した者は、これを三千円以下の罰金に処する。

・昭和三十年九月三十日　文部、厚生、労働　三省次官通達
「義務教育諸学校における不就学および長期欠席児童生徒対策について」

○中学課程の勤労青少年には次のような教育計画があればよいと思う。
適当な時間で処理出来る精神に便利なものであること。
内容は精選整理され生徒側から見てこれをよく処理すれば昼間通っている生徒に負けないだけという力のつくものであること。
出来得るだけ実生活に結びつけて理解する事が出来、実生活を助けて行くものであること。

○教育基本法第二条　教育の目的はあらゆる機会に、あらゆる場所において実現されなければならない。

2. 義務教育修了の意味

○義務教育修了とは国家の要請に基づく学習修練を経た者に一人前としての資質を与え諸々の社会的制約を解いてやる事にあると思う。

○昼間通学三年継続の常識的形式論にとらわれて角を矯めんとして牛の前途を断つのは余りに早計ではないであろうか。

三、長欠児童生徒（病気其の他を除く）の置かれている社会的位置

1. 学校や教員の評価と長欠児童生徒の行方

○学校や教員の社会的評価は大体進学率などで云々され、長欠児童生徒の一部の反社会的な行動や犯罪等の新聞記事で噂されたりしている場合が多い。

○長欠児童生徒は指導に非常に骨が折れ一般に喜ばれない存在になっている。従ってともすれば学籍上だけの生徒として放置されているのが多い。

二、これらがちな少年一通

長欠児童生徒とされるその状であるが教育面からの問題の一部を次のように述べると

要約すると大体次のように見受ける。

○複雑な家庭事情にあるか、若しい生活事情にあるか又は双方がである。新に力が抜けているのもあるが学令は過ぎている。

○家族と同居して就労している場合、家庭内での発言力が詳に強くなっている。労ることが早くから経済的に独立して行く傾向が見られる。

○知能の低いのは別として人を見抜く目と損得勘定が鋭い。

○本当に話し合って指導して貰える人や親の親身の場がない。

○人生の目的（理念）がわからず、行方もしれぬかちな状態にある。

３、就労可能な年令層における社会保障と通学

○夜間通学の出来ない事情に関すると、境遇に重大な変化があるか又は都会地で夜間中学に通うかするの他、現状のところ中学校を卒業する道はない。

○或る年令に達して、同学の人が終えたとか、……自分の力によって中学の卒業資格を得たいとすることには今は途はない。資格を得られる通信教育もパートタイムの学校もない。僅かに開かれているのが都会地にある夜間中学だけである。小学校を卒業していない場合には最早義務教育ではないので別の問題がある。

○就労可能な年令層にある者に対し適切な社会保障で夜間通学を援助するか、夜間通学、パートタイム或は通信教育によって正規に就学する道を開いたらが少年保護問題として考えられることである。

然しながら少年には学業の上から見ても、しっかりした主人公的な指導者を得られる事が大事であることが判る。又同じ家庭事情と思われる家庭や本人の同じ心のままに耳を持えて職業人として立つに将来の方針もたてられず浮動しているかに見えるのも多々ある。そのような者のために職業人としての教育と愛情と理解をもって引受けてくれる職親的制度が組織化され充実されるとよいと思う。人間形成の過程から見て僅かの時間の学校生活より、しっかりした主人公的に職業人としての魂を込めてもらう方が夜間中学生には重要だと思うからである。但し教育は学齢に縛られながら本年は義務教育はなれ、別に年令の一方に縛られてはならない。そこで一歩を進めて共的な職場を設け職業実習とからめて一定の学力を得て通学出来る途が拓かれたらよいと思うが難しい問題である。

然しこの辺に学業を離れてしまっている青少年非行の本当の途が拓かれるような気がする。経済的非行の多くなる事は結構であるが、それまでに完全就学を計るのは他の問題と深くして難しい事になろうし教育面から考えても面白くないと思う。職業人として立っていける基地をつくる事を離れてはよい結果は考えられない。

○という意味で、教育委員会直属の有給専任の就学指導委員をおいて力強く通学出来る途を開いてやれれば相当有効な救済が出来ると思う。

七

不就学長欠児童生徒は多くの場合 複雑な諸々の事情に縛られている。それを具体的に解いて 通学出来るようにするには 相当の常識と努力がいる。机上の書面処理では出来ないところの現場での努力と助言が要る。

通常の学校は門を開けば生徒はひとりでに入ってくるが 啓蒙して行かねばならぬ層の青少年を対象とする学校は必ずしもそうはいかない。積極的に啓蒙救済に当らなければ 生徒は減り長欠は潜行してふえるだけになる。

僻地によっては病院の看護婦が病人を探して擔ぎこんできて病人を治してやっているそうだが それをやらないと病人がふえて困るからだそうである。

昭和三十六年十一月一日（水）
同　　　　十一月二日（木）

協議題の要約

第八回全国夜間中学校研究会準備事務局編

一　主事制の確立について

東京都共同

全国的見地よりする主事制の必要性

(A)　昼間とは異る特殊体形の運営

　(一)　生徒の特異性

　(二)　指導の特殊性（カリキュラム、生活指導）

　(三)　日夜身心の苦労

(B)　管理者としての必要性

　(一)　当意即妙の運営処置

　(二)　運営の迅速

　(三)　職員の整理

　(四)　夜間部の成果

(C)　結　論

　(一)　後任者への途

　(二)　校長直流

　(三)　現況よりしての絶体的要素

二、事務職員の設置について

東京都共同

(A) 夜間部は独立的な存在

㈠ 生徒の多少に関せず一校分の役所への報告文書

㈡ 外部との連絡、調査、証明書事務。

㈢ 出張旅費、各種その他の請求事務。

㈣ その他。

(B) 必要とする理由

㈠ 夜間職員は生徒の指導で時間的余裕がない。

㈡ 授業に支障を生ずる。

㈢ 昼間の事務職員は夜間部の事情が分らない。

㈣ 昼間の事務職員では時間的に迅速は期し得ない。

三、(イ) 出席督励について

名古屋市立天神山中　柳川　明

一、提出理由

二部学級を担当して、一番の悩みは長欠生徒です。義務教育でもあり、折角の施設ですから　これを十二分に活用させるようにしたい。

二、要旨

本校の出席督励について

(1) 欠席者

保護者連絡による欠席届の提出

(2) 一週間程度の欠席者

家庭訪問により理由調査

(3) 一週間以上の欠席者

第二回目の家庭訪問

(4) それ以後は民生委員、社会福祉事務所に連絡

三、結語

学校側の協力と　保護者乃至は看護人の生徒に対する暖かい愛情と　民生委員　社会福祉事務所の方々の御援助を望みたい。

(ヲ) 欠席勝ちの生徒に対する出席督励について

広島豊田郡豊浜中　　経　部　兼　蔵

(一)　提出理由

全国夜間中学校教師各位の本校問題に対する解決策のいろいろを協議していただき、今後運営の指針として我々の進歩が得られればと提出した次第である。

(二)　要　旨

本校の設置が漁業に従事している長欠不就学生徒を対象として設けられた施設であるので、入学、出席等の勧奨を行うのが最大の関心事である。これについて本校教師全員が日夜いかにして長欠不就学生徒を救済するかに悩まされている。この悩みこそ生徒の学習を指導する努力以上に教師の負担となっている現況である。この問題の対策に、開校以来種々と参加教師が腐心しているのであるが、これといってきまっての努力では、その成果も望めず、誠に微々たるもので、これが対策方法を指示していただくことが、この協議題提出の要旨である。

(三)　結　語

不就学長欠生解消の問題は重大な社会問題である。その解消の(一)は貧困の解消であり、(二)義務教育の認識の徹底であるが、それは一応為政者にまかして、教育の現場にあるわれわれとしては、次の問題点について具体的に考察することを望む次第である。

(一)　生徒の大部分の父兄は船上生活者で殆んど不在である。

(二)　遠隔の地に出漁(漁期の主)している。帰港するのが年に二回―三回程度である。

(三)　父兄も生徒自身も教育の必要も、関心も、要求をも持っていない。

(四)　家庭訪問による話し合う機会が殆んど持てない。

四. 夜間中学と年少労仂の問題について

京都市山科中　　斉　藤　　　昇

働きながら学ぶということが、敗戦後の日本経済事情からは、あるいは当然とも思われようが、満十五才に満たない子供が、昼働いて夜学ぶ姿には、まことに痛ましいものがある。貧困、欠損家庭という決定的な要因に根ざすとはいえ、一日の大半にわたって、身を労務に投ずることが、如何に彼らの肉体、精神をむしばみ、如何にその成育をはばみつつあることか。かかる事態に対し、われわれは如何に処すべきなのであろうか。

本題は、かかる年少者たる中学生の労仂について、特に、その労働条件を中心として、若干の提案を試みんとするものである。

周知の如く、年少者は、その肉体的又は精神的特殊性からして、一般成年男子に比して特別の保護を必要とするのであり　又、封建的残滓が根強く残っている我が国においては、労働者の人間的解放の要請は特に年少者に対して強く保護されなければならないのである。斯様な見地から、年少者の労務に関する保護規定は、重厚を極め、その徹底を期している。即ち

◎憲法第二十七条第三項(児童の酷使禁止)を、基本的規定として、◎児童福祉法第三十四条(禁止行為)◎労働基準法第三条乃至第六条、(強制労働の禁止その他)第五十六条(最低年令)第五十七条(年少者の証明書)第五十八条(未成年者の労働契約)第五十九条(未成年者の賃金請求権及び代理受領の禁止)特に注意すべき規定として、第六十条(年少者の労働時間及び休日)第六十二条(深夜業の制限禁止)第六十三条(危険有害業務の就業制限)第六十四条(坑内労働の禁止)、第六十八条(帰郷旅費)

◎労働基準法第八十四条（未成年者の能力）第八十五条（最低年齢）第八十八条（夜間労働の禁止）。更に保護の具体的施設を規定するものとして、◎女子年少者労働基準法規則があり、その第一条、第二条（児童の使用許可申請）第三条（未成年者の労働契約の解除）第五条（交替制による深夜業の許可申請）第七条（重量物取扱の業務の範囲）第八条（年少者の就業制限の業務範囲）第十条（児童の就業禁止の業務の範囲）第十二条（帰郷旅費支給除外認定の申請）。

尚、保護者を拘束するものとして、◎教育基本法第四条（義務教育）学校教育法第三十九条（就学義務）が右運されている。

これらの厚い保護にも拘らず　現実の夜間中学生らの労働は苛酷を極め、目に余るものがあるのである。これらの問題の解決はひとり教育上の問題としてのみでは到底その徹底を期すことは不可能と云わざるを得ない。使用者一般はもとより新道の協力こそが何よりも必要とされよう。そしてその方途は、まさに彼らの待遇改善と、労働時間の短縮に向けられねばならぬのではなかろうか。

－6－

五、全国大会の持ち方について　　横浜市共同

全国夜間中学校研究大会が、初代京都市立第四中学校長の会長の時代まさ、京都市が全国に呼びかけて始めてもたれてから既に今回で第七回目にあたりますが、その遠果あらゆる面で多大の成果をおさめて居りますことは誠に御同慶に堪えないところであります。

例えば永年の希望でありました、法制化への道はまだまだ遠いのでありますが、しかし夜間中学校専任教師の獲得、主事制の確立、給与の改善、或は需用費の増額、又は独立校舎の設置や夜間の生徒に対する無償給食、教科書の無償配布、就学奨励金の交付等々、各地各様の立場で格段の発展をなされて居りますことは、大、三割の苦しみの悩みを解消するために大会の名に於て互に団結し互に協力しあった賜と堅く信じて疑いません。

このような成果をおさめるに到りました際には、会長はじめ理事の皆さんの献身的な努力は勿論ですが特に会場校並びに会場地の各位には、言うに言われぬご苦心をかけその上経済的負担をおかけしたことと考え、単なる感謝のみで終ることは今後更に大会を続けて行く上に於て、この問題について慎重審議し、次期会場校並びに会場地が軽い気持ちで、お引き受け出来るようにすることが急務であると思います。

依って茲に横浜市立夜間中学校６校の名に於て、提案いたします。

六、会則一部変更について　　東京都共同

－7－

全国夜間中学校研究会会則　（現在）	（改正箇所）
第一条（名称）本会は全国夜間中学校研究会と称する。	
第二条（目的）本会は全国夜間中学校相互の連絡をはかり、あわせて中学校夜間部教育の実態と方法とを研究協議し、これが改善を促進して日本教育の新生面の開拓に寄与することを目的とする。	第二条　本会は全国夜間中学校相互の連絡をはかり、あわせて夜間中学校の教育の実態と方法とを研究協議し、これが改善を促進して夜間中学校を充実し、義務教育諸学校として、法制化の実現を計ることを目的とする。

第三条（事務所）本会の事務所は会長勤務校に置く。

第四条（事業）本会は第二条の目的を達成するため左の事業を行う。

1 相互の連絡提携、情報の交換

2 教育に関する研究調査講習会協議会等の開催

3 学校教育普及のための宣伝啓蒙

4 その他本会の目的達成に必要な事業

第五条（構成）本会は夜間部設置の中学校を以て構成し各校々長と教員とを会員とする。

各都道府県に支部を置くことができる。

第六条（役員）本会に左の役員を置く。役員の任期は一年とする。但し再選を妨げない。

1 会長 一名

2 副会長 二名

3 理事 都道府県各一名

4 幹事 若干名（内一名会計）

5 会計監査 二名

6 その他専門委員を置くことができる。

第七条（役員の選出）会長、副会長及び会計監査は理事会で選出する。

理事は各都道府県から選出する

幹事及び専門委員は理事会がこれを委嘱する。

第八条（役員の任務）会長は本会を代表し会務を総理する。

副会長は会長を補佐し会長事故あるときは代理する。

理事は理事会を構成し本会の運営について審議し会務を分掌し兼ねて連絡の任に当る。

幹事は会務を分掌する。

専門委員は専門委員会を構成し理事会の諮問に答申する。

第五条　本会は夜間中学校を以て構成し各校々長と教員並に事務職員を会員とする。

第六条　本会に左の役員を置く、役員の任期は選出をうけた年次大会より翌年度の年次大会までの一年とする。

但し役員の身分の変更によって在任することが不適当となった場合は任期中といえども直ちに後任者の就任によって退任することが出来る、なお役員の再選は妨げない。

2 副会長 五名以内

3 理事 正副会長を除き都道府県各一名

第七条　理事は各都道府県の会員から選出する。

第八条　理事は理事会を構成し本会の運営について審議し会務を分掌し担当地区の連絡の任に当る。

第九条（顧　問）　本会に顧問を置くことができる。顧問は理事会の推薦による。

第十条（大　会）　本会は毎年一回大会を開いて重要事項を研究協議する但し必要あるときは臨時に開くことができる。
大会の議長および副議長はその都度選出する。

第十一条（会　計）　本会の経費は会費その他の収入を以てする。
本会の会費は各中学校年額五〇〇円とする。
本会の会計年度は毎年四月一日に始まり翌年三月三十一日に終る。

第十二条（細　則）　会長は理事会の協賛を得て本会運営に関する細則を定めることができる。

第十三条（変　更）　本会の会則の変更は大会議決による

附　則

本会則は昭和二十九年十一月二十日から施行する

第十一条　本会の会費は各中学校年額五〇〇円とする。
但し前条の大会に要する会費の醵出は理事会の決定した額とする。

昭和36年度

京都市立中学校
夜間部教育の研究

「夜間中学と年少労働の問題について」

京都市立二部学級研究会
京都市立山科中学校

「夜間中学と年少労働の問題について」

京都市立山科中学校夜間部専任
教諭　斎藤　将

働きながら学ぶということが，敗戦後の日本の経済事情からは，あるいは当然とも思われようが，満15才に満たない子どもが，昼働いて夜学ぶ姿にはまことに痛ましいものがある。貧困，欠損家庭（註1）という決定的な悪因に根ざすとはいえ，1日の大半にわたつて身を労務に投ずることが，如何に彼らの肉体，精神をむしばみ，又如何にその成育をはばみつつあることが。（註2）かかる事態に対し，われわれは如何に処すべきなのであろうか。

本稿は，かかる年少者たる中学生（註3）の労働について，特にその労働条件を中心として若干の提案を試みんとするものである。

註1. 京都市二部学級生徒の家庭について一例をあげれば，実父母の揃っているものわづかに3.7％に過ぎない。

註2. フリツカー値による疲労度の測定において，昼間生の疲労値が個々の生活態度に応じて，バラツキが極めて広いのに対し，夜間生は昼間一様に労働を強いられる影響で殆んど一定した疲労値を示し，夜間の授業で疲労が更に重加されることがわかつた。（昭35年度　京都市夜間中学フリツカー値による疲労度の問題　参照）

註3. 労働基準法に所謂年少者とは満18才未満のものをいうが，本稿では満12才以上満15才未満のものを対照とする。
尚，児童福祉法に所謂「児童」とは満18才未満のものをさし，教育法では小学生をさす。

周知の如く，近代資本制工場生産の発展は，年令と性との区別なしに，労働者家族の全成員を資本の直接的統合のもとに編入する。この事は労働強化や低賃金に対し，従順で抵抗できない年少者が剰余労働を求める資本の無制約欲求のもとに投げ出されることを意味する。その結果は，労働者の肉体的荒廃や精神的萎縮あるいは，道徳的頽廃を生ぜしめるだけではない。それは驚くべき速度と深刻さとをもつて，労働力そのものの疲弊と死滅をすらもたらすのである。そしてその弊害は何よりも先づ，年少者の上に最も早く，且最も強く現われてくるのである。

されば，年少者の労働条件については早くから国際的にも，意が注がれ，1919年ベルサイユ国際労働憲章はその第六原則において『児童労働ヲ廃止スベキコト及び，年少者の労働ニ対シ，其ノ教育ヲ継続スルコトヲ得，且，身体ノ正常ナル発達ヲ確保スベキ制度ヲ設クベキコト。』と宣言している。又，我が国労働者保護立法史上でも，明治15年から「労役法」「師弟契約法」「職工条例及び職工徒弟条例」の三法が制定され，酷使，虐待の可能な年少者及び徒弟の保護をうたい，明治44年工場法においては，満15才未満の少年工，女工を「保護職工」と称し，種々の保護規定をおいているのである。しかし規定の不備や消極性によって完全な保護が実現されなかつたことは一般の知るところである。

戦後，解法立法の理念は年少者に対する保護を更に強調し，その要求は多様性をもつ。一面において年少者も一個の人間であり，成年男子労働者との間の差別的取扱いに反対し，平等の権利を主張する。他面，年少者は肉体的，精神的並びに社会的諸条件にもとづいて，成年男子とは異つた特別の保護を必要とする。又，封建的残滓が根強く残つている我が国においては，労働者の人間的解放の要請は，特に年少者に対して強く保障されねばならない。このような一見，相矛盾するが如き見地に立つてこそ，年少者の福祉は実現せられると考えられるのである。

かようにして，年少者の労務に関する保護規定は，重複してその厚さをきわめ，保護の徹底を期しているが如き である。即ち，先づ憲法はその第27条第3項において，「児童は（註1）これを酷使してはならない」とうたい，ワイマール憲法（註2）を除いてその例を見ない特異の表現をとつている。思うに，労働に関する限り，一方において義務教育の実施が宣言され，他方において労働基準の法定が要請されている以上，特に児童の酷使の禁示のみの宣言をする必要はないとも云えよう。にも拘らず敢えてかかる規定をおいた所以のものは ①児童の酷使の特にその害悪の大なること ②労働保護が児童の保護からなされたという沿革的な意味 ③従来児童の保護が必ずしも充分でなかつたことへの反省に外ならぬと考えるべきであろう。

註 1. 憲法上児童とは満18才未満のものを指す

註 2. その第22条において「少年は過役並びに道徳上精神上又は肉体上の遺棄に対して保護される。国及び公共団体は，これに必要な措置をとらねばならぬ。強制による保護処分は，法律によらなければ命じえない」としている。

憲法の労働保護の精神を具体化した労働基準法は，一般労働条件の基準を定めるなかで満18才未満の年少者の労働基準を特定し，（第6章）又「技能者の養成」と題する1章を設け，それぞれ保護を計っているのである その第1は国際労働条約や義務教育年限の引上げ（教育基本法第4条参照）等と関連して，工業的企業に対する就業最低年齢を満15才とした。（労基法第56条）．点である。

但し，所謂非工業的事業であつて「児童の健康及び福祉に有害でなく，且その労働力が軽易なものについては，満12才以上（映画の製作又は演劇の事業については満12才以下）の児童を行政官庁の許可を受けて修学時間外に使用することができる。（第56条）。としている。この除外年齢が認められるのは 所謂非工業的事業に限られるわけであるから，労働基準法第8条1号乃至5号の事業にあつては，たとえその業務が6号以下の事業類似の軽易なものであつても，満15才未満者の使用は許されぬ（第56条第1項）のは云うまでもないのである。（したがつて，満18才未満者の就業禁止されている危険有害業務はもとより，(1)公衆の娯楽を目的とする曲馬または軽わざ (2)戸戸について，または道路その他において，歌謡，遊芸，その他の演技 (3)旅館，料理店，飲食店または娯楽場 (4)エレベーターの運転 (5)その他労働大臣が別に定める これらの業務の就業は認められないといわなければならないのである。）

この就業最低年令に違反して，児童を使用した使用者は，1年以下の懲役または1万円以下の罰金に処せられるのである。（労基法第118条）又児童の知育，体育乃至徳育上の弊害を除去せんがために，その使用を禁止する法の趣旨からすれば，使用者は，たとえ当該児童又は保護者からの懇談があつたとしても，これが使用は許されないものというべきである。（富山家裁高岡支部判決 昭24. 12. 6）

第二に，保護年令の確実な履行をはかるため，監督的措置として，使用者に年令証明書備付の義務を課している。即ち，使用者は満18才未満の年少者については，年令を証明する戸籍証明書を，又労基法第56条2項によつて，使用を許された満15才以下の児童については，戸籍証明書の他，修学に差支えないことを証明する学校長の証明書及び親権者または，後見人の同意書を事業場に備えつけなければならない （労基法第57条）

この戸籍証明書は無料でこれを請求することができる。（労基法第111条）上の証明書乃至同意書の備付けを怠つた場合は5000円以下の罰金に処せられる。（労基法第120条①）

第三に労働契約については，法定代理人の代理締結を禁示し，（労基法第58条）未成年者の賃金受領権限を定めて（労基法第59条）その保護の強化をはかつている。けだし，親が子を食いものにする封建的悪習や，その同意が親権者（法定代理人）の専断による弊害の絶無を期す趣旨である。

註 （58条違反の罰則は第120条第1項である）

かくして労働契約の締結は未成年者が自らするのであるが，その契約が未成年者に「不利であると認めたときは，親権者，後見人及び行政官庁は解除することができる。（労基法第58条第2項）

第四に実際に最も問題となる労働時間の問題であるが，これは年少労働者に対する保護の歴史のうちで最も早く日程にのぼつたものでもある。労基法第５６条第２項は就業許可を受けた満１５才未満者の労働時間は，修学時間を通算して，１日について７時間，１週間について４２時間と規定している。修学時間とは，休憩時間を除く授業時間の意であり，また修学時間は労働時間ではないから，就学日に休日をあたえていれば，修学時間のない日に７時間まで労働させることができる。

第五に深夜業の問題であるが，これは上の「労働時間の制限」の一環をなすものとして重要である。即ち，「工業に使用される年少者の深夜業に関する条約案」は，すでに１９１９年第１回国際労働総会において採択され，わが国の工場法も深夜業禁止の一般的規定を設けていたが，労働基準法は，深夜業禁止に関し次の如く定めている「満１８才未満の年少者は午後１０時から午前５時までの間は使用できない。」
しかし本稿の問題としている満１２才以上満１５才未満の児童の深夜業時刻は労基法第６２条第５項において午後８時から午前５時迄とされている。この時間内の使用は例外なく禁止され~~ている~~る。この規定違反は，６ケ月以下の懲役または５０００円以下の罰金に処せられる。
（労規法第１１９条）

第六に危険有害業務の就業制限（第６３条）については女子年少者労働基準規則第８条，第１０条において詳細にその範囲を４６項目にわたつて限定列挙している。例えば1．ボイラのふん火の業務その他ボイラの取扱の業務。3.起重機の運転の業務。１５．ラジウム放射線にさらされる業務，４４．酒席に待する業務，４５．特殊の遊興的接客業における業務。等
総じて，毒劇物等有害取扱業務，塵埃，有害ガスまたは放射線を発散する場所における業務，高温高圧下の業務，その他安全衛生又は福祉に有害な場所における業務への就業が禁止されるのである。

第七に，抗内労働は全面的に禁止される（第６４条）危険防止，風紀確保，健康保護等の観点からその有害性は普遍的に承認されているところである。こゝで抗内労働とは，地下作業一切を指すもので，たとえ所要時間１０分位に過ぎなくても，該当するのである。（広島高裁判決　昭24．10．17）

第八に，労基法第６８条は解雇された年少者に対して，解雇の日から１４日以内に帰郷旅費を支給すべきことを使用者に義務づけている。この制度の趣旨は，解雇された年少者が帰郷旅費のないため　倫落の生活に身を落す危険を防止することにあり，使用者の一方的労働契約の解雇の場合に適用あるものと解する。（但し学説に対立がある）

次に「技能者の養成」に関しては，使用者が徒弟，見習，養成工等の名称の如何を問わず，技能を修得することを目的とする者であることを理由として，その関係のない家事労働等に従事させる等の酷使を禁止して（労基法第６９条）封建的徒弟奉公制度からくる弊害の除去に努めると同時に，合理的技能者養成制度の確立をはかることを企図している。

年少者が船員として労働する場合はその労務の特異性から船員法によつて保護される。即ちその第８５条において「船舶所有者は，年令１５才未満の者を船員として使用することを禁じ但し同一の家庭に属する者のみを使用する船舶については例外的にその使用を許している。しかし　これも午後８時から午前５時迄の夜間労働は禁止している。（船員法第８８条）のである。（但し緊急事態に遭遇した場合を除く）

又児童福祉法は満１８才に満たない者を児童と称し（児童福祉法第４条）その第３４条において禁止行為を列挙し，何人も児童に対し一定の行為を命ずることを禁示して，その保護を厳にしている。この禁止行為は直接年少労働に関して規定するものではないが，その労働がこの禁止行為に抵触するときは禁止されるものと解さねばならない。

(1)不具奇形の児童を公衆の観覧に供する行為　(2)児童にこじきをさせ，又は児童を利用してこじきをする行為　(3)公衆の娯楽を目的として，満１５才に満たない児童にかるわざ又は曲馬をさせる行為。　(4)満１５才に満たない児童に戸戸について，又は道路その他の場所で演技を業務としてさせる行為。４の２．児童に午後１０時から午前３時までの間，戸戸について，又は道路その他これに準ずる場所で物品の販売，配付，展示，若しくは拾集又は役務の提供を業務として行う満１５才に満たない児童を，当該業務を行うため風俗営業取締法第１条第１項から第６号までに掲げる業務を営む場所に立ち入らせる行為。　(5)満１５才に満たない児童に酒席に待する行為を業務としてさせる行為　(6)児童に淫行をさせる行為。(7)前各号に掲げる行為をする虞のある者その他の児童に対し，刑罰法令に触れる行為をなす虞のある者に情を知つて，児童をひきわたす行為及び当該引渡し行為のなされる虞があるの情を知つて，他人に児童を引渡す行為　(8)成人及び児童のための正当な職業紹介の機関以外の者が，営利を目的として，児童の養育をあつ旋する行為　(9)児童が四親等内の児童である場合及び児童に対する支配が正当な雇用関係に基くものであるか，又は家庭裁判所，都道府県知事又は児童相談所長の承認を得たものである場合を除き，児童の心身に有害な影響を与える行為をさせる目的をもつて，これを自己の支配下におく行為　等　　　（以下略）

これらのもろもろの厚い保護にも拘らず，現実の夜間中学生らの労働は苛酷を極め，目に余るものがあるのである。（註１）これらの問題の解決はひとり教育上の問題としてのみでは到底

その徹底を期することは不可能と云わざるを得ない。使用者，一般，はもとより新道の協力こそが何よりも必要とされよう。そしてその方途は大局的には社会保障機構の確立が必要不可欠の条件であろうが，直接焦眉の問題として，それはまさに彼らの待遇改善と労働時間の短縮に向けられねばならぬのではなかろうか。（註２）

註１　労働時間のみについてみても京都市夜間部生徒の場合，その９７.４％が違反している。

註２　満１５才未満の年少者の使用は（上述の保護規定の精神から）どこまでも例外的に許容されるものである点からその待遇報酬は従来の額をさげず，労働時間のみが短縮されなければならぬと考えられるのである。そしてその時間短縮は夜間中学の修学時間から推して少くとも５時間以内であることが法の要請するところでもあり，又かれらの為にわれわれの要求するところでもなければならないと思うのである。

（かれらの報酬賃金については後日にゆずる）

才八回大会宣言決議

近時一般大衆の生活は夜間学級が開設された当時と比較してはるかに向上し事実われわれが日夜労苦を厭わず経営に全精力を傾注してきた。
夜間中学校の在籍生徒数も幾分の減少を見その他不就学並に長欠生徒が漸減するかの傾向にあることは喜ばしい現象と思います。　しかしながらその反面北九州筑豊地区の坑山労務者の家族達が長期にわたり極度の窮乏に喘ぎながらドン底生活を余儀なくされ今やこれを国家が解決すべき一大社会問題となりつつあることは御承知の如くであります。又これに類する事例は大都会の中に又全国到るところの農山漁村や中小都市にも伏在して枚挙にいとまのない程生じつつあることも覆えぬ事実であります。
この社会的な歪みや谷間に日の目を見ず蠢めくが如く生活しいろいろの悪条件の下に零細企業の不当雇傭に甘んじ生きるために働きそして心に向学心を抱きつつ世の荒波に押流されて潜在的不就学者となり或は夜間学級以前の段階を彷徨している者が相当数現存することは逆に非行青少年の激増などからも想像に難くないところであります。
これらの運命にある多数青少年の将来を思うときわれわれ教育に挺身する者として日々憂慮に余りあるところです。　この事実に対して文部労働厚生各省をはじめ各教育行政機関に於てもそれぞれの対策を講ぜられつつありますが徹底的な施策とそれに伴う法財政的措置が具体的適切に実施される段階に至つていないことはまことに遺憾な現状といわねばなりません。　われわれもこの国家的大問題解決の一手段として夜間中学校に投じて既に十余年その間本会を中心として全国的に総力を結集して不幸なる青少年の教育的門戸の開放に努力し又その見るべき成果をあげつつあることを自負するものであります。　もとより本問題の解決策として夜間学級の設置のみが適切至善の策とは断じませんが法的根據を別として最も具体性を有する現下の良策と称して過言でないと確信する
以上の観点から夜間中学校の開設を必要とする地域社会においては全国如何なる場所においても開設を見るよう関係各当局の特段の措置が講ぜられますよう強く要請するものであります。　更に不就学生徒の救済並に夜間中学校教育を充実発展せしめるためには幾多未解決の問題点及び障害のあることは本大会の諸発表で指摘された通りであります。
われわれは今ここに広く全国各地の夜間中学校教師の持ち寄つた種々の貴重なる経験と精密なる研究結果やその他の資料を中心に真摯なる討議を行い特に本会の諸目的達成のため物心両面にわたつて強力に支援の労を惜しまぬ協力団体　財団法人長欠児童生徒援護会の助力等を得て全会と共同主催により才八回年次大会を開催して夜間中学校教育の諸問題を慎重に協議検討した結果本年次大会の名において下の諸件が絶対的要請事項として固く決議された。　依つて関係各当局においては本決議の趣旨を諒とされて直ちに諸般の必要措置を講じ即時実施断行方を強く要請いたします。

決　　　議

1.　経済的貧困に起因する不就学並に長期欠席生徒の救済のため行政措置により全国必要地域に夜間中学校を直ちに設置することを要請する。

1.　夜間中学校生徒の就学状態を維持向上せしめる見地に立つて関係当局は学齢就学者及び使用者の法無視による過酷なる労働条件下に就労を強いられつつある学齢就学者の全国的調査の実施とこれが環境の改善を要請する。

1.　夜間中学校生徒の健康維持と体位向上のため全国的に無料完全給食の即時実施を要請する。

1.　教師が行う対象生徒救済の福祉的活動費を国又は地方公共団体の教育行政機関よりの即時支給方を要請する。

1.　夜間中学校の現情に鑑み主事制の確立並に専任教員及び事務職員の定員数を地域に応じて即時制定することを要請する。

昭和　三十六年　十一月二日

才八回全国夜間中学校
研究会年次大会

1962年度

昭和三十七年十月二十六日（金）
昭和三十七年十月二十七日（土）

会場　横浜市開校記念会館
横浜市中区本町一丁目
電話　横浜（20）　　番

全国夜間中学校地区連絡協議会要項

主催　全国夜間中学校研究会
横浜市公立中学校長会
川崎市公立中学校長会

後援　横浜市教育委員会
川崎市教育委員会

あいさつ

昭和三十七年全国夜間中学校地区連絡協議会準備委員長
横浜市立浦島丘中学校長
飯田赳夫

広島県瀬戸内の豊浜で第九回の研究大会を開く予定が組まれて、私たちは胸のふくらむ思いで期待していましたが、やむを得ない事情で、会場が本市に移されました。

予期していなかったことゝて、お受けするのにとまどいましたが、たいせつな研究会が開けなかったらという心配が先に立ってじゅうぶんな準備もできないまゝに本日を迎えることになりました。

毎年行われるこの会は、この道に携わる同愛の士が一堂に会して、各教委の施策や、日ごろ、心魂を傾けての先生方の苦心の指導などについて研究、討議を積み重ね、さらには、また明日への情熱と勇気とを振い起す機会としてきた意義はまことに貴重であると痛感しているものであります。

幸い、文部・労働・厚生の各省よりもご出席の快諾を得、本市教育委員会、同校長会、川崎市教委、同校長会の熱意ある御協力をいたゞき、この会を開催する運びになったことを参会者各位とともに喜びたいとぞんじます。

遠路御参会いたゞいてもなにかと不行届も多いとぞんじますが、私たちの熱意をお汲みとりいたゞいてピンチヒッターとしての本会が、じゅうぶんな成果を収め得ますよう念願してあいさつといたします。

昭和三十七年全国夜間中学校地区連絡協議会要項

一、主　題　夜間中学校の問題点および今後の研究会の組織と運営について

二、日　程

時 ＼ 日	十月二十五日	十月二十六日	十月二十七日
9.00		受付	協議
10.00		開会式	
10.30		地区状況の報告	閉会式
11.00			教育視察
11.30		昼食	
12.00		レクリエーション	
1.00		発表と協議	解散
2.00	準備委員会		
3.00		三省との懇談	
4.00			
4.30		会場移動	
		懇親会	

三、開会式

1　開会のことば

2　準備委員長あいさつ

3　来賓祝辞

4　日程説明

四、発表と協議（第一日）

1　地区状況の報告

2　研究発表

全国夜間中学校生に関する実態調査

夜間部生徒に関する家庭関係・その所得・労働条件・意識の問題およびそれらの要因の相関的関係。　京都市

3　協　議

(1)　夜間学級の性格ならびにその教育の在り方を再検討する必要はないか。

(2)　夜間学級の学級定員および教員定数の算定は、どのように定めて、実施されているか。
その実状をうけたまわりたい。　名古屋市
東港中

(3)　不就学対策について全国の状況をうけたまわりたい。　横浜市

(4) 東京都における夜間中学の経費確保について　東京都曳舟中

(5) 東京地区における夜間中学の現況について　東京都糀谷中

(6) 東京都における生徒減少の傾向について　東京都新星中

4 三省との懇談「夜間中学校を三省はどう考えているか」

講師

① 文部省初等中等教育局中等教育課文部事務官　藤村和男先生

② 労働省婦人少年局婦人少年行政監察官　高崎節子先生

③ 労働省労働基準局労働基準監察係長　西巻修平先生

厚生省児童局養護課児童福祉専門官　中山茂先生

五、懇親会

ホテルニュークランド（市長招待）の予定

六、協議（第二日）

今後の全国大会のありかたについて

七、閉会式

1 幹事会報告

2 新役員紹介ならびにあいさつ

3 次期開催地代表のあいさつ

4 閉会のことば

八、教育視察　日産自動車株式会社教育センター並びに同工場

（注）　会場へはバスの用意があります

九、解散

全国夜間中学校地区連絡協議会出席予定者（昭和三十七年十月十日現在）

文部省初等中等教育局中等教育課文部事務官	藤村和男
厚生省児童局養護課児童福祉専門官	中山茂
労働省労働基準局労働基準監察係長	西巻修平
労働省婦人少年局婦人少年行政監察官	高崎節子
神奈川県教育委員会	
横浜市教育委員会	
川崎市教育委員会	
東京都立一橋高等学校長（本会顧問）	伊藤泰治
東京都墨田区立本所中学校長（本会顧問）	関根重四郎
前横浜市立平楽中学校長（本会顧問）	立石実信
前八王子市立第五中学校長（本会顧問）	住友国春

東京都足立区足立四中校長　岡野　直
東京都葛飾区双葉中学校長
東京都大田区糀谷中学校長　石坂周一
東京都大田区糀谷中学校主事
東京都大田区糀谷中学校教諭
東京都八王子市八王子五中校長　功力文男
東京都八王子市八王子五中教諭　熊坂欽二
東京都墨田区曳舟中学校主事　矢口
東京都世田谷区新星中学校長
東京都荒川区荒川九中学校長　田村寛之
東京都荒川区荒川九中学校主事　塚原雄太
外二名

神奈川県川崎市川中島中学校長　萩原春雄
神奈川県横浜市浦島丘中学校長　坂田趙夫
神奈川県横浜市西中学校長　斉藤　滋
神奈川県横浜市港中学校長　野川義蔵
神奈川県横浜市平楽中学校長　小泉作三
神奈川県横浜市戸塚中学校長　中山紀正
神奈川県横浜市蒔田中学校長　帰山邦一
神奈川県横浜市鶴見中学校副校長　須藤久幸

神奈川県横浜市西中学校教諭　府川淳蔵
神奈川県横浜市西中学校教諭　村井マス
神奈川県横浜市浦島丘中学校教諭　中村勇作
神奈川県横浜市浦島丘中学校教諭　内藤利子
神奈川県横浜市港中学校教諭　谷口五郎
神奈川県横浜市港中学校教諭　従野清子
神奈川県横浜市平楽中学校教諭　萩谷信富
神奈川県横浜市平楽中学校教諭　柳橋　博
神奈川県横浜市蒔田中学校教諭　鈴木善一
神奈川県横浜市蒔田中学校教諭　石田広吉
神奈川県横浜市鶴見中学校教諭　田中　和
神奈川県横浜市戸塚中学校教諭　羽田　一
神奈川県横浜市戸塚中学校教諭　坂井暁子
愛知県名古屋市東港中学校長　塚本清
愛知県名古屋市東港中学校教諭　田中勝文
三重県上野市崇広中学校長　谷口　精
広島県広島市二葉中学校長　二科　弘
広島県豊田郡豊浜中学校長　林　正道
大阪府堺市大浜中学校長　油井正春
兵庫県神戸市丸山中学校長　森田　鳴

兵庫県神戸市丸山中学校教諭	片岡利雄
兵庫県尼崎市明倫中学校長	頃末秀春
福岡県福岡市東光中学校長	磯部宏徳
京都府京都市烏丸中学校長	長谷川健次
京都府京都市烏丸中学校教諭	岡田篤
京都府京都市高野中学校教諭	藤田彰典
京都府京都市北野中学校教諭	加藤良三
京都府京都市皆山中学校	佐田詢英
京都府京都市九条中学校	川井戒本
京都府京都市洛東中学校	石井孝彦
京都府京都市山科中学校教諭	斎藤将
京都府京都市藤森中学校	梶嘉一郎
京都府京都市嘉楽中学校	臼井弘
京都府京都市朱雀中学校教諭	市河三次

京都府京都市立　高野中学校長　安威行雄

設置校一覧

東京	足立区	足立四中
〃	葛飾区	双葉中
〃	大田区	糀谷中
〃	墨田区	曳舟中
〃	世田谷区	新星中
〃	荒川区	荒川九中
〃	八王子市	八王子五中
神奈川	横浜市	戸塚中
〃	〃	蒔田中
〃	〃	平楽中
〃	〃	西中
〃	〃	浦島丘中
〃	〃	鶴見中
〃	〃	港中
〃	川崎市	川中島中
愛知	名古屋市	東港中
〃	〃	天神山中
京都	綴喜郡	男山中
〃	京都市	朱雀中
〃	〃	高野中
〃	〃	北野中
〃	〃	烏丸中
〃	〃	皆山中
〃	〃	九条中
〃	〃	洛東中
〃	〃	山科中
〃	〃	藤森中
〃	〃	嘉楽中
大阪	堺市	大浜中
〃	岸和田市	岸城中
兵庫	神戸市	丸山中
〃	尼崎市	小田南中
〃	〃	大庄東中
〃	〃	城内中
〃	〃	昭和中
〃	〃	明倫中
〃	〃	伊丹中
〃	〃	西宮中
三重	上野市	崇広中
広島	広島市	観音中
〃	〃	二葉中
〃	豊田郡	豊浜中
福岡	福岡市	東光中
計	四三校	

＊　重複記事が収録されているため、本史料１０～１２頁は削除した。

昭和三十七年十月十二日印刷
全国夜間中学校地区連絡協議会準備委員会
事務局　横浜市立西中学校
横浜市西区西戸部町三ー二八六
電話　横浜　(3)

全国夜間中学生徒調査報告

調査者　京都市二部教育研究会研究部
協　力　東京夜間中学校研究会有志
全国夜間中学(二部)設置校

全国夜間中学生徒調査報告

京都市二部教育研究会研究部

はじめに

我々は自分の手を拡げた範囲での出来事は，かなり詳しく知つている。それは義務であり責任の範囲である。しかしそれは全体の一部であつて，生活している一つの細胞にすぎない。もし義務や責任の上に良心をもとうとするなら，全体の動きを正しく見つめなければ組織としての生活を，その細胞はする事が出来ない。

今まで1，2回地方的規模で夜間中学の調査が試みられているが，既に経済・社会も変遷している現在，今一度全国に目をむける必要はなかろうか。その様な意図で京都市二部教育研究会は，昨年にひきつづき全国の夜間中学生に対する調査を試みた。得られた資料は極めて大きく，詳細に記述する事は出版費の関係でとてもできない。しかし要約されたデーターを見ただけで，問題となる事は非常に大きいと考える。一体何が彼等をこうさせたのか。かりに一部の責任が彼等にあつたとしても，その責任を追求しているだけでは何にもならない。仮に非行を犯した場合，その責を児童保護機関は追求する。しかしその根源にまで到達して原因を追求し根絶しなければ誰が一体，生徒児童たちの幸福を招く事ができようか。我々は今迄あまりに現象だけを追いすぎていはしなかつただろうか。夜間生の青白い顔から，我々までが悲愴な気持になつていはしなかつたか。後述するデーターから，彼等への同情は，現象への単なる対応にすぎない事を知る。現象への対応は，結局吹出物に膏薬を塗るの愚にすぎない。吹出物の原因が内部消化機能の故障にあつたと知るとき，それでも教育という手の行動範囲は，内部消化機能の故障へ達せしめるべきではないのだろうか。せめて現象せしめた原因の追求を怠るべきではない。

彼等には余りにも多くの矛盾がある。彼等が就労している事に法違反がある。しかし就労せざるを得ない原因に対しては何等法の規制はない。何等手当てがなされていない。六法を展げると素人の目にも生活保護に関する条項が存在する事がわかる。背に腹はかえられぬ所に生ずる法律違反と，法が存在して完全施行されない怠慢と，更にそれを黙過している人たちと，一体誰が責任を負うべきなのだろうか。

あえてこの実態を真実なるが故に掘りさげて，解剖して行きたい。そしてもしこれらのデーターが夜間中学の教壇に立つ先生方の指導の一助になり得たなら，他ならぬ夜間の中学生徒にささやかな贈り物となつて倖せである。

この調査に御協力を得た全国の夜間に通う中学生徒諸君と，その先生方に深く深く感謝申しあげたい。なお特に東京夜間中学研究会の塚原・山本教諭，新星中学の先生方の精神的な協同作業に対しここに記して感謝の意を捧ぐる次第である。

第I章　調査の方法

I・1　調査要項

調査は筆記で撰択回答及び自由回答，作文とし，後述の諸文献にもとづいて次の項目について調べた。

a　夜間通学の原因

b　家庭の情況

c　勤務の諸条件

d　経済事情

e　意識調査（自由回答）

f　希望調査（自由作文式）

調査は当初１９６１年全国大会後，東京夜研の有志の先生と共同して計画，貧金面で長欠児童生徒援護会の応援を得られればと考えたが，諸種の事情で，京都二部研・研究部が独立して行ない，東京夜研の有志の応援を一部うけるに止まつた。調査は１９６２年７月現在である。また調査校，調査生徒数は表１の通りであるが，無回答校が１０数校に及び，全国夜間中学生徒の約半数程度の回答率と推測される。

I・2　調査結果の集計整理

回答を得た各生徒の個人調査用紙は，更にパンチカードに全項目を転載し，集計を項目別，関係項目の相関々係の集計整理に便ならしめた。しかし調査回答が４００名に及んだので実数のみの記載は繁雑化するので一部にとどめ，他は，項目に応じて夜間生徒もしくは男女別・学令年超者別等に細分したりしてその百分比をもつてした。したがつて特に「人」とことわらない限りは，百分比％である。また，昭和３１年神奈川県（昭３１神奈川と略す）及び昭和３２年足立四中（昭３２東京と略）及び昭和２８年文部省調査（昭２８文部と略す），京都市教委の教育調査統計などの調査結果も利用できる限り併記引用してある。但しこれらの引用もまた調査の結果はそれぞれに意図，集計の方法，設問などの差があるので，数字だけで比較しては

ならない。なお結果の考察・討論は，紙数の都合もあり，また独断を回避する意味で要約を記したに止まつた。各位において適当に考察を加えて頂きたい。なお本調査結果の引用は，調査当初協力して下さつた被調査校に対しての責任を筆者（京都二部研・研究部　市河）が負つているので東京夜間中研究会又は京都二部教育研究会へ御連絡頂きたい。

表１

調査校と回答数及びその内容

京浜地方			京阪神地区		
東京	荒川九中	４２	京都	嘉楽中	１５
	糀谷中	３３		皆山中	１１
	足立四中	４４		北野中	１０
	新星中	３３		朱雀中	７
	双葉中	１９		藤森中	７
	曳舟中	４７		高野中	６
	八王子五中	１７		洛東中	８
川崎	川中島中	６		烏丸中	４
横浜	港中	３		山科中	４
	西中	３	堺	大浜中	４
	平楽中	６	伊丹	南中	４
中京地方			広島九州地方		
名古屋	天神山中	１３	広島	豊浜中	７
			福岡	東光中	３０
計	２５校	３８３名			

調査回答数

	学令生徒	年令超過生徒	合計
男子	１６９	６２	２３１名
女子	１１５	３７	１５２
計	２８４	９９	３８３

第II章　生徒の家庭の状況

II・1　両親はどうなつているか

両親が健在であるのはわづか３５％にすぎない。これは男女による差は５％で差がないと見るべきだが，親の死亡によらない生別・別居等が，父母あわせて３０％をこえるのは，教育上にも関係する大きな問題ではなかろうか。この項に関連するデーターは後出する参照されたい。

表2　父母の関係はどうなつているか（％）

表2のa　男　子　生　徒　（％）

	父　健	父　亡	父不明	父生別	父（2人目）	父（3人目）	父　病	父別居
母　健	3 3	1 2	+	3	3		3	1
母　亡	6	6	+	+			2	2
母 不 明		+	+					
母 生 別	2	+	+	+				+
母（2人目）	2	+			1			
母（3人目）	1							
母　病	2	1						+
母 別 居	2				+		+	+

表2のb　女　子　生　徒　（％）

	父　健	父　亡	父不明	父生別	父（2人目）	父（3人目）	父　病	父別居
母　健	3 8	1 3	2	3	2		3	3
母　亡	4	5		3				1
母 不 明			+					+
母 生 別	+							+
母（2人目）		+					+	+
母（3人目）								
母　病	5	+					+	
母 別 居	2	+		+			+	1

表2のc　全　生　徒　平　均　（％）

	父　健	父死亡	父不明	父生別	父（2人目）	父（3人目）	父　病	父別居
母　健	35（58）	12（20）	1	3　(6)	3		3	2
母　亡	5（10）	5	+	1			2	2
母 不 明		+	1					+
母 生 別	1 (4)	+	+	+				+
母（2人目）	1	+			+		+	+
母（3人目）	3	+					+	+
母　病	2	1		+	+		+	1
母 別 居	+	+		+	+			1

〔註〕　（ ）内は昭３１神奈川，＋印は１％未満

表３　両親はどうか（％）

		人　員	健在	死亡	不明	生別	2度目	3度目	病臥中	事情があつて別居	なし
父親	男子	2 3 2	4 8	2 1	3	4	5	1	6	6	6
	女子	1 5 1	5 0	2 1	2	6	5	0	6	9	1
	全	3 8 3	4 9	2 1	2	5	5	1	6	7	4
		人　員	健在	死亡	不明	生別	2度目	3度目	病臥中	事情があつて別居	なし
母親	男子	2 3 2	5 9	1 6	1	5	3	1	3	6	6
	女子	1 5 1	6 4	1 5	1	1	2	0	6	6	5
	全	3 8 3	6 1	1 6	1	3	3	1	4	6	5

Ⅱ・２　　生徒の住居の状態はどうか。

表４　生徒の住居はどうか（％）

	人　員	自分の家	住込み	寄宿舎	下宿	知人の家	親戚	間借	その他	なし
男　子	2 3 2	3 0	3 7	4	1	2	5	1 4	1	6
女　子	1 5 1	4 6	2 1	1	0	3	9	1 2	1	7
全	3 8 3	3 8	2 9	3	1	2	7	1 3	1	6
（昭３１神奈川）		5 5	1 9	1	1	3	−	−	1 5	−

勿論自分の家というのは家屋の所有権を意味しているのではない。男子の「自分の家」の回答率の少ないのは驚ろく。女生徒の「住込み」はさすがに少ない。しかし昭３１神奈川にくらべて住込み勤務が多く，家を離れている生徒が多い。

表５　夜間中生徒の家族の１人当り畳数(％)

畳数	1以下	2以下	3以下	4以上
％	2 2	4 2	1 5	2 1

また自宅通学生徒中１７４名について調べた結果，その約半数は家の畳数は８枚以下であつて，１人当りの畳数の平均は極めて少ない。１人１畳未満の生徒が２２％１６名いる事は見逃せない。家の間数は２間までが６９％をしめている。自宅での勉強どころのさわぎではない。なおこの他電灯・ガス・水道・便所等についての調査もしたが設問の不手際で無効回答が続出したので集計をはぶいた。

表6　家族数と畳の数との関係（自家通学１７４名）

単位：人

家族数	４・５畳	８畳以下	１２畳以下	１６畳以下	１８畳以上
１１人以上	0	2	0	0	0
１０人	0	1	1	1	0
９人	0	0	1	1	1
８人	0	2	0	2	2
７人	4	4	7	2	0
６人	3	１４	１０	2	3
５人	4	１２	9	6	3
４人	6	9	6	4	1
３人	１０	１１	8	1	0
２人	7	2	4	1	0
１人	1	2	0	0	0

図6

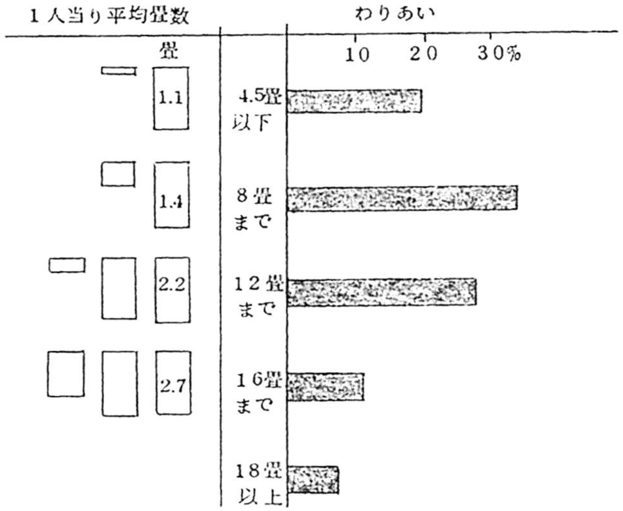

表7　家の間数はどうか（％）

間数	1間	2間	3間	4間	5間	6以上
％	３９	３０	１３	6	2	１０

Ⅱ・３　生徒の家庭の状況はどうか。

表８のａ

家族数	2	3	4	5	6	7	8	9	１０	１２人
７万以上（円）				2		2				
５〜６万台			2	0	2	2	1	2		
４万		4	3	1	2	2	2	1	1	
3.5〜3.9	2	4	1	1	0	1				
3.0〜3.4	1	2	0	4	5	5	1	1	1	
2.5〜2.9	1	2	2	3	4	2				
2.0〜2.4	1	7	6	5	2	1		1		
1.5〜1.9	1	5	1	3	1	1				※1
1.0〜1.4	5	2	0	4	4	2				
1人当り平均円	10500	8700	7550	7360	4830	5250	5250	4400	4100	
家族数の比率％	8	20	11	19	15	19	3	4	1	(1)
昭31（神奈川）円	4000	3120	3690	3333	3206	2736	2896	2844	3000	
家族数　％	4	7	14	24	25	15	7	4	1	1

表８のｂ　平均月収と家族平均

１人平均月収	６２２０円
平均家族数	4.9人
神奈川平均月収	３１９０円
平均家族	5.1人

生徒の家族構成は３人５人７人が約２０％づつで，これは昭３１神奈川の５，６人が最高であつたのと少しかわつている。本調査の平均家族数は4.9名で昭３１神奈川平均5・１名よりやゝ少ない。家族１人当りの月収は平均して６２２０円で昭３１神奈川の約２倍である。消費者物価指数の昭和３１年３００に対して昭和３６年の３３５から見ると，夜間生の家族の生活はとても経済成長しているということになる。

表9　小遣いは月平均いくらか（人・円）

	学令男子	学令女子	年超男子	年超女子	昭３１神奈川
調査数	１４７人	８７	４７	２６	
平均円	１３７８	１０９１	２２９４	２１１９	３２０
最高円	７０００	５０００	８０００	５０００	１５００
最低円	１００	１００	３００	５００	５０

このような中で生徒で生徒たちの小遣はかなり多い。年超生徒は月額２０００円を超え，学令生徒でも１０００円をこえている。これ

また昭３１神奈川の平均３２０円にくらべて，約３倍の高度経済成長であるというべきか。もつとも使途調査は行なわなかつた。

以上生徒の家庭の事についてのべて来た。極言すればこの平和な，国づくり，人づくりに精を出すニツポンの国に，今なお１人１畳の範囲に，月５０００円で生活し，父の酒乱，母の家出，何人もの家族で「麦を喰わ」されている子供たちがいる。もちろんこの数字は生徒の申告であり，多少の誇張や過小評価もあり得る事でこのまま判定してはならない。

第Ⅲ章　夜間通学の原因と背景

Ⅲ・１　通学の原因はどこにあるのか

この理由因子の分類は本誌前号（No.１２）の分類によつた。全体を見渡すと貧困よりも崩壊家庭系によるものが４７％で１位を占める。（第Ⅱ章Ⅱ・１参照）またここで通学の原因として父母の生別，家出，父の酒乱等と明記した生徒は５０名にのぼり，実に１８％に及んでいる。後出の第六章をも参照されたい。また貧困系２７％であるが崩壊家庭が原因となる事が多く不可分の関係にある。両者で実に７４％を占めるに至つた。これは昭３１神奈川，昭３２東京にみられない数字である。昭２８文部省では貧困が７３％であつた。なおこの調査で住込男子３名，住込女子１名の４名が「東京へ出て来たかつた」という理由を記していた。勿論東京へ来

表１０ａ　夜間に通学しなければならなくなつた理由（人・％）

	学令男	年超男	住込男	全男子	男子％	学令女	年超女	全女子	女子％	全	全平均％
調査数(人)	８１	４５	５６	１８２		８２	２６	１０８		２９０	
貧困系	２９	９	１３	５１	２８	２２	６	２８	２６	７９	２７
崩壊家庭系	２７	１８	３３	７８	４３	４９	９	５８	５４	１３６	４７
嫌学系	１９	２	５	２６	１４	９	０	９	８	３５	１２
病気	２	３	０	５	３	０	３	３	３	８	３
非行	１	０	１	２	１	１	０	１	１	３	１
他	３	１	1)４	８	４	1)１	１	２	１	１０	３
資格取得	０	１２	０	１２	７	０	７	７	７	１９	７
			1)の内男３女１は東京へあこがれ又は就職のため出て来たものであつた。								
父母の非行に関するもの	１４名	５名	１７名				１１名	３名			
％	１８％	１１％	３１％				１３％	１２％		５０名	１８％

表１０ｂ

年令超過生徒の年令構成と，二部通学までの休学期間

	人員	休まない	1ヶ月以内	1年以内	1年以上	なし
１６才	１１		２	３	４	２
１７	１２		１	２	６	３
１８	３				２	１
１９	５				５	
２０	４			*１	２	１
２１	３			*１	１	１
２２	４				３	１
２３	３	*１				２
２４	６	*１			４	１
２５	２				１	１
２６	１				１	
２７	２	*１			１	
２８	３		*２			１
２９	２				１	１
３０	３				３	
３１	１					１
３５	１				１	
３６	１					１
３９	１	*１				
不明	３２	１	２	５	１８	６人
男子（超）		４	４	７	３３	１４人
女子（超）		１	３	５	１９	８人
男子（普）		４７	５４	３６	１７	１５人
女子（普）		３８	２３	３４	７	８人
全　％		２４	２２	２２	２０	１２％

＊印は回答が理にあつていない。

なければならない理由は記されていない。１４才未満の少年が保護者の元を離れた時には児童相談所に届出する義務が生ずるが，彼等の現在の雇主はそれをしたであろう。

表１０のｂによれば学令生徒の大半は１ケ月までの休学で夜間へ転学している。

夜間中学校の存在理由は貧困の救済から，家庭不和，社会不安のしわよせに移行し，不良化防止に変貌しつつある。なお本章についても，生徒の回答によつて分類し，昨年度は担任教諭の指導上の分類であつたので，やゝ数字に差異がみられる。

表10のつづき

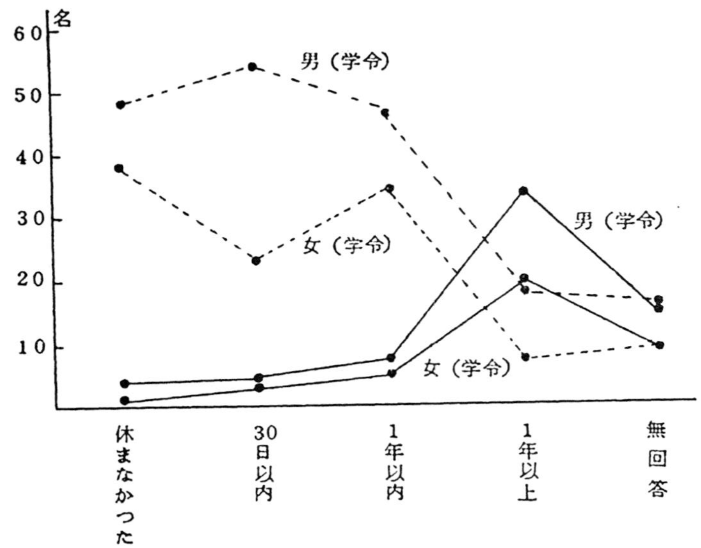

第Ⅲ章　夜間に来る生徒の通学状態と心境

Ⅲ・1　夜間通学をどう考えているか。

夜間中学に来るのは半数以上が「たのしい」と答えている。しかし「がまん」している生徒も３０％いた。

表１１　夜間中学通学はたのしいか（％）

	調査数	たのしい	がまんする	つまらない	行けといわれるから行つている	やめてしまいたい	その他	なし
男子	224人	50	31	3	3	1	2	10
女子	151	58	30	2	1	0	1	8
全	375	54	31	2	2	1	1	9

また他人に対して胸を張つてかどうかわからぬが「恥かしくない」といい切る生徒は1/3であり他は無回答を入れて2/3はやはり抵抗を感じないわけには行かないのであろう。

表１２　他の人に対してどう思うか（％）

	調査数	恥かしくない	恥かしい	とても恥かしい	恥かしいので学校をやめたい	なし
男子	232人	31	14	3	0	52
女子	151	35	7	2	1	55
全	383	33	11	2	1	53

—10—

Ⅲ・2　なぜ仕事についているのか

ここでもやはり３４％は仕方なしに仕事をしているが「父母がきのどくだから」働らいている生徒は学令生徒に比べて年超生徒が少ない。理由はともあれ「働かないと」………<死ぬ以外に>……「仕方ない」のであろうか。兎に角，やけつぱちになつて浮動性のある人間にならず<働らく以外に>仕方ないという子供達に幸あれと<祈る以外に>まさしく「仕方ない」のである。

表１３　夜間通学することについて　（％）

	働らかないと仕方がない	父母が働らけというから	父母がきのどくだから	働らかないと叱られる	働く方が勉強よりすきだから	無回答	調査人員
男子（学令）	38	4	14	2	13	39	159名
女子（学令）	31	6	16	2	3	42	103
男子（年超）	30	6	8	2	5	49	63
女子（年超）	30	0	8	0	5	57	37
全男子	36	5	13	2	8	38	222
全女子	31	4	14	1	4	46	140
全平均	34	5	13	2	8	33	362

Ⅲ・3　生徒の真摯さを反映して　　表１３の図

か，家の人（６３％）も職場の主人・監督者（５３％）なども，夜間の通学にはかなり協力的である。しかしまだ無関心である場合が，雇主１４％，家族２３％もいる事は救われない。仕事場の人も，「何もいわない」は年超生徒に対して比較的多く，職場に内証で通学しているのは年超女子に１４％ととても多い。これらは昭３１神奈川，昭３２東京ともに現在と大してかわらない。

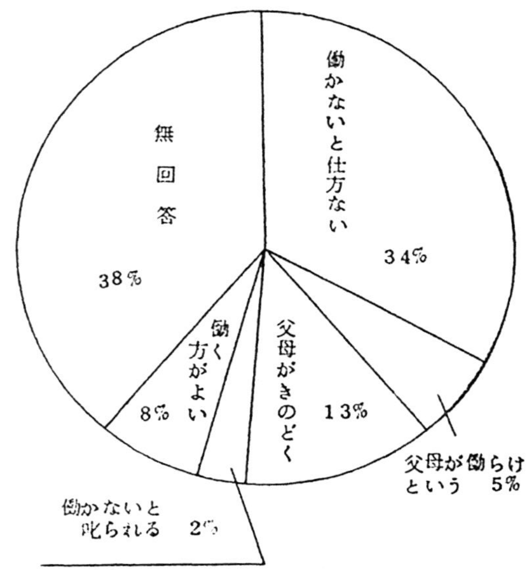

—11—

表１４　家の人はどんな態度か（％）

	調　査　数	はげましてくれる	何もいわない	働らけという	な　　し
年超男子	６３	５６	２７	３	１４
学令男子	１６９	６３	２１	２	１４
全 男 子	２３２	６１	２３	３	１３
年超女子	３７	６８	２４	０	８
学令女子	１１４	６４	２３	４	９
全 女 子	１５１	６４	２３	３	９
全	３８３	６３	２３	３	１１
昭２８文部省		５６.８	１１.６		

表１５　職場の人の態度はどうか（％）

	仕事の途中でも学行へ行かせる	口だけははげましてくれる	残業させられる	何もいわない	いやな顔をする	内証にしてある	な　し
年超男子	53	9	2	24	1	2	9
学令男子	59	7	6	15	1	1	11
全　男	56	7	5	17	2	2	11
年超女子	40	0	0	22	4	14	19
学令女子	41	13	5	18	3	1	19
全　女	41	10	4	19	3	4	19
全	50	8	4	18	3	3	14
昭３１神奈川	50	20			4	15	
昭３２東　京	53	14	9	14			

図・４　夜間通学にはどんな苦しみがあるか。

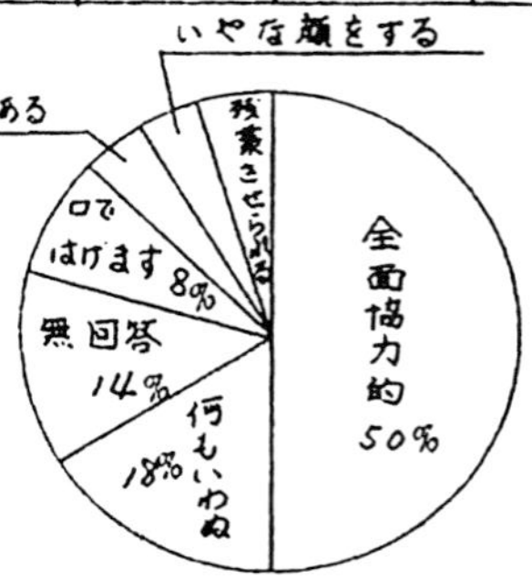

表１６　通学の順路は（％）

	人	勤先から直接	一旦家へ帰る	な　し
男　子	232	64	16	20
女　子	151	63	16	21
全	383	63	16	21
昭２８文部		23.8	24.4	

—12—

これらの生徒は６３％が勤先から直接学校へ来ている。本誌第１１号で報告した疲労の由来もここにある。これは次章の生徒の勤務時間との関連において考察しなければならない。即ち平均して８時間の勤務と，約３０分（５３％）の通勤時間を加え，３時間の勉強では，通算11～１２時間の労働と考えざるを得ない。労基法，女子年少者労働基準規則についての条項はかげをひそめざるを得ない。通学の方法も，徒歩か自転車の通学者６７％で交通機関利用者は３３％と少ない。しかも夕食は，約４０％の生徒が学校の給食だけですませている。勿論この回答は比較的給食状態のよい東京地方に集中している。また住込の生徒より自家通学の生徒に多い傾向である。また病気の時にも「がまんする」生徒が14～１８％いて，昭３１神奈川と同率であるが，一体がまんして病気を治療させる魔力を夜中生はもっているのだろうか。勤先，学校の保健室利用の生徒は極めて少ない。

表１７

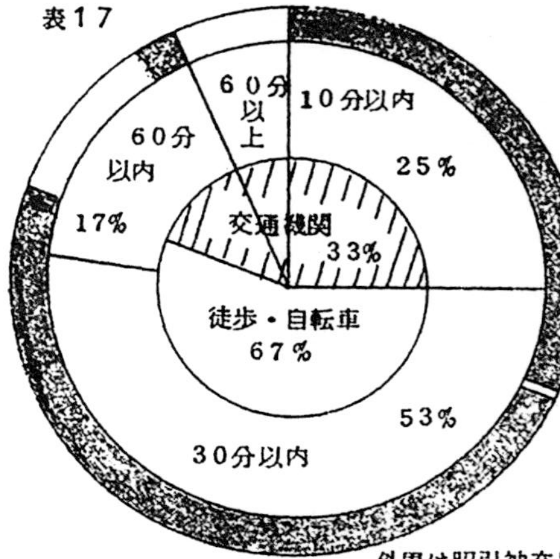

外周は昭引神奈川

（註）交通機関利用者の８７％は電車の利用者である

表１８　夕食はどこでたべるか（％）

	勤先でたべる	学校の給食だけですます	家　でたべる	給食の他家でたべる	な　し
男子	14	34	12	34	6
女子	5	39	18	31	7
全	10	36	14	33	7

第１９　病気になつたらどうするか（％）

	調査数	学校でみてもらうだけ	勤先の保健室でみてもらう	病院にゆ　く	がまんする	な　し
男子	232	2	8	63	18	10
女子	151	3	3	64	14	14
全	383	2	6	63	16	12
昭３２神奈川				32	17	3

第Ｖ章　生徒の職業に関して

生徒の職業を論ずる前に労基法その他，法について見たい。生徒の職業に対する条項は次の

—13—

o　労働基準法　第8条，49条

o　労働基準法　56，57，58，59，60，61，63条

o　女子年少者労働基準規則　7，8，10条

o　児童福祉法

概論すれば「学令児を就労させてはならない。しかし（しし）就労させるなら第8条の数項目について，学業時間を加えて7時間以内の条件で，各部局の許可を受けてなら就労させてよい。」というわけであろう。児童福祉法から言えば　第1条で理想をのべたあと，児童を見世物にしたり，飲食店（そば屋でも，飲食店の許可証が掲げられている）の仕事を禁じている。しかし，背に腹はかえられない夜間通学の学令生徒に対する保護は見当らない。現に京都で，保護者の依頼で住込みを紹介した夜間の先生は，児童相談所の一保護司から，児童福祉法の届出義務怠慢と叱られた。親父が酒乱，母親が義母であり，「家庭不和だから，親父の依頼でそうしたのだ。いけなければ児童相談所で何とかしろ」と言つたところ，その保護司は「法律に何もないから出来ない。」というだけであつた。

V・1　生徒の職業はなにか

表2.0　生徒はどの様な職についているか（人）

		プレス旋盤工	溶接工	鉄工	工員	電気工	ガスラ工	かじや	土木業	大工	製縫	製造	印刷工	材木業
学令	男	6	2	8	32	2	2	1	2	5	9	25	3	1
	女	0	0	1	10	1	0	0	0	0	2	16	1	0
年超	男	1	1	0	14	0	0	0	1	4	0	5	0	0
	女	0	0	0	6	0	0	0	0	0	4	4	0	0
関係法		法8の1	法8の1	法法863の1	法8の1	法8の1	年少法8の1・法8の136	法8の1	年少法8の1・法8の122	年少法8の1・法8の124	法8の1	玩具8の29・年少・法8の1	法8の1	法8の1

		漁師	クリーニング	自衛隊	運送業	織物業	運転手	塗装	清掃業
年令	男	6	2	1	1	0	0	5	0
	女	0	0	0	0	14	0	1	0
年超	男	0	1	0	0	0	3	0	2
	女	0	0	0	0	0	0	0	0
関係法		法8の7	法8の1	自衛隊法	法8の4	法8の1	法8の4	法8の1	法8の15

玩具・印刷工・塗装工はベンゾールを使つている

		店員	食品料店	配達	米穀店	販売	行商	看板業	写真店	美容師	調理師	守衛
学令	男	18	5	4	4	2	1	1	1	0	0	0
	女	0	3	0	0	0	0	0	0	1	0	0
年超	男	6	2	1	0	0	0	0	1	0	0	1
	女	3	0	0	0	0	0	0	0	3	1	0
関係法			児法8					法8の1				

		公務員	事務員	新配聞達	家事	雑用
学令	男	1	0	1	0	0
	女	0	2	0	35	1
年超	男	3	1	0	0	1
	女	0	6	0	0	8

表20のb　触法職種

		%
学令男	107人	63
学令女	46	40
年超男	32	52
年超女	14	38

表20の中から労基法に抵触するものを拾つたところ，表20－bになつた。男子の63%，女子40%計153名は，法律によつて職をはく奪されねばならないのか。年超生徒も，年令の関係で一部，法の抵触はまぬがれないであろう。

表21　あなたの職場に労組はあるか（%）

	人	労組がある	労組員である	労組員でない	労組がない
男	231	3	5	4	54
女	152	5	3	3	38
全	383	3	4	3	48

表22　職場での取扱われ方はどうか（%）

	人	学校の行事なら公休に取扱う	欠勤取扱	通勤手当はない	保険はない	健保をかけている	失業保険がある	労災保険がある	厚生年金がある	なし
男子	231	24	14	20	34	30	10	5	8	26
女子	152	16	22	11	20	14	7	3	4	36
全	383	21	20	17	28	24	9	5	7	30

それはかりではない。高熱・重量取扱等危険業務についている幾人かの生徒は，もしけがでもしたらどうなるのか。労働組合は４８％がなく，労災保険のある者はわづか５％にすぎない。健康保険すら２４％しかかけていない。また，法にはふれないが新聞や牛乳配達・出前等をしていて車にはねられたらどうなるのか。全く無防備の少年たちである。食料品店は児童福祉法の中では禁じられていた。さらにあえて付加すれば，自衛隊員はどんなものであろう。自衛隊法でも，義務教育未了者を入隊させる事は出来ないだろう。彼は自分の職業を撰んだ理由に，胸をはつて「国土防衛と平和を守るため」と記していた。

V・2　だれの紹介で就職したのか。

紹介は父母によつてなされた生徒２７％で第１位である。この生徒達はほとんど貧困系に属し，家人の態度も協力的である。自分で開発した生徒と，職安の紹介就職生徒は年超者に多い。理解に苦しむのは児童相談所が，その措置として，昼間住込ませ夜間に通わせるのが適当として来た男子が２名存在する事である。

表２３　誰の紹介で就職したか（％）

	人	自分で探した	広告による	父母による	先生による	いつも相談する人による	司法関係機関	同僚など	元の雇主	職安・紹介所など	その他
男子	230	11	1	27	10	15	2	5	2	2	25
女子	151	9	2	26	7	17	0	5	1	5	28
全	381	10	1	27	9	16	1	5	1	4	26

V・3　職場でどんな待遇をうけているか

表２４　勤務の条件（％）

始業時刻

	人	5時以前	5.30	6	6.30	7	7.30	8	8.30	9時	9時以後
男	197	3	1	4	5	8	4	54	8	11	2
女	107	0	1	7	3	6	1	56	9	13	4
全	304	2	1	5	4	7	3	55	9	11	3

終業時刻

	人	4時以前	4	4.30	5	5.30	6	6.30	7	8	8時以後
男	194	5	15	19	44	4	7	0	4	2	0
女	102	1	10	14	58	6	8	0	0	1	2
全	292	3	13	16	48	5	7	0	6	1	1

－16－

勤務の条件や待遇はどんなだろうか。配達・新聞の職種を除いて大半は８時始業であつた。８時以前には家事の手伝が集中している。終業は東京地方の４時３０分，地方の５時と，そこに幾分地方的差が見られる。実就労時間は工員，会社がほとんど８時間，店員・雑役・手伝には不規則がめだつ。

表２５　休けい時間はどうなつているか

休憩時間		15	20	30	40	45	60	75	90	120分	不定
男	154人	6	3	16	1	10	51	1	7	6	0
女	82	10	5	16	6	7	44	4	4	4	1
全	236	8	4	16	3	9	48	2	5	4	1

休憩時間は６０分が１位であるが，３０分というところの１６％もみのがせない。月平均の休みも，週休は６１％で，残り３０％は月２回である。これは昭３２東京に較べて非常に好転していた。

表２６　１ト月の休日数は（％）

	回	1	2	3	4	5
男子	164	2	32	7	49	11
女子	88	2	30	6	51	11
全	252	2	31	6	50	11
(女子)	法61に抵触					
昭32東京		37	22	16	12	1

職場での生徒の居心地は悪く，全体の４８％の生徒は，いやな事があつても「がまんする」のみである。勿論勉強する時間のある生徒は１７％しかなく，職場の同僚の平均年令は学令生徒の職場で２６・７才と，生徒より１２才も年上の人と一緒に仕事をしているわけであり，教育上問題が極めて深い。

表２７　職場のふんいきはどうか（％）

	人員	勉強時間はある	勉強時間はない	いやな事が起れば上役にいう	いやな事があつてもがまんする	夜間生ということでいぢめられる	夜間生ということでいぢめられない
男子	231	14	50	7	52	3	66
女子	152	20	31	6	41	1	47
全	383	17	42	7	48	2	57

表２８　職場の同僚の平均年令は

	学令男	学令女	年超男	年超女
人員	92	43	34	15人
平均	26.3	26.7	35.0	25.7才
最高	55	50	48	45才
最低	14	16	17	20才

また残業は２７％が自由と回答していて，残業させられる生徒はこれより少ない。しかし女子の住込生徒の２８％は残業させられ，全体として通勤の１０％より住込生徒は１９％

－17－

と高くなつている。また表2にみられた様に，学校行事で欠勤しても欠勤として取扱われる生徒が２０％も存在する。これでは，修学旅行はおろか，遠足に参加しても，１日の日当と皆勤手当の合計1000〜1500円を犠牲にしなければならない。

表２９　残業はどうですか（％）

		人　員	残業させられる	残業は自由	な　し
住込	男	105	11	26	63
	女	29	28	31	41
通勤	男	178	9	23	68
	女	70	13	39	48
全住込		134	19	27	54
全通勤		248	10	27	63

V・4　生徒の月給はどうか

表３０　月給ですか，日給ですか（％）

	完全月給	日給月給	日給を毎日くれる	無報酬	な　し
男　子　231	37	45	2	3	13
女　子　152	20	34	4	4	37
全　383	31	41	3	3	22
昭３１神奈川	41	53			

月給は完全月給が男子３７％で多く女子は２０％と少ない。平均３１％は昭３１神奈川の４１％に較べて１０％減少している。日給月給は平均４１％であるが，日給制の３％を加えても昭３１神奈川より９％低い。

表３１　月給はいくらもらうか。（２２６人）

円	男子（学令）	女子（学令）	男子（年超）	女子（年超）	全平均％	昭31神奈川％
1000以下	13	6	1	—	8.6	6.2
1500	2	4	—	1	3.1	14.7
2000	2	2	—	1	2.2	11.1
2500	16	4	—	—	8.6	6.2
3000	7	5	1	2	6.6	7.4
3500	3	—	—	—	1.3	3.7
4000	4	1	—	—	2.2	7.4
4500	2	1	—	—	1.3	10.0
5000	9	4	1	—	6.5	7.4
6000	14	9	4	—	11.9	3.7
7000	14	5	3	3	11.0	6.2
8000	10	4	8	3	11.0	4.9
9000	6	1	4	4	6.6	1.0
10000	7	3	3	2	6.6	
11000	2	—	2	1	2.2	
12000	4	—	4	—	3.5	
13000	—	—	2	1	1.3	
14000	—	—	1	—	+	
17000	—	—	1	2	1.3	
18000	—	—	1	—	+	
20000	—	—	1	—	+	
21000	—	—	1	—	+	
25000	—	—	1	—	+	
27000	—	—	1	1	+	
35000	—	—	1	—	+	
調査人員(人)	115	49	41	21	226名	
平均収入(円)	5370	4680	11150	9310	—	

月収は学令男子の総平均５３７０円，女子４６８０円と女子が少ない。年超生徒の男子は１１１５０円で女子より２０００円多い。年超生徒は学令生徒の約倍額の所得である。月収の数の分布も昭３１神奈川にくらべ数字上は好転している。

V・5　生徒の勤続と転職はどうか。

表３２　転職の理由と回数について　（％）

因子類別	理　由	全　体	1　回	2　回	3　回
A	その仕事がいやだから	27	7	12	9
B	会社がつぶれた	14	7	4	3
C	給料が少ないから	13	5	3	4
C	疲れるから	9	5	1	2
B	上役とうまくいかない	7	3	2	1
C	交通が不便だから	7	1	4	1

因子類別	理由	全体	1回	2回	3回
B	父母の意見による	4	0	3	1
C	仕事場の環境が悪い	3	1	1	1
B	家の事情による	3	0	2	1
A	自分にむく仕事につきたい	3	2	0	1
A	友人にさそわれた	2	1	1	0
A	境遇の変化による	2	1	1	0
A	非行したから	1	1	0	0
A	けんかしたから	1	0	1	0
A	住込むため	1	0	1	0
A	アルバイトだから	1	1	0	0
A	免状がないので	1	1	0	0

〔註〕A：自責因子　B：他責因子　C：第三因子とした。

今回の調査で判明したことは，仕事の途中で職をかわる（転職）生徒が意外に多かつた事である。夜間生全体の２４％が，何回か転職した経験をもつ。転職の理由は大別すると表３４のごとくなる

表３４　転職理由の因子

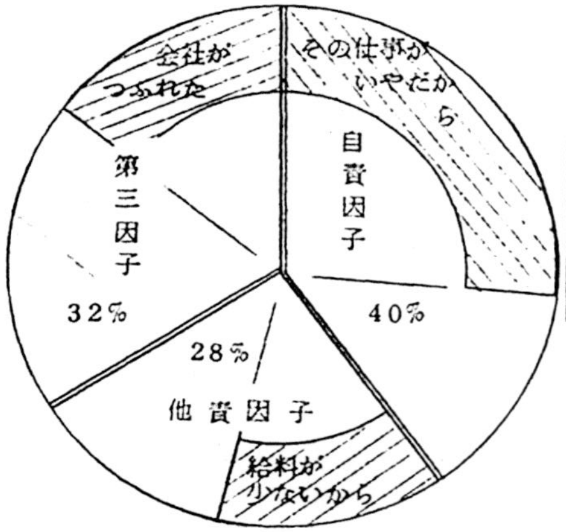

表３５　転職理由因子の序列

	A 自責因子	B 他責因子	C 第三因子
1位	仕事がいや	会社倒産	給料少ない
2位	自分に むかない	上役と 折合悪い	疲れるから
3位	友人に さそわれた	父母の意見	交通不便
4位	境遇の変化	家の事情	環境悪し

自責因子が４０％，他責因子２８％，第三因子３２％となつている。転職理由の第１位は「その仕事がいやだから」（２７％，自責因子）であり，第２位は「会社がつぶれた」という他責因子の１４％であつた。これらの順位は転職の回数の多少とあまり関係がない。これを更に詳しく分析して，転職経験生徒の初回の勤続期間を調べたところ，学令生徒は男女とも

６ケ月までに転職したものが４０％をこえている。しかし年超生徒は半〜１年と，３〜５年という２つの山がある。早期転職は概して学令生徒に多い。これは将来に好ましくない経験となる恐れもあるが，転進が早いといつて，必らずしも悪いと生徒を責めることも当たらない。

勿論学令生徒は就職という事情が発生してからの期間も短かいので図の様なポアッソン分布となる事も考えられる。

一方転職経験のない生徒の勤続期間は年超生徒の長期の方が高率を示して，職業上の安定を見ている。学令生徒は前述した理由からまだ短期間の勤続である。

表３６　転職経験生徒の初回の勤続期間（％）

	年超男子	学令男子	年超女子	学令女子
	３６名	７２名	７名	３０名
０〜６ケ月	８	４２	２９	４３
７〜１２ケ月	３３	１８	１４	２０
２年未満	１１	２４	１４	２７
３年未満	６	４	２９	７
５年未満	３１	４	０	３
５年以上	１１	８	１４	０

転職した生徒の転職回数は一↙

３６の図

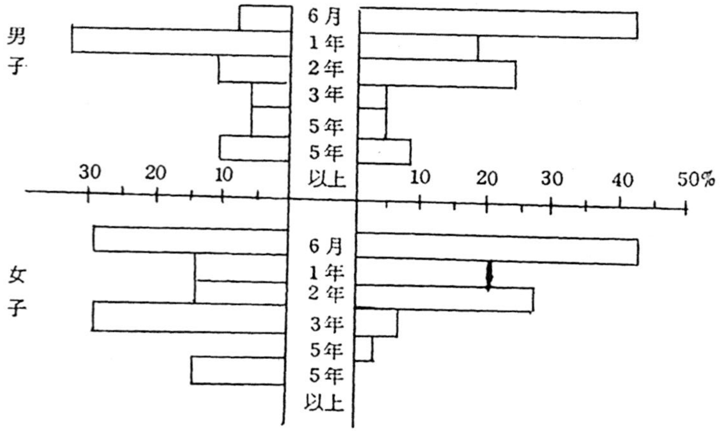

↗見すると男子の方が「きれい」である。１回の経験が５０〜５７％で，２回３回となると率は低下する。女子は複雑で，学令生徒では２回経験者５０％，年超女子は３回経験が５８％となつている。全夜間生として見たら率は少ないが，表３２の理由をよく考えて見ないと数字だけ

表３７　転職経験のない生徒の勤続期間（％）

勤続期間	年超男子	学令男子	年超女子	学令女子
	８名	５６	１０	４１
０～６月	０	３８	３０	２９
７～１２	１３	１６	１０	２６
２年未満	１３	２７	１０	２７
３年未満	３５	１４	１０	１７
５年未満	２６	１	１０	１
５年以上	１３	４	３０	０

表３３　転職の回数　（％）

	調査人員	１回	２回	３回
学令男	６７	５７	３１	１２
学令女	３２	４４	５０	６
年超男	３２	５０	３４	１６
年超女	７	２８	１４	５８
全男子	９９	５４	３２	１４
全女子	３９	４１	４３	１６
年　超	３９	４６	３１	２３
学　令	１０９	４８	３４	１８
全平均	１４８	５１	３６	１３
夜間生に対して		１３	９	３

表３３の図

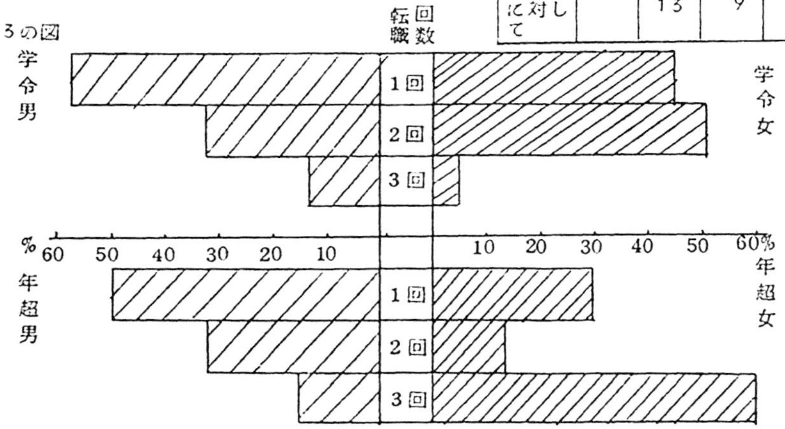

の判断は極めて危険である。

ではこれらの生徒は平均してどれ位勤続してから他の職に転ずるのだろうか。まず学令生徒は男女とも前述したごとく，月単位で転職して行く生徒が多い。約半数をしめている。それに反して年超生徒は年単位は勤続しているもの６０％前後であつた。

さて，一体生徒たちは自分の職業について，将来どう考えているのだろうか。現在おかれている境遇が改善されれば別であるが，↗

表３８　転職経験生徒の１回の勤続期間（％）

	人　員	月単位	月・年	年単位
学令男	６７名	４８	３６	１６
年超男	３２名	１３	２２	６５
学令女	３２名	５０	３４	１６
年超女	７名	１４	２８	５８
全　男	９９名	３６	３２	３２
全　女	３９名	４４	３３	２３
年　超	３９名	１３	２３	６４
学　令	１０９名	４４	３２	２４
全	１４８名	３８	３３	２９

３８の図

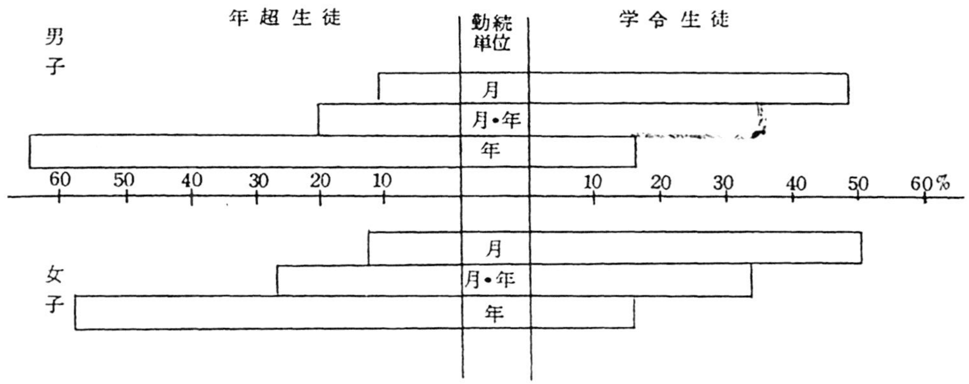

表３９　今後の仕事はどうするか

	人員	卒業したら他職にかわる	他に変りたい	今の仕事を続けたい	現在の仕事で身を立てたい	なし
男　子	２３２	１９	２４	２４	１６	１７
女　子	１５１	２４	２４	１７	１２	２２
全	３８３	２１	２４	２１	１５	１９
昭３１神奈川		—	１５	４５	—	４０

↙その希望もない現在，他の職に転じたいという生徒が男女とも４５％をしめる。現在の職業で身を立てたいという生徒は年超者だけしかいない。これは１５％である。昭３１神奈川に比較して転職希望生徒の数字がかわつているのは，現在の景気，求人が余つているからなのか，待遇が悪いからなのか，いづれにせよ石の上にも三年という言葉は現代ッ子には通用しそうにない。

第Ⅵ章　　生徒たちの現在に対する心境

ほとんど自由に，何の拘束もなく回答してもらつた生徒たちの心境について記したい。設問の未熟さと，自由回答なので集計結果が正しい生徒の心境であるかは自信に不足するが，しかし，かなりまじめな子，子供らしさがこの数字から汲みとれる。

Ⅵ・1　生徒の気持はどんなか

生徒たちの最も「信頼する人」に，男女ともまず母をあげている。子を置いて他に走つた母親にきかせたい。浪花節ではない。

意外に低いのは先生と父であつた。反対に，最も「きらいな人」は男女その順位がかわり，男子では友人，同僚，が多く，女子は父，社長，先生となつている。こんな夜間生に，同じ年頃の友人の立場は女子では「信頼され」て１７％，男子には「きらわれ」て１６％である。また生徒は現在の境遇に対して，父母がわるいというもの２０％，政治がわるいが２２％，自分がわるいが２１％と批判している。

表４０　あなたの信頼する人ときらいな人は（％）

	信頼する人			きらいな人	
	男　子	女　子		男　子	女　子
回答数	１１１人	８８人	回答数	４９人	３１人
母	２１	３０	友　人	１６	０
雇　主	１４	６	同　僚	１４	１
先　生	１３	６	池田首相 天皇	１２	０
友　人	１０	１７	父	８	１９
父	８	６	先　生	８	１０
父　母	７	１１	社　長	１	１６
以　下　略			以　下　略		

表４１　信頼する人きらいな人の順位（％）

順位	信頼する人				きらいな人			
	男（１１１名）		女（８８名）		男（４９名）		女（３１名）	
１	母	２１％	母	３０％	友　人	１６％	父	１９％
２	雇　主	１４	友　人	１７	同　僚	１４	社　長	１６
３	先　生	１３	父　母	１１	池田・天皇	１２	世間の人	１０
４	友　人	１０	姉	８	父	８	先　生	１０
５	父	８	先　生	６	先　生	８	親せき	１０
６	父母・兄	６	雇　主	６	母	２	同　僚	
７	伯　父		父	６	昼の生徒		昼の生徒	
８	自　分		兄		大人たち		社長夫人	
９	祖母・同僚		家　族		世間の人			
１０	姉		伯　母		政治家			

表４２　父母がわるいのだから……………（％）

		仕方ない	がまんする	自分だけでも正しく	反抗したい	な　い
男　子	２３１	３	９	８	０	８０
女　子	１５１	１	９	５	４	８１
全	３８２	２	９	７	２	８０

表４３　政治がわるいのだから……………（％）

		仕方ない	がまんする	自分だけ正しく	反抗したい	な　い
男　子	２３１	４	６	６	３	８１
女　子	１５１	５	７	９	３	７６
全	３８２	４	７	８	３	７８

表４４　自分がわるいのだから……………（％）

		仕方ない	がまんする	自分だけでも正しく	反抗したい	な　い
男　子	２３１	３	６	１３	０	７８
女　子	１５１	２	０	１４	０	８４
全	３８２	３	４	１４	０	７９

Ⅵ・２　今の境遇を改善するにはどうすべきか。

表４５　今の境遇を改善するには（％）

	人員	仕方ないなるようになれ	どうしようもない	相談する人がほしいな	自力で改善する	すでに相談して改善している	政党・団体の人の協力をえている	民生委と相談している	な い
男計	２３１	７	６	１４	３６	７	１	０	２９
女計	１５２	１	９	１６	１５	１１	０	２	４６
全	３８３	５	７	１５	２９	９	１	１	３３

前項のような境遇にあつてどう改善すべきかと質問すると，自力で改善しようとする生徒が２９％あつて，俄然斗志をもやしている。しかし一方，「相談する人がほしい」と訴えている生徒は１５％もいる。先生・雇主は夜間生にとつて敷居が高すぎる。一方「ケ・セラ・セ・ラ」と「やけ」になつている生徒が５％に及び，重要な問題といわねばならない。

表４６　解決するには何が必要なのか（％）

表４６・A

	学令男	年超男	学令女	年超女	男	女	全
回答数人	４３	１７	２７	１１	６０	３８	９８
金を含む項％	５３	６５	４８	２７	５７	４２	５１
１位に金	４９	５３	４８	２７	５０	４２	４７
家を含む項	１９	２４	７	５５	２０	２１	２０
１位に家	−	−	−	−	３	８	５
家庭の幸福	１４	２９	４０	１８	１８	３４	２４
１位に幸福	−	−	−	−	１２	３２	１９
時間	７	１７	４	２７	１０	１１	１０
相談相手	４	０	４	１８	３	８	５
職業	７	０	８	１	５	８	６

表４６・B
回答の項目数

	学令男	年超男	学令女	年超女	男	女	全
１項目	６０	４７	７０	２７	５７	５８	５７
２項目	３０	２９	１９	４６	３０	２６	２９
３項目	１０	２４	１１	２７	１３	１６	１４

表４６・C
順位

	学令男	年超男	学令女	年超女
１位	金	金	金	家と金
２位	家と金	金と父母と家	父母	−
３位	家庭	金と時間	−	−
４位	時間	幸福	−	−

では今の境遇を改善するのに何があればよいのだろうか，順位別に記入させたところ，とに角，金であつた。序列は別として，金が境遇改善に役立つのは表中の「金」の項であつて男子は５７％をしめている。全体として見ても５１％の生徒は「金」が手段となり，改善の手段の第１位に金をあげている生徒４７％である。二番目は，やはり家庭の幸福であつて，全体で２４％を占める。内容は主として「母が帰つてくれたら」とか，「父が改心したら」等と，崩壊しかかつた父母兄弟の立てなおしである。結局，金と家庭と家が揃えば文句ない当然の希望であろう。しかし，その欲求は，生活に必要な金と家庭と家なのであつて，言葉を正しく翻訳するならば「晩飯のおかず代と，父親の病気の回復と，せめて足をのばして寝られる住家」と書くべきだろう。この回答は，「解決するために何があればよいか」という質問に順番に記させたものだが，１項目だけを回答した生徒が多く５７％で３項目記入生徒は１４％であつた。５項目記入し得る余地があるが３項目しかかいていない。こんな所に，解決に必要な必要条件しか記入させない必迫した観念がにじみ出ていると見るべきか。

Ⅵ・３　何をほしいのか。

表４７のａ　一番ほしいものは何か（２１６名　％）

精神的なもの	６０％	物質的なもの	４０％
経済的	２２	生活必需品	４８
家庭	５２	準必需品	６
学力地位	２４	教養その他	４６
精神的なもの	１		
他	１		

表４７のｂ　内容と順位

	精神的なもの	物質的なもの	文部：昭２８引用
１位	住む家，又は住む所	腕時計	勉強
２位	お金	自転車	衣服
３位	時間（自分の，勉強の，自由な）	カメラ	住居
４位	幸福な家庭	トランジスター	時間（ねること）
５位	父	洋服，オートバイ	遊び
６位	母，姉，愛情，自由	ステレオ	食事

何にも拘束されずに，「一番ほしいものは何か」とたづねたところ，６０％の生徒は精神的なものを欲していた。その中でも，半数は幸福な家庭，又は住む家と答え，当初の質問の意図に反して，人間社会の最も基礎的な一単位の中のささやかな生活機能に大半がむけられていた。また物質的なもの（４０％）の中では腕時計，通勤通学に必要な自転車等，彼等の生活必需品が，その中で４８％をしめている。昭２８文部省の調査と生徒希望の内容が全くかわつていることに注目したい。

表48　短文の内容

項　目	%	昭31 神奈川	内　容
自分の職業に対する希望	55	(46)	32職種にわたり，90%が将来への希望である
家庭に対する希望	17	(13)	内90%が家庭の不幸，10%は経済好転への希望である
進学に対する希望	15	(9)	内87%が高校，残りは各種学校である
社会に対する希望	9	(0)	政治不信が67%，夜間中学への批判が残りである
そ　の　他	4	(32)	この内半数が休み時間が少ないといつている

また独自な短文を記させたが，全生徒の37%が短文をかいてくれた。しかし内容はここでも真摯さをきわめ，自分の職業に対する希望とゆめが55%，家庭に対する希望が17%とそれに続いた。しかし15%ほど進学に対する希望があるのは，ほのかな救いである。昭31神奈川と比較すると，神奈川では，昼間に通学したい，つまり正常化したいという希望があつたようだが，今回は1つも見られない。「あきらめ」が漂つている様である。（巻末に数篇を掲載した）

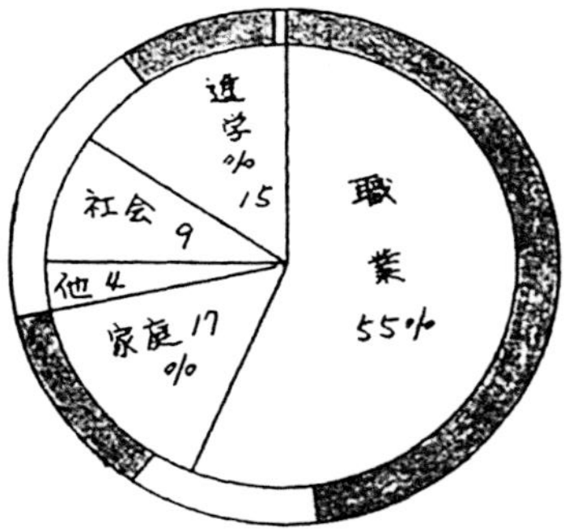

〔註〕外周は昭31神奈川

第Ⅷ章　今後に対して

結局我々は夜間中学が，多くの法に触れながらも黙過されている問題と，それでもなお存在しなければならない理由とについて考えなければならない。一方で夜間中学の存在は否定されなければならないし，一方で存在を認めないわけに行かない事実をもつている。ここに昭和27年からの，京都市における長欠生徒の状態について引用した。表49〜51で示されているように，長欠生徒はたしかに減少した。全中学生徒に対する率から推すと，約 $\frac{1}{3}$ になつた。実際の生徒数も $\frac{1}{2}$ に減少している。もつとも36年度の1078人は50日以上の欠席者で

－28－

表49　京都市中学校の長欠生徒の累年変動

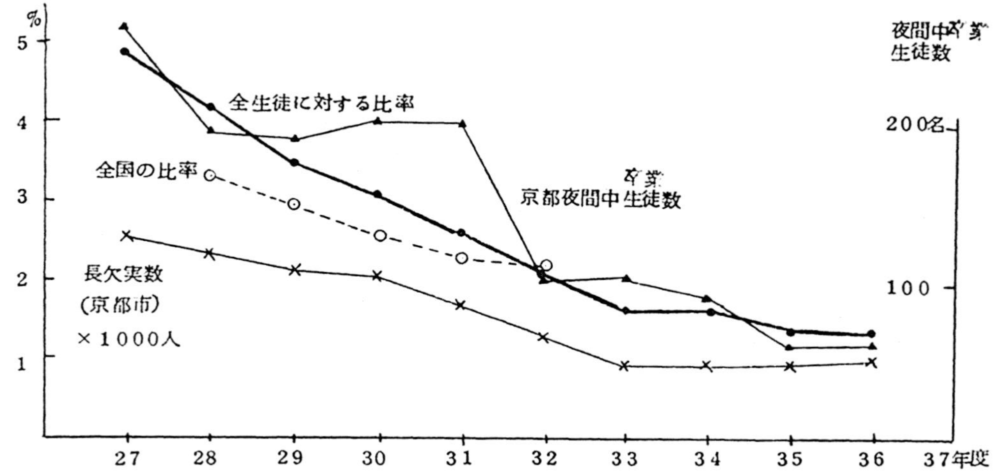

	27	28	29	30	31	32	33	34	35	36	37年度
%	4.9	4.2	3.5	3.1	2.6	2.1	1.7	1.7	1.4	1.4	
人	2538	2320	2183	2073	1758	1335	952	900	991	1078	

昭36年長欠者の欠席日数別人数	50〜99日	100〜149日	150日以上	全　欠
	512	167	143	89

表(図)　50

京都市中学校の長欠生徒の欠席理由の累年変動

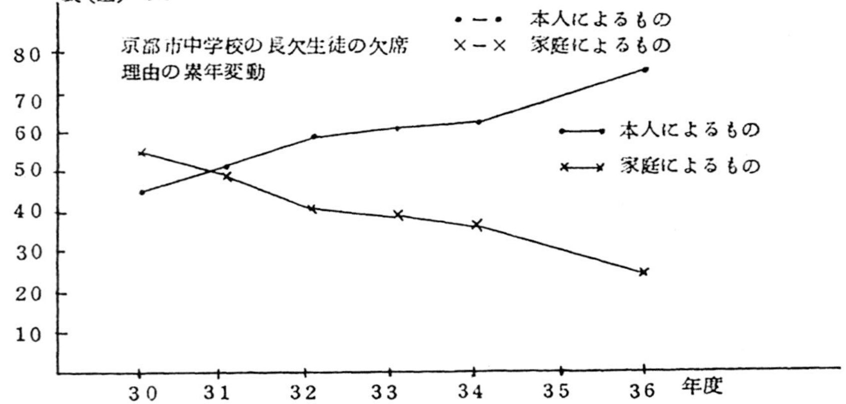

－29－

であり，その半数以上は１００日未満の欠席である。したがつて，この１０７８人全部が夜間中の生徒と同様には取り扱えない。特に，その内の３８％は病気であるため，これらは必ずしも長欠者という悲惨な印象の対象とすべきではない。おかしな点は貧困が長欠生徒の１割にみたない。これは夜間中の生徒とは全く逆の長欠理由の順位である。また市教委の調査によると，

表５１
３３年度京都市立中学長欠者の理由別の率

病　　気	３７.８
嫌　　学	２７.１
家の無理解	１８.６
貧　　困	９.１
そ　の　他	７.４

長欠理由の「本人によるもの」が年々多くなつている。これらは調査の主眼が我々のものと異なつているからであろう。しかしながら長欠生徒はこのグラフで示す限り減少していない。双曲線で降下したが，実数は，やゝ増加をしている。我々が必要とするのは長欠率でなく，実数だと見るべきであり，それに関する限り，実数０への到達はやゝ不可能と思われる。

夜間中学はここで第二期に入つたと見るべきではなかろうか。社会経済の安定とともに，長欠生徒数も安定してしまつた。最も景気のよいといわれた３４.３５年に，不幸にも長欠生徒数は安定してしまつた。勿論今後生徒数の減少により長欠生徒の絶対数は減少すると予想される。しかし１％の長欠生徒は依然として残るだろう。これらの生徒の中に，もし夜間中学級の門戸が閉ざされたなら，浮浪しなければならない生徒が出ないとは誰もいえないだろう。夜間中学級が法に触れ，悲惨さをもちながらも，社会政策の根本が革まらないかぎり１％の長欠生徒と，それらのさらに１割にもみたない夜間生徒の教室は恒存化しなければならないだろう。まさに「迷える１匹の小羊」である。労基法，児福法等で規制しても，これら「迷える１匹の小羊」は，民生保護法等で大巾に保護され，抜本的な解決がなされない限り消える事はないであろう。労基・児福諸法の規制と民保法の中間に在つて，実在している夜間中学校（級）はそこに存在の価値を，「矛盾」として認めざるを得ないし，そこにおいて教育の立場を，主張しなければならない。いたいけな子供が存在するからである。

第Ⅶ章　　ま　　と　　め

何も記すことがない。東海道の新幹線列車はすばらしい。羽田から高速自動車道路が出来るそうだ。関西でも名神高速道路に自動車が飛び交う日が近い。オリンピック，オリンピックと五つの輪が美しい。一体オリンピックの何日間がすぎたらどうなるのだろうが。そのパニックを今から恐れたい。先日，私の学級の生徒に３０円貸した。そしたらタクアンの尻ツポを買つて自分のカバンの中に入れた。これから帰つて，皆の食膳に供するのらしい。翌日，彼女は国語の時間に，そつと３０円を返してくれた。見ると国語の本の表紙に，タクアンの黄色いシミがついていた。

以　上

〔註〕　表中の「ない」「なし」は無回答である。

引　用　文　献

1. 中学校における夜間学級実態調査報告書
   昭３１　神奈川県青少年問題協議会
2. 宮崎孝子・夜間中学の実態・長欠児・生・援護会
3. 文部省・夜間に授業を行う学級をもつ中学校に関する調査報告第一部　昭２８
4. 京都市教委・教育調査統計
5. 京都市二部研：夜間部の研究　１０.１１.１２号

〖附　録〗

生徒たちの希望に関する短文を数編，ここに掲載する。（原文のまま）

〔１〕　私には１人の兄がいますがその兄は，すごく親不孝なので，ここで私がしつかりして，腕に職をつけて，がんばりたいと思います。自分のためではなく，親そして兄弟の為に私はがんばりたいと思います。　（東京Ａ中，女子）

〔２〕　あるけど言つたつて駄目だ　（東・Ｋ中，男子）

〔３〕　学校を卒業するまでぐらい義務教育だから国で保債（註保証か）してもらいたい　（東・Ｋ中，男）

〔４〕　夜間中学は人数が少ないからもつと勉強した（註したい？）人を入学させて下さい。たくさん中学へいかれない人もいると思います〔おねがいします〕　（東・Ｋ中，男）

〔５〕　全国には家庭が貧しいゆえに落ついて勉強できない生徒や，長期欠席の生徒が数十万人もいるということですが，こうした不幸な子供達が一日も早く安心して勉強できるように，真の民主々義に徹した社会の実現を切に望みます。また自分もそうした社会の実現に努力を惜しまない豊かな人間になりたい。　（東・Ｋ中，男）

〔６〕　今１番の希望はお父さんがお母さんをもらつて私が卒業して１番仲の良い友達がいつてる会社へいつて，仲よく友達と働きたい。そして洋さい学校へ行きたい。　（東・ＨＡ中，女）

〔7〕　早く学校を出て，兄弟三人で一緒に生活したい。　（東・H中，男）

〔8〕　家中そろつて夕食をたべたい。　（東・H中，女）

〔9〕　少さいながらも店をもちたい。　（京・K中，女）

〔10〕　1月休日4回ほしい。　（東・S中，男）

〔11〕　漫　画　家　（福・T中，男）

〔12〕　父の病気が早くなおつてほしい。　（大・O中，男）

〔13〕　私の母は父と別れて違う人と結こんして私の弟二人をつれてT市（駐特に秘す）に行つてるけれど，今でも会おうと思えば行つて会えるけれど，やつぱり家族全部がそろつて一つの家をもちたい。　（愛・T中，女）

〔14〕　すしやの板前になりたい。　（京・S中，男）

〔15〕　店で一生懸命働らいてお金をたくさんもろて1日も早くみんなと一しように楽しく暮らしたい。　（京・K中，男）

〔16〕　父母達にらくをさせてあげたい。お金ができたら二人で温泉にでも行かせてやりたい。　（京・K中，女）

〔17〕　世界一周をしたい。　（東・A中，男）

〔18〕　スチユワデス　（東・A中，女）

〔19〕　「ない」　（東・H中，男）

追　記

この論文は，夜間中学生徒の意識を主として調査した。したがつて，今迄の多くの人々の夜間中学に対する批判が，批判者側の観測に出発していたのに対し，勿論不備な部分は多くあるが生徒側のナマの声を集録したところに相異がある。本文中，度々，引用されたデーターが今度のデーターと違いを見せていた。ともあれ，我々は，大人たちの編訳で出来たデーター以外にナマのデーターを知る必要があろうと考える。今回の調査結果はまことにぼう大でこの論文はその一部にすぎない。あらためて，他の機会に発表する予定である。

東京都夜間中学生徒減少の問題について

東京都世田区立
新星中学校二部
安藤稔

◇年度別生徒卒業状況

	27年度		28年度		29年度		30年度		31年度		32年度		33年度		34年度		35年度		36年度		37年度(予定)		合計
	男	女	男	女	男	女	男	女	男	女	男	女	男	女	男	女	男	女	男	女	男	女	男 女
新星中					10	5	7	13	14	13	11	15	14	12	14	13	15	12	9	6	15	6	204
双葉中					12	16	23	11	19	16	25	12	21	15	13	6	14	6	20	5	6	7	247
足立四中	22	28	39	24	38	33	34	19	30	24	29	15	15	15	12	13	11	7	13	12	16	9	458
荒川九中											9	4	5	17	8	15	22	8	17	9	18	7	142
糀谷中			7	4	32	5	31	12	22	14	24	18	17	16	12	8	14	9	14	9	24	4	292
曳船中			(1	8)	(4	7)	(7	3)	(5	0)	(4	7)	(4	0)	(2	4)	(3	2)	(2	8)	17	7	383
八王子五中	(1	4)	(2	1)	(1	6)	(1	3)	(1	7)	(1	5)	(1	5)	(1	6)	(	9)	(1	4)	9	7	166
計	64		113		214		236		219		224		202		154		159		156		152		1292

七校年度別
卒業合計数
増減状況

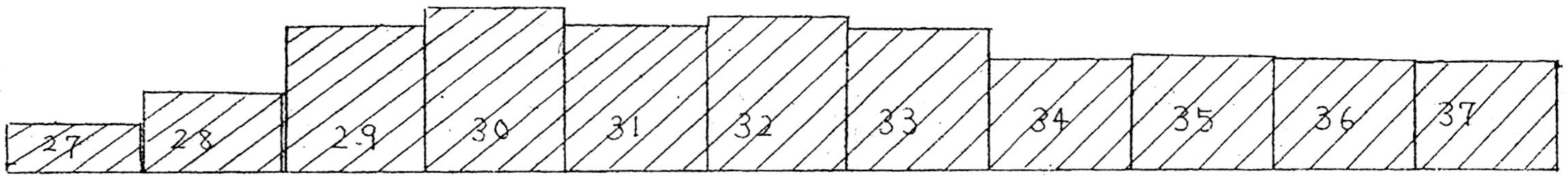

○30年度から32~3年度にかけて生徒数増加甚しく35~6年度から生徒減少の状態をたどる

◇校別生徒通学状況(区内 区外)

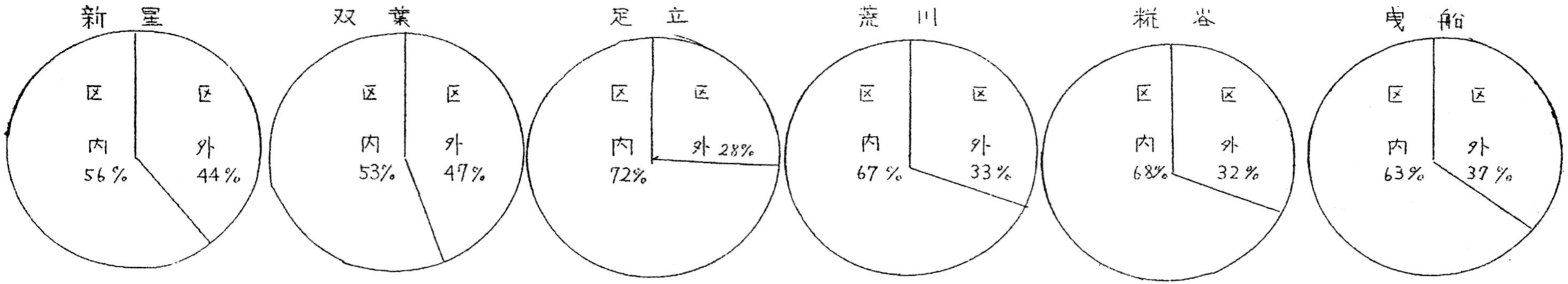

◇通勤状況

新星	双葉	足立	荒川	糀谷
自宅より 64%	自宅より 79%	自宅より 64%	自宅より 76%	自宅より 81%
住込 34%	住込 21%	住込 36%	住込 24%	住込 18%

○八王子は市内 100%
自宅より 95%
住込 5%

◇卒業生徒減少状況

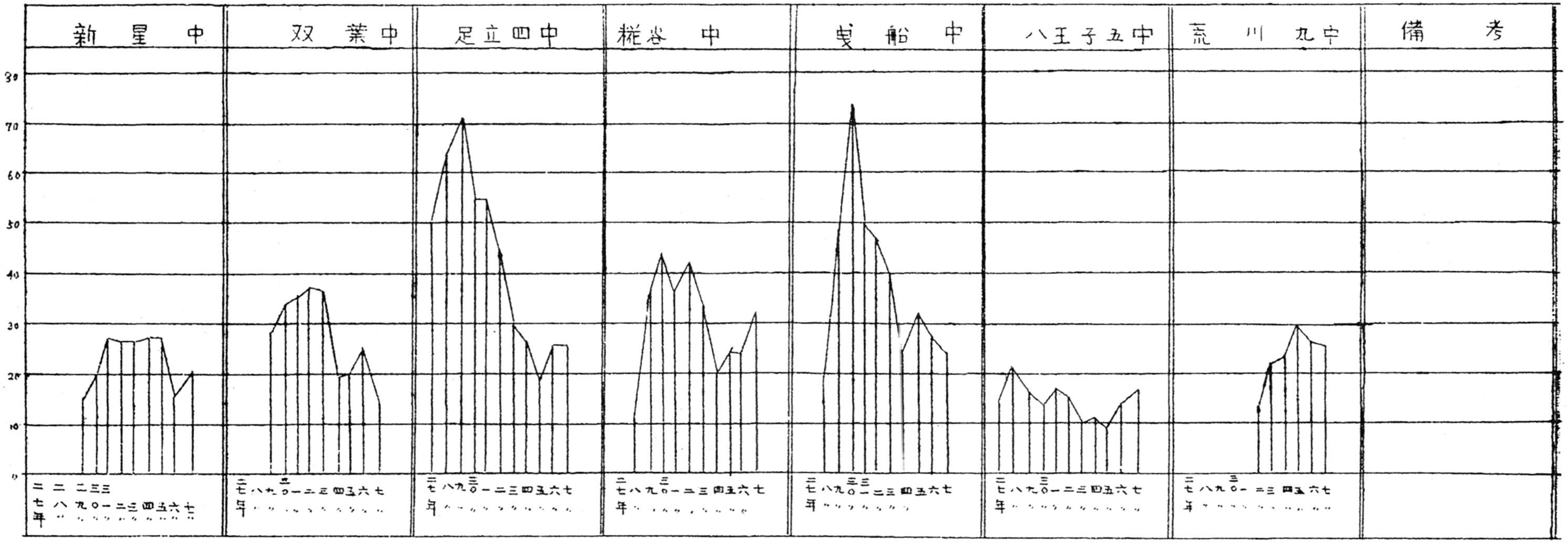

◇東京都夜間中学年令構成

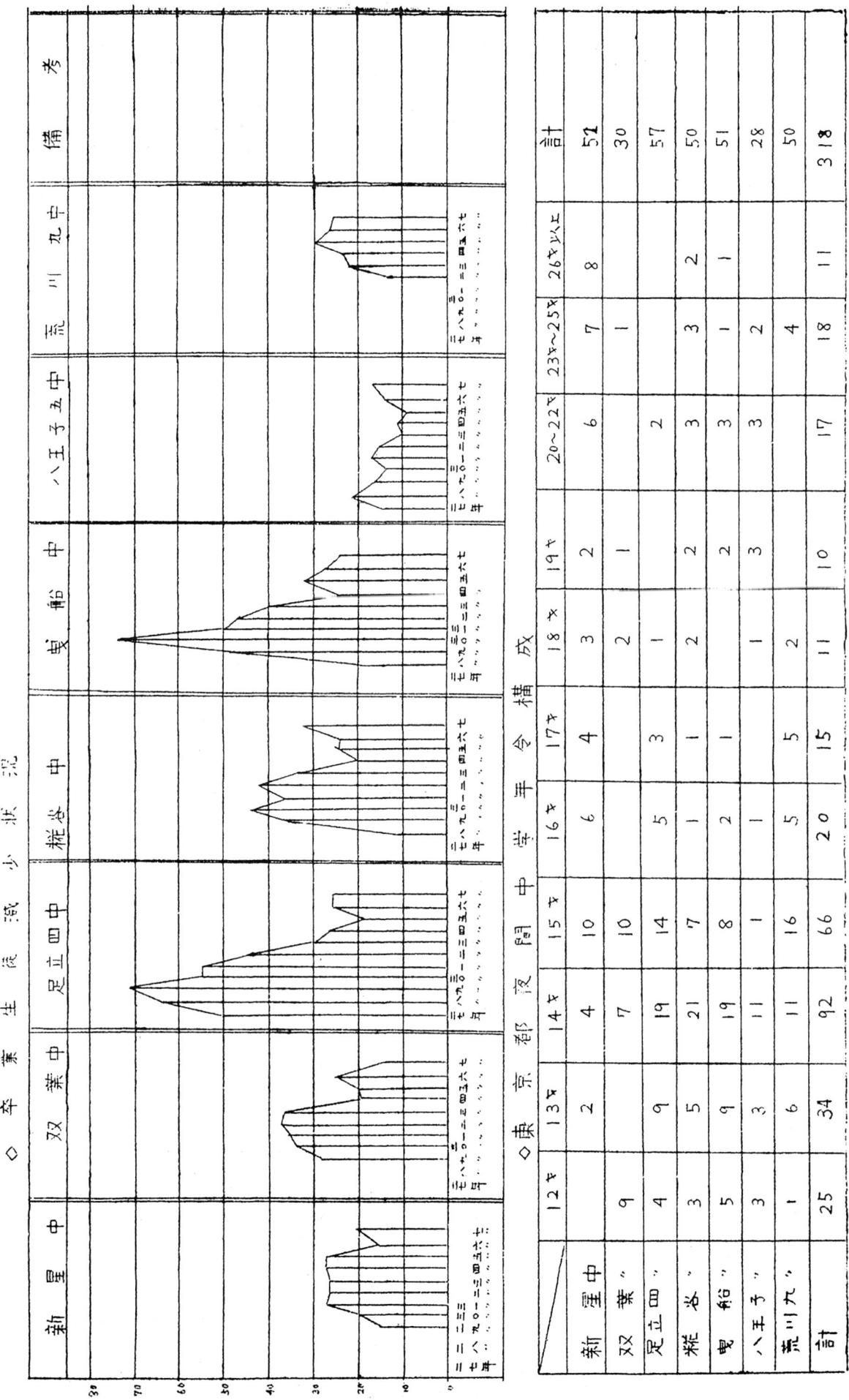

	12才	13才	14才	15才	16才	17才	18才	19才	20~22才	23才~25才	26才以上	計
新星中		2	4	10	6	4	3	2	6	7	8	51
双葉〃	9		7	10			2	1		1		30
足立四〃	4	9	19	14	5	3	1		2			57
糀谷〃	3	5	21	7	1	1	2	2	3	3	2	50
曳船〃	5	9	19	8	2	1		2	3	1	1	51
八王子〃	3	3	11	1	1		1	3	3	2		28
荒川九〃	1	6	11	16	5	5	2			4		50
計	25	34	92	66	20	15	11	10	17	18	11	318

◇夜間部生徒年令百分比

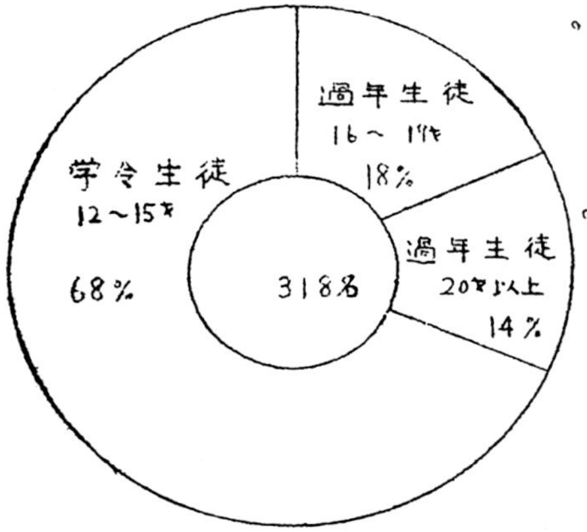

◦東京都七校の過年生徒の割合も図に示す如く3割強を示す.年々減少の傾向にはあるが問題を残す

◦特に新星地区に其の数多し

◇夜間部生徒両親有無調百分比

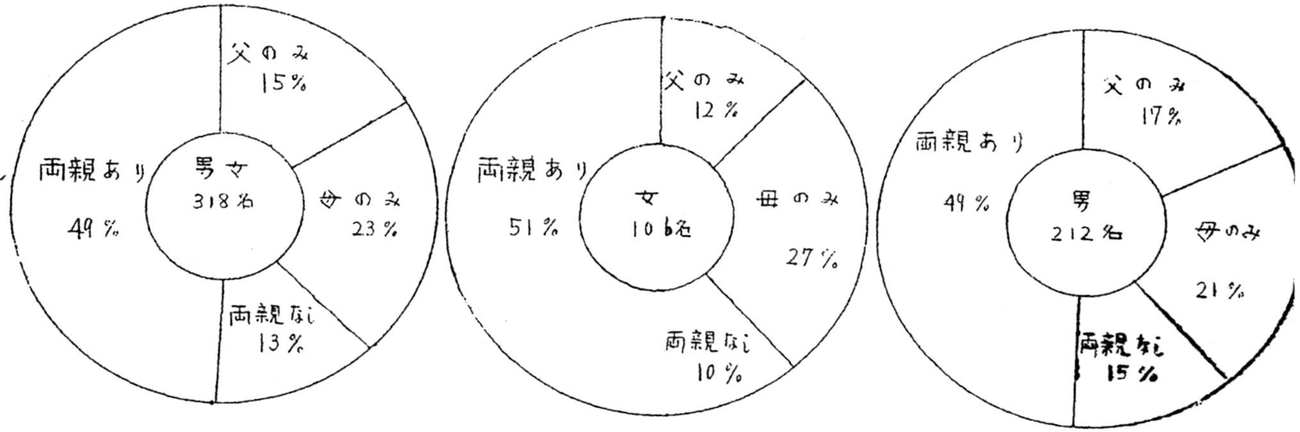

◇通学所要時間

		新星	双葉	糀谷	足立	曳船	八王子	荒川
I	15分以内	6	8	10	21	20	23	13
2	15～20分	4	4	8	14	16	5	14
3	20～30	18	13	13	7	9		8
4	30～60	22	4	13	15	4		14
5	60分以上	1	0	6	1	1		0
6	其他					1		0

◇不就学の原因(東京七校)

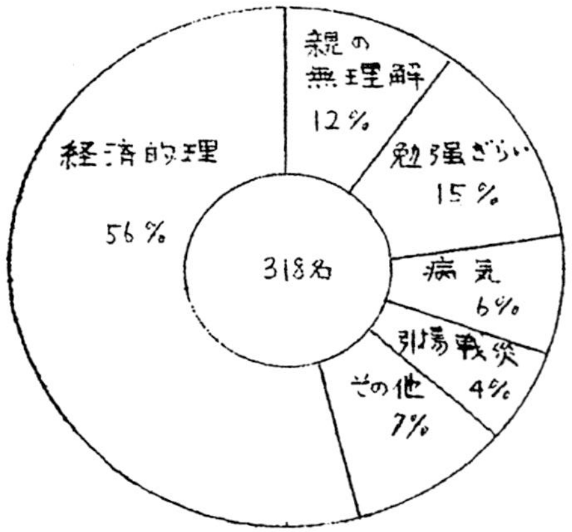

◇入学の動機(東京七校)

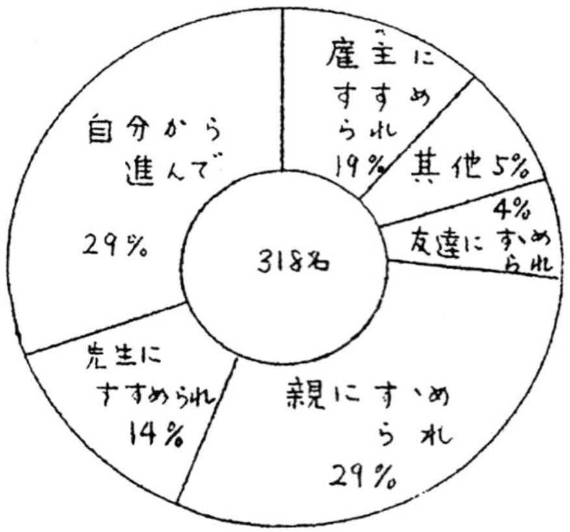

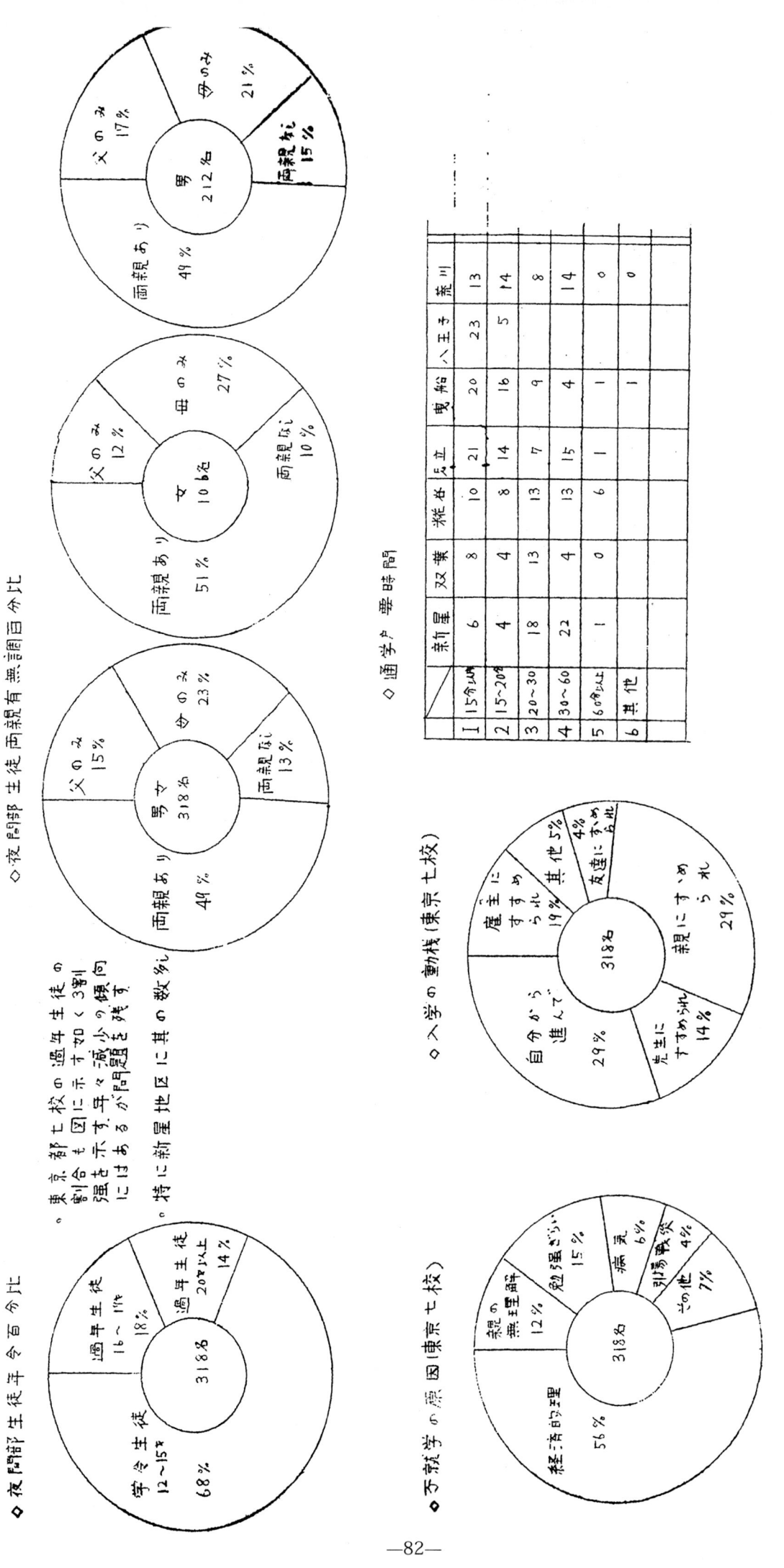

No 2

○生徒減少の原因となるもの

1. 一般社会の生活環境好転　2. 夜間中学袮期の目的達成　3. 夜間学級に関する関心減退
4. 長欠生徒に対する連絡対策募集の不徹底

〃 1. 2 はある程度了解点に達するが 3. 4 の項目について大いに研究する余地あり

○東京都地域別長期欠席者数

地域別	小	中	地域別	小	中	地域別	小	中	地域別	小	中	地域別	小	中
千代田	37	50	品川	175	186	北	196	330	八王子	90	107	町田	92	65
中央	39	51	目黒	110	87	荒川	113	165	立川	41	34	小金井	19	39
港	106	126	大田	305	331	板橋	257	162	武蔵野	54	46			
新宿	131	104	世田谷	306	245	練馬	131	161	三鷹	51	31			
文京	124	105	渋谷	119	86	足立	312	293	青梅	21	41			
台東	89	93	中野	129	111	葛飾	232	229	府中	39	58			
墨田	118	102	杉並	183	177	江戸川	216	207	昭島	40	32			
江東	231	183	豊島	157	126	計	3816	3700	調布	45	33			

○長期欠席者の理由別百分比

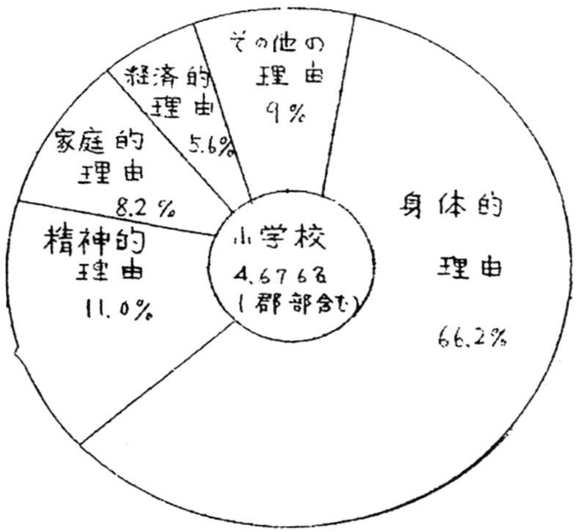

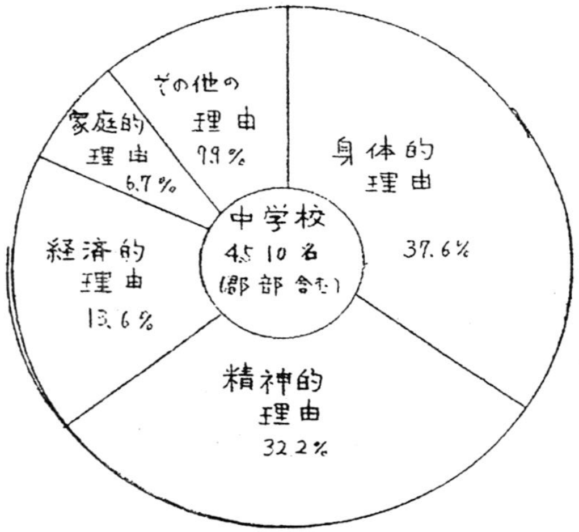

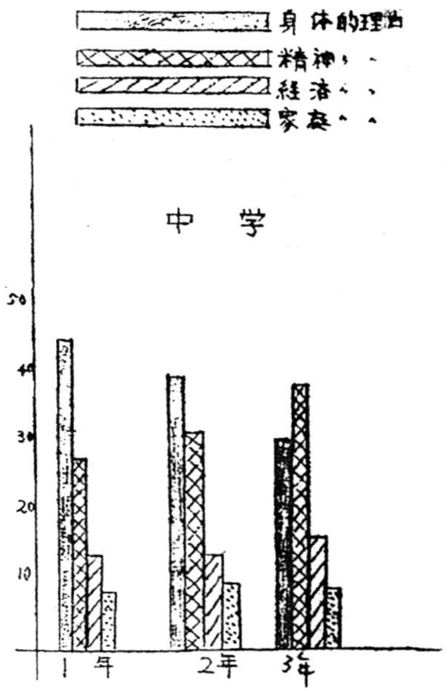

◇地域別にみた理由別男女別長期欠席者数

	合計			身体的理由			精神的理由			経済的理由			家庭的理由			その他の理由		
	計	男	女	計	男	女	計	男	女	計	男	女	計	男	女	計	男	女
計	3700	2069	1631	1382	745	637	1202	783	419	508	237	271	230	96		378	208	1.90
千代田	50	38	12	27	24	3	14	12	2	3	1	2	2		2	4	1	3
中央	51	27	24	17	7	10	13	7	6	7	4	3	5	1	4	9	8	1
港	126	66	60	63	31	32	32	20	12	8	2	6	10	4	6	13	9	4
新宿	104	56	48	43	18	25	34	24	10	12	6	6	5	3	2	10	5	5
文京	105	59	46	38	15	23	37	26	11	15	9	6	3	1	2	12	8	4
台東	93	54	39	23	12	11	33	23	10	16	11	5	10	4	6	11	4	7
墨田	102	60	42	36	16	20	23	15	8	10	6	4	8	4	4	25	19	6
江東	183	95	88	36	19	17	73	50	23	41	17	24	12	2	10	21	7	14
品川	186	107	79	69	41	28	76	49	27	19	7	12	14	5	9	8	5	3
目黒	87	54	33	31	22	9	30	24	6	10	1	9	6	3	3	10	4	6
大田	331	185	146	130	75	55	110	66	44	32	14	18	12	5	7	47	25	22
世田谷	245	149	96	120	65	55	72	57	15	15	7	8	11	4	7	27	16	11
渋谷	86	41	45	44	18	26	24	12	12	6	3	3	4	3	1	8	5	3
中野	111	57	54	49	30	19	36	15	21	10	6	4	7	3	4	9	3	6
杉並	177	93	84	92	45	47	45	28	17	27	12	15	3	2	1	10	6	4
豊島	126	71	55	49	29	20	33	21	12	17	7	10	10	6	4	17	8	9
北	330	176	154	169	92	77	85	50	35	28	11	17	27	11	16	21	12	9
荒川	165	85	80	42	22	20	65	39	26	27	12	15	15	4	11	16	8	8
板橋	152	90	62	50			58	36	22	27	12	15	9	5	4	8	5	3
練馬	161	96	65	57	32	18	49	34	15	20	9	11	14	9	4	21	12	9
足立	293	165	128	83			112	75	37	75	39	36	19	7	12	30	15	15
葛飾	229	120	109		43	40	55	33	22	47	24	23	16	6	10	28	14	14
江戸川	207	125	82	57	28	29	93	67	26	36	17	19	8	4	4	13	9	4

◇夜間中学設置関心状況

		中学生	高校生	大学生	会社員	工場主	主婦	小教員	中教員	工員	其の他
知らない	841	80	74	83	89	92	94	79	69	92	96
知っている	ポスターで知った	8	7	5	7	4	2	10	14	4	4
	他人より聞いた	3	7	4	1	6	0	2	3	6	0
	新聞で知った	4	7	3	1	2	1	5	8	1	1
	ラジオ、テレビで	5	6	5	2	1	1	3	6	2	1
159	会合で知った	0	1	0	1	0	2	1	0	1	0
		100名	〃	〃	〃	〃	〃	〃	〃	〃	〃

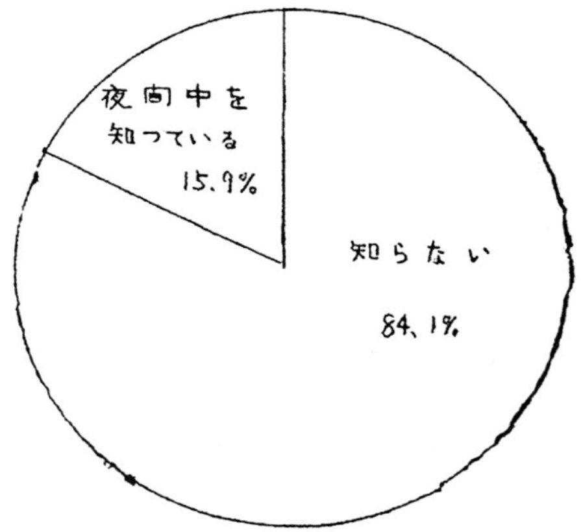

◇東京都における長欠生徒状態別調

療養中	結核性疾患	203	仕事に従事	単純労動	168	歌謡遊芸	23	なまけ(遊興)	1008
	精神神経病	210		女中、給仕	58	家事手伝	588		
	事故	72		興行娯楽つとめ	26	その他	292		
	その他	905		物品販売配布	45				
				物品製造加工、修理	101				
計		1390		廃品拾集	23		1302		

◇ 東京各校募集方法

- 新星中……区教育委員会に依頼ポスター　壁新聞等による募集
  小中校長への長期欠席者連絡
- 双葉中……小学校校長会中学校校長会、PTA連合会区教育委員会に生徒募集依頼
- 糀谷中……3月区内小中学校へ手紙ポスター送付
  ポスター50枚浴場配布
- 足立四中……区内小中学校へポスター協力
- 曳舟中……区内長欠者名簿によりハガキ連絡
- 八王子五……3月長欠者各小中学へ調査依頼、それによる
  戸別訪問、担当地区民生委員依頼、公報に募集記事のせる
- 荒川九中……ポスターと中校長への連絡

三省懇談テーマ

京都市立中学校二部研究会

- 労働省　　年少労働者の危険業務に対する労働省の見解について。
- 厚生省　　生活保護の支給と二部生の家庭には継続支給されたい。
- 文部省　　義務教育における夜間中学校の地位について。
　とくに文部省と地方教育委員会との関係・見解等について。

これまでのテーマ（参考）

・労働省	1. 夜間中学生の就職について	（才6回）
	2. 地域社会と二部学級	（才6回）
	3. 年少労働の諸問題	（才8回）
・厚生省	1. 福祉事業	（才6回）
	2. 社会福祉事務所と夜間中学との関係	（才8回）
・文部省	1. 家庭訪問教師	（才5回）
	2. 健康管理と無償給食	（才5回）
	3. 法制化と主事制の確立	（才6回）
	4. 二部学級の予算措置	（才7回）
	5. 不就学対策と二部手当	（才7回）
	6. 教委と二部学級	（才7回）
	7. 二部事務職員の設置	（才8回）

昭和37年10月23日

全国夜間中学校連絡協議会準備委員長
横浜市立浦島ケ丘中学校長　　飯田赳夫殿

全国夜間中学校研究会顧問
京都府立大学教授　寺本喜一

全国大会のため御盡力下さいますこと　人間社会の福祉のためまことに有難いことでございます。

御案内をいたゞきまして　色々万障繰り合わせてみましたがちようど大学における重要事項の審議委員となっておりますため　当日年をとることができず　文書にて参加させていたゞき　責をはたしたいと思いますので御参加の皆様には　何卒悪しからず御容赦をたまわりますよう　又会議が建設的に効果をおあげになりますよう祈りあげます。

夜間中学の問題は全国各地の事情によって　その内容・規模・目的など多様に亘っていますので　是非問題を　総理府の青少年問題協議会においてとりあげていたゞきたく　もしそのように御取り計らいが可能なれば文部省も　もっと特定の構想をもって支持せられることが可能になるのではないかと思われます。

自然発生的な学校とは教育委員会の過去十数年の努力を単に表面的な長欠児童数の量的減少によって　文部省の責任を軽くせしめることのないように　是非積的問題としてもとりあげられるよう　お願いしてみることはできぬかと思います。

きくところによりますと長欠児童生徒援護会には　学校福祉研究会がおかれ　これに対して文部省より研究助成金が出ているようにきいております。全国夜間中学校連絡協議会においても　こうした形にしろ　文部省から直接助成金　研究費などを得られることは如何かと思います。

たゞ会議によって事情を聴取せられるということなく　かつての三省通牒（長欠防止）についても　財政的・行政的な裏付を出されることを要望することも一つの方法であろうかと思います。

二伸

1)尚　勝手でございますが当日会議の際の資料一部　余りますようでしたら　実費については御届けいたしますので　何卒おわけいたゞけましたら幸せに存じます。

2)明38年度には長欠児童援護会が研究大会を開かれるとのことを聞きました。何分かの御参考になれば幸せです

3)長欠事項処理について　文部省・教育委員会の所管責任の手続事項が曖昧な所が多く　責任者が機構的にはっきりしていない事が多いのを感じます。　何かの話題の御参考に。

全国夜間中学校研究会役員（含顧問）

一　顧問

寺本喜一氏（京都府立大学教授）
伊藤泰治氏（東京都立一橋高等学校長）
村田忠一氏（前京都市立二条中学校長）
立石実信氏（前横浜市立平楽中学校長）
関根重四郎氏（東京都墨田区立本所中学校長）
住友国春氏（東京都八王子市立第八中学校長）
小林俊之助氏（東京都大田区糀谷町一ノ二二五）

二　会長

飯田赳夫氏（横浜市立蒔田中学校長）

三　副会長

岡野直氏（東京都足立区立足立第四中学校長）
塚本清氏（名古屋市立東港中学校長）

四　理事

中山紀正氏（東京都）
長谷川健次氏（横浜市立戸塚中学校長）
頃末秀春氏（京都市立烏丸中学校長）
（兵庫県尼崎市立明倫中学校長）
（名古屋市立）
（広島）
（三重）
（奈良）
（福岡）
（大阪）

五　会計監査

森田皞（あきら）氏（兵庫県神戸市立丸山中学校長）
西野武夫氏（東京都大田区立糀谷中学校長）

六　幹事

斎藤滋氏（横浜市立西中学校長）
（会計）町田義三氏（東京都足立区立足立第四中学

近年夜間中学校への入学者は漸次減少の傾向にある。しかしながらこれをもって直ちに従来の不就学長欠者問題が急速に解決しつゝあるかのごとく断ずることは、皮相の観察といわねばならない。現在においても長欠者は七万を越すものと推定されるが、この運命のもとにある多数青少年の将来を思うとき、われわれ義務教育に挺身する者としてまことに憂慮慨歎に堪えない次第である。これらに対しては、従来とも文部、労働、厚生各省はじめ各教育行政機関においてそれぞれ対策を講ぜられつつあるが、徹底的な総合施策とそれにともなう法財政的措置が適切具体的に実施される段階にいたっていないことは、まことに遺憾な現状といわざるを得ない。今回、われわれはこゝに広く全国各地の夜間中学校教師の日ごろの貴重な経験と資料を持ち寄り第九回年次大会を開催し、不就学長欠問題を中心に夜間中学校の教育実践上の問題点を種々協議検討した結果、今後我々関係者は一致団結して不遇な青少年の幸福の推進と不就学生徒の完全解消に全力を尽す事を宣言し、左記の如く決議する。

決　議

一、経済的貧困による不就学、長欠生徒救済のため根本的綜合対策を関係当局に於て速かに樹立するよう要望する。

右のため特に不就学、長欠生徒の基本的調査を行い今後の救済対策樹立の資料とするための財政的予算処置を講ずること。

二、夜間中学校生徒の健康保持増進のため、無償完全給食を実施する。

三、就労と学業とが両立しがたい夜間中学校生徒の実態に即する施策を樹立する。

昭和三十八年　月　日

才九回全国夜間中学校教育研究大会

第9回

夜間中学校　全国大会　記録

昭和37年10月26日.27日

横浜市　開港記念館

もくじ

26日　開港記念館オ一会議室

① 開会のことば
横浜　会長　小泉作三

文部，労働，厚生の各省より　ご出席の快諾を得，本市教育委員会，同校長会，川崎市教委，同校長会の熱意ある御協力をいただき，この会を開催する運びになったことを参会者各位とともに喜びたいと思います

② 準備委員長あいさつ
横浜　準備委員長　飯田赳夫

広島県瀬戸内の豊浜でオ九回の研究大会を開く予定が組まれて，私たちは胸のふくらむ思いで期待していましたが，やむを得ない事情で会場が本市に移されました

遠路御参会いただいても何かと不行届も多いと存じますが　私たちの熱意をお汲みとりいただいてピンチヒッターとしての本市が充分な成果を収め得ますよう念願してあいさつとします

③ 祝辞
▲ 横浜市教育長　　大砂氏
六三制の盲点 ―― 不就学対策 ― 未だに解決策なし

「制度化の要ある根本対策の検討されんことを」

(イ) 予算のかくとく

(ロ) 国会議員全員に対する アッピール

▲ 横浜市 公立中学校長会 会長 野川氏

より一歩 前進できますように

▲ 全国夜間中学研究会 厂代会長

代表 立石氏

就学
不良化
不就学
等 六.三制対策の結果 昭和二十四年
横浜において 10校 二部授業制として発足
全国80数校の時もあったが 現在43校

この間 国会議員、文教委への職をかけての陳情が続いた。

▲ 夜間中学校研究会 顧問

京大教授 寺本氏

(寄稿代読)

夜間中学の問題は 全国各地の事情によって、その内容、規模、目的など多様に亘りますが、是非問題を総理府の青少年問題協議会においてとりあげていただきたく、もし そのように御取り計らいが可能なれば 文部省も もっと特定な構想をもって支持せられることが可能になるのではないかと思います

▲ 祝電披露 東京都立一橋高等学校長

「セイカイ ヲ イノル」 伊藤氏

④ 日程説明 前頁参照

⑤ 議長選出

東京都 八王子 五中 校長 エカカ氏

京都 烏丸 中 校長 長谷川氏

⑥ 議事に先立って

- 地区代表に制限があるがそれ以上の出席者は運営上 発言権があるのか オブザーバーなのか (東京 荒川 九中)
- ご発言も代表全員と同様にしていただきたい (準備委)

緊急動議

- 本会を「連絡協議会」ではなく「全国研究会」と改称せよ (京都 朱雀中)
- 賛 21
  否 0

よって「全国研究会」と改称

- 関連事項

「研究会」であるなら 役員選挙も日程にいれよ (東京 足立四中)

- 昼食時 議長 理事間で協議する

⑦ 地区状況報告 11時

(各地区8分程度で進めたい)

(1) 神奈川県 横浜市西中学校 府川氏

・発足当時　各区1校ずつで　10校
24．4．1　10校
36．4．1　8〃
37．4．1　7〃
中止した学校　金沢区　金沢中学校

・生徒数（37年度）
男　63名
女　45名　計　108名

・年令別の生徒数　男女共　年令超過者が多い
男　35/63名　女　30/45名

(ロ)　愛知県　名古屋　東港中学校　田中氏

・天神山　2学級
東港　〃　｝計4学級
生徒数　35名

・漸減の傾向あり　学令超過者が少なくなった

・出席率は上向いている

(ハ)　広島県　二葉中学校

・二葉中　3学級
観音中　〃　｝計　6学級

出席率　平均　40％

・教職員の手当．給与　可もなし　不可もなし

・夜間中における県，市の関心度
大いに理解あり　関心度も強い

(ニ)　大坂府　堺市　大浜中学校

・在籍八名，三年生のため来年度からは生徒がなくなる

・埋立工事のため経済状況が好転し　来年度から閉鎖の予定

・生徒給食は四年前から　一日　40円
今年から　47円

(ホ)　兵庫県　神戸市　丸山中学校

・県，市の態度
県……丸山中学校（本校）の分教場として，昼間学級の延長と見なす
市……本年度教育努力目標の一つとして，定時制高校，養護学校など特殊教育の振興をとりあげ，夜間中学校の教育についてもかなりの関心度が深まりつゝある

・生徒数漸減の傾向（特に一年生）

・補導センターの新設

・訪問教師6名の設置

(ヘ)　京都府　京都市　高野中学校

・現在十校　123名
学級数は各校一学級

・県，市の態度
市……市教委の二部に対する関心度は非常に強い　即ち　精はく，二部，へき地，同和教育の振興を重点的目標の一つ

不就学或いは非行生徒対策の一環として市教委は本年度新たに生徒福祉課を設置する

休憩　十一時十分

レクリエーション

映画　神奈川の観光
生きている日本列島

（昼食）

午後の部　　一時十七分　開会

⑧　挨拶　横浜市教育委員　　平井茂平氏

⑨　日程変更　　開会冒頭の動議により

27日　9時～9時30分
大会宣言　決議
役員選出決定 ｝入れることに決定
協議の課題になった項目をまとめる
まとめたものを　作成する

26日　　会計　報告（適当な時に）

⑩　研究発表
「全国夜間中学校生に関する実態調査」
京都市　　市川氏

- 家庭について
  両親のあるのは35%　　父親の欠けている者　多い
  家族数は多い　平均　五人
  自家居住が少ない　38%　　住込みが多い
  間数は70%までが　2間以下であり

- 通学について
  通学原因は　ほうかい家庭が約半数
  原因発生後　学令生徒は1年以内で夜間中へきている
  半数は　夜間中通学をよろこんでいる
  14%は　夜中生であることを　恥ずかしく思っている
  病気になっても　約30%は医者へ行かない

- 職業について
  生徒の半数以上が労基法8条に抵触している
  労組員は4%　　学校の行事の日でも公休取扱をしてくれない
  休憩　休日　等の　待遇が悪い
  残業は住込生徒の方がよくさせられ　完全月給は　1/3にすぎず

- 心境について
  生徒の信頼する人は男女とも母をあげている
  きらいな人は　父や社長
  相談相手を欲しがっている
  ほしいものは　金　ついで　幸福な家庭

- 今後について
  長欠生徒の率は1%で　0への収斂はいつになるか
  夜間中の救済率も　東京34年　10%
  京都35年 36年 12%
  夜間学級の第二期への移行

〈質疑〉

- 夜間学級を喜んでいることについて　夜間学級は生徒数が少なく　よく面倒をみてもらえるからと考えてよいか
  （名古屋　東港中）
- それもあるだろう
- ほうかい家庭はふえ、貧困は減少しているが　両者の関係があるのではないか　　生徒の収入はふえている
  （東京　糀谷中）
- ほうかい家庭故、収入源として子供に働かせていると考えられるので　親の責任に帰せられる
- この調査を更に進める予定があるか
  （東京　荒川九中）
- 未整理分もあるし　ファクターも多いので　もし協力者があるのなら　協同調査をしたいが　今のところ予算も乏しいので　単独ではできない

⑪　協議

① 夜間学級の性格ならびに、その教育の在り方を再検討する必要はないか

② 夜間学級の学級定員および教員定数の算定は、どのように定めて実施されているか　その実状をうけたまわりたい

4-a

の 二題を一緒にして

名古屋 東港中学校　　田中氏

① 名古屋の夜間の実態は他地域と比べてどうか疑問に思っている

生徒数は漸減しているが 質的に再検討の要がないか

(イ) 名古屋に多く見られる生徒の実態が他にもあるのか
　貧困
　知能程度の低さ　？
　性格的な問題
　　本人が昼間に行きたがらない

(ロ) 夜間学級の存在価値に照して このような内状は無意味であり、特殊学級的な特色に移行しつつある ——→ 促進学級的な

(ハ) 夜学は他にもないか

② ①のようなことから 教員数、学級数の問題が出てくるが 他地区ではどうか うかがいたい
　（専任教師、学級数

〈質疑〉

問 ① このような見方は表面的であって その底にあるものは貧困等 社会的な問題と帰せられるであろう

② 特殊学級化については 賛成すべきで、二部は貧困救済であるべきだ
　（京都　山科中　）

答 ① 親、本人も働くことを望んでいない
　昼間遊んで 夜 ちょっと勉強すればよい
　—— これは教育的でない ——

② 特殊学級は先天的なおくれの救済である

答　社会病的なものの救済に当るのは 我々の課題ではない 昼間の教師の責任である

—— 後の問題にしたい　　議長

答 ① 53名中 昼間通学可能のものは 3名で 名古屋とちがう

4-b

答つづき
② について、特殊学級的でなく、家庭的なゆがみからきた性格のゆがみであり 知能については問題ない
（例があげられた）

③ 不就学対策について 全国の状況をうけたまわりたい
　横浜市

昭和34年 全国で八万人の不就学者がいる
漸減しているとはいえ この調査すら 文部省は34年以降行なっていない
夜間中学のこの救済率は全国1%にしか及んでいない しかもこの対策については 本研究会で十分な討議がなされていない 各地で又将来 どのような策がとられねばならないのか

〈質疑〉

・京都市における救済例
　市福祉事務所から 不就学名簿をかりて 各学校に紹介し 夜学に入れた

— 他については 後にもふれるので打切りたい —
　議長

〈準備委より〉

提案

市長レセプションが五時にくり上ったので 本日の協議は打切り 三省とのこんだんにきりかえたい

— 採択 —

⑫ 三省との懇談会
「夜間中学校を三省はどう考えているか」
　司会　小泉氏
（各十分くらい各省の意向を伺う）

5-a

講師

文部省　初等中等教育局　中等教育課　文部事務官
藤村和男先生

労働省　婦人少年局　婦人少年行政監察官
高崎節子先生

厚生省　児童局　養護課　児童福祉専門官
中山　茂先生

昨年の八王子大会における　文部省，労働省の見解を　荒川九中より発表
"現法の中にあって夜中の法制化はできない"

（文部省）

- 基本方針としては　昨年と変らず
法制化の希望が古くからあるが　学校教育法等の立場から無理

- 不就学対策の強化をして解消したい
昭和35年調査（小　79,000　6%／中　75,000　1.3%）の不就学者がいる

- 教科書の無料配布，　保護者の啓蒙
生活保護の強化
援護率の引上げ　4% → 5%
単価の引上げ

- 特殊学級について（盲，ろう　を除いて）任意設置になっていたが　昨年度より人口比に対する一定数　学級の設置を考慮中（予算が少ない）

- 調査は35年以降してなく　今年も予算要求したがけずられた

（労働省）

昨年と変っていない
労基法は子供の不幸を望んでいるのではなく，現象面的に　一部生徒の就労をさまたげているのだ　法としては　子供を守るためにより強化されなければならない

- 教助員制度が全国に及び　二,五〇〇人が動いていて適職に向けている

- 夜中生の生活実態の中には　家族の経済観のちがいから　一方では浪費し，夜でも卒業できるならと行かしている例にぶつかった
この面からも指導していきたい

（厚生省）

- 児童相談・福祉事務所）によって　ケースワーク的に進めている

- 保護費の値上げも，中々充分とはいかない

- ケースワークも人の問題で得られず　60%しか充実していない　仕事量が倍になっている
又　経験の浅い人も多いので　不満の点は申出てほしい

- 将来はほうかい家庭についても手をのばしたい

- 母子世帯に児童扶養手当を今年から出している（少額だが）
さらに　これを拡大していきたい

- 幼少時の対策に重点をおいている

〈質疑〉

・（労働省に）
(イ) 労働法は資本主義の仕えるために作られている

(ロ) 労基法は児童の労働に福音を与えているが　15才以下では該当していないと言われた
教助員の数は十分でない
（京都・山科中）

(イ) 労基法は年少労働を破壊してはいないが
違反があっても取りしまってないではないか
（京都　朱雀中）

㊟ 年少労働については対策をもっているが　夜中生について　は何とも言えないでいる

5-b　-a

6-b

（文部省に）
不就学 1.03％を放っておくのか

（労働省に）
ゼイタクな生活を見逃さないで 何かの指導方針を示されたい）

（厚生省に）
父母の指導はできないものか
（京都 朱雀中）

（労働省に）
白米、ピースを吸う憲法の生活を否定するのか
惨情なればこそではないか。
（東京 荒川九中）

㊟（文部）
・保護者への出席とく力（従来のように）
・学費補助及びその引上げ
・住居への補助等
・教育費の父母負担が減少し、公費がふえている
（前年度より 3.5億円）

㊟（労働）
・親の子供に対する考え方のちがいを指摘したので
白米、ピースを否定するのではない
・西陣に勤労青少年本部を作り ごう華な生活をさせている
・浅草の山谷に年少労働者の福祉センターを作った

足立四中より高崎先生の御苦労で助けられた生徒があったことを紹介する

㊟（厚生）
・教師の手に余る生徒は児童委員に相談されたい
・十二万五000人中 期待できるのは 30％ 四万人くらいだ 人が得られない
・民生―児童委員分離法も用意されている
・ケースワークの中心は子供ではなくて 子供のまわりの人間の指導である

（厚生に）
夜中の教育は根本策ではなく、上塗りである
事例をあげれば（四つあげる）

児童福祉司の法的権限強化されないと、仕事がうまく行かない面がある 親権の陰にかくれて どうもうまくいかない
（東京 荒川九中）

㊟（厚生）
・その通りで福祉法の改革論もあるが 家庭裁判所で親権停止をかちとらないとだめ
・福祉司の充足率は60％で 荒川あたりは、より増員の要がある所だ

（文部へ）
不就学の調査さえ打切られ、修旅，教科書手当 教科書無償などでは 就学以前の問題は解決されまい 八万人の不就の内わけはどうか
（横浜 蒔田中）

㊟（文部）
三十四年来やっていなくて わからない

（文部へ）
今、待っている生徒への直接のみやげは ないか
（東京 糀谷中）

・青少年問題協議会で取り上げてほしい
・教的でなく質的にとりあげたいが
・長欠児童援護会には助成金がでているが，実態調査のための経済援助はないか
（京都 烏丸中）

㊟（文部）
・二十八年から取り上げている 文部省と共同で
・補助金は教育研究団体が適当であればだしている
・地方団体で二十万円位．これが適性かは申請してほしい（35年 30団体／36年 40 〃）
・長欠の事務機構は中央では一本化しているが 各県では県によりちがう

決算報告
東京、足立四中 岡野氏

次頁参照

承認 四時四十分 閉会

7-a

-a

27日　第八会議室

開会　九時十分

（昨日の協議題に続いて）

⑬ 協議

④ 東京都における夜間中学校の経費確保について

東京都　曳舟中　矢口氏

- プリント内容
  - 出所別、学校別 予算一覧
  - 生徒一名につき 月額 負担額
  - 給食費 学用品費以外の該当生徒の一名当りの補助額（年額）　但し公費による
- 東京は学校規模において他地方とちがうが……
- 労働省は夜中生を招待したり協力的であるが文部省は認めない
- 文部省からの補助は全くないが 区費からはでている この矛盾　法制化を臨時立法として例外規定すべきだ

⑤ 東京地区における夜間中学の現況について

東京都　糀谷中　石坂氏

- プリント内容
  - 東京都の夜間中学の現況
  - （職員，生徒　授業　給食　37年度予算）
  - 糀谷中の実態
  - （生徒数　生徒の年令，学級数，教職員数）
- 一般世人に夜間中学施設の存在を知らす必要あり
- 生徒数の減少傾向
- 予算（区支出金額の合理化）
  - 夜間中学を昼間と同一視されては経営困難（教材費）
- 学習上の問題点
  - 出席率，年令差：学力個人差　職員数 その他）
- 糀谷中の給食施設は600食分あり　1/10の利用率しかない

昭和37年度 全国夜間中学校研究会 収支決算報告

昭和37年10月25日

収入の部 項目	金額	支出の部 項目	金額
昨年度 繰越金	9.436—	三省並に関係方面渉外 諸費	4.940—
昭和36年度 年間会費 500×3	1.500—	八王子大会時 跡片付者 謝礼諸費	2.000—
昭和35年度 追加会費 〃 36年度 年間会費 合計 700×24	16.800—	第九回 全国大会 準備 補助金	5.000—
		通信費 電信、電話料 その他	1.000—
		昭和37年度 事務用品 精算金	3.000—
		伊藤泰治顧問 祝金	2.000—
		次年度へ 繰越金	9.796—
合計	27.736—	合計	27.736—

会計監査の認証を得ましたので　上記の通り　昭和36年度の収支決算を謹んでご報告申し上げます　　全国夜間中学校研究会 副会長　飯田赳夫

昭和37年10月25日　　仝　　会計幹事　町田義三

7-1

⑥ 東京都における生徒減少の傾向について

東京都　新星中学　安藤氏

- プリント内容
  - 年度別生徒卒業状況
  - 校別生徒通学状況（区内、区外）
  - 卒業生徒減少状況
  - 東京都夜間中学年令構成　その他
- 生徒減少の原因となるもの
  - (イ) 一般社会の生活環境好転
  - (ロ) 夜間中学初期の目的達成
  - (ハ) 夜間学級に関する関心減退
  - (ニ) 長欠生徒に対する連絡対策募集の不徹底

〈質疑〉

㊀(文部)
訪問教師について
補導主事又は生徒主事の名のもとに全国300名を配置し、東京、大坂を中心にテストケースとして来年から予定　講習会を開く
（全国五会場で）

他になし

⑭ 協議
今後の全国大会のありかたについて

横浜市　戸塚中　中山氏

- 学校数の少ない地方では、会場、経費等の面で無理な点がある　来年の会場地についても決めかねる
- 少数校の地区では連絡会として10～10数名の会合を隔年に開く　研究問題、協議事項等を持帰って　その地区で年間を通して研究し翌年の大会に発表する

〈質疑〉

規約の上で大会分担金を明示すれば財源として要求しやすくなる
最低限の経費もかくとくできる
（荒川　九中）

- 大会を開くことが教育向上の面に大きな意義がある
- 分担金の中から、本部費として大会にあてる
（京都）

- 消滅していく学校を、毎年大会をやることによって防げるのではないか　校長達の集まりが確呼とした態度でこれを防げる組織意識、分科会等がほしい
（荒川　九中）

- 本部で有力なスポンサーがつかめないか
- 手弁当で実質的な会となるようにできないか
- 長欠児童援護会等の資金が昨年のようにでないか
- 大会のための分担金を明示したらどうか
（京都）

- 中央の様子を地方に流してくれることも必要だ
（京都）

- 大きな地区からの意見は大会をつづけてとの事だが名古屋では関係者が四名で果してどのようなことなるのか　原案賛成
（名古屋）

- 夜間中学がへることは喜ぶべきことで、長欠救済に万能ではない。
- 消滅に対する圧力団体ができることは望ましくなく広汎な面からの長欠対策が必要だ
（　　）

- 資金の捻出方策が三省側からないが……
（準備委員長）

- (文部)　教育研究団体への助成金がある（前出）
- (労働)　帰ってから相談する
- (厚生)　民生関係者と一緒になって共催し、本会を一分科会のような形でやれないか
  地域の人達と結びつくことにより資金面の打開ができよう
- 時間的に結論が出せないか　（議長）

8-　9-a

- 規約の点は、専門委で原案を作ることに規約上なっている　別に専門委を大会の持ち方について開いたら
（京都　　　）

- 日教組等の民主団体と結びついて、広汎な対策を協議するようにすべきだ
（東京　　　）

- 専門委に全面的に一任するが　郵送等により承認だけは得てほしい
（京都　　　）

- 地区からの代表で構成せよ（地区一名）
（京都　　　）

- 地区一名だと理事会と同一性格なものになる
（名古屋　　　）

- 本部からもでるので　そのようなことはない
（京都　　　）

- 専門委の権限　話合う内容は
（　　　）

- 内容的には　これだけと限定できないが、今迄でた全般的な問題が検討されよう
（議長　　　）

- 規約によれば　理事会が委任することになっている
（　　　）

- 時間がないので　教育視察会場で継続審議する
（議長　　　）

⑮ 大会宣言

起草委　　糀谷中　　石坂氏
（他二名）

内容の柱について

（イ）経済的貧困による中学生の救済措置の要求

（ロ）夜中生の健康維持と体力向上に全国的な無償給食の実施

（ハ）学習と就労の両立するよう

（ニ）長欠不就学問題を積極的に徹底的に研究するための財政的予算措置をとられたい

以上四点を中心に作成し　各校に配分して了解を得る

⑯ 理事会より役員の発表

（次頁参照）

⑰ 新役員挨拶

飯田　新会長　（代表して）

⑱ 動議

前例に基き　前会長　住友国春氏に感謝状及び記念品を贈りたい
（東京、　町田氏）

可決

⑲ 閉会のことば

十一時五分

他に資料として　川崎市立川中島中学校の実態調査　双葉中、新星中などの調査（実態）あり

⑳ 教育視察　　日産自動車

（日産自動車会議室にて）　12時30分

大会運営の方法に関する収拾は理事会に一任し　監事の方で原案検討のうえ　新理事会にはかり　[illegible]書をもって承認をうる　〔承認〕

全国夜間中学校研究会役員（含顧問）

一、顧問	寺本喜一氏	京都府立大学教授
	伊藤泰治氏	東京都立一橋高校長
	村田忠一氏	前京都市立二条中校長
	立石実信氏	前横浜市立平楽中校長
	関根重四郎氏	東京都墨田区立本所中学校長
	住友国春氏	東京都八王子市立オ六中学校長
	小林俊之助氏	東京都大田区
二 会長	飯田赳夫氏	横浜市立浦島丘中校長
三 副会長	岡野直氏	東京都足立区立オ四中校長
	塚本清氏	名古屋市立東港中学校長
四 理事	中山紀正氏	横浜市立戸塚中校長
	長谷川健次氏	京都市立烏丸中校長
	頃末秀春氏	兵庫県尼崎市立明倫中学校長

東京，名古屋，広島　三重，奈良，福岡
大坂　は未定

五、会計監査	森田皞氏	兵庫県神戸市立丸山中校長
	西野武夫氏	東京都大田区立糀谷中校長
六 幹事	斉藤滋氏	横浜市立西中校長
（会計）	町田義三氏	東京都立足立区立オ四中主事

未定の所は各地区において
報告されたい

10－2

［メモ］

昭和39年11月11日　印刷

連絡
横浜市鶴見区
鶴見町1253
Tel（50）

横浜市立　鶴見中学校
和田耕明

東京都の夜間中学の現況（昭和37年10月1日現在）

大田区立糀谷中学校二部（作成）

職員	学校名	足立区立第四中学 電(886)	八王子市立第五中学 電0426-2-	葛飾区立双葉中学 電691-	墨田区立曳舟中学 電612-	大田区立糀谷中学 電741-	世田谷区立新星中学 電421-	荒川区立第九中学 電891-
	所在地	足立区梅島町10	八王子市明神町91	葛飾区上千葉町511	墨田区吾嬬町西3～1	大田区糀谷町2～613	世田谷区三宿町10	荒川区尾久町1～687
	校長名	岡野直	功力文男	加藤闘	大内重一	西野武夫	福島恒春	田村寛之
	主事名	町田義三	熊坂欽二	佐藤吉雄	矢口栄吉	石坂周一	安藤稔	塚原雄太
	職員数	専任6 講師4 他0	専任4 講師5 他0	専任6 講師4 他0	専任6 講師6 他0	専任6 講師6 他0	専任6 講師6 他0	専任6 講師3 他0
	学級数	3学級	3学級	3学級	3学級	3学級	3学級	3学級
	開設年月日	昭26.7.16	昭27.5.10	昭28・4・20	昭28・5	昭28・9・1	昭29.5.1	昭32・2・15
	設置理由	不就学生徒救済 不良化防止	不就学生徒救済	義務教育完遂 不良化防止	長欠不就学者救済	義務教育完遂 不就学対策	不就学対策	長欠不就学者救済
	開設手続	学校の申請 都区の認可	市教委指示	区教委指示	区教委指示	区教委指示	区教委指示	区教委指示
生徒	在籍者 生徒総数	男36 女22 計58	男16 女12 計28	男18 女11 計29	男35 女17 計52	男38 女12 計50	男36 女15 計51	男33 女19 計52
	1年生	7 4 11	3 2 5	3 1 4	9 6 15	9 3 12	5 4 9	6 4 10
	2年生	13 9 22	4 3 7	9 3 12	10 5 15	5 5 10	16 5 21	9 9 18
	3年生	16 9 25	9 7 16	6 7 13	16 6 22	24 4 28	15 6 21	18 6 24
	卒業生総数	243 190 433	69 81 150	147 87 234	243 116 359	173 95 268	100 83 183	60 53 113
	進学者総数	126 32 158	3 3 6	42 5 47	115 25 140	62 10 72	23 11 34	16 8 24
授業	始業終業の時刻	5.30～9.00（9.10月・木）	5.30～8.50	5.30～9.00	5.30～9.00	5.30～9.00	5.30～9.00	5.30～9.00
	1日の授業時限数	4時限（9.20三年補習）	4時限	4時限	4時限	4時限	5時限	4時限
	1時限の授業時間	40分	40分	40分	40分	40分	35分	40分
	1回の休憩時間	5分	5分	5分	5分	5分	5分	10分及び5分
	道徳教育の時間	毎週35分	月2回（1回40分）	週1回（1回40分）	週1回（40分）	月2回（1回40分）	週1回（1回35分）	月2回（1回40分）
	特別教育活動の時間	毎週25分及び60分	月2回（1回40分）	週1回（1回40分）	週1回（50分）	月2回（1回40分）	週1回（1回35分）	月2回（1回40分）
給食	調理室の広さ(m^2)	21.00 m^2		38.88 m^2	67.50 m^2	65.98 m^2	30.00 m^2	32.40 m^2
	食堂の広さ(m^2)			66.10 m^2			33.00 m^2	
	作業員人数	栄養士0 調理士1 他1		栄養士0 調理士1, 他0	栄養士1 調理士1 他0	栄養士0, 調理士2, 他0	栄養士1, 調理士1 他0	栄養士0 調理士1 他1
	1回の最大給食能力（食数）	1500食		300食	500食	600食	100食	100食
	1日の平均給食数	48食	20食	32食	55食	48食	52食	55食
	給食時間（自～至）	6.25～6.55（土） 6.45～7.15（月・木） 6.55～7.15（火・水・金）	5.30～5.50	6.55～7.25	6.55～7.35	6.20～6.45	6.05～6.25	5.30～6.00
	1食の平均単価(円)	37円	学校介在せぬため不明	40円	35円	37円	35円	37円
	1食分の都費支出額(円)	31円		31円	31円	31円	31円	31円
	1食分の区(市)費支出額(円)	6円		9円	4円	6円	4円	6円
	1食分の生徒負担額(円)							
予算（昭和卅七年度）	区費（二部単独内示額）	405,900.円	228,400.円	90,200円	280,000.円	199,500円	215,000.円	310,000.円
	P.T.A			80,000円			28,000.円	15,000.円
	後援会		12,000.円		101,100.円	141,012円		
	篤志家					30,000円		5,000.円
	合計	405,900.円	240,400.円	170,200.円	381,100.円	370,512円	243,000円	330,000.円

協議事項

1. 生徒数の減少傾向
2. 予算（区支出金額の合理化）
3. 学習上の問題点（出席率，年令差，学力個人差，職員数，その他）

アンケートの結果

〔東京都夜間中学校研究会教科研究部. 37.9.1〕

A 週間教科時間数（校名五十音順）

校名 \ 教科（第一学年）	国語	社会	数学	理科	音楽	美術	技家	保体	英語	商業	クラブ	道徳	ホーム	計
足立四中	4	4	3	4	1	1	3	1	3	0	1	1	1	27
荒川九中	4	3	4	3	1	1	2	2	3	0	2	0	1	24
糀谷中	4	3	3	4	1	1	3	1	3	0		1		24
新星中	4	4	4	4	2	2	2	2	4	0	1	1	1	31
八王子五中	5	3	4	3	2	1	2	2	2	0	1	1	1	27
曳舟中	4	3	4	3	1	1	1	2	3	1	1	×	×	24
双葉中	4	3	3	3	1	1	3	1	3	0	1	1	△	24

校名 \ 教科（第二学年）	国語	社会	数学	理科	音楽	美術	技家	保体	英語	商業	クラブ	道徳	ホーム	計
足立四中	3	4	4	4	1	1	2	1	4	0	1	1	1	27
荒川九中	4	4	3	3	1	1	2	2	3	0	0	0	1	24
糀谷中	4	4	3	4	1	1	3	1	3	0		1		24
新星中	4	4	4	4	2	2	2	2	4	0	1	1	1	31
八王子五中	5	3	4	3	2	1	2	2	2	0	1	1	1	27
曳舟中	4	3	4	3	1	1	1	2	3	1	1	×	×	24
双葉中	4	3	3	3	1	1	3	1	3	0	1	1	△	24

校名 \ 教科（第三学年）	国語	社会	数学	理科	音楽	美術	技家	保体	英語	商業	クラブ	道徳	ホーム	計
足立四中	3	3	[illegible]	[illegible]	1	1	2	2	4	0	1	1	1	27
荒川九中	[illegible]	3	[illegible]	3	1	1	1	2	3	0	0	0	1	24
糀谷中	[illegible]	[illegible]	2	3	1	1	3	1	4	0		1		24
新星中	4	4	4	4	2	2	2	2	4	0	1	1	1	31
八王子五中	4	3	4	3	2	1	2	2	3	0	1	1	1	27
曳舟中	4	3	4	3	1	1	1	2	3	1	1	×	×	24
双葉中	4	3	3	3	1	1	3	1	3	0	1	1	△	24

〔注〕
1. 足立四中は月・木を35分、土曜を25分授業とし5時限にホーム・道徳・クラブを1時間とっている。
2. 荒川九中は時間割をA・B二つ作り、1週間交替に行い遅刻者対策としている。
3. 糀谷中は毎月第1週にクラブ、第2週に道徳、第3週クラブ、第4週進路指導第5週クラブと、1週1時間特別時間をおいている。
4. 八王子五中は、ホーム・道徳はそれぞれ火・金曜の給食時間にこれを行う。クラブは木曜第5時限にこれを行う。
5. 曳舟中は、ホームは学年毎に放課後、道徳は週1回給食時間にこれを行う。英・数・国は学年を解体し実力に応じたクラスでこれを受けさせ（ただし自学年より上のクラスには入れない）又、3年英は選択とし、職家とこれを組む。
6. 双葉中はホームを給食後10分とり、国語の1時間は習字を各学年に当てている。

B 授業時間配当

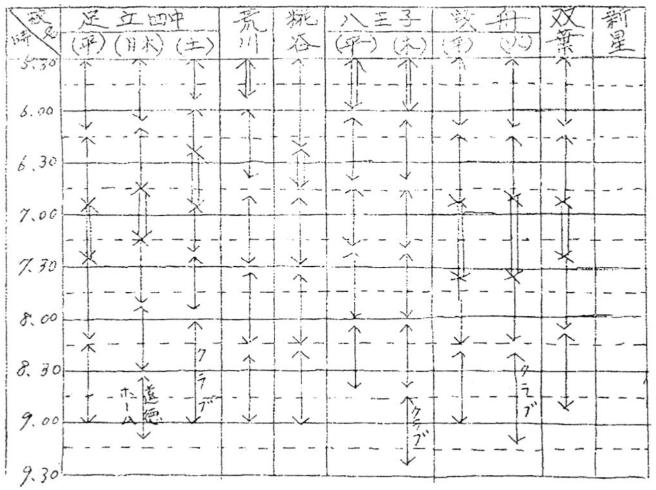

〔注〕⇕は給食時間を示す

C 現在の問題点

1. 学力差がはげしい。
2. 年令差の問題
3. 知能差の問題
4. 個人差の問題
5. 第一時限の遅刻者の扱い
6. 夜間に適した教科書
7. 欠席者の扱い

D 今後の研究目標 （ ）提案校

1. 学力の向上の方法（八王子）
2. 教科と時間配当（糀谷）
3. 基礎学力の最低必要学力の設定（足立）
4. 器具利用に於けるグループ学習（荒川）
5.
6. 生徒の学校観（教科から）（曳舟）

東京都夜間中学予算一覧

A 出所別・学校別予算一覧（順序不同）　但し足立四中の36年度を除き、他は全部37年度とす。

学校名→	足立四中		荒川九中		糀谷中		八王子五中		曳舟中		新星中		双葉中	
出所→	区費	PTA後援会	区費	PTA	区費	後援会	区費		区費	後援会	区費	PTA	区費	PTA
消耗品	134400	0	100000.	0	44730.-	0	54000.	0	72000.-	0	100000.	0	44000.-	10000.-
備品	30000	0	140000	0	25470	0	95000	0	118000.	0	115000.	0	24000.	10000.
修繕費	1500	0	0	0	1150	0	0	0	0	0	0	0	0	
燃料費	30000	0	0	0	0	0	0	0	0	0	0	0	10000	
印刷製本	0	0	0	0	10800.	0	7000	0	30000	0	0	0	4200.	
給食消耗	0	0	3000	0	22000.-	0	82640.	0	13400.	0	0	0	4000.-	
給食修繕	0	0	3000	0	0	0	0	0	8980.	0	0	0	0	
給食備品	0	0	1200.	0	0	0	0	0	22400.	0	0	0	4000.-	
保健衛生	0	0	0	0	5000.	0	0	0	0	0	0	0	0	
図書費	0	0	0	0	25000.	0	0	0	20000	0	0	0	0	
通信費	0	0	0	0	0	8000.	0	0	3000.	0	0	0	0	5000.
式日費	10000	0	0	0	0	5000.	0	0	10000	0	0	0	0	10000.
行事費	0	0	0	0	0	6000.	0	0	10000	0	0	0	0	16000.
出張費	0	0	0	0	0	5000	20000	0	?	0	0	0	0	5000.
其の他	200000	0	40260.	15000.	15000.	117012	149650.	0	0	100000	0	0	0	24000.
計	405900	0	287460.	15000	159500	141012	408290.	0	307780.	100000	215000.	28000.	90200.	80000.
総計	405900.-		302460.-		300512.-		408290.-		407780.-		243000.-		170200.-	

B. 生徒一名に付き月額負担額

	足立四中	荒川九中	糀谷中	八王子五中	曳舟中	新星中	双葉中
PTA又は後援会費	0	0	235※	100～200	50	約68※※	50
生徒会費	0	0	20	20	10	50	50
クラス会費	0	0	0	20	30	0	0
其の他	0	0	0	0	0	0	0
計	0	0		140～240	90	118.	100.

注　※は年額にして、徴収額を生徒数で割ったもの
　　※※は年額700円あり。

C 給食費・学用品費以外の該当生徒の一名当りの補助額（年額）但し公費による

	足立四中	荒川九中	糀谷中	八王子五中	曳舟中	新星中	双葉中
修学旅行補助	3000.-	3726	3900.-	3000.-	3700.-	3700	3400.-
校外教授補助	0	0	800.-	0	300.-	0	30
卒業記念品代	0	0	0	0	300.-	0	0

夜間中学の実態

大田区立糀谷中学校（昭37.10.1）

	区分＼年度	昭和35年度			昭和36年度			昭和37年度		
1. 生徒数	生徒総数	男 47	女 32	計 79	男 38	女 21	計 59	男 38	女 12	計 50
	1年生	10	7	17	6	6	12	9	3	12
	2年生	14	15	29	16	5	21	5	5	10
	3年生	23	10	33	16	10	26	24	4	28
	出席生徒数及び出席率%（何れも年度通算）	9,445人（55.4%）			8,087人（65%）			2,830人（62%）（37年8月まで通算）		

2. その生徒の年令

年令＼学年	35年度 1年		2年		3年		計		36年度 1年		2年		3年		計		37年度 1年		2年		3年		計	
12才	男	女 3	男	女	男	女	男	女 3	男 2	女 1	男	女	男	女	男 2	女 1	男 3	女	男	女	男	女	男 3	女
13	4	2	1	2			5	4		1	5	1			5	2	1		2	2			3	2
14			5	6	5	2	10	8	2		7	4	3	3	12	7	2	1	2		14	2	18	3
15	1		1	5	5	5	7	10			1		6	4	7	4					5	2	5	2
16	1	1	2	1	4		7	2						1		1					1		1	
17					2	1	2	1	1				1	1	2	1				1				1
18					1	1	1	1		1						1	2						2	
19	2		2		1		5						1		1		1			1			1	1
20			2		2		4			1	1		2		3	1		1			1		1	1
21					1		1						1		1						1		1	
22	1						1																	
23									1	1	1				2	1					1		1	
24				1				1										1	1				1	1
25						1		1		1				1		2								
26					1		1													1				1
27		1						1																
28	1						1																	
29			1		1		2				1				1									
30													1		1						1		1	
32													1		1									

	昭和35年度	昭和36年度	昭和37年度
3. 学級数	3学級	3学級	3学級
4. 教職員数	専任 6 兼任 4 講師 2	専任 6 兼任 4 講師 2	専任 6 兼任 4 講師 2
5. 予算	後援会 301,361円	後援会 286,366円	区費 199,500円 後援会 141,012円
6. 職員手当	昭和35年4月以降 校長5% 職員7%の手当支給。		
7. 世人の関心度	一般世人に夜間中学施設の存在を知らす必要あり。		
8. その他			

東京都葛飾区立双葉中学校第二部

1. 生徒数について

	男	女	計	備考
1年	3	1	4	内男子1名長欠
2年	10	3	13	
3年	6	8	14	
37年3月卒	20	5	25	
36年3月卒	14	6	20	
35年3月卒	21	15	36	

2. 生徒の年令について

	1年		2年		3年	
	男	女	男	女	男	女
12才	2	1	6			
13〃						
14〃			1	1	2	3
15〃	1		1	2	1	5
16〃						
17〃						
18〃					2	
19〃						1
20〃						
21〃						
22〃						
23〃						
24〃			1			
計	3	1	9	3	5	8

3. 学級数　　3学級

4. 教職員数

専任 6名
講師 4名

5. 予算

a. 区費

消耗品〃	44,000
備品〃	24,000
燃料〃	10,000
印刷製本〃	4,200
給食消耗	4,000
給食備品	4,000

b. PTA　80,000

計　170,200円

6. 教職員の給与，手当等について

- 東京都公立学校教育職員給料表による
- 夜間勤務手当（本俸の7％）支給

7. 都，区の関心度

- 生徒全員準要保護児童扱い
- 生徒全員給食費支給（月額805円）
- 生徒全員校外教授費支給（一人年額30円）
- 三年生関西旅行補助（1人　3,400円）
- 生徒全員教科書代支給
- 学校安全会費全額補助
- 学用品補助金　　（年額 約1,100円）

8. その他

実態調査

世田谷区立新星中学校
第二部

1　生徒数

		昭和35年			昭和36年			昭和37年		
		1年	2年	3年	1年	2年	3年	1年	2年	3年
在籍数	男	5	9	18	12	11	10	5	16	15
	女	3	6	14	2	5	7	4	5	6
	計	8	15	32	14	16	17	9	21	21
出席数	男	5	8	16	12	11	10	5	16	14
	女	3	4	12	2	5	7	4	4	5
	計	8	12	28	14	16	17	9	20	19

2.　生徒の年令

		13	14	15	16	17	18	19	20～25	26以上	計
1年	男		1	1	1			1	1		5
	女		1	1		1				1	4
2年	男	1	1	3			1		8	2	16
	女	1		1		1	1		1		5
3年	男		3	2	2	1		1	3	3	15
	女			1	1	1	1			2	6

3.　学級数　3

4.　教職員数　　専任　6
　　　　　　　　講師　6

5.　予　　算　　消耗品費　100,000円
　　　　　　　　備品費　115,000円
　　　　　　　　修学旅行費
　　　　　　　　教科書費　｝全額全員に補助
　　　　　　　　給食費

6.　待　　遇　　夜間学級手当本俸の7%支給

7.　役所の関心度　良　好

1. 横浜市における夜間学級をもつ学校の(校名・所在地・開設年・校長名)

学校名	所在地	開設年	校長名	在籍数(36年度)	
横浜市立鶴見中学校	鶴見区鶴見町 1253	24, 4	石井 宗一	16	金沢中 4 計139
〃 浦島丘中学校	神奈川区白幡東町 13	25, 5	飯田 赳夫	18	
〃 西 中学校	西区西戸部町 3の286	25, 5	斎藤 滋	26	
〃 港 中学校	中区山下町 241	25 4	野川 義蔵	12	
〃 平楽中学校	南区平楽町 1	26, 5	小泉 作三	32	
〃 蒔田中学校	南区花ノ木町 2の45	25, 5	帰山 邦一	25	
〃 戸塚中学校	戸塚区戸塚町 4542	24, 4	中山 紀正	6	

昨年度までは8校に夜間学級があったが本年度は7校となった。
(中止した学校 横浜市金沢区 市立金沢中学校)

2 学年別，性別の生徒数(37年度)

	1年		2年		3年		計	
性別	男	女	男	女	男	女	男	女
数	12	6	14	16	37	23	63	45
計	18		30		60		108	

(一校の在籍生徒数 最大 22名 最低 4名)

※16才以上の過年児が多く
特に女性の方にこの傾向が強い。

3 学年別，年令別，性別の生徒数(37年度)

区分	男										女									
	12才	13	14	15	16	17	18	19	20以上	計	12才	13	14	15	16	17	18	19	20以上	計
1年	2	1	4	2	1	0	1	0	1	12	1	0	0	1	1	0	1	0	2	6
2年	0	2	2	2	2	1	2	0	3	14	0	0	4	2	4	2	2	1	1	16
3年	0	0	9	4	4	2	10	3	5	37	0	0	4	3	4	3	5	4	0	23
計	2	3	15	8	7	3	13	3	9	63	1	0	8	6	9	5	8	5	3	45

男女共に義務教育年令超過者が多い。　特に女に多い。
○過去において貧困，教育の不理解であった者が就学せず，義務教育の必要を感じ入学した者と
義務教育課程卒業の資格がなければ就職，免許の資格が得られない者である。
○欠席日数が多いため進級卒業のできなかった者である。(これらの生徒は出席が現在も悪るい)

4 在籍生徒の出席状況（36年度）

区分	4月	5	6	7	8	9	10	11	12	1	2	3	計
出席すべき延数	2172	2716	2707	1879	／	2795	2943	2829	2270	1892	2404	1654	26261
出席延日数	896	1225	1096	824	／	1208	1249	1230	941	881	1094	775	11419
出席百分りつ	41	45	40	43	／	43	42	42	41	47	45	47	43

在籍生徒数の出席状況は良好でない。　出席者は一定している状態である。
※長欠者が多い。

特に欠席日数が多かった為に進級，卒業のできなかった生徒がいる学校ほど出席りつがよくない。

これ等の生徒は高年令者に多い。

理由（本人は進級，卒業ができなかったこと。高年令のため多くの友人関係があること。）

低年令生徒は出席りつがよい。（高年令者でも就職関係　免許状を得るための資格を必要とする者はよい。）

学年末に近ずくにしたがい出席りつがよい。

5 学習教科と週時間数

区分	国語	社会	数学	理科	音楽	美術	技家	保体	英語	特活	計
1年	2～5	1～5	2～5	1～4	0～1	0～2	0～2	0.5～2	1～3	0～2	15～24
2年	2～5	1～5	2～5	1～4	0～1	0～2	0～2	0.5～2	1～3	0～2	15～24
3年	2～5	1～5	3～5	1～4	0～1	0～2	0～2	0.5～2	1～3	0～2	15～24

各校地域の実情，生徒の実態，教育の方針によって違いがある。

各校ともに学習教科のうち国語 社会 数学 理科 英語の時間数が多い。

（一時限の長短によっても時間数の多少がある。）

保体は生徒の好む教科であるが，運動場の照明施設がないので時間数は制限されている。

しかし学校教育以外でも行いやすいので時間数も少ないことである。

6 1日の授業状況

授業開始時刻	5.00時～6.00時	1日の時限数	3時間～4時間	1時限の長さ	40分～50分
授業終了時刻	7.30時～9.30時			休けい時間の長さ	5分～10分

7 学級数と教員数

学級数——— 横浜市全体で 10 学級

1年から3年までの複式学級 7　　1年から2年までの複式学級 1

3年のみ単式学級 2

教員数——— 横浜市全体で、校長 7　兼任 49　計 56

1学級～5～6名　　2学級～11名　　3学級 16名

※専任なし。

8 夜間学級のための教育施設

夜間学級は夜間学級をもつ学校の施設を利用する。

普通教室のほか特別教室（音楽、技家室、図書室）

体育館

教室照明の状況			運動場の照明	給食施設	その他
区分	W 数	個 数	有 無	有 無	特になし
教室	60～100	4～7	なし	なし	

（300W ～ 700W）

9 教育費（37年度）

横浜市教育委員会において夜間学級費として		319,200—	
内訳　消耗品費（各校 20,000—）		140,000—	
備品費（　〃　）		140,000—	
燃料費（　5,600—）		39,200—	（36年度）
（給食費として1人1日40円支給）			
夜間学級をもつ学校のPTAより援助		28,000—	
援助のある学校　3校	1校	5,000—	
	1校	8,000—	
	1校	15,000—	
区内公立中学校より援助	1校	21,000—	

10 教員に対する手当

横浜市教育委員会より　学校長に対し　1,400—

　　　　　　　　　　　教員に対し　2,000—

その他からは一切なし

11. その他

夜間学級に関心を示し物品、金銭、激励文をお送り下さる個人、団体がある。

学校名	川崎市立川中島中学校(夜間部)	校長名	萩原春雄	主任名	小沢俊三

1. 生徒在籍数(男女,年令,学年別)

区分	男										女										
	12才	13	14	15	16	17	18	19	20以上	計	12才	13	14	15	16	17	18	19	20以上	計	合計
1年																					
2年			1							1		1		1						2	3
3年		1	1				1		5	8				2					4	6	14
計		1	2				1		5	9		1		3					4	8	17

2. 一日の授業状況

授業開始時刻	5時30分	一日の時限数	4時間	一時限の長さ	40分
終了時刻	8時30分			休けい時間の長さ	5分

〃 給食時間の長さ　10分

3. 週授業時間数

区分	国語	社会	数学	理科	音楽	美術	技家	保体	外国語	特活	計
1年 2年	5	4	3	3	1	1	3	2	2		24
3年	5	4	3	3	1	1	3	2	2		24

4. 時間表

曜日	月		火		水		木		金		土	
学年	1・2	3	1・2	3	1・2	3	1・2	3	1・2	3	1・2	3
1校時	国語	社会	音楽	体育	国語	英語	職業	国語	職業	職業	理科	社会
2 〃	々	数学	々	々	々	々	社会	々	々	々	々	々
3 〃	々	国語	体育	音楽	英語	数学	々	々	理科	数学	社会	理科
4 〃	数学	職業	々	々	々	社会	数学	々	数学	理科	々	々

5. 主な教育設備状況

教室の照明の状況			運動場の照明	給食施設	特殊設備
区分	W数	個数	(有) 無	(有) 無	なし
教室1 〃 2	100W	6個	状況 1KW 1基 2KW 1基	状況 1. 茶椀 41個 2. コッペパン 3. ジャム,バター	
〃 3	100W	6個			

6 教員数

区分	校長		教諭		助教諭		講師		養護教諭・養護助教諭		計		
性別	男	女	男	女	男	女	男	女	男	女	男	女	計
専任													
兼任	1		8	1							9	1	10

7 学級数

区分	1年	2年	3年	計
単式			1	1
複式	1			1
計	1		1	2

8 教育費

区分	市費(夜間配当)	PTA	その他	生徒より徴集金	月額 円
消耗品費		なし	なし	PTA会費	なし
燃料費	昼間部の教育	なし	なし	学級費	なし
備品費	費の約1%増	なし	なし	生徒会費	なし
その他		なし	なし	その他	なし

9 教員手当

市教育委員会 ~~財務課~~ 教職員課 より1時間150円の割合で手当が支給されている

10 出席状況(36年度)

区分	4月	5月	6月	7月	8月	9月	10月	11月	12月	1月	2月	3月	計
出席すべき延日数	342	475	494	294	0	475	572	528	440	440	528	330	4918
出席延日数	275	320	335	164	0	332	421	430	270	253	421	263	3484
出席百分率	80.4	67.3	67.8	55.7	0	69.8	73.6	81.4	61.3	57.5	79.7	79.6	70.8

11 夜間中学校について

(1) 夜間中学校は、不就学者あるいは長期欠席者、中退者等を救済するのが主な目的で設けられたのである。1、2年の学級生徒は毎年減少の傾向をたどっているが、3年の学級生徒は1、2年の生徒に比較して増加の傾向にある。

(2) 生徒の職業は、地域的関係から中小企業に勤務している生徒が多い。3学年は年令超過の生徒が多いため、平均賃銀は日給410円位になっている。

(3) 生徒の教科書代、文房具代、社会見学費、給食費等は全額教育委員会が負担をしている。

夜間２部学級の実態

名古屋市立東港中学校

1. 在籍生徒数

学年＼年度・性別	35 男	35 女	35 計	36 男	36 女	36 計	37 男	37 女	37 計
1	4	2	6	4	0	4	2	1	3
2	3	2	5	4	2	6	5	1	6
3	5	8	13	7	4	11	6	3	9
計	12	12	24	15	6	21	13	5	18

備考，　35年度・36年度は3月1日現在，37年度は10月1日現在の調査．次の(2)の調査も同じ。

2. 出席生徒数

学年＼年度・性別	35 男	35 女	35 計	36 男	36 女	36 計	37 男	37 女	37 計
1	4	2	6	4	0	4	2	1	3
2	2	2	4	4	2	6	5	1	6
3	3	6	9	5	1	6	5	2	7
計	9	10	19	13	3	16	12	4	16

3 生徒の年令（その年度内に達する満年令）

学年	性別	35 13	14	15	16	17	18	19	20~	36 13	14	15	16	17	18	19	20~	37 13	14	15	16	17	18	19	20~
1	男	4								3							1	2							
	女	2								0								1							
2	男		2		1						4								4						1
	女		1						1		2								1						
3	男			2	2		1					4		3						4	1		1		
	女			7	1							1	2				1			2		1			
計	男	4	2	2	3	0	1	0	0	3	4	4	0	3	0	0	1	2	4	4	1	0	1	0	1
	女	2	1	7	1	0	0	0	1	0	2	1	2	0	0	0	1	1	1	2	0	1	0	0	0

4. 学級数．教職員数．教職員の給与、手当

学級数	教職員		給与．手当
2	専任教諭	2	昼間勤務の場合と同じ
	講師		
	兼任校長	1	月額　3216円
	〃 教諭	1	〃　1320円
	〃 校務員	1	〃　1000円

5. 年間予算額（但し給与費を除く）

昭和37年度

款	項	目	節	予算額
教育費	中学校費	報賞費	報賞費	1,000円
〃	〃	需用費	消耗品費	16,000円
〃	〃	〃	燃料費	12,000円
〃	〃	〃	食糧費	32,800円
計				61,800円

実態調査

名古屋市立天神山中学校　二部学級

1．生徒数

昭和３５年度　在籍数

学年＼性	男	女	計	出席数
1	2	5(2)	7	5
2	4	6(1)	10	9
3	2	7(1)	9	8
計	8	18(4)	26	22

昭和３６年度　在籍数

学年＼性	男	女	計	出席数
1	2	5(2)	7	5
2	4	4(1)	8	7
3	7	6	13	13
計	13	15(3)	28	25

昭和３７年度　在籍数

学年＼性	男	女	計	出席数
1	0	3(1)	3	2
2	2(1)	3	5	4
3	5	4	9	9
計	7(1)	10(1)	17	15

（註）　（　）中の数字は常欠生徒数

2．生徒の年令

昭和３５年度

	男	女
1年	22才 13才	12才×3 13才 15才
	2	5
2年	13才×2 14才 15才	13才×2 14才×2 15才×2
	4	6
3年	14才 16才	14才×4 16才 26才 27才
	2	7

昭和３６年度

	男	女
1年	12才×2	12才×3 13才 14才
	2	5
2年	13才 14才 18才 23才	13才×2 14才×2
	4	4
3年	14才×5 15才 16才	14才×2 15才×2 16才×2
	7	6

昭和３７年度

	男	女
1年		12才×2 14才
	0	3
2年	13才×2	13才×3
	2	3
3年	14才×2 15才 18才 24才	14才×2 15才 20才
	5	4

3．学級数

１・２年　の　複　式
　３年　の　単　式　｝　計　２　学　級

4．教職員数

専　任　　２名　　　　兼　任　　２　名

5．二部学級（夜間）の予算

中学校費

報償費	消耗品費	燃料費	食料費
1,000円	16,000円	12,000円	32,800円 29（4月より～9月まで）

6．教職員給与　手当等の待遇について

昼間部と同率の給与　　　　然し　手当は支給されず

7．夜間中学校に於ける県市の関心度について

名古屋市が長欠生徒救済の方策として　昭和２７年１２月に設置し二部学級と名称をつけて　給食費無償　遠距離通学者（６Ｋｍ以上）に実費支給、教科書の貸与、修学旅行の補助等なしている。

8．その他

現状報告書

（京都市立中学校10ケ校）
京都市立中学校二部研究会

I〕生徒数

学校＼年度・学年・男女	35年（35.10月）								36年（36.10）								37年（37.10.1）							
	1年		2年		3年		合計		1年		2年				合計		1年		2年		3年		合計	
	男	女	男	女	男	女	男	女	男	女	男	女	男	女	男	女	男	女	男	女	男	女	男	女
嘉楽	0	3	1	3	3	4	9	10	0	1	0	5	4	4	4	10	1	3	1	6	2	7	4	16
烏丸	0	2	0	2	2	4	2	8	0	1	0	4	1	4	1	9	0	1	0	2	0	3	0	6
北野	0	3	3	2	5	3	8	8	0	0	0	4	5	3	5	7	1	0	4	1	4	5	9	6
朱雀	1	1	3	3	1	3	5	7	1	0	4	3	3	4	8	7	2	0	3	1	6	3	11	4
洛東	0	2	0	2	2	3	2	7	2	0	2	4	0	0	4	4	0	0	4	0	2	3	6	3
山科	1	0	4	0	3	0	8	0	0	0	2	2	3	0	5	2	1	0	1	1	5	0	8	0
高野	1	4	1	1	1	3	3	8	1	3	1	4	2	2	4	9	0	0	2	3	4	4	6	7
皆山	0	3	3	1	5	7	8	11	0	1	1	4	5	5	6	10	0	0	2	1	3	7	5	8
九条	2	1	4	2	2	1	8	4	1	2	2	1	6	2	9	5	0	0	2	2	2	6	4	8
藤森	0	3	2	3	1	1	3	7	0	0	3	4	8	3	11	7	0	0	2	0	5	5	7	5
合計	5	25	21	24	36	29	62	78	5	8	15	35	37	27	70	127	5	4	21	17	33	43	59	64

昭和35年は弥栄中学を含めた合計　　年度別合計数　昭35　140名
昭36　127名
昭37　123名

II〕生徒の年令分布

（昭37.10.1現在）

学年＼年令・男女	12		13		14		15		16		17		18		19		20以上		合計	
	男	女	男	女	男	女	男	女	男	女	男	女	男	女	男	女	男	女	男	女
1年	2	1	1	1	2	1		1											5	4
2年			8	2	9	13	3	2	1										21	17
3年					12	25	13	14	4		1		1	1			2	3	33	43
合計	2	1	9	3	23	39	16	17	5	0	1	0	1	1	0	0	2	3	59	64

合計123名

III〕学級数・教職員数（講師）・予算（校内費）

学校＼項目・年度	学級数			講師数			37年予算
	35年	36年	37年	35年	36年	37年	37年
嘉楽	1	1	1	4	4	4	円 10,000
烏丸	1	1	1	4	4	4	10,000
北野	1	1	1	4	4	4	10,000
朱雀	1	1	1	4	4	4	
洛東	1	1	1	4	4	4	8000
山科	1	1	1	4	4	4	10,000
高野	1	1	1	4	4	4	10,000
皆山	1	1	1	4	4	4	6,000
九条	1	1	1	4	4	4	10,000
藤森	1	1	1	4	4	4	5,000
弥栄	1	0	0	4	0	0	
計	11						

1. 学級数は各校1学級
2. 講師数は市教委割当数（週3時間×4人）
　但し実数は各校の実情により幾分異る。
3. 専任は各校1名

IV〕給与・手当等

1. 校長　500円（税込）
2. 講師手当　週3時間　1月　1500円（税込）
　（週　1時間　500円　税込）

V〕関心の程度

1. 市教委の二部に対する関心度は非常に強い。
　即ち　精薄・二部・僻地・同和教育等の振興を重点的目標の一つとしている。
2. 長欠・不就学或は非行生徒対策の一環として市教委は本年度新たに　生徒福祉課を設置する。この福祉課は長欠・不就学対策を推進するため二部研究会との関連が強く、二部研究会の月例会にも参加するなど常に連繋を保っている。

夜間中学校の実態調査

―― 神戸市立丸山中学校西野分教場 ――

所在地 神戸市長田区三番町三丁目一
（市立西野幼稚園内）

1 生徒数 （4月1日現在）

		35年度	36年度	37年度
1	男	5 (4)	5 (4)	2 (2)
	女	10 (7)	10 (7)	5 (2)
	計	15 (11)	15 (11)	7 (4)
2	男	7 (6)	8 (6)	6 (5)
	女	10 (9)	14 (11)	13 (11)
	計	17 (15)	22 (17)	19 (16)
3	男	13 (11)	7 (5)	8 (5)
	女	11 (8)	10 (8)	15 (8)
	計	24 (19)	17 (13)	23 (13)
計	男	25 (21)	20 (15)	16 (12)
	女	31 (24)	34 (26)	33 (21)
	計	56 (45)	54 (41)	49 (35)

（ ）内数字は出席数

2 生徒年令 （4月1日現在）

		35年度					36年度						37年度						計
		12	13	14	15	計	12	13	14	15	16	計	12	13	14	15	16	計	
1	男	1	3	1		5	4	1				5	1			1		2	12
	女	1	3	6		10	2	8				10	1	2	2			5	25
	計	2	6	7		15	6	9				15	2	2	2	1		7	37
2	男		6	1		7		4	3	1		8		3	3			6	21
	女	1	8	1		10		2	8	3	1	14		2	10	1		13	37
	計	1	14	2		17		6	11	4	1	22		5	13	1		19	58
3	男			11	2	13			5	2		7			6	1	1	8	28
	女		2	7	2	11			2	7	1	10			3	10	2	15	36
	計		2	13	9	24			7	9	1	17			9	11	3	23	64

3. 学級数

年度	35	36	37
男子組	1	1	1
女子組	1	1	1
計	2	2	2

4 教職員数

年度	35	36	37
専任	2	2	2
講師	0	0	0
兼任	0	0	0

5. 年間予算

年度	予算額
35	85,000円
36	89,400〃
37	100,000〃
計	274,400〃

6. 教職員の給与・手当

年度	多学年学級担任手当(月)
35	900円
36	900〃
37	5月分より 1,500〃

7. 県・市の関心度

a 県…… 丸山中学校(本校)の分教場として昼間学級の延長と見なす

b 市…… 本年度教育努力目標の一つとして定時制高校 養護学校など特殊教育の振興をとり上げ夜間中学校の教育についてもかなり関心度が深まりつつある

8. その他

夜間中学校の実態調査について　　広島市立観音中学校

(1) 生徒数

学年	年度	男子	女子	計
1	35	7	11	18
	36	4	11	15
	37	9	15	24
2	35	12	9	21
	36	10	12	22
	37	6	11	17
3	35	11	9	20
	36	13	10	23
	37	14	14	28

出席状態　35年度　32%
　　　　　36年度　28%
　　　　　37年度　30%

(2) 生徒の年令　各学年とも十五才以上の者が数名いる

(3) 学級数　3.

(4) 教職員　専任　4名
　　　　　　兼任　6名

(5) 予算　約16万円

(6) 教職員の給与、手当等の待遇について
　　特記するものなし

(7) 夜間中学校における県市の関心度について
　　関心度は強い

(8) 其の他
　　学校給食（パン、ミルク、バター）を実施している

※ 何故生徒が多いのか？

実態調査　広島市立二葉中学校

(1) 在籍生徒数

年度	性別＼学年	1	2	3	計
35	男	12	15	13	40
	女	3	6	3	12
	計	15	21	16	52
36	男	9	14	17	40
	女	5	6	5	16
	計	14	20	22	56
37	男	10	14	13	39
	女	5	6	5	16
	計	15	20	18	53

生徒の出席状況（%）

年度＼学年・性	1		2		3	
	男	女	男	女	男	女
35	33	18	64	51	31	14
36	27	23	29	27	59	48
37	38	51	31	50	44	61

(3) 学級数　　3.

(4) 教職員数　専任　4
　　　　　　　兼任　6

(5) 予算.　150.700円（昭和36年度）

(6) 教職員の給与、手当等の待遇について

特別に良いとも思わないが悪いとも思わない普通である

(7) 夜間中学校における県市の関心度について

大いに理解あり関心度も強いと思う

(2) 生徒の年令（学年別，性別）

学年＼年令・性	12		13		14		15以上		計
	男	女	男	女	男	女	男	女	
1	2	1			3	1	5	3	15
2			1		2	1	11	5	20
3					4	2	9	3	18
計	2	1	1		9	4	25	11	53

(8) その他

学校給食（パン、ミルク、バター）をやっている

1963年度

第10回
全國夜間中学校研究会
大会要項

昭和38年10月25日(金)・26日(土)
会場　名古屋市教育館

主催　全国夜間中学校研究会
　　　名古屋市教育委員会
後援　名古屋市立小中学校長会
　　　愛知県教育振興会
　　　名古屋市教育会
　　　名古屋市学校給食協会

あいさつ

第10回全国夜間中学校研究会大会準備委員長
名古屋市教育委員会指導室長
杉浦久雄

第10回全国夜間中学校研究会大会を当地で開催させていただくにあたり関係各位の方々からは誠意と熱意にあふれたご協力をたまわり心から感謝いたしております。

既にご承知の通り，夜間中学校問題は現在いろいろな意味で重大な岐路に当面しております。私たちは今こそ夜間中学校の現状と課題とをより広い視野に立ちあらゆる角度から再検討して，将来への展望を打ち立てておかなければなりません。過般，参議院文教委員会で「夜間中学」の問題が論議されましたのもこの間の事情を端的に物語る出来事であったといってよいかと存じます。

このような時に第10回大会を当地で開催させていただきますことは私たち関係者にとりまして大変光栄に存じますとともに，反面その責任の重大さを痛感しないではおられません。準備その他の面でいろいろご満足のいかない点も多かろうと存じますが，そこは遠慮なくご指摘くださって現時点にふさわしい有意義な大会へと盛りあげてくださいますよう心からお願い申しあげます。

第１０回全国夜間中学校研究会大会要項

Ⅰ．主　　題　　最近における夜間中学校の実態と指導対策について

Ⅱ．日　　程

日＼時	9.00		10.00	10.30	11.00	12.00	1.00	2.30	2.40	4.00	4.30	5.30
25日（金）		受付	開会式	議長選出 経過報告	研究発表	昼食	研究発表	休憩	協議	会場移動	懇親会	理事会

日＼時	9.00		10.30	11.00	11.30
26日（土）		協議	決議・宣言	閉会式	散会

１．開 会 式

(1)　開会のことば

(2)　あいさつ　　　　名古屋市教育委員会

全国夜間中学校研究会

(3)　来賓祝辞

(4)　閉式のことば

２．日程説明

３．経過報告

４．研究発表

(1)　全国夜間中学校の学校調査結果について　　　東港中（名古屋）

(2)　全国夜間中学校生徒の通学理由発生の原因と過程の分析

朱雀中（京都）

(3)　京都市における長期欠席生徒の実態とその没落過程の分析

二部教育研究会（京都）

(4)　義務教育の完全実施上夜間中学を不可欠とする理由

双葉中（東京）

(5)　夜間中学校における問題の多様性とその指導効果について

中学校夜間部主任会（横浜）

５．協　　議

(1)　長欠不就学対策としての生活指導専任職員の設置問題

提案　糀谷中（東京）

(2)　夜間中学の法制化運動について　　　双葉中（東京）

(3)　不就学生徒をとりまく社会的障害の解決策如何　　　横浜市校長会

(4)　生徒数漸減傾向に対する方策如何　　　天神山中（名古屋）

６．閉 会 式

(1)　開式のことば

(2)　あいさつ

(3)　お礼のことば

(4)　閉式のことば

Ⅲ．講　　師

文部省初等中等教育局中等教育課長　　　渋谷敬三氏

厚生省児童局企画課長補佐　　　木田市治氏

労働省婦人少年局年少労働課法規資料係長　　　屋田侃二氏

Ⅳ．大会役員

1．顧　　問	名古屋市教育委員長	中川耕作
	名古屋市教育委員	井上愛一
	〃	小山千鶴子
	〃	水野鈴一
	〃	松坂佐一
2．会　　長	名古屋市教育長	加藤善三
3．副 会 長	全国夜間中学校研究会長 横浜市立浦島丘中学校長	飯田赳夫
	名古屋市教委教務部長	辻　晃一
4．大会委員長	名古屋市教委指導室長	杉浦久雄
5．大会副委員長	全国夜間中学校研究会副会長 東京足立区立第四中学校長	岡野　直
	名古屋市立天神山中学校長	竹内親儀
	名古屋市立東港中学校長	塚本　清
6．委　　員	名古屋市教委指導主事	山本浩一
	名古屋市立天神山中学校教諭	水野史郎
	〃　東港中学校教諭	田中勝文
	〃　東港中学校教諭	柳川　明

Ⅴ．第10回全国夜間中学校研究会大会出席予定者（昭和38年10月5日現在）

都府県	勤務校		職	氏名
	京都府立大学（顧問）		教授	寺本喜一
東京	足立区立	足立4中	校長	岡野　直
		〃	主事	町田義三
	葛飾区立	双葉中	教諭	広江栄一郎
	大田区立	糀谷中	教諭	阿部忠司
	墨田区立	曳舟中	主事	国谷藤吉
	世田谷区立	新星中	主事	渡辺郁雄
	荒川区立	荒川9中	主事	塚原雄太
	〃	〃	教諭	日下田　進
	八王子市立	八王子5中	校長	島田友二郎
	〃	〃	教諭	熊坂欽二
神奈川	横浜市立	鶴見中	校長	石井宗一
	〃	〃	教諭	和田耕明
	〃	浦島丘中	校長	飯田赳夫
	〃	〃	教諭	中村勇作
	〃	西中	校長	斉藤　滋
	〃	〃	教諭	府川淳蔵
	〃	港中	教諭	谷口五郎
	〃	平楽中	教諭	萩谷信富
	〃	蒔田中	校長	帰山邦一
	〃	〃	教諭	石田広吉

都府県	勤務校	職	氏名
神奈川	横浜市立　戸塚中	教諭	羽田　一
京都	京都市教委　生徒福祉課	福祉主事	桐山　氏
	京都市立　九条中	校長	今北　初太郎
	〃　〃	教諭	川井　戒本
	〃　朱雀中	教諭	市河　三次
	〃　北野中	教諭	加藤　良三
	〃　皆山中	教諭	佐田　詢英
	〃　藤森中	教諭	梶　嘉一郎
	〃　嘉楽中	教諭	臼井　弘
	京都府立大学	学生	A
	同志社大学	学生	B
	華頂女子短期大学	学生	C
大阪	岸和田市立　岩城中	校長	内田　安守
兵庫	神戸市立　丸山中	校長	川端　訓
	〃　〃	教諭	松尾　嘉市
愛知	名古屋市教委　指導室	指導室長	杉浦　久雄
	〃　〃	指導主事	山本　浩一
	名古屋市立　天神山中	校長	竹内　親儀
	〃　〃	教諭	水野　史郎
	〃　東港中	校長	塚本　清
	〃　〃	教諭	田中　勝文
	〃　〃	教諭	柳川　明

－6－

＊ 重複記事が収録されているため、本史料7～8頁は削除した。

全国夜間中学校研究会役員（含顧問）（昭和３７年１１月）

1．顧　　問　寺本　喜一氏　（京都府立大学教授）
　　　　　　伊藤　泰治氏　（東京都立一橋高等学校長）
　　　　　　村田　忠一氏　（前京都市立二条中学校長）
　　　　　　立石　実信氏　（前横浜市立平楽中学校長）
　　　　　　関根重四郎氏　（東京都墨田区立本所中学校長）
　　　　　　住友　国春氏　（東京都八王子市立第六中学校長）
　　　　　　小林俊之助氏　（前東京都太田区立糀谷中学校長）

2．会　　長　飯田　赳夫氏　（横浜市立浦島丘中学校長）

3．副 会 長　岡野　　直氏　（東京足立区立第四中学校長）
　　　　　　塚本　　清氏　（名古屋市立東港中学校長）

4．理　　事　　　　　　　　（東京都代表）
　　　　　　　　　　　　　　（神奈川県代表）
　　　　　　竹内　覲儀氏　（名古屋市立天神山中学校長）
　　　　　　　　　　　　　　（三重県代表）
　　　　　　　　　　　　　　（京都府代表）
　　　　　　　　　　　　　　（大阪府代表）
　　　　　　　　　　　　　　（兵庫県代表）
　　　　　　　　　　　　　　（広島県代表）
　　　　　　　　　　　　　　（福岡県代表）

5．会計監査　森田　　皞氏　（神戸市立丸山中学校長）
　　　　　　西野　武夫氏　（東京都太田区立糀谷中学校長）

6．幹　　事　斉藤　　滋氏　（横浜市立西中学校長）
　　　　　　町田　義三氏　（東京都足立区立第四中学校主事）

設置校一覧（昭和３８年１０月）

都府県	学校名	所在地	開設年月日
東京	足立第四中学校	足立区梅島町１０	26．7．16
	双葉中学校	葛飾区上千葉町５１１	28．4．20
	曳舟中学校	墨田区吾嬬町西３の１	28．5．1
	糀谷中学校	太田区糀谷町２の６１３	28．9．1
	新星中学校	世田谷区三宿町１０	29．5．1
	荒川第九中学校	荒川区尾久町１の６８７	32．4．1
	八王子第五中学校	八王子市明神町９９	27．5．1
神奈川	港中学校	横浜市中区山下町２４１	25．4．1
	西中学校	〃　西区西戸部町３の２８６	25．5．1
	蒔田中学校	〃　南区花の木町２の４５	25．5．1
	平楽中学校	〃　南区平楽町１	25．5．1
	戸塚中学校	〃　戸塚区矢部町１４６	25．5．1
	鶴見中学校	〃　鶴見区鶴見町１２５３	25．4．1
	浦島丘中学校	〃　神奈川区白幡東町１７	25．5．1
	川中島中学校	川崎市藤崎町２の１	28．4．1
愛知	天神山中学校	名古屋市西区天神山町２の７０	27．12．10
	東港中学校	〃　港区港楽町１の９	27．12．15
三重	崇広中学校	上野市丸之内７８	24．9．15
京都	嘉楽中学校	京都市上京区今出川通千本東入般舟院前町１４８	25．5．10
	烏丸中学校	〃　上京区相国寺門前町６４７の１	25．5．10
	北野中学校	〃　中京区西京中保町	25．5．10

都府県	学校名	所在地	開設年月日
京都	朱雀中学校	京都市中京区壬生中川町20	25.10.2
	皆山中学校	〃 下京区間の町七条上ル堀詰町	25.4.10
	九条中学校	〃 南区西九条南小路町10	25.5.9
	高野中学校	〃 左京区田中上古川町25	26.10.25
	山科中学校	〃 東山区山科東野八反畑町54	25.5.18
	藤森中学校	〃 伏見区深草飯喰町8	25.5.6
	男山中学校	綴喜郡八幡町	34.5.1
大阪	岸城中学校	岸和田市野田町230	29.4.1
兵庫	丸山中学校西野分教場	神戸市長田区三番町1丁目	25.1.16
広島	二葉中学校	広島市尾長町	28.5.1
	観音中学校	〃 南観音町734	28.5.1
	豊浜中学校	豊田郡豊浜村	26.1.18
福岡	東光中学校	福岡市大字西堅粕6の250	26.6.1

全国夜間中学校学校調査報告

昭和３８年度

名古屋市立東港中学校

目次

全国夜間中学校の学校実態調査結果について

Ⅰ、調査のあらまし

1.調査の目的　　昭和38年度における全国夜間中学校の生徒・教員の実態、並びにその学校の体制的諸条件の実態を明らかにすることを目的とする.

2.調査の時　　昭和38年7月1日現在

3.調査の方法　　全国の夜間学級を併設する中学校に質問紙形式の調査票を配布.各学校において記入したものを回集して集計した。

4.調査票回集　　全国の開設校34校のうち30校から回答がよせられた。

Ⅱ　調査の結果

1.設置校数と在籍生徒の状況

①地域別校数と生徒数

都府県	設置校数	回答校数	在籍生徒数	一校平均生徒数
東京	7	6	224	37.3
神奈川	8	8	95	11.9
愛知	2	2	30	15.0
三重	1	0	?	?
京都	10	10	96	9.6
大阪	1	0	?	?
兵庫	1	1	47	47.0
広島	3	2	97	48.5
福岡	1	1	47	47.0
計	34	30	636	21.2

②学年別在籍生徒数

学年	実数	%
1	110	17.3
2	207	32.6
3	319	50.1
計	636	100.0

③男女別在籍生徒数

性別	実数	%
男	345	54.2
女	291	45.8
計	636	100.0

④年令別生徒数

性別＼才	12	13	14	15	16	17	18	19	20以上
男	16	46	96	67	32	20	8	11	49
女	13	43	82	49	30	13	14	7	40
計	29	89	178	116	62	33	22	18	89
%	4.6	14.0	28.0	18.2	9.7	5.2	3.5	2.8	14.0

(12～15才：64.8　16～19才：25.2)

⑤地域別，学令超過児の実数とその占める比率

項目／都府県	在籍数	学令超過児の数	%
東京	224	102	45.5
神奈川	95	56	59.0
愛知	30	2	6.7
京都	96	12	12.5
兵庫	47	1	2.1
広島	97	37	38.2
福岡	47	14	29.8
計	636	224	35.2

2.学級編成

①編成種別学級数

種別／都府県	学級数 単式	2学年複式	学級複式
東京	18	0	0
神奈川	1	2	6
愛知	1	1	1
京都	1	1	9
兵庫	0	0	2
広島	3	2	0

②編成種別学校数

種別／都府県	学校数 学式	複式
東京	6	0
神奈川	1	7
愛知	0	2
京都	0	10
兵庫	0	1
広島	1	1

— 3 —

福岡	1	1	0
計	25	7	18
%	50	14	36

福岡	0	1
計	8	22
%	26.6	73.4

3.教員数とその給与状況

①教員数

都府県	調査校	教員数 専任	兼任	計	1校平均教員数 専任	兼任	計
東京	6	36	26	62	6.0	4.3	10.3
神奈川	8	1	56	57	0.1	7.0	7.1
愛知	2	3	2	5	1.5	1.0	2.5
京都	10	14	33	47	1.4	3.3	4.7
兵庫	1	3	0	3	3.0	0	3.0
広島	2	4	8	12	2.0	4.0	6.0
福岡	1	2	0	2	2.0	0	2.0
計	30	63	125	188	2.1	4.2	6.3

②担当教科と免許状

免許状／担当教科	あり 普免	臨免	なし	計人員	普免所持者の比率
国語	25	6	11	42	59.6
社会	33	0	6	39	84.6

— 4 —

数学	21	3	15	39	54.
理科	29	2	3	34	85.4
音楽	16	2	14	32	50.0
美術	11	6	12	29	38.0
保・体	13	6	15	34	38.3
技・家	32	4	10	46	69.6
英語	18	5	13	36	50.0

③給与の状況

a.専任教員の給与

	校数	%
昼間勤務より高い	6	28.6
昼間勤務と同じ	15	71.5
計	21	100.

b.夜間手当のつく地域

都府県	校数	手当額
東京	5	本俸×0.07
兵庫	1	2500

C.兼務手当

都市名	校長	教諭 月額	教諭 時間給	用務員
東京	本俸×0.05		1000	時間 133
横浜	1400円(税込)	2000		月 700
川崎	2000円(税込)	2500		専任月 5000

名古屋	3450	2200~2500		月 1000
京都	500		700	月 400~200
広島	1200	1200		

神戸市、福岡市は なし.

4.授業の状況

①1日の授業

a.始業時刻と終業時刻

(校数)

始業時刻＼終業時刻	7.30~7.59	8.00~8.29	8.30~8.59	9.00~9.29	9.30~9.59
5.00~5.29	1		1		
5.30~5.59		1	8	5	2
6.00~6.29			4	1	
6.30~6.59			1	1	1

b.1時限の長さ

分	30~34	35~39	40~44	45~49	50~54	55~59	60~64
校数	1	5	8	6	4	0	1

c.1日の時限数

時限	2	3	4	5
校数	1	11	12	1

d.1時限の長さと1日の時限数 (校数)

1時限の長さ＼時限	2	3	4	5
30			1	
35			4	1
40		3	5	
45		4	2	
50		4		
55				
60	1			

② 週間授業時数

時数	12～14	15～17	18～20	21～23	24～26
校数	1	3	8	1	16

③ 教科別週間授業時数 (校数)

教科＼時数	0	1	2	3	4	5	6
国語	0	0	2	12	14	1	1
社会	0	1	5	18	5	1	0
数学	0	1	2	21	5	1	0
理科	0	2	9	17	2	0	0
音楽	1	19	10	0	0	0	0
美術	2	18	10	0	0	0	0
保体	1	12	15	2	0	0	0
技家	2	7	12	8	1	0	0
英語	0	6	11	12	1	0	0
道徳	24	6	0	0	0	0	0
特活	20	10	0	0	0	0	0

5.設備備品等学習環境

①教室

種別	夜間専用	一部専用	昼間と兼用
校数	3	1	26

②暖房設備 (校数)

全くなし	一部なし	火鉢	火鉢とガスストーブ	ガスストーブ	石油ストーブ	石炭ストーブ
1	1	4	1	2	4	17

③備品（夜間専用備品としてもっている学校数―30校のうち）

品名	戸棚	生徒用机	生徒用下駄箱	生徒用ロッカー	掲示板	ラジオ	テレビ	映写機	テープコーダー	幻灯機
所有校数	13	5	9	2	7	8	7	4	7	7

品名	オルガン	電蓄	野球用具ソフトボール用具	バレーボール	ピンポン用具	バドミントン	バスケットボール	ミシン	編機	
所有校数	6	6	11	9	14	1	1	1	1	

④学習用具

	教科書		学用品		実習材料	
	校数	%	校数	%	校数	%
全額無償給与	17	56.7	9	30.0	13	44.9
全部貸与	11	36.7	2	6.7	3	10.3
一部給与一部貸与	0	0	2	6.7	0	0
一部給与一部貸与一部生徒負担	0	0	1	3.3	0	0
一部給与一部生徒負担	1	3.3	13	43.3	9	31.1
一部貸与一部生徒負担	0	0	1	3.3	1	3.4
全部生徒負担	1	3.3	2	6.7	3	10.3
計	30	100	30	100	29	100

6. 給食

①週当給食回数

給食回数	なし	あり 3	4	5	6	計
校数	3	1	1	3	20	28
%	10.7	3.6	3.6	10.7	71.4	100

②給食の内容

給食内容	パン	牛乳	副食	脱脂ミルク	うどん
実施校数	27	15	9	5	2
全給食実施校数に対する比率	96.4	53.6	32.1	17.8	7.2

— 9 —

③給食の費用

a. 週間実施回数と1食の費用

回数＼1食の費用	10円～19	20－29	30～39	40～49	計
3			1		1
4	1				1
5				2	2
6	5	4	1	4	14
計	6	4	2	6	

b 地域別状況

都市	週間実施回数	1食あたりの費用	経費負担
東京	6	38－40	地方自治体全額
横浜	5－6	40～50	〃 〃
名古屋	6	20	〃 〃
京都	3～6	10～30	〃 〃 その上にPTA補助のところもある
広島	6	20	地方自治体全額
福岡	6	25	〃 〃

④給食準備をする人

(校数)

給食婦調理師	業者	学校用務員	教師	教師と生徒	用務員と生徒	生徒	その他
5	1	5	7	3	1	1	1

— 10 —

7.学校保健事業

①検診実施状況

検査種別	身体計測	内科検診	X線検査	眼科検診	歯科検診
実施校数	28	23	21	16	17
調査校数に対する比	93.4	76.8	70.0	53.4	56.7

②年間実施回数

(校数)

種別＼回	0	1	2	3	4以上
身体計測	4	16	4	4	2
寄生虫卵の検査	15	10	3	2	0
寄生虫の駆除	18	7	3	2	0
検眼	16	12	0	2	0
洗眼	27	2	0	0	1
X線検査	7	16	7	0	0

8学校経費――2部学級費

①2部学級の独立した予算はあるか。

	ある	ない 昼間と一本
校数	22	8
%	73.4	26.6

②経費の出所

区分	市町村費	P.T.A	後援会	市町村費 P.T.A	市区町村費 後援会	市区町村費 P.T.A 後援会
校数	16	2	1	2	1	1

③金額

区分	校数
20,000円未満	3
20,000以上50,000未満	6
50,000～100,000〃	6
100,000～200,000	3
200,000～300,000	1
300,000～400,000	3

④地域別生徒1人あたりの金額

都市	経費総額	生徒数	生徒1人当金額
東京	1560.136	224	6.965
横浜	257.480	81	3.179
名古屋	148.732	30	4.958
神戸	74.000	47	1.575
福岡	102.500	47	2.181

京都、広島は算出困難なため除く。

Ⅲ　結果の考察——まとめ

第10回全国夜間中学校研究会大会
於名古屋市教育会館

義務教育の完全実施上夜間中学校を不可欠とする理由とその対策

昭和38年10月25日－26日

東京都葛飾区立双葉中学校
第二部主事　広江栄一郎

目　　次

義務教育の完全実施上夜間中学校を不可欠とする理由と、その対策

東京都葛飾区立双葉中学校第二部

主事　広江栄一郎

1. はじめに

敗戦によって戦争の愚かさを悟った日本民族が、その廃墟の中に立って心静かに祖国の再建を誓った時、剣を捨ててペンをとり、そこに巾とりと、うるおいにみちた文化国家の建設を指向したことは戦後久しく年を経た今日でもその選択の誤りでなかったことを疑う者はあるまい。勿論ここにいう剣が軍備であり、ペンが文化を指すものであることは改めて喋々する迄もないことである。そして軍備は戦争につながるものとしてこれを捨て、又高い文化を創造するためには教育に拠らなければならないとして、教育が尊重、重視されたことも必然の結果であったと考えられる。要するに平和と文化の探求こそが、人類を幸福に導く指標であることは自明の理である。

戦後日本の教育改革はこのような日本民族の願望を基盤として行なわれたと見られるのである。従って本来多難を伴うべき筈の義務教育の延長の如きも、当時の指導者の政治的卓見もさることながらそれにもまして民族の堅い決意が背景をなし、預って力をなしたことは見逃し難い事実であった。凡そ義務教育の年限は欧米の先進諸国では既に久しい以前から10年前後が実施されていただけに、わが国でも戦前から屢々その延長策が唱えられ、従来の6年を8年にするという考えは早くも昭和16年の国民学校令で一応規定されたものであるが、これは戦時中の故を以て実現をみるに至らなかったのである。

併しそれが、戦後諸制度改革の好期に恵まれ、又占領下という特殊条件下にあったとはいえ、極度に生活の逼迫を訴えていたあの時機に、しかも一挙に3か年の大巾延長に踏み切り、直ちにその実施

を献付したことは、蓋し劃期的なことであったといってよい。

ともあれ戦後の義務教育は斯くして発足、昭和22年から実施に移され、その延長された3年は所謂新制中学として新たな使命と強い民族の期待を担って国民の前に登場したのである。さて、そうして既に16年を経た今日、その経過はどのように推移し、又現状は果たしてどうなっているであろうか。そこには再検討を要すべき問題が多々あるであろうけれども、ここでは〝すべての国民に施さなければならないという義務教育の至上課題だけ〟をえぐり出し、その実態をさぐることにする。そしてそのことは義務教育の本質上からも又、一国の法律の権威を保持する上からも極めて重要であると思うのである。

2．国民の二大義務としての教育の義務と納税の義務との対比

義務教育が国民の義務として、すべての日本人がこれを受けなければならないということは、一般的によく理解されているのであるが、この義務は国民が国に対して果たすべき責務であると考えられる。もっともそれは遠く明治時代から、教育、納税、兵役（女子を除く）を国の三大義務として深く国民の間に浸透してきた歴史的事実であり、従ってこれを怠ったり、忌避したりすることは国民として最大の罪悪であり、恥であるとして尊重されてきたものである。

それが戦後、徴兵令の廃止と共に兵役の義務も消滅して、教育と納税のみが存続　現在に至ったのである。故に現在では教育と納税は国民の二大義務として引続き国民を拘束していることも周知の事実である。試みに次に憲法における条文を挙げてみよう。

第26条〔教育を受ける権利、教育の義務〕

1　すべての国民は法律の定めるところにより、その能力に応じてひとしく教育を受ける権利を有する。

2．すべての国民は法律の定めるところにより、その保護する子女に普通教育を受けさせる義務を負う。

第30条〔納税の義務〕

国民は法律の定めるところにより、納税の義務を負う。

以上を比較すると、教育には特に〝すべて国民は……〟として少なくとも法文を比較した上では、すべてを冠していない納税の義務が例外を考慮してあるに対し教育はすべての国民にひとしくその権利を認め、義務を課してあると考えられるのである。従ってこの二つを比較すると教育の義務の方が遥かに重要な意義をもつものと解するのが妥当であろう。然るにこの法律の影響を受ける国民の側の実情はどうであろうか。われわれは税金の滞納者が執達吏によって財産の差押え処分を受けた事実や、滞納税金には日歩4銭の高利が加算されることは屢々その事実を見聞するけれども、教育の義務を怠ったことによって処罰を受けた事例は殆んどこれを聞かないのである。しかも新学制実施以来、この法律違反の事実は枚挙にいとまもない程であろう。即ち過去16年間に家庭の経済的事情その他で長欠や不就学を続け、義務教育を終了して居らない者の数は無慮50万を超えると推定されるのである。そしてその最も悲惨な原因と目される経済的事情は近年華やかな成長を遂げ来ったわが国の経済であるにも拘わらず、貧困家庭は依然として解消されず長欠不就学者はあとをたたないのである。この事実は厚生施策の充実等によって長欠者や不就学者の全面的救済が可能であるかの如き見解が、如何に荒唐無稽のものであり、皮相な見解であるかを証明して余りあると思われるのである。即ち、厚生省調査によると全国長欠、不就学者の数は現に14万7千で、その内訳は小学校6万8千、中学校7万9千で、これに家出等により学齢下にありながら事実上教育を受けて居らない者4万1千名を加えると、〝すべての国民が受けなければならない〟筈の義務教育が実は18万8千名にも及ぶ多数の国民には及んでいないのである。

しかも憲法の趣旨からすると、学齢下の児童や生徒にとって義務教育は、これを受ける権利が保障されているとみるべきであるが、実際にはその権利は阻害され、甚だしきは剥奪されていると認められるのである。そしてその長欠や不就学の理由は次のようになって

いる。

a．家庭経済の貧困によるもの　19％
b　家庭の無理解によるもの　25％
c．（病気）によるもの　27％
d　勉強嫌い　21％
e　その他　8％

（尚、この資料は、昭和34年の全国中学校の長欠及び不就学者86,106名について調べたもので年代は古いが、その原因は年度が変っても極端な変動はなく、従って大体の傾向は把握できる筈である。）

これに対し、文部省は単に調査をまとめるだけで、長欠者や不就学者に対して何等対策をとらず、放置して全く省みぬばかりか、現場の教師や地方教育関係当事者の自発的救済策として開設し、既に10余年に亘る実績を収め来った夜間中学校に対しても終始これを否認し続けて来たのである。

しかもこれが若し納税の義務にたて、このような脱法というか、義務不履行の行為が許容されるとしたら、殊更に一国法規の行政末端における寛厳を比較し、文部省だけに責任の矛を向けることは当らないかも知れない。しかし納税義務については既に述べた通り時に国民の怨嗟を招くことさえある程厳格にその履行を強いていることを考えると、日本の役所の"ご都合主義"の非難をここにも公然とさらけ出していると言わざるを得ないのである。ところで教育の義務が何故に斯くも粗略に扱われているであろうか、次にその直接原因と覚しきものを挙げてみよう。

3．義務教育の実施面における歪みとその原因

(1)　権利の保持者である児童、生徒における原因

「すべての児童は就学のみちが確保され、また充分に整った教育の施設が確保されていなければならず」且つ「すべての国民に等しく　その能力に応じて9年間の教育を受ける権利が保障されている」のであるが、その実態はどうかというに既に挙げた通り完全実施からは程遠いというのが実情である。

これを思うにその法によって守られて皆の児童や生徒は、6才から15才に至る年齢下の者であり、法的に無能力であるばかりか、知的にも経験的にも自己の権利を主張するだけの能力はなく、教育の必要観をすら十分には理解して居らないと看做されるのである。従って家庭の経済的理由や両親その他周囲の無理解等によって自己の権利が阻害され或いは剝奪されたとしても、自らそれを排除するだけの能力のないのは素よりその権利を放棄していることに対しても、さしたる痛痒を感じないというのが実情である。

(2)　保護者やその周辺における原因

わが国の教育的熱意は世界的にも高い水準を維持しているといわれる。それは年々進学競争の激しさや、世界無類の受験浪人等の存在が、百万言を弄する以上に雄弁に現象化している事実である。それにも拘わらず、新学制実施以来16年足らずの間に何故に数10万もの国民が義務教育を完了しないで来たかというに、それは文部省の調査における長欠、不就学の理由によって裏付けられている訳であるが、以下それについて述べてみる。

(イ)　経済的貧困

日本の国民経済は終戦直後の餓死寸前の窮乏時代から昭和27年の南北朝鮮事変をきっかけとして急激な産業界の立直りをみ、昭和30年頃からは順調な成長を遂げ、特に36年以降は遂に世界のトップに立つ程に至ったことは周知の事実である。それに伴って国民所得も当然向上をみ、又福祉国家を標榜する国の政策も、厚生施策や民生保護等に飛躍的な注力が払われて来たのである。

しかし反面義務教育はこれを無償とすると憲法にうたいながら、教育に対する負担は可成り保護者の生活を圧迫して来たことも覆い難い事実であった。従って辛うじて生活を維持するか否かの底辺生活者たちが心ならずも教育の義務を怠り、その子

女に家計を助けさせなければならないという、悲しむべき事態が生じたのもやむを得ない事情と言うのほかはない。それは極端に言うと餓死か、教育か、二者択一の悲壮な問題であって、法は恰も国民に餓死を強いているのである。

(ロ) 疾病異常

文部省の調査によると、疾病異常によって長欠、不就学等を続ける者の比率は最も高く約3割を示しているのであるが、その救済の道は全快を待つか、通信教育によるかしかない。しかも現行法に於てはその点の考慮は全く払われて居らない。従って比較的短期間で復学出来る場合はよいが、長期に亘り全快しないうちに学齢が満年齢に達すると、除籍されることになり、又復学も年齢差2年位迄が殆んど限界であろう。故にもし3年以上も療養に要した場合、昼間の学校では実際上許容できないのである。

(ハ) 家庭の無理解

これは必ずしも教育に対する無理解だけではないかも知れないが、極端な教育の否定論者が若干はいるかも知れない。併し実際に当ってみると、原因は寧ろ経済的理由が、体面上形を変えて現われることがあったりするのである。又苟しくも国の法律が経済的事情は別として、国民の自由意志に委ねられてよい筈のものではなく、文部省は無理解者を取締る位のことは、せめて税務署の半分位の厳しさでもよいからやらなければならないのではあるまいか。

(ニ) 勉強嫌い

所謂勉強嫌いや、学校嫌いから学業を放棄するに至るのは、学習や学校生活に適応できない生徒たちの示す現象であるが、その原因や理由によっては大部分救済可能である。特に皮肉なことにそのような理由で長欠を続けていた生徒が、夜間中学校へ喜々として通学している事実などは救済の可能性を示唆して余りあるというべきである。

ここで以上の原因について考えるに、義務教育を飽く迄昼間実施するということでは、これらの原因を全面的に咀嚼して、すべての国民に完全に実施するということは百年河清を待つに等しく寧ろ永久不可能と言ってよいのではないだろうか、そしてその完全実施を不可能にしているのは今や文部省自身にあるというのは皮肉に過ぎるということである。

4．夜間中学校の発端

義務教育が児童や生徒の立場からみると、国民としての権利であることは法律の規定で明らかなところである。しかも権利の確保は権利の所持者に能力がない場合は、侵害を受け、或いは無視され勝ちのものである。その点義務教育に於ける児童、生徒はまさに大なる被害者であろう。又、その保護者にしても親としての甲斐性なさを恥じない訳ではないが、背に腹はかえられないというのが真情であろう。要するに誰がその子を人並に育てようとしないかということである。しかも彼等は民主々義政治の下では、子女の教育のために国の施設が実際的でなく、夜間中学校の必要が痛感されるとしたら、その必要を訴えて世論を動かし、当面する苦境を脱するということのできることをすら知らないのかも知れず、或いは生活に追われ、疲れてその余力をなくしているというのがその真相かも知れないのである。そのような情勢を最もよく知り得た者は、長欠者や不就学者を担任生徒として抱えた現場の教師たちであったのであり、夜間中学はそのような社会のひずみの中から自然発生的に生起された声なき声の姿ともいうべきものであり、本来社会政策上不可欠の施設として寧ろ脚光を浴びるべきものであったのである。

昼間家計を助けるために、どうしても働かなければならない者がおり、中には他家へ住みこんでいる者さえもいる。これは明らかに子どもたちの「教育を受ける権利」が犯されているのであるが、それを単に「法律違反だ。」といって責めてみる。勿論それも大切ではあろうが、そして1か月や3か月で子どもたちの昼間通学が復活できるなら何も言うことはない。そして現場の教師たちは、長欠者や不就学者に対して始めはなるべく昼間の学級へ呼び戻そうとして努力を続けるのだが、どうしてもそれで救えない子どもたちが出て来る。それを「法律違反だから」と放っておくのが教育愛であろうか？

子どもたちに会って「夜なら何とか出て来れるかい.」と問う時、「夜でよければきっと行きます｡」と子どもたちは眼を輝やかせる、

それを「夜は先生も疲れているんでね.」と割り切るのが当世流の考えであり、教員組合的、労仂基準法的考えである。そして文部省的でもあろうか？　しかし子どもたちの教育は一日を争う問題である。一日の遅れは彼等にとって永久に取り戻すことのできない遅れである。「夜でもいいからいらっしゃい｡」と彼等に呼びかけるのが本当の師魂をもった教師の情であり、道であろう。

中学校の夜間授業はこのようにして始められたのである。そして始め３名か５名が８名となり１２名となっていった。そこへ病気で中学校を卒業しないまま１８才になったが、といって来る者、２０才になって葉書も書けないで恥かしいからという女の子も居り、28才になり調理師の国家試験を受けたいから、と真剣な顔をして現われた青年もあった。そして学級となり、学校となっていったのである。

教育基本法の第３条（教育の機会均等）には、〝すべて国民は、ひとしくその能力に応ずる教育を受ける機会を与えられなければならない〟としてあるが、その〝能力〟とは〝学力〟と同時に〝経済的、時間的〟なものも含まれるべきであり、〝教育を受ける機会〟とは〝午前、午後、夜間〟等が当然考えられるべきである。勤労青年子女の夜間教育はこの法律の趣旨を体して奨励されているところである。

先に角夜間中学は現場の教師たちの「たとえ一字でもよいから教えてやろう｡」という素朴な念願に由来し、それは昭和２４年２月神戸市駒ヶ林中学校で始められたのがその発端をなすといわれる。

そしてその後、横浜、東京等も相次いで夜間中学を開設すると同時に、それら関係者は文部省に対しても数次に亘りこれを公認させるよう、陳情、誓願等を続けたといわれるのである。

5．文部省が夜間中学校を否認する理由とそれに対する反駁

文部省はしかし次のような理由をあげて夜間中学の設置に反対し夜間中学校は遂に継教育の落し子の如くに名実ともに闇の存在として陽の目を見る機会を失い、しかも既に１０余年に亘り、義務教育の完全実施上多大の成果を収めながら現在に至ったのである。次に文部省のいう反対の理由をあげよう。

(イ)　夜間中学校は学校教育法で認められていない。

(ロ)　夜間中学校は労仂基準法違反に通じる。

(ハ)　夜間中学校を認めることは生活保護法、学校教育法によって課せられている国、地方公共団体及び保護者の学齢生徒の正当な教育を受ける権利を無視し保護すべき義務を怠ることを正当づけることになる。

(ニ)　夜間中学校は生徒の健康を蝕む。

(ホ)　夜間中学校では、中学校の各教科に亘って満足な学習はできない。

文部省の反対は以上の通りであるが、以下これに対して反論してみたい。

先ず(イ)の学校教育法で認めていないというが、それでは始めからお話にならないのである。第一、学校教育法にはどこにも夜間中学校がいけないという条文の規定はなく、強いて探せば、学制改革の当初文部省の出した「新教育制度実施準備の案内」なるもので、中学校が全日制であるべきことを示したとのことであるが、そんなものは法律でもなんでもない筈のものである。勿論義務教育が原則として昼間授業であるべきことは当然である。しかし原則が、現状にあてはめて支障があるとしたら、徒らに原則を固執するよりも、原則に準ずるものを考える方が建設的であり、理想は理想としてそ

れに到達する過程では次善策がとられるのが世の常道である。又それ程法を重視しながら憲法第９条に違反して自衛隊という名の軍を持ち、その軍備をしているのはどうした訳か（ことわっておくが、私は再軍備反対者ではない）、必要によって法を盾にもし、無視もするとは何たることかと言いたいのである。

しかも教育基本法第１０条〔教育行政〕には〝教育行政は教育の目的を遂行するに必要な諸条件の整備確立を目標として行なわれなければならない、としてあるのである。この法文によると国民全体に教育を受けさせる責任があるのだからその一部に昼間の義務教育が受けられない者がいるとしたら、そして夜なら可能だというのであれば夜間中学を設けるようにしなければならない筈である。要するに法律は飽く迄国民を中心にし、国民のためにあるのであって、国民に餓死を迫るような少なくとも国民を苦しめるためにあるのではないと思うのである。

次に（ロ）の労働基準法云々についても同じことが言える。もっとも労働基準法といえども、年少者の労働を全面的に禁止していることはないという点に対し、敢えてここに注意を喚起しておきたい。

又作業の種類や性質によっては、年少者といえども必ずしも不適当な作業ばかりではなく、特に勤労意欲を高め、或いは労働の習慣や態度を育成していくためには一般学齢下の子女に対してすら軽度の労働は好望されてよい筈のものである。まして生活困窮家庭の子女が、たとえ奨学金をもらったからとて、家族の困窮をよそに安んじて勉学にのみ専念し得るであろうか。それを可能視するとしたら寧ろ人間性無視の反道義的な見解と言うべきであろう。

それよりも、進んで年少者の生長発達を阻害しないような業種を選んで積極的に指導是正した方が遥かに実情に即した考え方である。少し余談になるが、同じ戦争に敗れたドイツで、西独首相アデナウアー氏は占領軍から「労働基準法を作れ！労働時間を短縮せよ！」と言われた。それに対しア首相は憤然として、「敗戦国ドイツを復興させるには、国民は日に夜をついでも足らないくらいだ。そんなぜいたくな法規は戦勝国の人たちの考えることだ！」と、それを一蹴、遂に労基法を作らぬばかりか、それによって又西独の復興は早められたと言われるのだ。

— 10 —

次に（ハ）について言うと、これは寧ろ法の上に惰眠を貪ろうとする文部省自身の態度を正当づけようとする詭弁にすぎない。即ち、新教育発足以来既に１６年を経、その間に５０万以上にものぼる国民が義務教育から脱落しているという事実に対して一片の責任を感じようとするのではなく、特に学齢生徒の正当な権利を無視云々といい保護すべき義務を怠ることを正当づける云々というに至ってはまさに「盗人猛々しい。」というのほかないのではあるまいか。

また、（ニ）の生徒の健康を蝕むということは、蝕んでいる事実を文部省はこれまでどのように処理して来たかと反問したい。そしてそれだから義務教育を受けられない生徒がいてもよいという理由にはならない筈である。

ただ（ホ）についてだけがどうやら真ともな理由と言えそうであるが、それとても、昼間の生徒の中にも相当成績劣等な生徒もいるのであるから、余りにこだわり過ぎるべきではない。要は、現在でも全国には８万からの中学校に学ばなければならない生徒が教育を受け得られない事情の下にあるというが、それをそのまま放置するか満足にはいかなくとも教育の機会を与えるかということである。

以上文部省の夜間中学校を認めないという理由について聊か反論を加えて来たが、最後に〝夜間中学を認めると、不心得な保護者が便乗し、義務教育昼間実施の原則は崩潰の余儀なきに至るであろう〟という如何にも見て来たような文部省の心配について述べておく。

それは筆者自身、昭和２３～２４年都内某区で中学校教員組合の委員長に在任当時、既にその区にも夜間中学開設の動きがあり、私自身その開設に強硬な反対を唱え、その区では勿論現在もないが、遂に夜間中学を設けるという動きは食いとめたという経験がある。

人生とは皮肉なもので、その私自身が特に熱望して３年前に夜間中学に移り、今こうして夜間中学校の必要性を申し立てなければな

— 11 —

ない立場にいるのではあるが……。もっとも、あの頃の私の反対した心境には現在でも変化があるわけではなく、又反対したのは組合の委員長だからと言って組織の圧力があったわけでも、誰かにそそのかされたわけでもなく、飽迄私自身の信念であったのである。

それだけに今日一夜間中学の教師として、夜間中学校の立場の脆弱な現状に対して何か責任を感じ、自業自得のような感を深くするのであるが……。あの頃は所謂「新制中学、野球ばかりが強くなり」と川柳で揶揄されたというよりも寧ろずばり言いあてられたという方が真実である程、新制中学は施設、設備の不備は素より、校舎すら十分ではなく、間借校舎、二部授業を繰り返していた時代であった。従って、保護者の学校への信頼が稀薄なばかりか、加うるに戦後の窮乏時代であったのだから、あの際夜間中学を公然の義務教育の施設と認めたら、確かに便乗者を誘い、学校を休ませて食糧の買出しやその留守居に生徒たちが動員されるおそれは多分にあったのである。

従って文部省がそれを恐れ、当時夜間中学校に消極的な態度を示したことは十分意義があり、措置としても適切であったと思う。併し未だにそれを堅持して動こうとしないのには恐れ入った時代錯誤である。私としてはあの時ああいう態度をとった自分自身に対してもそれが誤りでないにしても、私にもし　今日を洞察する力があったら　寧ろ反対するまでのことはなかったのではないかとさえ思うのである。従って今にしてなお文部省がそれを言うなら、それは、「教育熱心な日本の親たちに対する許し難き不信の言」であるとさえ言いたいのである。この国の親たちは、古来食うものを食わないでも子女に教育だけはしようとするのが一般的傾向である。勿論極く少数の例外があったとしても、それを殊更に持ち出したりするのは、為にせんとする誇張というものである。そして貧に貧しさ故に背に腹はかえられずして、その子女に生計を助けさせるという悲惨な現実を正視しようとはせず、逆に他の善意に対してまで水をさすに至っては、その頑迷既に救うべくもないというの他ないのである。

6. 義務教育の完全実施上夜間中学校を不可欠とする理由

夜間中学校が教育的な施設として効果を収めることは当然であるが、それが義務教育という特質をもつだけに、その効果の面でも一般的な効果のほかに次のような大きな効果を収めるということは特筆されてよいであろう。

ところで義務教育の本質は、国がすべての国民に、国民たる資質乃至は教養を義務教育の完了を限界として求めるところにあると言える。言い換えると、日本人の教養水準は遠からず中学校の卒業程度が最低を示すことになるであろう。がそれから脱落する者がいる限りその底辺の陥没は免れないことになる。そしてそこには国民の権利の無視、義務の不履行という問題も介在する。

もっとも、冒頭にも述べた通り、戦後日本の学制改革とか、義務教育の延長とかいう一連の教育重視の思想は権利とか義務とか言った理屈ではなくて、もっと謙虚で慈悲にみちた心情の中で求められたものである。即ちそれは敗戦という高価な代償によってかち得られた教訓であり、叡智であった。誤れる優越感や好戦的、侵略的思想によって滅亡の淵に沈淪した民族が、廃墟と化した祖国の土の上に立って懺悔の境地に於いて悟り得た悲願であり、祖国再建への決意であったのである。そして再建する祖国の未来像は、平和でゆとりとうるおいに満ちた文化国家であったのである。しかしそれは飽迄理想であって、そこへ到達するまでには幾多の過程を経、幾十年かの歳月を経なければならないことは当然考えた筈である。憲法に於ける規定にはそうした民族の指向すべき理想を示した条項が幾らでも見受けられる。例えば義務教育無償の条項の如きもそうであろう。理想は一日も早く実現されるのに越したことはないが、一方容易に実現される理想は理想としての価値は低いともいえる。

ともかく、憲法、教育基本法、学校教育法を貫ぬく日本の教育関係法規が〝文化国家建設〟という祖国再建の担い手である国民に対し、その知性や教養の高度化を期待したのは自然のなりゆきであった。

しかし文化国家は現在もなお遥かなる理想にすぎないと同じく教養も法規における理想からは遠い隔たりがあるのが現実の姿である。

そうした観点から義務教育を眺めると、夜間中学校の必要性は義務教育の完全実施上も早や不可欠の施設となって来るのである。夜間中学はその発生の由来は極めて自然の形でなされ、現状は文部省の非認という基盤の脆弱さから臭気奄々の状態にあるが、結果的には生まれるべくして生まれたのであり、文部省にもし人を得たら、或いは５０万という大量の義務教育からの脱落者を出さないで済んだかも知れないのである。そして又、夜間中学校の事蹟というものは言わば教師たちの純愛に発した美挙としてわが国教育史の１ページを飾るに足るものであり、教師たちの地道な努力や義務教育への功績は広く顕彰されて然るべきものであったのである。併し、そんなことはどうでもよいことで、以下夜間中学が義務教育の完全実施上不可欠とする具体例を挙げてみよう。

(イ) 過去何万かの夜間中学卒業生は夜間中学校があったお蔭で（例え十分な教育ができなかったとしても……）一応国民としての義務を果たし、中学校の卒業証書を手にして社会へ出て肩身の狭い思いをしないでも済み得たのである。

(ロ) 経済的事情その他真にやむを得ない事情で義務教育の学齢中に中学校を卒業し得ない場合は全国的には相当数にのぼるものと推定される。しかも現行制度の下では学齢超過者には義務教育の補習措置は全く講じ得ないのであって、残された道は夜間中学の公認以外にはない。

(ハ) 青少年の非行や犯罪の激増傾向は関係者の久しく憂慮し来ったところであり、現に大きな社会問題として抜本的対策まで待望されるに至っている。その点夜間中学が過去１０数年に亘って果たし得た功績は蓋し甚大であったと言える。

「小人閑居せば、不善をなす。」と言われる通り、彼等に若し余暇を善用する機会を与えなかったならば、その中には相当数の者が悪の誘いに引き入れられたであろうことは想像に難くはない。

そればかりか、彼等の中には既に踏み入った非行の群から逃れ、夜間中学によって更生の道を辿り得た者すら珍らしくはないのである。

(ニ) 各種の国家試験の受験資格として中学校の卒業が条件とされていることは当然として、必ずしも中学校を終らないまま学齢を越えた者は５０万を越えると言われる。そのために受験を断念した者も百千に達するであろう。このことは重大な人道問題というべきで、彼等は既に憲法の保障にかかる教育を受ける権利を奪われ、更に教育を受ける機会を与えられず、加うるに、職業選択の自由をも失うことになる。

(ホ) 教育を受けようとする欲求は人間性自然の発露であって、生存権、自由権とともに人間における大権である。本来そこには年齢や性別、居住の場所等によって差別すべきものではなく、特に義務教育は国自体に国民の能力（経済的能力も含む）に応じて教育をさせる義務があるのであるから、夜間中学校は義務教育の施設として国が準備しなければならない絶対不可欠の施設である。

7．わが国文教政策の一環として義務教育の現状に対する疑念

（義務教育未終了者の処理問題を中心として）

「教育は人格の完成をめざし、平和的な国家及び社会の形成者として、真理と正義を愛し　個人の価値を尊び、勤労と責任を重んじ自主的精神に充ちた心身共に健康な国民の育成を期すべきこと。」、又それは「あらゆる機会に、あらゆる場所において実現されなければならない。」し、「特に修学困難なものに対しては奨学の方法を講じなければならない。」と教育基本法ではうたっている。

そこで、現在全国に２０万人近い義務教育を受けられない事情の下にあるものがいるということ。また、新学制発足以来５０万名以上もの義務教育未修了者が出ているという事実にかんがみ、文部省にその見解をただしたい。

(1) それら義務教育未修了者は、成人に達する以前に早くも国民と

しての権利を奪われ、又、義務を果たしていないわけであるが、これはそれらの者に敢えて法令無視の思想を許すことになるのではないかと思うがどうであろうか？

(2) 教育は人間性を啓発し、社会の矛盾や不合理に対しては、これを改革、是正し得る有為な人間像を目指して行われるべきである。

そうだとしたら、そのような日本の教育を普及し、その徹底を期さなければならない文部省が、その行政下における矛盾や不合理を16年にも亘って放置してあるという事実をわれわれはどのように理解し、又生徒にどう納得させたらよいであろうか。

(3) 義務教育は日本国民のすべてにこれを受けるべき権利を国の最高法規である憲法が保障しているのである。この場合、法律は飽迄国民のためのものであって、それによって国民を不必要に苦しめたり、しばったりするためのものでないとしたら、教育法に於ては現実に立脚し、実施を可能とすべく、但し書き等が考慮されるべきだと思うがどうか？

(4) 文部省は苟しくもわが国文教の府であり、教育の諸原則がそうであるように、自らも真理を追求し、矛盾を改め、不合理を是正して、特に国民のすべてに義務教育を普及徹底するということには全力を傾注しなければならない筈である。にも拘わらず、直接その行政下に権利の剥奪や義務の不履行という不法が実在し、その唯一の救済策として夜間中学が設置され、且つ義務教育の完全実施上幾多の実効的成果を収め来たったにも拘わらず、敢えてこれを非認し、その健全な充実発展を阻害するが如き風潮を伝えることは、文部省自体の無為無策、無能や無責任を糊塗し、そこにある教師や関係者の義務教育の徹底に対する努力や法規の尊重、子弟愛の熱情等に対しても、不当にそれを無視し、人間の善意を殊更に歪曲するものと思うがどうか？

(5) それとも日本の現状は口にこそ民主々義を唱えながらも、一人頑迷固陋な官僚が上にいるとき、その改善や進歩は殆んど不可能であり、義務教育における夜間中学否認の事実はまさにその典型

— 16 —

的なものであることを公然の事実としたいのであろうか。

(6) 憲法における義務教育を受ける権利は、日本国民として成人前に保障された基本的権利であり、生存権、自由権に比肩する重大権利である。従ってそれが侵されるという事実は、たとえ一件一名であってもゆるがせにしてはならない筈のものである。それは単に人道上からだけではなく、一国の法の権威の上からでも当然であろう。しかも新学制実施以来50万以上の国民が義務教育を終っていない事実に対し、文部省は果して如何な責任感をもつのであろうか？

(7) 声なき声にも耳を傾けるのが政治の本領でなければならぬとしたら、その子女の義務教育をすら履修させ得ない程社会の底辺に沈淪する階層の人たち、又は家庭の貧困を助けて売苦、生活と斗いながらもなお向学の志を捨てない子女たちの現状は、温い政治の手をさし延べ、励ましといたわりの目を向けてやるべきことこそ血の通った政治であり、行政措置であると思うがどうか？

(8) 「貧すれば鈍する」は古来からわが国の著名な古俚であるが、経済的な破綻により苦境に立つものには「貧家には故人疎し」の現象も又争い難く、彼等を代弁するものは、現在その実態に通じた教師しかいない。文部省は今こそ謙虚にその訴えを聞き、その要望を卒直に受入れるべきである。今にして若しそれを拒むとしたら、自ら民主々義を否定し、権力を以てわが国文教政策を誤るばかりか、義務教育を無視するという暴政の汚名を史上にのこすことになるがどうであろうか？

(9) 次に、文教政策一般の問題として、日本の社会に現存する学歴偏重の傾向、学閥や派閥的傾向に対しこれを是正しようという考えはないか？

即ち、学歴偏重は青年を徒らに進学競争に指嗾し、また学閥は「5年の浪人や空費は、実社会に於て3年で取り戻せる」と豪語させるような事実を、民主々義社会からの逆行として心あるものの顰蹙を招いていることに対して如何なる見解をもつか？

— 17 —

また　年々幾万という青年男女が灰色の人生という学生浪人の境涯にあることは文明の名に背く末期的症状ではないかと思うが一国文教政策の主務官庁として所懐ありや？

(10) 最後に、「人つくり」という政府最近の政策を最も卑近で具体的に展開をはかるものは学校教育である。

文部省はこの政策に関連して、義務教育に何を望み、また義務教育からの離脱者に対しどのように「人つくり」を考えるか？

8. 夜間中学校公認の妥当性

義務教育を延長し、それが実施の当初において文部省が中学校の教育を昼間のみに限定実施しようとした意図は解るし、誤りだったとは言わない。従って夜間中学の出現をみた当初において一応反対したことも行きがかり上やむを得なかったと思う。しかし既に16年の経過によって所謂新制中学校の基盤は一応確立をみた反面、義務教育からの脱落者が続出し、その数が全国では50万以上にものぼるということは〝すべての国民にひとしく実施しなければならない〟という義務教育の本質上由々しき問題と言わなければならぬ。

しかも長欠者や不就学者が、中学校だけでも全国には現に約8万を数え、各地の夜間中学校がその救済上相当の効果をあげているという事実は、義務教育の完全実施上、昼間の中学校だけではその目的の達成は困難であることを示し、逆に夜間中学校の不可欠性を如実に示しているのである。

それは又、文部省の多年の孤高的義務教育政策の行詰りを意味しその改廃を迫る意外の何物でもない。われわれ夜間中学校教師及び関係者は今こそ夜間中学校の公認の妥当性を確信し、文部省が即時その実施に関する施策を誠意を以て推進するよう切望してやまないのである。しかも単に公認するばかりでなく、今や抜本的対策として堂々これを奨励して然るべきであると思う。

もっとも、従来非公認であったものを突如として奨励するということが、飛躍に過ぎ、不穏当であるなら、積極的対策と言い換えてもよい。それだけの誠意と関心を示すことが過去16年間の失策を償い、50万未終了者に対する唯一の贖罪的手段であろう。

民主々義社会においては、人権は平等であり、その原則に従えば貧困家庭の子女には、その実情に即した義務教育の施設が準備されるべきであることは、教育の機会均等の趣旨からも当然であるが、それにしても夜間中学校が近代社会における一種の必要悪であることは争えない事実である。しかし必要悪は夜間中学だけではなく、小にしては一家の戸締りから、大は軍備、軍隊に及ぶものである。

共同便所、警察、裁判所、刑務所、皆必要悪である。立派な刑務所を作ったからといって犯罪者がふえるであろうか？　夜間中学を奨励するということは、その対象は飽くまで長欠者、不就学者であって、それによって義務教育昼間実施の原則が崩れるとか、昼の生徒が夜に流れるとかいうのは錯倒も甚だしいものというのほかはない。現に、昼夜学生の差別撤廃の措置が進められるからといって、昼間の入学志望者が減少するわけはないのであって、そのような詭弁や荒唐無稽な言辞は既に過去のものであることは幾多の事実が証明しているのである。又仮に夜間中学を公認したことによって不心得な便乗者が出たとしても、それを防止する如何であろうか。要は「影を畏れて迹を悪む」の愚をとるべきではない。義務教育で最も大切なことは〝全国民に〟ということであって、〝昼間に実施する〟ということではないのである。

文部省は、世の毀誉褒貶にとらわれることなく夜間中学校を公認し、且つその即効的抜本策として堂々これが奨励をはかるべく、それは既に爛熟期に達したと推慮されるのである。

9. 夜間中学校の公認に伴なう関係諸方策についての試案

夜間中学校は過去10数年に亘り義務教育からの数多くの脱落者達を救済する上で多大の効果を収めて来たけれども、そこには非公認という基盤の脆さがあり、その脆さは世人の認識を誤り、特に長欠、不就学の子女を持つ保護者や雇傭主等には、義務教育から離脱することの正当性を主張する上で、よき口実を与える結果ともなって、潜在者の救出を一層困難なものにした感がある。従って夜間中学を公認することは、何人に対しても義務教育履修の不可避性を強調、その脱落からの逃げ道を完全に封鎖することになり、余す者は疾病異常者のみとなる。次に、夜間中学の公認に伴なう関係諸方策についての試案をあげよう。

(1) 文部省は直ちに義務教育課程中、中学校の教育は特に認める者に限り夜間にこれを行なうことを可能とする如く関係法規を修正する。

(2) 夜間中学校の公認や設置は上記法規の修正手続きにかかわらず即刻実施し、生徒の通学上の便宜等を考慮し、全国的に開設する。

(3) 疾病等のため通学ができない生徒で、学習可能な生徒には、教師の訪問指導等により学習を放棄しない措置を講ずる。

(4) 学習困難な罹病者は、学齢超過となっても学籍を除かず、必らず義務教育を完了させるよう配慮する。

(5) 精薄等により学習不可能な者に対しては、医師の診断等により義務教育免除の措置を厳守させる。

(6) 夜間中学の設置は昼間と併置し、修業年限は３年とする。

(7) 夜間中学の校長は昼間と兼任とし、現行の公立高等学校に準じ管理職の主事を置く。

(8) 夜間中学校の教育は完全無償とする。

(9) 夜間中学校の生徒は原則として小学校を卒業した者とし、年齢には制限を加えない。

(10) 夜間中学校の教育課程は昼間に準ずるも、日常生活に須要な教科に重点をおき、知育の偏重を避け、寧ろ健康管理、生活指導道徳教育等を主柱とする如く配慮する。

10. むすび

夜間中学校！　それは陽のあたらぬ教室であり、長く文部省の白眼視に堪えながら、教育愛に燃える教師達が僅かに心の灯かげに彼等不遇な境涯にある子女の姿を映し出してきた教室のことである。

そこにはしかし、彼等生徒に最も必要な人間的ないたわりがあり、人情の美しい涙があり、やさしい歌があった。彼等純心な少年少女たちは、現在社会のメカニズムの中で疲れ、その混濁から逃れるようにしては夜々にそこに通い、ひび割れた手で教科書の頁をめくったり、汗にまみれながらボールを奪い合ったりして僅かに無邪気で天真爛漫な少年少女にかえってあばれ廻ったりしてきた。

この教育を文部省は否定し、実在する彼等を豚の子の如く教育の対象から除いて、それでも〝すべての国民にひとしく〟という義務教育は進められてきた。だが過去１６年間に義務教育から脱落したまま社会へ放り出された国民の数は無慮５０万を超えるという。われわれ夜間中学校教師は、今こそそれ等国民の権利が無視されている事実に対し、文部省に厳重な抗議をすべきである。そして口を開けば教育が大切であるという政治家、特に教育のお蔭で飯を食い、これ又口を開けば子どもたちの教育をいう○教組とかいう人たちはこの現実を何と見るであろうか？

私はこの稿を了えるに当り、時間の都合で内容が甚だ雑駁なままプリントすることになったことを深く遺憾とするものである。

しかしこれでも義務教育を国民のすべてに実施するためには、夜間中学が欠くことのできない施設であることを言わんとする意図はある程度尽くされたと思う。

ただ、これが誰に読まれ、結果的にどんな反応を招来するかに思い及ぶと聊か寂寞の情を禁じ得ない。もっともこの稿は全国夜間中学校研究協議会の求めに応じたものであるから仕方がないと言えばそれまでだが、そこへ集まる人たちは言わば私の先輩や同志であり、ここへ書いた内容については殆んどその事実を知り、夜間中学校を所謂新学制のおとし子のままに〝闇行為的〟な存在のままにして置くことに対して"飽き足らず"として多年文部とわたり合ってきた人たちであるからである。

ところがこれを書きながら、わたしが深く意図したのは、一人でも多くの夜間中学を知らない人に見て欲しいと思ったのであり、特に夜間中学が如何にもまがいものであり、文部省の言う通り不要で目ざわりなもの、一日も早くなくすべきもの視するような人に見せたいのだし、欲を言えば、一番見せたい人は文部大臣であり、次には○藤とかいう元文部省○○局長とその支持者達だからである。

私は夜間中学に席をおいて未だ3年にしかならないけれども、前記した通り、自分が過去に行った言動に対する贖罪の気持もあって進んでここに道を選んだのである。

先輩各位が多年文部省の不明と斗いながら、よくぞここに教育愛の灯をともし続け、10余年それを消さなかった至高な教師魂に対しては深く敬意を惜しまない。しかし夜間中学校を公認の施設にしたいという多年の悲願は未だ達成されておらず、ここで力をゆるめたら或いは遂にその望みは断たれてしまわぬとも限らない形成でさえある。

しかるに、先輩各位は多年の斗いに疲れ、既に初期の熱情は失われた感すらもないではない。

私はまた、全国大会の目的の最大のものは夜間中学をして現状の屈辱的地位から脱却し、その効用価値相応の評価も得、進んではその果たすべき使命に対しても堂々と道を開き、地歩も確保することであると思う。そうだとしたら、大会はその名において文部省に対し必要な行動をとることこそ大会における不可欠の要件であろう。

そうした場合、この小稿が何がしかの用に供せられるとしたら筆者の労は報われて余りあるものである。

終りに臨み、財団法人長欠児童援護会の昭和35年発行にかかる宮崎孝子さん著「夜間中学校の実際」から多くの示唆を得たことに対し深く謝意を表したい。

昭和38年10月

— 22 —

昭和３８年度
共同研究集録

夜間中学校における問題の多様性とその指導効果について

横浜市夜間中学校教育研究会

まえがき

名古屋での全国夜間中学校教育研究大会に際し，当市として合同研究の結果を発表する機会を得，ここにその資料集がうまれたことは，夜間学級の教育の反省と前進のためによろこばしいことである。この資料は，横浜市立中学校のうち夜間学級をおく７校がふだんもっているなやみや問題点をもちより，協力し合い，助言し合って，かれらの生活と健康と学習の面について実践を続けてきた，いわば実践記録集というようなものである。

これは，その多くの実践の中からの各校の要点をまとめたものである。これからの夜間学級の指導の資料として，活用していただけるものと思う。しかし，なお，解決を要する問題も少なくないようである。関係者の一層のごじん力を，お願いしたい。

この資料の作成については，夜間学級設置校の校長さんはじめ夜間学級主任の先生方のご努力をいただいたことを，深く感謝するものである。

昭和３８年１０月７日

横浜市夜間中学校教育研究会長
横浜市立浦島丘中学校長　　飯田赳夫

目　　次

「夜間中学校における問題の多様性とその指導効果について」

夜間中学校には幾多の問題が横たわっている。この問題の中には，われわれ教師の熱意と努力にもかゝからず解決のできないものが数多くある。しかし，「学習指導は学校教育の生命である」など一般にいわれている。なるほど小さいときから学校は国語の読みや，むずかしい漢字を教えてくれるのであり，数学の計算を教えてくれるところである。というように両親も自分自身もそう理解してきたのである。そしてこれが学校の重要な任務の一つとされているのである。夜間中学校のもつ問題の中で夜間中学校生徒の学力の低さをどう，(向上させ) たらよいかは，われわれ教師の仕事である。学習指導という学校の任務を自覚しわれわれの熱意と努力によっていささかでも解消されていることは事実である。しかもこゝに夜間中学校の存在価値の一面があるのである。しかし悪条件の重なる夜間中学校生徒の学習指導とそれによる効果はよういなものではない。われわれはこの困難を克服しつつ夜間中学校生徒の学力向上のための研究と努力を積んでいる。ここには二，三の教科について指導の方法と実践，それにともなう効果について，そのいったんをしるしてみたい。

小規模の夜間中学校における学習形態とその指導について

1　序

7～8名の生徒数しかも年令層の巾の大きい複式学級で学習指導をするとき，生活年令のちがう生徒の能力を充分，かつ有効に発揮させるにはどうしたらよいか。直接指導にあたる教師にとってその指導形態をいかにしたらよいか考えなければならない点である。1名の教師が一年生から三年生までの生徒たちに同じ内容の授業をおこなってよいかどうか。かりにおこなったとき，その内容は一年生にはむずかしく，三年生にはやさしすぎ，その結果両者ともども学習に対する興味もうすらき昼間の生徒との学習上の差は大きくなり充分な学習は期待できなくなる。全生徒が学習に興味をもち少しずつ問題解決の糸口を独自の力でみつけだすような指導形態は不可能であるかどうか検討する必要がある。

学習面だけでなく生活面においても男女の比の極端にちがう学級において，例えば1～2名の女生徒を多数の男生徒のなかにいれ，女生としての面の指導をおこなうときどうしたらよいか。特に保健体育や技術家庭科においてどのようにしたら男女ともに充分な学習効果をあげることができるか。

また昼間のように学校行事として運動会，遠足，修学旅行等をおこなうについても，小規模学級においては経済的な面，日程のとりかたについても問題が多い。

昼間一生懸命働き，夜学ぶ生徒には学校での学友たちとの娯楽面も充分に味わしてやる必要がある。また昼間，夜間の壁をとりはずし，同じ校舎で学ぶ生徒たちの横の連けいを保つにはどうしたらよいか。これらの問題を解決することによって日蔭を歩いている彼らを少しでも日の当る場所につれだし，彼らの卑屈な心を取り去り自信をもたせ，仕事と学校における学習に興味をもたせるにはどのように指導したらよいか。ここに本校の実態を報告し批判をあおぎたい。

2　職　員　組　織

中学校の全教科を指導するには職員構成が充分でなければならない。少数の職員で全教科を指導するのであるから免許状との関係で無理な点が生じるが，少しの犠牲で大きな学習上の効果をあげるよう考え，次のような観点から本校では職員組織をうちたてている。

(1)　主任の役割

本校では専任教師がいないので夜間担当教師は昼間兼任である。そのため別表のように一名の教師が一日数教科の授業をおこない，毎日五名の教師が一日ずつ交代で担当している。毎日担当教師が変わるので，生徒たちの真実の姿をとらえ教師間の連絡がともすればうしなわれがちであるのでこの欠点をなくすため主任は昼間の授業を半減し，毎日生徒の登校の様子をみて昼間のあき時間には家庭訪問を職場訪問をおこない，家庭や職場との連絡にあたっている。

(2)　技術家庭科の職員

生徒たちは労働することにはよくなれ，技術面な面も割合にすぐれているので生徒たちの能力を充分にのばし，かつそれによって他の学習面にも興味をもたせるのが目的で職員の中に一名の技術家庭科専門の教師が加わっている。

(3)　女子職員

昨年までは夜間授業の特殊性から男子職員だけで授業をおこなってきたが，女生徒の指導に困難を感じる点が生じるので今年度は女子職員にも参加を願った。

表Ⅰ　担任教科分担表

職員名	所有免許状	担当教科
A	理科	国語・理科
B	技術家庭科・数学	保健体育・数学
C	技術家庭科	技術家庭科
D	社会科・英語	社会・英語
E（女子）	保健体育科	音楽・美術

表Ⅱ　時間表

曜日		月	火	水	木	金
時間＼教師名		D	E	A	B	C
1	5：30 6：20	社会	美術	理科	数学	技・家
2	6：25 7：15	〃	〃	〃	〃	〃
給食時						
3	7：40 8：30	英語	音楽	国語	・保・体	〃

生徒たちが夜間学級に興味をもち登校するようになるのも，興味がうすれて欠席しがちになるのも学習内容はもちろんであるが，その原因の一つに職員構成，特に教師と生徒たちの間の雰囲気がある。生徒たちは愛情にうえているので授業中教師との間の雰囲気が少しでもくずれてくるとかならず翌日から欠席するのでわれわれ教師は話題を豊富にし，生徒たちのすべての相談にのってやる必要がある。その意味からも男子職員だけでは不充分であって女子職員の必要性はたかいのである。現に　年までよく遅刻欠席した生徒が本年度になって遅刻，欠席も少なくなり，むしろ登校時間がはやくなり，オルガンの練習や教師と世間話しや事業所であったことを話し合ったり和気あいあいのところもできて少しずつ学校に対する関心も高まってきた。

3　学　　習

学習上の難易は生徒たちが学習に興味をもつか否かの重大なところである。生徒たちに興味をもたせるには学年でおさえた授業ではなく学年を超越して生徒たちの能力にあった問題から順に解決の糸口をみつけだし問題をだんだんと高度化していく方法が考えられる。たとえば三年生でも文字がよく読めない生徒や数学の計算が充分にできない生徒がいる反面，一年生でも三年生より知　能力にすぐれた生徒もいるので，まず，はじめに生徒たちの能力にあった問題を生徒たちにあたえ，これを解決させ，次々と高度な問題へと発展させる発達学習をとり入れた個別指導をおこなったところ生徒たちに学習に対する興味，意欲がでて独自で問題を解決する態度をやしなうことができるようになったし，前もって問題をあたえておくので教師が出張で帰校が遅くなるような時でも生徒たちは自由に自分にあたえらえた問題にとりくみ自習する態度も向上してきた。

また昼間の授業では生徒数が多くてなかなか器具類を使った個別指導はむずかしいが，本学ではシンクロファクス。（2台）。テープレコーダ（1台）等も授業にとり入れ短時間でも充分な学習効果があがるような個別指導法もとっているが台数がまだ少ないので完全なプログラム学習にはなっていない。

常時むずかしい学習ばかりでなく時には教室で映画をみて授業の補足や娯楽面としても活用している。映画のフイルムは市のライブラリーから１６ｍｍフイルムを借用し教育映画に興味をもたすようにしている。今年度一学期中には社会科関係２巻，理科関係６巻上映し，最近では観る態度もよくなり批判もするようになってきた。その他学習の補足として日曜休日を利用し，リエクリエーションをかね文化センター等の見学や校外学習をおこなっている。

4　学校行事への参加

われわれ教師のいちばんのなやみは生徒たちをいかにしたら種々の学校行事に参加させることができるかであろう。運動会，遠足，修学旅行，キャンプ等のたびに仕事を休ませねばならないし，そのためには保護者は勿論，雇　主の理解協力と経済的なうらづけがなくてはできない。これら行事を全面的に削除しては生徒たちの学校生活を一層味気ないものにしてしまうし学習に対する興味意欲も失しなわれがちになるので，本校では旅行，キャンプ，運動会の参加等できる範囲でおこなっている。修学旅行は三年生だけでは人数もそろはないので，三年前までは昼間と合同でおこなってきたが，種々な事情があって現在では夜間学級独自でしかも一年生から三年生まで全員で三個所を指定し一泊で毎年ちがったところに行くことにしている。三個所を三年間にまわるのでかならず一度は行くことになる。これらの行事をおこなうとき費用の点が一番問題になるのであるが，幸いに地域の有志の方達の協力による助成金によっておこなうことができ職員生徒一同非常に感激している。

5　ま　と　め

昼間働いて夜疲れたからだにむち打って学習する生徒たち，ややもすればこの苦痛に負けて欠席しがちな生徒たちをいつも出席させ学習することに興味をもたせるには生徒たちに心のいこいの場所としての学校も必要である。そのために本校では学習の中に種々娯楽的な面もいれたのしい雰囲気でゆかいに学習できるよう全職員が協力している。

今年度の一般的傾向としては生徒の登校時間がはやく授業も定刻に始めることができ，いつも生徒の顔は同じで一環性のある授業ができ，欠席する生徒は通学可能な生徒の中にはほとんどなく，かりに欠席する時はなんらかのかたちで連絡があるので家庭訪問の回数も昨年の半分にも減少した。昨年度の家庭訪問の回数は全体で９３件で一番回数の多かった生徒は２４回であった。このようなことから判断して少しずつではあるが生徒が学習することに興味をもってきたといっても過言ではなかろう。今後の問題としては次のようなことが山積しておる。

(イ)　実質的に学力を向上させるにはどうしたらよいか。　(ロ)　完全なプログラム学習を行うとしたときの予算問題。　(ハ)　通学不可能な生徒をいかにしたらよいか。　本学級の在籍数は９月１５日現在１９名，うち男子１０名，女子９名で，現在登校している生徒は男子６名，女子３名である。男子４名，女子６名の生徒は種々事情から長期欠席の生徒で家庭訪問しても本人はもちろん，両親にもあえないような状態におかれている生徒でこれらをいかにみちびいたらよいか，われわれ教師におかせられた問題である。

「基礎学力の向上について」

1. 問題の所在
2. 方法と実践
3. のこされた問題点

1 問題の所在

夜間学級に通学する生徒は，現在において種々雑多な問題をかゝえているのみならず，多かれ少なかれ過去に，幾多の障害を内包していることは一般的現象である。

本校に通学し，本年三月卒業した生徒，IT，J（女子）三名をとりあげた場合も，その一端がうかがわれる。

（I）ー父…農業。日常生活にさほど支障なくも一般的常識にいちじるしくかける。Iは小学生在学中からほとんど友だちなく学習に意欲をもたない。

（T）ー生父母不明。里子として養なわれる家族多し。里親ー工員

（J）ー生父死亡。生母再婚。一間に起居。養父は性的素行悪く，本人は住み込みとして別に生活，母親ー内職。

前述したごとく，家族構成は複雑である。学習面においてみるならば，知能指数の一般的低さもさることながら，小学校時代から学習時間並びに学習環境に妥当性を欠いていた。

成績の向上がその家庭，社会関係に多く左右されることはあきらかな事実であるが，その条件はみたされていない。また，夜間学級に通学している段階において，一日の日課はきわめて余裕がない。（別表I参照）

身体的疲労度とも相まって，いきおい学力の低下，停滞は，さけがたいものがある。だが，実際において，かれらはどの程度の学力を有しているのか。二，三の例をあげてみよう。中学二年において

(イ) 九・九が満足にできない。

(ロ) Iは自分の住所，姓名を漢字で書くことができない。

(ハ) 国語の書き取りは「山，川，谷」程度。ひらがな，カタカナは，どうやら読み書きができる。

(ニ) アルファベットを読み，書くことができない。

(ホ) 方向が正しくつかめない。「東・西・南・北」

(ヘ) たし算は，ほぼできるが，ひき算は二ケタ以上は抵抗がある。

原因は知能の低さにあるよりも，過去および現在における学習時間の絶対的不足。その根本である家庭，社会における悪環境，その結果としてあらわれる学習意欲の不足である。

われわれは，かゝる視点にたって，基礎学習のやり直しを考えた。

2 方法と実践

(1) 方　法

まず，われわれは，中学教科書の使用が，無意味であることを知った。そこで昼間の在校生から，小学校時代の教科書を持参させ，それを使用することを試みた。また，やさしい文学読本（小四，五年程度）を書店からとりよせ，それを時間の許す限り併読させた。つぎに表現力を高めるため，作文を書かせ，つとめてテープレコーダーにとり，自分の表現の欠陥に気づかせた。われわれは，さしあたって，日常生活がさしさわりなくやっていける程度のことを，目標としたのである。

(2) 実　践

夜間中学生は，昼間，職場に出ているため一般社会人としての常識は，かなり進んでいる。彼等は，社会的，風俗的問題，男女の関係等にも深い興味を示す。したがって，日常の話題もおとなの社会におけるそれにとけこんでいる。しかしながら，問題は社会的常識と基礎学力のギャップにある。上述したごとく学習時間の不足は決定的である。われわれは，その解決方法として（1）の方法を用いた。その結果，どの程度の成果がみられたであろうか。二，三を例示してみよう。

◇ 国語について

① 小学四年程度の漢字が読み，何割かは書けるようになった。（Jは，中学二年程度のものを読む力ができる。

② 文学作品（物語）に興味をもつようになった。同じ作品を，何度も読んだので，筋書きがわかり，一部分は暗記できるほどである。

③ 書くことに興味をもちはじめた。同時に，テープにとった自分の発声（表現）にまちがいを指摘できるようになった。

◇ 数学について

① 数学に対する習練が重ねられた結果親しみをもつようになった。

② かけ算ー三ケタができる。　わり算ー二ケタ程度がとける

③ 分数ー分数の種類と意味がわかった。分数をあつかっての計算（たし算，ひき算）が

できるようになった。

④ 日常の買物等に関する応用がとける。

⑤ 物体の形に興味と理解を示した。

国語と数学に関する限り，国語の理解度の方が高い。その理由は，職場における仕事の内容がが，単純作業であり，数的概念を全くといってよいほど，必要としないためであり，かれらの職場における生活内容が，上からの命令指示，応答といった対話を中心としていることにもよろう。こうしてみるとき，夜間中学生の学習に対する興味，深化は，職場生活によって大きく左右されることが考えられる。

3 のこされた問題点

今まで例示した生徒，I，T，Jは次に示す出席状況でもあきらかなように，良好な出席率を示している（別表Ⅲ参照）しかし先にも述べた学習時間の絶対的不足はおおうべくもない。2の(2)にあげた一例，分数の説明においても，同一内容を理解するに一カ月を要した事でも明らかである。また，かれらにとって学校は，学習の場であるよりも慰安の場である。かれらは学校へ来ることによって救われている。そうして，卒業時にあたって，その基礎学力は，おゝむね小学四，五年の程度である。夜間中学は，いずれの学校においても，文部省の規定授業時数から，かけはなされている。その内容においても，昼間生徒に著しく劣ることは，半ば是認せられている。しかし，こんごにのこされた問題としては，義務教育でありながら，特殊教育の内容と類似しつゝある現状。これをどう打開し，解決すべきか，ということであろう。

別表Ⅰ　（生活時間表）　　3 8.9　（羽田　一）

	5〜12時（午前）〜12時（午後）
(I)	起床　食事　田，畑，山　昼食　田，畑，山　家事手伝い　登校　学校　下校帰宅　夕食　入浴　就寝
(T)	起床　朝食　家を出る　始業　工場（勤務）　昼食　工場（勤務）　退社　登校　学校　下校帰宅　夕食　入浴　就寝
(J)	起床　朝食　あかつけとたけ　作業開始　作業　昼食　作業　退社　登校　学校　下校帰宅　夕食　あかつけとたけ　入浴　就寝

※ (J)は住込のため時として下校帰宅後も仕事に従事させられることがある。

別表Ⅱ　（勤務の内容と学習関係）

	勤務状況		学習状況			知能（IQ）
	職種	内容	理解度の高い教科	理解度の低い教科	家庭における学習時間	35.5（実施）
I	農業	田，畑，山等での農作業	理科　特に植物	国語　書字・表現力	15分〜30分	(教研式)75
T	工員	雑役，本工員の助手	国語　書字 数学　計算	数学　応用問題	10分〜20分	80
J	工員	ミシンかけ，マフラーのふちぬい	国語　よみ・表現力	数学　応用問題・数の概念	〜30分	78

別表Ⅲ　（出席状況）　（37年度）

	(出席すべき日数)	(出席日数)	(欠席日数)	(百分率)
(I)	242	218	24	90.08
T	242	228	14	94.21
(J)	242	209	33	86.36

分数の基礎学力の欠如とその回復

数学科の性格

中学校の教育は小学校における教育の基礎の上に心身の発達に応じて中等普通教育を施すことを目的としている。したがって中学校の数学科はこの目的に基づいて主として小学校の算数科の基礎の上にこれを発展させることである。すなわち

小学校の算数科では主として日常生活に必要な数量的関係を正しく理解し処理する能力を養い，中学校の数学科はこれを土台としていっそう理論的，抽象的に思考することができるように数学的理解を深め技能に習熟させることをねらっている。

中学校における学習のねらいは小学校の基礎学力の上にそれが達成されるものである。小学校での基礎の学習が不充分であり，連続的な学習をなし得なかった生徒に対して心身の発達に応じて中学校数学の出発をこの基礎力の回復からはじめて中学校数学の学習目標に沿うよう指導する必要がある。

分数指導の方法と内容

1. 指導生徒　昭和12年生　26才男生

　職業　単純労務者

　学歴　昭和24年　小学校卒業

　　昭和24年　中学校入学

　　昭和24年　中学1年より家事都合により欠席

　　昭和38年4月　西中学校1学年に編入

2. 指導型式　単級複式学級で個人指導

3. 経　過　中学校数学における分数指導は，分数の意味の理解，計算技能の熟達，逆数の意味の理解である。分数の指導は小学校でどのようになされたかをしらべてみると

(1) $\frac{1}{2}$，$\frac{1}{3}$などのことばとして具体的に正しく用いられる。

(2) 分数の呼び方，書き方が正しくできる，記号としての分数を知る。

(3) 単位分数の意味，分数の大小，相等関係，加法，減法

(4) 分数と小数の関係，分数の数としての理解

(5) 分数を数として理解する。四則計算。

この五段階について生徒の理解の度合をしらべてみると(2)までは理解されていたが(3)〜(5)

はほとんど理解していない。特に分数を数として考えることには抵抗があり中学校数学での分数教材を扱う以前に小学校での分数を基礎を指導し理解させるために新しい算数，５年上・下新しい算数６年上下（東京書籍）より教材を選択し分数指導をした。

5. 指 導 内 容

教師の指導とねらい	生徒の学習内容
T_1 分数は分子の数を分田の数でわった商を表わす。 分数を数とみる	C_1 $1\div3=\frac{1}{3}$ $2\div3=\frac{2}{3}$
T_2 分数の分子分母を同じ数でわってもまたそれらに同じ数をかけても分数の大きさは変らないこと	C_2 $\frac{1}{3}=\frac{}{12}$
T_3 約分の意味とその方法についての理解と約数倍数の意味の理解	C_3 $\frac{12}{18}=\frac{2}{3}$（2, 6 / 9, 3） より手ぎわよいやり方を強調しない
	C_3' 約数，倍数については用語の意味だけ
	C_3'' 反復練習
T_4 通分の意味とその方法	C_4 分数の大小比較をする
T_5 異分田の分数の加減計算	
T_6 帯分数の加減計算	C_6 $3\frac{2}{3}-1\frac{1}{2}=3\frac{4}{6}-1\frac{3}{6}=(3-1)+(\frac{4}{6}-\frac{3}{6})$ この部分の処理に抵抗がある $=2+\frac{1}{6}=2\frac{1}{6}$
	C_6' 反復練習
T_7 真数や仮分数に整数をかける	C_7 $\frac{1}{5}\times4=\frac{1}{5}+\frac{1}{5}+\frac{1}{5}+\frac{1}{5}$ 累加計算で求める
	C_7'' $\frac{1}{5}\times4=\frac{1\times4}{5}$ 一般的な計算方法

T_8 分数を整数でわることの意味の理解 分子が除数でわりきれるような真分数や仮分数を整数でわる計算	C_8 $\frac{4}{5}$ $\frac{2}{5}$　$\frac{2}{5}$ $\frac{4}{5}\div2=\frac{2}{5}$
T_9 分子が除数でわりきれない場合の計算方法	C_9 $\frac{1}{5}\div3=\frac{1\times3}{5\times3}\div3=\frac{1\times3\div3}{5\times3}=\frac{1}{5\times3}=\frac{1}{15}$ 一般的な計算方法を気づかせるために意　的に
T_{10} もとにする量と割合を知って割合にあたる量の求め方の理解	C_{10} 面積が２４m^2の畑があるこの畑の３つぶん，２つぶん，１つぶんの面積はそれぞれ何平方メートルか ２４m^2の畑の$\frac{1}{2}$の面積は何平方メートルでしょうか。 もとになる割合 畑の面積 ２４m^2　３　２４×３m^2 ２４m^2　２　２４×２ ２４m^2　１　２４×１ ２４m^2　$\frac{1}{2}$　２４×$\frac{1}{2}$ ２４×$\frac{1}{2}$の計算でいいことを分数倍と小数倍を並列して取り扱う
T_{11} 真分数と真分数をかける算法の理解	C_{11} 1　m 1 m 算法を田によって理解する

T_{12} 割合と割合にあたる量からもとにする量を求めるとき除法を用いればよい	C_{12} あるひもの長さの$\frac{2}{3}$が６ｍです。このひもの長さは何メートルですか。 （ひもの長さ）$\times\frac{2}{3}=$６ｍ （ひもの長さ）＝６ｍ$\div\frac{2}{3}$ 此の第三用法に基づく分数除法は抵抗があるので第二用法の逆として指導する
T_{13} ２つの同種の量が分数で表わされているときＡ量のＢ量に対する割合を求めるのにわり算を用いることを通して真分数を真分数でわる計算方法の理解	C_{13} 野菜畑の面積は$\frac{3}{4}$ａで，花畑の面積は$\frac{2}{5}$ａです。野菜畑の面積は花畑の何倍ですか。 $\frac{3}{4}\div\frac{2}{5}=\frac{3\times5}{4\times5}\div\frac{2\times4}{5\times4}=(3\times5)\div(2\times4)=\frac{3\times5}{4\times2}=\frac{3}{4}\times\frac{5}{2}=\frac{15}{8}=1\frac{7}{8}$ 分母を同じにすることにより被除数に除数がいくつ含まれているかを考える $a\div b=\frac{b}{a}$ を用いる。

指　導　効　果

計算の意味から計算のしかたへ

(1) 計算の意味　分数の意味を (1)量をあらわす分数 (2)関係をあらわす分数 (3)操作をあらわす分数に分けることができるが量をあらわす分数から指導をはじめた。分数の四則の計算のうち乗法，除法に対して理解しにくかった，さらに分数の立式は困難であった。この乗法の意味としてはT_{10}のように$24\times\frac{1}{2}$とすることの意味である。すなわちこの式は（もとにする量）×（それに対する割合）という一般的な処理のしかたをもとにして立てられているというようにかけ算の意味を拡大して説明した。たとえば２倍の大きさを求めるのに24×2としたり，0.6倍の大きさを求めるのに24×0.6としたりするのと同じ数量の関係であるから同じ式によって計算しようという考えに基づいて意味づけをした。

(2) 計算のしかた

計算のしかたを理解させるためにはいろいろの方法が考えられるが，T_{11}の指導のように$\frac{2}{3}\times\frac{4}{5}$については乗法の意味に基づいて（$\frac{2}{3}\div5$）×４という整数の乗法，除法$T_7$ T_8によって理解させることができる。計算を分数のままの形で書くことによって$\frac{6}{7}\times\frac{4}{5}$を$\frac{6\times4}{7\times5}$として分数の形のままで計算できることを理解した。

除法については単位をそろえるという考えを用いて，$\frac{3}{4}\div\frac{2}{5}=\frac{3\times5}{4\times5}\div\frac{4\times2}{4\times5}$として分母を同じにすると分子どうしを比べて$\frac{6\times5}{7\times4}$と計算すればよいことを理解させることができる。

短文指導について

1. テーマを選んだ理由

文章を書く力は，話す力の発達するにつれてのびていくものである。といわれるが，これは当然話すことに文章を書くことは本質的に同じである，という考え方から発したものである。もちろん文の構造・考えの組み立てや順序・使用する語い等両者に共通である。しかし，両者の表現の方法には相違があることを忘れてはならない。

言いかえれば，前者には発音・声の調節・話す態度（姿勢）等，後者にはかなづかい・漢字とかなの使いわけや書く場合の一般的な約束等の技術的な相違である。

このような観点にたって，本校夜間生をひとりひとりみつめたときに，全くその力の劣っているのには驚かされた。話すことの指導と書くことの指導の必要性と重要性を痛感したのである。また，生徒の日常生活を調べても聞く・話す・読むなどの言語活動に比べて，書くという言語活動は極めて少ない。一方書くことに対する劣等感も強くいだいている。このような生徒に市教育課程にあるような指導計画をたてることはあまりにも飛躍しすぎる。そこでその目標に少しでも近づける意味で第一次として短文をとりあげ，次にあげるような指導計画をたて指導をすすめているのである。

2. 目　　標

書くことの基礎的な能力や技術を発達させる。

① 必要に応じて自発的に表現しようとする気持ちをおこさせる。
② 事実に基づき整理して表現しようとする気持ちをおこさせる。
③ 生活に役だてようとする気持ちをおこさせる。

3. 指導内容

① 内容を豊かにするもの。
② 内容をまとめる力をのばすもの。
③ 表現の技能をのばすもの。
④ 作品の鑑賞と処理。

4. 練習問題の基本型

A 主・述・修を主とするもの。

① 主語 (述) 。 (例 花が 。)
② 主語 (修・述) 。 (例 仕事が 。)
③ (主) 述語。 (例 歩く。)
④ (主・修) 述語。 笑う。)
⑤ 主語 (修) 述語。 (例 私は 行く。)
⑥ 主語 (修・修) 述語。 (例 彼は 寝る。)
⑦ (修) 主語 (修) 述語。 (例 鳥が 鳴く。)
⑧ (修) 主語述語。 (例 車がはしる。)
⑨ 主語または述語が省略されたもの等。

文の成文の中で初めに重要視するのは主語・述語の文節であって，次に修飾語の必要性へと高めていく。もちろん，生徒には主語，述語，修飾語，次に出てくる独立語・接続語等の用語は用いず，例文を示すことによってそのてんを補い指導する。たとえば①のような場合には『機械がまわる』というような例文を示し『花が 。』『仕事が 。』というように出題する。生徒の表現にはさまざまな形が出るが初めは基本型にはあまりこだわらず自由に表現させることがのぞましい。

B 単語を主とするもの

① 一つの単語（例 生活，愉快な，美しく）
② 二つ以上の単語のついたもの（文節）（例 笑って，あれは，本が）
③ 独立語 （例 さあ，もしもし）
④ 畳語 （例 時々，毎日毎日）
⑤ 副詞 （例 決して ない。）
⑥ 接続語 （例 しかし，そこで）等①と②のような場合には，生徒たちからも自由に

問題を提出させ，自由に表現をさせ，楽しさを味わうこともたいせつである。③は感動，呼びかけを主とする。 ④は副詞の用法を念頭におき ⑤でそれを整理する。 ⑥では長い文言いかえれば重文指導を行なう。

5. 具体的指導

① 表現内容を豊かにするために，仕事，読書，見聞等生徒の直接経験に基づいて話し合う。この時間は少なくとも６０分授業の場合には，その$\frac{1}{3}$くらいをあてる。話し合いの内容はほとんど生活面に集中するのが当然で，出題にはこのてんをじゅうぶん考慮しないとその目的が達せられない。

② 内容をまとめる力をのばすために，話し合われたことがらについて，考える時間をじゅうぶん与える。（話したこと聞いたことなどと自分の経験を考え合わせる。）そして経験と語いとを結合する力を養うのである。

③ 表現の技能をのばすために，そのときそのときにもっとも適切だと思うことばを使う技能を身につけさせる指導が必要である。しかし，語いていこうがあまりにも多すぎる。第一にぶつかる問題が漢字でかなづかい，送りがながそれに続く。その上個人差がひどく個別指導の必要性を痛感せざるを得ない。書字力をのばすうえに辞書の利用もかかせない指導の一つである。

句とう点も見落としてはならない。表現が形式の面でも正確であるというてんからも，また話読手に正しく伝わるというてんからもそうである。

これ以外に文の長さに変化をつけたり，文末に変化をつけたり，常体を敬体になおしたり，敬体を常体になおしたり作品の中からさまざまな指導ができる。

④ 作品の鑑賞と処理については，書く前の指導書くときの指導と同じように適切でなければならない。鑑賞においては，よい作品を発表し合い，努力を認め合い，尊重し合う精神をそだて，劣等感をいだかすような逆効果のないよう配慮する。処理については，助言に基づき自分でなおしたり，お互いになおし合ったり（鑑賞），教師が見てなおしたり個人差を考え個人指導を主とする。そして作品を一括整理しておき発達段階を知る一材料にすることがたいせつである。

6. まとめ

短文指導は作文指導と同じように，書く前の指導，書くときの指導 書いた後の指導と三つの指導がなされなければならない。しかもこれは一つ一つ独力したものでなく，話し合い 考える（経験と語いの結合） 適切なことばを使う技能 鑑賞と処理というように一つの流れが必要である。そして一人一人を見つめたときに別人差がはなはだしい故，個別指導を主とする事が望ましい。

極めて小数な生徒をもつて行なう
夜間中学校の技術家庭科の実習指導について

1，本校の二部夜間の実態

① 生徒の実情

イ，出席生徒数		名男5名女4名		
ロ，学年別	第一学年1名男	名女0名		
	第二学年2名男	名女3名		
	第三学年2名男	名女1名		
ハ，就業別	卸小売業2名	男0名		
		女1名		
	製造業3名	男3名		
		女0名		
	サービス業2名	男1名		
		女1名		
	建設業0名	男0名		
		女0名		
	金融業其の他2名	男0名		
		女2名		

2. 施設概要

本校昼間中学校の特別教室設備を利用する。その主なるものは次の通りである。

① 製図関係用具および参考資料

② 木材加工用手工具類

③ 薄板々金加工用手工具類

④ 工作台

⑤ 木工機械

⑥ 金属加工用機械

⑦ 機械分解組立用具

⑧ 電気関係器具機械用具

⑨ エンヂン関係参考資料

3. 学習課程

① 設計製図

② 木材加工金属加工

③ 機　　械

④ 電　　気

2. 技術科学習の形態

二部夜間技術科の授業形態は一人の教師が同一の教室において各学年にまたがり，かつ異教材を同時に展開しなければならない。また集団指導ではなく自然的に人数の関係で個人別指導が主となる形態が考えられる。その場合に展開される学習形態は次のような三つの形態が考えられる。

① 第一形態　　学習項目の二つ（木工，金工）あるいは（木工と金工，機械）を同時に大回転しまたは項目内で回転を行いそれにともなって二つまたは三つのコースを作りそれぞれ異なった題材を並行して学習させる方法である。

② 第二形態　　これは同一項目で（金属加工）題材を二つまたは三つを決め，同時に展しそれぞれの項目を並行回転させる方法である。

③ 第三形態　　これは一つの題材について学習させ展開に当って学年別に材料加工法また工程を決定しまたは各部分別に材料加工法工程をきめて同時展開し学習する方法である。

3. 各形態における本校の諸問題

いずれの形態によって技術科の学習するもその結果として次のような問題について抵抗を感じている。

① 多種多様な工程と生徒の安全管理の問題

一般に同一教師が同一教室でこのような学習指導をしていくことは生徒の安全管理の問題が教師の疲労度の点よりまた生徒自身の多種多様な工程の実習からくる生徒の移動活動による混雑からも安全管理が不可能になる。

② 学習に対する示範指導及個別指導の問題

個人別に対する示範指導及び巡視指導の場合一個人に10分程度ずつ要したとすると8人の編成では80分もかゝることとなり二時間連続授業中でも巡視指導は1回ぐらいである。教師そのものの活動も，充実した労働強化であり，ことばを変えるとそれは走り回ることである。従って教師の疲労ばかり多く，大低の場合生徒の学習活動は非能率的でありかつ学習全体の把握が困難である。

③ 教師の示範指導と工具の破損製作の失敗作業の危険に関連する問題

教師の示範指導の必要は，個人別および学年別が考えられ，個人別学年別の指導が終るまでは作業を中断して待たねばならず従って非能率的であるばかりかその結果正しい実習が行なわれず自己流の勝手な工具の使用や実習のしかたになる。そのため工具の破損や製作の失敗作業の危険と云う問題も必然的に生じてくる

④ 備品の準備および管理の上に起る問題

特に使用工具の多いこの教科の学習では教師の指導力の上に考えて見ると，その数多い工具の管理上工具材料の準備上に問題を生ずることは明らかである。

4. 本校における二部夜間の技術科学習の方法と組織

① 施設設備の活用について

技術科を学習する教室は昼間の技術科教室の準備室を利用し，こゝにおいて金属加工，木材加工，機械，製図の作業が出来学習するようにした。

② 工具機械について

幸と教室が準備室を利用しているので工具はもちろん材料に付てもその保管と作業後のかたずけ（整理）の点においても好都合であり能率的である機械の操作一般的機械学習についても旋盤1台，ボール盤1台，フライス盤1台の設備があり，その他万力及万力台けがき定盤等もこの室にあるので一人一人の生徒がそれぞれの作業を個々の作業場を把握して実習しているので教師生徒両者とも結果的に指導面において能率的あるといえる。また一つの教室に各学年の生徒が集り学習するので示範指導も容易であるということもできる。

③ 学習形態について

本校の二部夜間では前に述べたような実態から自然と学習形態は第三形態をとりいれているが単元にはいる前には考案設計と製作の準備について時間をとりこゝで一斉学習を行ない作業の能率化を図り製作の段階にはいっては各仕事をそれぞれ展開しかつ各自が一つずつ作ることによって基礎技術の習得を計っている。

④ 指導の能率化と安全管理について

全学年にわたる全生徒の同時展開における集団学習であるので第三形態による学習形態をとっていることは前述の通りである。ゆえに工程については作業にはいる前に一斉指導を行なっているとしても実習中には再度その必要を生じてくるので二度一せ指導で助言を与えることができやすい。その折教師は各生徒を走り回る指導の必要もなく疲労もなくまた手持ぶさたになっている生徒も救われ時間的には経済的で巡視指導も多くでき，安全管理も理想的にできる。

⑤ 指導計画について

各単元共（考案設計）（製作準備）（製作）（学習の整理と反省）の学習段階をとり設計の段階においては機能構造材料の研究と構想図の作成及第三角法による工作図の製作を内

容とし準備の段階に於ては工程表材料表の作成工具機械の研究と使用法を示範指導により授業の内容とし次の製作の段階においては工作実習と仕上法及組立方塗装法及工具機械の手入と保管（あとしまつ）に関する項目を内容とし最後の段階（整理の段階）において其のまとめをとりあげている。なお時間の配分については次の表に記載したとおりである。

⑤ 技術科学習における実習の実際例

学年学期	学課程	単元	実習例	時間と工程：考案設計	準備	製作	整理	総合計時間
1	木材加工	整理棚製作	板材の構成による壁面用棚 / 角柱を支柱とする棚の工作 / 箱組の構成による棚	2	3	5	2	12
2	金属加工	角型容器製作	石けん入 / 計量カップ / 芥入れ	2	2	7	1	12
3	機械及電気	機械模型製作	ベルト車の組合せによる変速機（手廻し式） / 歯車とベルト車組合せによる変速機（手廻式） / カム及リンクを利用した小型モーターの伝達装置	2	2	4	2	10

⑥ このような実習が生徒に及ぼした効果

以上昭和36年度37年度と前記の学習によって技術科の学習指導を行なってきたが今までのところ，ひとりの事故者作品失敗者もなく，特に卒業後は　生産的仕事に興味感心を持ち，単なる販売的職種あるいは事務的仕事より生産的仕事に転職する者もできるような傾向を見出してきた。

⑦ 今後の問題と解決について

技術科の教育目標に対して現在の段階においては時間のとり方においても未だ問題があることはもちろんであるが社会人の育成の見地から考えてもさらにまた技術科の重大分野である基礎技術の習得の上からもさらに一層と学習能率を上げるべく運営の面から施設設備の活用，指導計画，学習形態の研究並に生徒の学習活動の活発化，安全管理等一段と研究努力する必要を痛感する。

夜間学級における個別指導の有用性について

① このテーマをとりあげた理由

夜間学級の生徒は，生活上，学習上並びに現在の仕事の上で，多種多様な「なやみ」「くるしみ」「もだえ」などを持ちながらも，前途にいちるの希望を抱いているのが現実である。本校では以上の問題点から教科の個別指導はもちろん，その他の人間形成の上からもどのように希望と自信を持たせてきたかについて報告を主として，夜間学級における個別指導の重要性について，しるしてみたい。

② どのような組織，方法で指導したか

昼間働いて，夜，学校に通うことは，この年令の生徒にとっては，肉体的にも精神的にもその疲労度からみても大変苦痛だと思われる。ところがかれらはたいてい，学校に行くのが楽しいと言っている。それはかれらにとって，学校が慰安の場所になっているからである。級友と話し，先生に訴えることによって，職場での不満をはらし，慰められる。また温たかくない家庭に帰っても疲れがいやされるどころか，かえって神経がいら立つ，そんなかれらをどのように…………。

a) 学期ごとの懇談会

校長，副校長，夜間担当の全教師と生徒とが，学校，職場，家庭などの話をし，彼等のなやみ，くるしみをまた社会のむじゅんなどをきいてやり，適切な助言を与えてやる。この場合，ひとり２００円ぐらい（夕食，茶菓，果物）の見当でいっしょに食事をし，くだものをつまんで話し合う

b) 夜学担当者打合せ

一月に一回夜学担当者の打ち合せを行ない教科面生活面において，いろいろ情報交換をし，連絡を密にする。

c) 学級活動

生徒が大体５時３０分頃登校してくると，職員がその教室におり，夜食をとりながら〃きょうは顔が少し青いが，つかれているのか〃〃仕事はうまくいったのか〃〃ボーナスはでたか？〃〃手のほう帯はどうしたのか〃……とか，かならず何かはげまし激励，なぐさめのことばをかけてやり，雑談みたいな時間になるが，人間的なふれ合いの時間として重視して有効に使う。

d) 生徒の働いている所を訪問

学期ごとに生徒の勤務先の工場，事業所を訪問し，そこの責任者と話し合い，連絡を密にする。

e) 宿泊先訪問

生徒の宿泊先（実家，下宿，住込先）を訪れる。

f) 個人面接

大体何か問題があれば放課後，生徒は相談しにきなさいと言ってはあるが，月一回（毎月一日）友だちの前でも言えないことを相談する日に定めてある。

③ 個別生徒の指導の記録

それでは今年卒業した男女２名の生徒の指導の記録を報告したい。

(イ) A子（１８才）…………３年編入

家庭　父　中風で病床中。母，飲食店で手伝いとして働くが，弟妹多きため，本人もK製作所でガラス器具製作の臨時工として働らく。

入学の動機　もう４年間もK製作所で働いているが中学校卒でないので，臨時工として採用されているので，自分より年下で，本工として採用されている同僚より，給料，ボーナスなど多い。

友には夜間中学にきているというのを偽って，お花をならっているのだと言っているが，ウスウス，１，２の同僚は知っているらしい。

指導　家庭の母親は経済的な重荷を負い，常識はずれの金銭的慾望強く，A子が１円でも多く，家にいれるのを願い，A子の身だしなみ，その他の小遣いなどの出費もケチケチしている状態であった。

また職場では係長と会い，A子が本校生徒であり（確認）通学の便をはかってもらうよう，残業などなるべくさせないよう配慮してもらった。

学校では特に教科指導は数学，国語に重点をおき，A子の生活面を大きくとりあげ，ノイローゼ解消につとめた。

まずA子の家庭は，A子の気持を母親に理解するように，再三再四家庭訪問をし職場は自分が現在夜間中学校に通学しているのだと同僚に，自分の口から堂々と言うように指導し，同僚に対する劣等感を排除させるようにした。

A子の日記（１０月８日）をみてみると「先生から学校へ行っているのが恥づかしいのではなくて，かくしているのが恥づかしいのだと言われていたが，自分で

もたしかにそう思う。それは分っているのだが，りくつではわりきれない…。親しい友に初めて自分が学校へ行っているのだ（この友もA子が行っているということは知っているが）と言った時，友の気持などおしはかることができず，自分だけでもう感激してしまっている。ドナリタイ，ワメキタイそんなしょう動にかられているのがよく分る。A子にしてみれば随分気が軽くなりこれからの職場での人間関係が明るくなったことゝ思う。気のせいか，前よりずうーと親しみのある行動をとるようになった。

(ロ)B男（24才）………………1年より入学

家庭　両親に捨子同様に扱われ，生別れ，小学校5年より他家に住込み，桶屋，風呂屋，菓子屋等に住み込み，現在町工場に機械工として住み込み働いている。

入学の動機　会社の同僚の話などをきくと，義務教育も満足に受けていない自分の将来のことを考えると不安でたまらない。

指導　小柄で幾分胃腸が弱く，青白い。初はからだがつかれるし，苦しい，苦しいの連続であったが，2，3年になりファイトがでてきて，中学校卒業後は夜間中学校にかならず行くとの意欲をもやし，3年間がんばった。B男はA子と違って，給料の違いで，中学校卒業の免状はしさではなく，年も年だし，本人の自覚も相当あり身体（一日中，職場では立って仕事をやる）には特に気をつけるよう。定期の健康診断，検便など気を配った。3年間，非常にまじめにやり，学校に出てくるのが楽しく，学習意慾にもえ，ついに上級学校（県立K高校普通科）へ進学した。最近暑中見舞状をもらったが，その後も元気で毎日通学しているとのこと職場訪問（家庭訪問）をし，激励したいと思っている。

④　ま　と　め

昼間の生徒もそうだが，夜間の生徒は特に「くるしみ」「もだえ」「なやみ」など一身に背負って生活している。A子の場合，B男の場合も夜間中学校の教師は全部が全部，ホームティーチャーの気持で教科面，健康面，生活面を指導している。幸か不幸か鶴見中学校においては，生徒の人数が少ない（年度により差はあるが2〜3名から3〜4名）ということもあるが，非常にアットホーム的なフンイキで，学級活動の時間など，よろず相談所的ななやみを打ちあけ，話し合い，解決し合う方途を考える時間である。

学校にくるのが楽しい。何か心のささえをしてくれる所だという気持を，生徒に与えるよう校長以下教師はいつも考えている。

学校に来ない生徒をいかにして就学させるか

(1)　このテーマを取り上げた理由

夜間中学校の存在理由は，家庭が貧困でどうしても昼間は働かねばならない生徒を夜間中学校において学習させ，一定の登校日数あるいは学習効果があったときに進級や卒業を認めるものと解する。深く考えてみると中学生の年令で，またその能力で労働はどうしても肉体労働とならざるを得ない。またそのような生徒は，その居住状態や栄養からしても昼間の労働だけで一杯で，いきおい無理となり欠席がちの生徒が多くなることが，このテーマを取り上げた第一の理由である。

第二に夜間中学の生徒は入学当初から夜間にいるということは稀で，入学後，数カ月ないし2，3年になってから夜間部に転籍してくることが多い。そしてそのような生徒は昼間の学校を何らかの理由により欠席し始めてから　主として第一の理由に上げたような事情によるが，相当日数経過してから来ることが多い。この欠席期間中に習性化された怠学心により，登校の肉体的時間的能力があっても来ないようになる。

第三の理由としては，本校の地理的環境からして夜間部在籍者中に，どや街居住者の多いことである。かれらの環境では，日が暮れてから教科書，ノートをかかえての登校が嫌になるのも無理はないと思われるが，なんとしてでも義務教育を終了せずに一生を送る国民がいないようにするために，本人の意志もさることながら，学校としてなんとかせねばならぬことである。まとめて言えば，全学令担当者が昼間の中学において正規の学習をして，それぞれ希望の進路に行くのが理想と言えるが，ともかく現在の社会にあっては，それも不可能な者のいることは事実であるし，かれらをなんとしてでも就学させて，社会人としての最低の教養や知識を持たせなければならない。それがこのテーマを取り上げた理由の根本となると思う。

②　この問題をどのように解決しようとしているか。

第一に小学校は卒業したけれども，そのまま中学に来ずに働きに出てしまうという者のいないように小学校卒業時直前区内小学校宛に該当児童の有無を調べてもらっている。

第二に夜間部の生徒は，昼間の生徒と面識ある者もあり，またそうでなくとも昼間の生徒と顔を合わせることを非常に嫌がるのである。彼らの年令からすれば無理からぬことと言える。そこで昼間の生徒の下校時刻を徹底的に守らせている。本校における下校時刻は，○一般生徒4時0分　○クラブ所属生徒　5時0分　○教師指導の場合　6時0分（夏時刻）

第三に学校を魅力あるものにするために（これが最も重要な事といえると思う）以下のことを行なっている。(イ)授業は，余り堅苦しくせずに，生徒の生活体験から何かを引き出して，それを基にして進めて行く。つまりかれらに学習の主体性をもたせることにより張り合が出てくるようにする。(ロ)毎日の時間割りの中に必ず，音楽，美術，体育などのリクリェーション的な教科を入れている。なお専用の体育用具としては次のものを持っている。バレーボール。バスケット。卓球等。(ハ)給食に際してのパンの種類の選択は生徒の自由にしている。またその時間は融通あるものとし，団らん，憩いの時間としている。(ニ)教師と生徒との全人的結合を意図する意味で下校の際なども，なるべく多くの生徒と話しながらいっしょに帰るようにしている。

第四に職員の話し合を十分に行なっている。職員が生徒の家庭や勤務等の事情，あるいは悩みなどを知り得たときは，他の職員にもそれを知らせて対策を協議するという具合である。

第五に家庭や職場の訪問を行ない，生徒の家庭，職場，地域の環境を十分に理解し，本人の保護者ないし指導者とできるだけ話し合をもつようにしている。そのために昼間の時間割にも一週の中一日は午后を空けてもらうなど配慮してもらっている。

③ 以上の事の結果どんな効果があり生徒にどんな反応があったか。

(A) ドヤ街より通学の生徒（男2名，女2名）女子1名は卒業，現在女工として就職。男子2名は本人の意志が薄弱のためまた父兄の監督が十分でなかったためか職員の努力も実らず失敗に終り，現在も籍だけ本人のため残してある。

(B) 家庭事情，学業生活で素行の思わしくない生徒（昼間より夜間へ移籍した生徒）個々の生徒により曲折（家出，警察関係等）があったが無事卒業した。（女，3名）

(C) 地方より出かせぎに出て来た生徒（男1名，女1名）雇主との話し合いの結果，無事卒業現在もそのまゝ働いている。（花屋，男1名，飲食店，女1名）

(D) 年令超過　戦争当時の学制による者，戦災のため不幸を受け学業につけなかったもの，校長の認定（一定の学力テスト）により就学したもの（男1名，女2名）現在高校進学の者（男1名）　「注」　(A)(B)(C)和年３６７年度の卒業生で年令は昼間の生徒と同年の者のみ例にとる。

④ 今後の問題点

第一に，昼間との兼任職員の場合は，昼間の担当時間の上での考慮が欲しい。夜間は夜間で多少の手当は出ているとはいっても，夜間部に行くことが肉体上苦痛，重荷となるようでは十分な指導は望めない。第二に，給食はパンに限定せずに，またある程度金額にも幅をもたせて，給食の面での魅力を更に増すようにする。第三に，これは生徒の勤務の関係上困難かも知れぬが，遠足なども実行してみる。もちろんその費用は生徒に負担がかかることなしに。第四に，これは実に困難かもしれぬが，該当生徒の父兄，小中学校の教師，雇傭主（職場の直属の長）児童福祉司，民生安定所のケースワーカーや民生委員，地域の指導者（町内会長とか少年団長とか形式的なものでなく場合によればチンピラ，やくざの場合もありうる。つまり事実上，その少年に指導力をもっている者）場合によれば警察の少年係員等が一堂に会して話し合いもちろんその子の幸福のためのもの，したがって現在その少年の成長にとっての障害を除去するための話し合いでなければならない。このようなことが持たれれば必ずや効果は上がると信ずる。

保健指導の問題をどう進めてきたか

① テーマをとりあげた理由

初めて夜学教師として生徒の前に立ったとき，彼等の予想外の元気さと対照的な不潔さに戸惑った。時がたつにつれ，人なつこい生徒は，油と垢にそまった黒い手で，新しいシャツにさわったり，腕ずもうをせがんだりして，いささかしりごみをしたこともたびたびあった。私達教師は，子安浜という漁業，しかも余命いくばくもないという斜陽産業のもとに生まれたかれらの存在の是非を論ずる前に，かれらが社会的にも，身体的精神的にも健康な生徒として送り出すことが重要であることを話し合った。しかし，漁業は毎日はげしい労働力を必要とし，汚れ易い仕事で，社会的には封鎖的な生活であるために，対人的配慮を必要としないこと，さらにこの地域の社会環境の悪さも手伝って，保健的な指導がなかなか困難であることを痛感した。

② こんな環境に育っている。

京浜工業地帯と横浜港を，一望に見おろす丘の上に位置している浦島丘中学校は，学区域が複雑で，住宅区域，工場区域，商業区域等が入り組み，いわば今日までの横浜の過程を如実に物語っているようなところである。この子安浜分校は，都会的漁村の典型的なところに所在している。この地区は，街路著しくせまく，これにつながる迷路に小さな家々が軒をつらねて不規則にたっている。庭などはほとんどみかけないし，樹木等は見つけるのが困難なほどである。せまい路上には塵埃や漁具，さらに魚の臭気が一層不潔感を与えている。

(1) 家　庭　環　境

家庭環境の実態を調べてみると，家屋敷の面積は狭く，日射量は他の建物にさえぎられて少なく，日射時間も短かい。その上，土質が砂質のため，少し風があると，ほこりがひどく家の中にはいる。家屋のへや数は１〜２へやの場合が最も多く，１へやあたり３人以上というのが普通である。また居住部分は壁が多く，風があまり入いらない。給水源は，井戸水を利用したり，水道の場合は蛇口が１〜２個が多い。洗面用具の，うがいコップ，石けん，タオル等は，ほとんど家族共同使用である。下着は仕事の関係でよごれがはげしく，大体３日に一度とりかえているようだが，大部分の入浴は週一度くらいという現状である。特に扇風機，洗濯機，冷蔵庫等は大ていの家庭でそろえているがその反面，台所のゴミ箱のふた，便所の手洗い設備，防虫網戸等はほとんどない状態である。

(2) 分　校　環　境

教室という独立した所はなく漁業組合の二階を借用し，物置兼通路で，常に騒音に悩まされ決してよい環境とはいえない。

③ 生徒の保健的な実態

(1) 体位について

わずか4人の統計から判断することは無意味かもしれないが，身長は市平均とほぼ同じである。体重，胸囲は，はるかに市平均を上回っている。

(2) 運動能力（2年）

	50m	立巾	ソフト投	けんすい
全国	8.4秒	1.83m	34.23m	5.1回
市	8.2秒	1.90m	37.81m	4.2回
夜学	8.8秒	1.80m	40.00m	6.5回

3年生についてもほぼ同じ測定値がみられた。

以上の結果から判断するに，日常使用している筋肉の訓練によって，上半身が発達したことは，後天的な形質と考えられる。それに比べて下半身は比較的弱く，O字型脚等もみられる。これは狭い地域住宅に，幼少より生活し，よい遊び場が地域内になかったこと，発育盛りの年代に漁船の中での生活が続くこと等により，関節が跛行的な発達をしたと考えられる。かつまた身体の柔軟性が乏しく，手首等も硬直して，そりの角度が著しく小さい。視力はいずれも1.0以上で良いのが特徴であることは，先天的なものと，細かい仕事がないこと，それに海上での生活が良い結果をもたらしていると考えられる。

(3) 個人衛生調査

ア，朝起きて

歯をみがいて顔を洗う。	0人
顔だけ洗う	2人
歯だけみがく（朝食前）	1人
歯をみがかず顔も洗わない	1人

イ 食事前に

手を洗う	0人
口をすすぐ	0人
手を洗い口をすすぐ	0人
両方しない	4人

（但し著しくよごれている時は洗うとのこと）

ウ 用便後に

手を洗う	1人
手を洗わない	3人

エ 外出のとき

ハンカチ（手ぬぐい）とチリ紙持参	0人
ハンカチ（手ぬぐい）だけ持参	4人
チリ紙だけ持参	0人
両方もっていない	0人

オ 外出から帰って

手を洗う	0人
口をすすぐ	0人
両方しない	4人

カ 入浴

毎日	0人
2～3日毎	0人
4～6日毎	1人
7日毎	3人

キ 肌着（いつかえるか）

毎日	0人	3日目	3人
2日目	0人	4日目（以上）	1人

ク 髪の毛洗い

1週に2度 2人　　1週に1度

15日に1度1人

ケ 爪

切っていた 0人　　のびていた 1人

切ってあったが不揃い 1人　　のびて垢がはいっていた 2人

上記衛生的な慣習の調査で分るように，仕事に直接関係のある手ぬぐいをもつことや，髪の毛を洗うことを除いてはほとんど非衛生的な慣習が身についている。

④ 健康管理とその指導

夜間中学生の健康管理は，昼間の中学生に比べ，なおざりにされがちである。しかし発育途上にある中学生が，昼間のはげしい労働，その後の夜間学校生活，短時間の睡眠と，条件の悪い夜学生にこそ昼間の生徒に倍して充分な健康管理がなされなければならない。しかるに，公的機関は夜間中学を黙認している現状なので，かれら生徒に健康管理の手をさしのべるのは担当教師の熱意以外に期待できない。また地域社会環境の悪さも，夜間中学の場で少しでも防いでいかなければならない。

(1) 健康診断

ア　定期健康診断　　四月中旬の夜間に計測，担当校医の好意で健康診断を行なう。

イ　寄生虫卵検査　　学期一回実施

ウ　健康相談　　校医と連絡して必要に応じて行なう。

事実上，上記の三つのみ実施にこぎつけたが，その他予防接種や結核検診が実施できなかったのは残念である。（仕事の関係）結果は「健康手帳」に記入させ，自分の身体の認識を高めると共に，保護者への連絡もしている。

(2) 授業時

ア　健康観察　　授業開始前にお互に観察し合う（毎日）

イ　徒手体操　　約２０分間，主に矯正体操，柔軟体操を行なう。（毎日）

ウ　衛生検査　　（臨時に行なう）

エ　保健上のお話　　各科に関連して臨時に健康手帳を利用したりして行なう。

以上，指導の継続により，生徒の間に健康的な習慣を身につけようとする自覚はかなり高まったが，やはり習慣形成は家庭環境に基盤があり，一時的な自覚等は夜間中学生にとってはなおさら崩れがちであるので地道な実践を続けると共に地域ぐるみの組織的な保健活動がなければならない。

⑤ 今後の問題点

第一に夜間中学の存在する以上，昼間の中学生と同様に年間の保健指導計画をたて，全教科の場でさらに計画的に継続指導にあたらねばならない。

第二に地域社会の保健への関心をＰ・Ｔ・Ａ保健活動等を通して高めなければならない。

第三に身体発達にともなって，心の健康保持にも力をそそがなければならない。

以上浦島丘中学校東浜分校（夜間）の特殊性より保健指導の一端を考察したが，今後に多くの問題点が残されている。とにかく強くたくましい心と身体をもった人間を作るための共通のねがいに吾々は努力しなければならない。

夜間部生徒の健康管理とその指導

1. 研究の動機

本校における，夜間部生徒の体力，体位，健康状態を，統計，診断等から，考案すると，昼間部の同年令の生徒に比べると，著しく劣っているものがみられ，概して不均こうな発育を示している。すなわち，身長，胸囲では，優っているが，体重がその割に少なく，背筋力，握力ではすぐれているが，肺活量，けんすい，走力においては劣り，また病気に対する，り患率も多い。こうした実情にかんがみ，学校における指導や管理を強化したのであるが，この問題は極めて多面にわたるので，具体的，実践的面で積極性をかいたところが多いが，今日までの歩みと，今後の問題などについて概略を述べてみたい。

2. 健康管理のための組織の改編

本校における，夜間部の組織は，校長以下７名により，運営にあたっているが，その分掌の主なものは，教務，庶務，生活の三部制でそれぞれの分野を担当していたが，昨年度よりこれが機構を大幅に改編し出発した。すなわち，教科指導部と生活指導部の二部制に改め従来事務的な運営指導を，現実，実践的な機構にあらため，管理的，事務的な面を思いきり，縮少した。生活指導部は，職業指導，健康指導，生徒指導の三分野を含み，主任が統轄し，校長を除く６人がその任にあたった。

3. 活 動 例

紙面の関係で，各部の活動については，紹介できないが，主題に，もっとも関係の深い，健康指導部の年間における活動を概説したい。健康指導部は，生徒の体位，体力の向上を目ざす指導の面と，安全と健康の保持をめざす管理の両面をうけもっている。

年間における主な活動を示すと，

４月	定期健康診断，体力測定，健康カード配布
５月	レントゲン撮影，医師診断
６月	腸チフス，パラチフス接種，検便，医師診断
７月	講習（水泳，救急法）医師診断
９月	体力測定　〃
１０月	運動会　〃
１１月	レントゲン検診，検便，〃

12月	衛生講話（薬の知識）	医師診断
1月	映画教室	〃
2月	体力測定	〃
3月	球技大会	〃

上記のような計画により，活動を進めているが，個人差が激しいためと教師の負担過重のため十分な効果が期待できなかったうらみがある。

次にカードの利用および記入例についてであるが，様式は次のようなものである。

健康カード　表

氏名		性別		年令		住所	
項目＼回	1	2	3	項目＼回数	1	2	3
身長				背筋力			
胸囲				肺活量			
体重				握力			
視力				けんすい			
				走力			
				巾跳			
所見				判定			

健康カード　裏

氏名				性別	年令		勤務先		
診断の記録	4		10		出欠の記録				
	5		11		4		父兄印	10	父兄印
	6		12		5			11	
	7		1		6			12	
	8		2		7			1	
	9		3		8			2	
					9			3	
綜合所見					家庭への連絡事項				

表は，身体の記録，体力の記録面で，裏面は主として，内科的なもので，医師の診断，指導の過程が記録されるようになっている。医師の診断は，4月の定期検査の他に，月1回医師を訪問し，診断をうけることになっており，その都度カードに記入される。

身体の記録，体力の記録は学期一回，年三回指導部の手で行なわれる。身長と体重との関連平均速度，並びにその傾向などが，綿密に記入される。また肺活量，背筋力，等の検査も本人の作業量，運動量等を判断する資料として使われる。虚弱生徒については，正常な生徒，健康人の中にはいって，生活していけるように準備するとの考えで，診断はもとより，平常の授業にも細心の注意が払われる。

運動は主として，巧ち的なものを採用しているが，昨年度より，フォークダンスを採用し，実施しているか，結果はいいように思う。健康な生徒については，球技を主体としたスポーツを始業前と終業後自由に練習できるようにしている。昼間労働に従事している，生徒の運動は前述のように，多分に偏しているので，これらを充分に考慮して各部の均斉な発達に留意している。また筋肉の柔軟性を欠いでいるので，徒手体操をまじえた，球技を十分に利用している。年間の指導計画を示すと次の通りである。

4月	体力測定	9月	徒手巧技，体力測定	1月	バトミントン
5月	徒手体操	10月	陸上競技	2月	卓球
6月	バレボール	11月	バスケット	3月	ソフトボール，球技大会
7月	水泳	12月	バスケット		

また知識の理解や習慣形成において見劣りするので，関連教科や保健主事，医師の講話などにより補っている。給食も健康指導の上から重要なことであるが，現状では空復を満たす程度で，十分ではなく，今後の課題として考えていきたい。

(4) 今後の問題点

(1) 給食に関し，衛生管理をどう具体化するか。　(2) 学校安全会への加入について

(3) 就業時間の短縮

等種々困難な問題をかゝえているが，現状の分析にたった，地道な指導と，関係方面への陳情と，けいもうが必要ではなかろうか。

横浜市夜間中学校設置校　（1963年10月現在）

学校名	校長名	研究主任名	所在地
鶴見中学校	石井宗一	和田耕明	横浜市鶴見区鶴見町1253
浦島丘中学校	飯田趙夫	中村勇作	横浜市神奈川区白幡東町17
西中学校	斉藤滋	府川淳蔵	横浜市西区西戸部町3ノ286
港中学校	野川義蔵	谷口五郎	横浜市中区山下町241
平楽中学校	内田吉郎	萩谷信富	横浜市南区平楽1
蒔田中学校	帰山邦一	石田広吉	横浜市南区花ノ木町2ノ45
戸塚中学校	中山紀正	羽田一	横浜市戸塚区戸塚町4542

題目　生徒数漸減傾向に対する方策如何。

提案理由　現今社会状勢の影響と保護者の教育に対する理解が深まってきた感がする。その為か二部学級生徒が漸減傾向を辿っている。本校に於いても　二学級編成が一学級編成へと変わり将来数名となるとき、この生徒の行方を憂かり将来に対する問題について、御協議と指針とを考えて提案します。

要旨　1. 本市に於ける生徒漸減傾向について
（別表参照）

2. 本市に於ける長欠生徒数について

3. 明年度以後の予想について

結論　1. 全学年の複式について

2. 将来減少　生徒の處置について

<table>
<tr><th rowspan="3">学年・性／年度</th><th colspan="6">天神山中学校</th><th rowspan="3">計</th><th colspan="6">東港中学校</th><th rowspan="3">計</th></tr>
<tr><th colspan="2">一年</th><th colspan="2">二年</th><th colspan="2">三年</th><th colspan="2">一年</th><th colspan="2">二年</th><th colspan="2">三年</th></tr>
<tr><th>男</th><th>女</th><th>男</th><th>女</th><th>男</th><th>女</th><th>男</th><th>女</th><th>男</th><th>女</th><th>男</th><th>女</th></tr>
<tr><td rowspan="2">27</td><td>8</td><td>6</td><td>3</td><td>4</td><td>8</td><td>15</td><td rowspan="2">44</td><td>4</td><td>3</td><td>12</td><td>2</td><td>3</td><td>8</td><td rowspan="2">32</td></tr>
<tr><td colspan="2">14</td><td colspan="2">7</td><td colspan="2">23</td><td colspan="2">7</td><td colspan="2">14</td><td colspan="2">11</td></tr>
<tr><td rowspan="2">28</td><td>4</td><td>11</td><td>6</td><td>9</td><td>8</td><td>9</td><td rowspan="2">47</td><td>5</td><td>6</td><td>9</td><td>4</td><td>12</td><td>1</td><td rowspan="2">37</td></tr>
<tr><td colspan="2">15</td><td colspan="2">15</td><td colspan="2">17</td><td colspan="2">11</td><td colspan="2">13</td><td colspan="2">13</td></tr>
<tr><td rowspan="2">29</td><td>6</td><td>4</td><td>9</td><td>15</td><td>10</td><td>16</td><td rowspan="2">60</td><td>5</td><td>0</td><td>7</td><td>8</td><td>7</td><td>5</td><td rowspan="2">32</td></tr>
<tr><td colspan="2">10</td><td colspan="2">24</td><td colspan="2">26</td><td colspan="2">5</td><td colspan="2">15</td><td colspan="2">12</td></tr>
<tr><td rowspan="2">30</td><td>7</td><td>7</td><td>11</td><td>15</td><td>10</td><td>15</td><td rowspan="2">65</td><td>4</td><td>5</td><td>3</td><td>6</td><td>12</td><td>8</td><td rowspan="2">38</td></tr>
<tr><td colspan="2">14</td><td colspan="2">26</td><td colspan="2">25</td><td colspan="2">9</td><td colspan="2">9</td><td colspan="2">20</td></tr>
<tr><td rowspan="2">31</td><td>4</td><td>13</td><td>5</td><td>10</td><td>11</td><td>18</td><td rowspan="2">61</td><td>1</td><td>4</td><td>9</td><td>7</td><td>3</td><td>5</td><td rowspan="2">29</td></tr>
<tr><td colspan="2">17</td><td colspan="2">15</td><td colspan="2">29</td><td colspan="2">5</td><td colspan="2">16</td><td colspan="2">8</td></tr>
<tr><td rowspan="2">32</td><td>3</td><td>11</td><td>3</td><td>10</td><td>10</td><td>11</td><td rowspan="2">48</td><td>1</td><td>1</td><td>2</td><td>6</td><td>7</td><td>6</td><td rowspan="2">23</td></tr>
<tr><td colspan="2">14</td><td colspan="2">13</td><td colspan="2">21</td><td colspan="2">2</td><td colspan="2">8</td><td colspan="2">13</td></tr>
<tr><td rowspan="2">33</td><td>1</td><td>11</td><td>3</td><td>18</td><td>4</td><td>12</td><td rowspan="2">49</td><td>1</td><td>1</td><td>2</td><td>2</td><td>5</td><td>8</td><td rowspan="2">19</td></tr>
<tr><td colspan="2">12</td><td colspan="2">21</td><td colspan="2">16</td><td colspan="2">2</td><td colspan="2">4</td><td colspan="2">13</td></tr>
<tr><td rowspan="2">34</td><td>2</td><td>4</td><td>1</td><td>6</td><td>3</td><td>14</td><td rowspan="2">30</td><td>1</td><td>0</td><td>3</td><td>1</td><td>9</td><td>5</td><td rowspan="2">19</td></tr>
<tr><td colspan="2">6</td><td colspan="2">7</td><td colspan="2">17</td><td colspan="2">1</td><td colspan="2">4</td><td colspan="2">14</td></tr>
<tr><td rowspan="2">35</td><td>2</td><td>5</td><td>4</td><td>6</td><td>2</td><td>7</td><td rowspan="2">26</td><td>4</td><td>2</td><td>3</td><td>2</td><td>6</td><td>9</td><td rowspan="2">26</td></tr>
<tr><td colspan="2">7</td><td colspan="2">10</td><td colspan="2">9</td><td colspan="2">6</td><td colspan="2">5</td><td colspan="2">15</td></tr>
<tr><td rowspan="2">36</td><td>2</td><td>5</td><td>4</td><td>4</td><td>7</td><td>6</td><td rowspan="2">28</td><td>4</td><td>0</td><td>4</td><td>2</td><td>7</td><td>4</td><td rowspan="2">21</td></tr>
<tr><td colspan="2">7</td><td colspan="2">8</td><td colspan="2">13</td><td colspan="2">4</td><td colspan="2">6</td><td colspan="2">11</td></tr>
<tr><td rowspan="2">37</td><td>0</td><td>4</td><td>2</td><td>3</td><td>5</td><td>4</td><td rowspan="2">18</td><td>2</td><td>2</td><td>6</td><td>1</td><td>5</td><td>2</td><td rowspan="2">18</td></tr>
<tr><td colspan="2">4</td><td colspan="2">5</td><td colspan="2">9</td><td colspan="2">4</td><td colspan="2">7</td><td colspan="2">7</td></tr>
<tr><td rowspan="2">38</td><td>3</td><td>1</td><td>2</td><td>4</td><td>0</td><td>5</td><td rowspan="2">15</td><td>3</td><td>0</td><td>2</td><td>2</td><td>7</td><td>3</td><td rowspan="2">17</td></tr>
<tr><td colspan="2">4</td><td colspan="2">6</td><td colspan="2">5</td><td colspan="2">3</td><td colspan="2">4</td><td colspan="2">10</td></tr>
</table>

提案校
名古屋市立天神山中学校

昭和38年度全国夜間中学校研究会決算報告書

収入の部 項目	金額	支出の部 項目	金額
前年度繰越	9,796―	三省並に関係方面渉外諸費	5,845―
昭和37年度年間会費28校分 500×28	14,000―	通信費	1,500―
		事務用品精算金	2,000―
		会計係雑費	655―
		前住友会長記念品贈呈費	2,000―
		横浜大会時跡片付者謝礼諸費	2,000―
		差引 次年度へ繰越	9,796―
合計	23,796―	合計	23,796―

会計監査の認証を得ましたので上記の通り昭和37年度の収支決算を謹んでご報告申し上げます。

昭和38年10月25日

全国夜間中学校研究会長　飯田赳夫

仝　　会計幹事　町田義三

◎ムードのないお金のことですみませんが会計係より次の事柄についてお伺い。　町田会計幹事

今回の大会をもちます準備打合会を去る五月に当地で開きました時、全夜中の今後に想起されますいろいろの事態や状況に対処適応するため、横浜の中山校長先生を部長に仰ぐ"研究部"が設置され今年度より特にこの面の充実を期すことになりましたが、先だつ財布の中が現在の年間500円也ではどうにもならないのが実情なのです。

それに加えて"物"の値段がご承知の通りですから尚更のことです。でも大きな目的をもって折角できた研究活動が授業用掛図の中の自動車のように設計図と完成図だけで実際に動かないのでは、わざわざ"研究部"を作った意味もヘチマもないことに成ってしまいますので、皆さんに何とか相談に乗っていただけましたら、今回の大会か遅くとも今年度内に……年間会費の"値上げ"のご相談を願って、その結果、値上げしていただける事にでもなりますれば、全夜中の活動が非常に活発に常に充実して行いることになると存じます……どうかこの点につきましてのお話をこの機会に、ひとつ持って頂きたいと存じます。

ただ私の所属いたしております東京地区の学校7校は規模の大小を問わず一校当り東京都夜間中学校研究会年間会費6,000円也を出し合って、それで細々とやっておりますのが東京の現状でございます。一寸ご参考までに……

ところで全夜中に毎年確実に会費が納入されますものを昭和33年度より37年度までを平均してみますと、(33.8校)となります。(35.40.39.27.28)

従いまして上記の平均校数で次の年間目標金額を集めます場合には

目標金額			
50,000円	の場合	一校当り	1,479円ばかり
100,000円	〃	〃	2,958円〃
150,000円	〃	〃	4,437円〃
200,000円	〃	〃	5,918円〃
300,000円	〃	〃	8,875円〃

第10回 全国夜間中学校研究会大会

昭和38年10月25・26日

於 名古屋市教育館

――第１日目――　午前の部

開会のことば　杉浦大会委員長

挨拶　名古屋市教育委員会

加藤教育長代理

全夜研会長（横浜浦島丘中校長）

飯田赳夫先生

来賓祝辞　文部省中等教育課長

渋谷敬三先生

小中学校長会々長

福岡晋作先生

閉会のことば　杉浦大会委員長

杉浦委員長　みなさんの中から議長を推せんしてほしい。

議長一任の声あり

杉浦委員長　それでは議長団に京都九条中校長の今北先生、名古屋天神山中校長竹内先生にお願いをします。

経過報告・庶務報告　横浜西中校長

斉藤先生

昨年大会開催予定地の広島市が事情によってできないことになり、横浜で代表者連絡会議をもつことになった。日産自動車の教育センターで理事会を開き、次の二点をまとめた。

(1)全国的に見た統一資料の作製の必要性

(2)夜間中学のための各種研究計画の樹立の必要性

昨年の大会宣言決議文の作製は、横浜、東京の代表者が集まり、草案を練り、実際的の当事者の折衝は2～3月にやった。本格的には9月から10月にかけて。

一方、この3月、会長を含む横浜、名古屋代表に当市に集まってもらい、名古屋市の協力を得た。
5月14日、参院の文教委で小林　武委員が不就学、長欠生徒の問題より、夜中生徒について発言があり、文相、初等中等局長よりいろいろ解答があった。
次に、6月、会長、副会長、4地区の代表者会議が開かれ、
(1)　大会の持ち方
(2)　研究のまとめについてどうあるべきか　について話し合い
(1)については、経済的義務的負担を開催地にかけたくない。
(2)については、内容、予算的な裏づけをすることができない。
各地区の校長会、主任会、東京では主事会が数次開かれ、この大会へ参会への計画ができた。
10月はじめ、文部省から夜間に通学する生徒の実態調査が来た。文部省がこの問題についてとりくんで下さったことは注目すべきことだ。

✡　会計報告　　　　東京足立四中
町田先生

収入が23,796円　支出が23,796円、ドンピシャリです。
（プリント参照）
川端先生
支出は妥当であり、記入は正確であることを報告します。

次に、塚本先生より地元の負担を減らすことについて説明あり。
町田先生よりも1校1000円の負担をお願いする発言があり。
——拍手多数——

☆　全国夜間中学校の学校調査結果について
——名古屋東港中——

田中先生
①調査したいきさつについて
5月末、4地区代表者が名古屋に集まり、生徒、学校の実態を調査しようということで、打ち合わせ会をした。その席で私が学校調査を、京都の市川先生が生徒調査を分担した。7月末、全夜研研究部として調査依頼をしたが、正式な機関決定をしていないので、この名は取り消す。今日、明日の研究協議の基礎資料を提供するという意味で発表する。
②　朝日新聞で報道されたこの結果についての記事のこと。
この問題は私の調査結果の中の一部分を他の調査結果とのつながりを考えないで報道したことから起ったと思われる。

調査は34校に配布し、30校回収、回収率88％。
1.　設置校数と在籍生徒の状況
夜間中は34校、9都府県にまたがっている。30校で在籍636名、1校平均の生徒数は横浜、名古屋、京都の三地区では1校10名前後、学年別では3年が半数以上、男子が多い。16才以上の学令超過が35.2％、これは東京、神奈川、広島に多く、その他は極めて少ない。

2.　学級編成について
約7割強が複式授業を行っている。純然たる単式学級は東京、広島のみ。

3.　教員数とその給与状況
①教員数は専任兼任数とも地域的違いが大きい。
②担当教科と免許状
○専任教員が少ない。兼任教員数も充分でない。普通免許状所持者が担当する教科別確率、国語、理科80％ぐらい。
美術、保体38％。
○給与の面
専任教員の場合、東京、兵庫は夜間勤務手当があり、その他は昼間と同じ。

○給食内容
全体の学校の半数以上が教師により生徒によって調理加工し、給食準備を行っている。

○学校保健
身長、体重、胸囲はほとんどが実施、眼科、歯は半数以上が行っていない。寄生虫、検眼など全く行っていない。

○学校経費
二部独自の運営費をもっているもの22校、残りの8校は昼間と一本の予算。生徒ひとりあたりでは東京が最高で、約7000円の予算、次いで名古屋の約5000円。最低はわからない。
S28年の調査結果と比較すると、ひらきが大きくなっている。

質疑

日下田先生（東京荒川九中）
学級編成で複式が多いのは問題だ。給与の面については、夜間手当をもらっていない地方は恵まれない。
1日の授業数について1日に2時間の学校があるが、校名を発表していただけるか。

田中先生
校名は御遠慮願いたい、1時間を60分でやっている。

日下田先生
1週、12～14時間の授業しかしていない学校があるが、問題はかんたんではない。
学用品については、全額無償が17校あるが、全部生徒負担は問題だ。給食は、東京は一食40～50円、各地方では20～30円、何を食べているか考えてほしい。経費の出所について大変な違いが出ている。夜間中学の格差是正について、文部省の課長さんから意見を伺いたい。

川端校長（神戸丸山中）
生徒の昼間働いている時間を考えずに、授業時数をうんぬんすることは問題である。出来たらどう職業で1日何時間働いているかの統計も取ってもらいたかった。

塚原先生（東京荒川九中）
大切な問題が抜けている。照明の問題、夏休みの使い方、補習補充授業、学校行事の型と方法、体育館、図書館の使い方と昼間との関連。夜間学級設置条件のちがい。PTAのあるなし。精神衛生の面など。
免許状について朝日の件について真相をお願いしたい。

田中先生
調査問題にもれがあるという点については、お教えいただいてありがとう。
免許の問題は私の責任です。文部省に正式に申すかどうかは、会長さんの方でお取りはからいいただけると思う。

町田先生
予防接種の項目もご設定をいただきたい。

渋谷先生（文部省）
実態調査はS28年、文部、労働、厚生省が協同して行っている。今年の調査はちがう角度からの調査、研究で私どもへのただければ幸いに思う。

塚原先生
この調査を参考にしていただけるので嬉しい。会長さんから、利用方法について聞いていただきたい。免許状の問題は、実態調査した努力した結果はどうなっているか、会長は把握してほしい。

(2) 全国夜間中学校生徒の通学理由発生の原因と過程の分析
――京都朱雀中――

市川先生
通学にいたらしめた過程には大きな問題があり、いろいろな問題が深く内在している。
調査数は245名、なぜ夜中に通わねばならぬか。原因は何かっを累計整理した。
次に、自立42％負担40％ 14～15才で経済的に自立しなければならぬ状態においやったことに問題がある。精神的主面も重要な問題だ。貧困が28％、欠損家庭である。家庭の機能障害もある。看護不能もある。圧倒的に多いのは貧困。うらにかくされた、多くの問題がある。
没落するためには、障害の要因があった。同じようなものが関連し合ったり、お互いに因果関係を持ちながら没落している。
貧困という理由で通学した生徒のもとの原因は、家庭機能障害を経過しているのが多い。
245名の中 機能が原因で貧困となる結果の生徒が36％ぐらい。
家病で貧困となるもの25％ぐらい。
機能障害というカテゴリーに属さしめた父母の不行跡15.9％
離婚13.3％ その他。父に原因41％ 母に8％ 両親25％

——昼休み——

(3) 京都市における長期欠席生徒の実態とその没落過程の分析
（京都の長欠の説明）
——京都朱雀中——

3分の1ぐらいはかなりいい家庭にいる子が長欠。88名の中、長欠は中学1、2年に多い。小からは断続型、中からは連続型欠席が多い。動機で対人関係悪化、非行で連続にはいる。小は断続18名、中では連続34名。欠席の動機となるのは学年の交代の時期が多い。

(4) 夜間中学校における問題の多様性とその指導効果について
——夜間中学主任会——

府川先生
生徒の実力がないところへ、専門教科以外のことを教えるのは私たちの重荷になっている。
兼任のために指導が十分でない。研究ができる時間がほしい。なんとか残された問題を少しでも解決しなければならぬ。

和田先生
生活と保健の面について話す。学校の地域差 生徒状態を検討した結果、いろいろな問題がからまっている。これらの学校に共通して言えることは、
(A) 学校に来させるために、教師はより以上の神経を使い、細かい配慮が昼間に比べて必要。
(B) 生徒は相談する人もなく、愛情にうえ、一人で悩み苦しんでいる。
(C) 自分の体をあまり大切にしていない。
(D) 体位、体力がアンバランス、発達していても不均衡。

港中について、
◦小学校卒業前に該当有無の調査
◦昼間の生徒との顔合わせを嫌うことから、昼間の下校時間の厳守。
◦学校の魅力化
◦技能教科の重視。
◦給食パンを豊富に。
◦下校の際、生徒と一緒に帰える。

観見中について
◦At Home的雰囲気。
◦学期に一回、校長、副校長、夜間担当 生徒が集まり給食会
◦月に一回、先生と生徒の相談会。
◦学級活動時間の利用。

浦島丘中について
上半身発達、下半身が弱い。健康手帳の活用、寄生虫検査、健康相談、授業開始20分前徒手体操。

平楽中より
体力、体位が劣る。アンバランスの発達　健康カードの利用。球技に親しませ、体力テスト。生徒に自分の体と健康を認識させる。

蒔田中より
1～3年、1泊で違ったところへ行く。

質　疑

日下田先生
学習指導はどのくらいの成功率か。個別指導の実状について。複式学級はどうか。入学時の学力は。数、英などの教科は。

塚原先生
免許状がないのと、教員の資格がないのと一般人はとりちがえている。学力のない子の問題については義務教育自体の問題で夜間中学がしりぬぐいするのはおかしい。

―― 休　憩 ――

渋谷先生
夜間中学の将来について、夜間中学は24年ごろ自然発生的にでき、28年が一番ピークで昨年は43校1000人。今年は34校で700人
問題になるのは、全欠席が10000人たらずある。

約2500人が病気
約2500人が貧困
約4500人が無理解

約1000人～1200人ぐらいが夜間中学
貧困であるため義務教育の中学校へ行けないのでは困るので、就学奨励金、要保護、準要保護の教科書代、学校給食の費用に努力した。要保護には教育扶助が出ている。
夜間中学に通うことは正常な状態でない。しかし、昼間の学校へ行くのには、いろいろな要素がある。過渡的に夜間中学がある。昼間の学校に通えるよう全国的に調査している。結果によって具体的施策を考えたい。特殊教育の拡充については大はばな拡充がなされつつある。夜間中学を正式に認めるという考えはない。実質的には十分重要な問題として研究していきたい。

木田先生
私が出席した理由が二つある。
(1)　飯田先生から出席してほしいと言われた。
(2)　児童局の中で夜間中学の問題を出したのは私である。
元来、児童福祉は大人にはきらわれても子どもの味方になる。学校教育これは先生方のものである。社会資源の一つに学校教育が入っている。

屋田先生
労働という立場からみた場合　大半は最低年令未満の就労の問題だと思う。基準法の立て前からは就労は排除されなければならない。しかし、違反しているから「やめろ」というわけにはいかない。今、アルバイトをしている子について調査しているが、結果についてはよく検討したい。

今北議長
決議、宣言をした方がよいか、おはかりする。異議はありませんか。

―― 拍手多数 ――

今北議長
明日の10時半から11時に決議宣言をしたい。その起草委員を、宣言決議委員会のために、都府県から委員一名お願いしたい。明日の9時からの協議会と併行して委員会を開き、そこで文案を練ってほしい。理事会にも各都府県一名お願いしたい。

―― 協議 ――

(1) 長欠、不就学対策としての生活指導専任職員の設置問題.
――東京糀谷中――

提案理由　阿部先生

以前からたびたび論議されてきたが、現在なお具体的なものが盛られていない。年少者の非行について論議され、それにともない長欠、不就学の問題、夜間中学についても関心が高まってきた。前から感じている問題として「生活指導専門職員の問題」としたが、理由が二つある。

①夜間中学に現在、在学している生徒の完全入学をはかる。
②長欠、不就学全般の問題.

いろいろな問題をかかえている夜間中学生にはいろいろの面から対策を講じなければならない。生徒個人の事情ばかりでなく、大部分が生徒の家庭と職場での問題をもっている。これらの問題を完全に解決するためには熟練と自由な時間が必要である専任の先生をおいて「学校へ行け」と勧められる制度が必要、協議して大会決議の中にとりあげられることをお願いする。

今北議長

この問題は夜中の大会でいつも問題となっている。三省から見えているので、ご質問、ご指導をお願いしたい。

市川先生

こういう先生は地方にあるのではないか。神戸では。

川端校長（神戸丸山中）

神戸市の各地区に訪問教師が1〜2名いる。問題の多い学校に補導教師がいる。授業10時間以内、あとは家庭訪問、訪問教師が成功した時もあるが、逆の時もある。神戸市教委は専門教師をふやしていきたいと言うし、校長会は常に要望している。

塚原先生

石川の女子殺し事件だが、教育に従事している我々は責任を感じてもいいのではないか。道徳の重視については、現実としてさがし出して、そういう子を少なくしていくという努力が必要。訪問教師がいればもう少し前の段階で防げる。高知県ではS25年に福祉教員を設けている。家出少年の中に在校生がいるか。長欠者がいるか、時間があったら教えてほしい。

渋谷先生（文部省）

長欠の数は文部省の指定統計です。最近、各府県の傾向として非行対策に重点をおいた生徒指導、補導にウエイトをおいている。兵庫県など多い。文部省としては、当面、非行対策を中心に重点をおいているが、日本の学校教育ではガイダンス、パーソナルガイダンス、カウンセリングがおくれていることは事実。1月2月、東京で2週間ずつ、全国から1回150名ぐらいずつ集まってもらって「生徒指導講座」を開設する。来年度、生徒指導主事を460名要求している。来年度、生徒指導の充実強化に2億円ぐらい要求している。長欠生徒は数字では全国的に減っている。非行対策はご要望をお出しいただいた方がやりやすい。

塚原先生

今の4百何十人の中に、夜中の数だけ人員をふやして予算を組んでいただけないか。というのは非行少年は家庭にありそうだ。夜中の先生に2週間の講習はいらない。

佐田先生（京都皆川中）

京都では生徒福祉課ができた。二部学級を法制化しないが、具体的に方策はないか。

渋谷先生

帰山校長（横浜蒔田中）
横浜の７中校長の提案である。夜中の運営は結局、不就学生徒の救済が目的である。どうしたら不就学を更に強力に吸収できるか、三省からも意見を伺いたい。不就学生徒数調査はもっと徹底してやってもらいたい。理事会の報告から専門委員会を作ることが言われたが、けっこうなことである。能力が劣っている生徒については、特殊教育が現場の中学で、とりあげられている。あずかっている子供について就学奨励金の増額、民生保護の拡充で子供が救えるか。１万を下ったからと言って、なんとかなると言わずに方策がほしい。

熊坂先生（八王子五中）
学校の数がへった。生徒がなくなったから学校の数がへったと解釈されては困る。教委、校長、教師が学校を放棄してしまえば学校はなくなる。学校がなくなることには賛成できない。
経済的援助には限度があり、精神面の要素が一ばんである。
教委は熱意ある校長を夜間に配置し、熱意ある先生を夜間に配置することが大切。

市川先生（京都朱雀中）
６月の代表者会のとき、長欠対策委員会を作り、三省、教委、児童福祉の機関――婦人少年室など有機的組織でもって、あとおししていかねばならぬという話があった。我々はは広い形でやらねばだめだ。地方公共団体単位で協議会的なものを組織して動けば動き得ると思う。夜中の先生はは広く動かねばだめだ。はっきりした形で社会福祉的立場をもつ広い意味での組織作りをして動きたい。

議長
今のお話のように夜間の先生が、どこまで責任をもつかもだないかでなしに、委員会のあり方として、夜中の先生にお願いしてやっていただく。可能な範囲ならやれると思う。

市川先生
すでに事実上やっている。人間的良心、善意、好意で動いていた。具体的にしてもらえるなら、もっとやりやすい。余分なものが減り、ボーダーラインができた。それ以下は減る見込みがない。そこで夜中をなんとかしなければならない。

議長
不就学児童が減ったが、徹底的に解消するにはどうするか。熱意をもって先生方は進んでいる。強力な力が必要になる。

川端校長（神戸丸山中）
丸山中では「子どもを守る会」ができて、長欠をせめて夜間にやることができないかとか、大学生のグループで、夜公民館で学習会を開き、不就学あるいはそれに近い生徒が喜んでやってくる。
○地元民の協力、昼間の教師の理解
○責任でなく、努力するだけやってみよう、それでだめなら当局に手をうってもらう。それから、法制化の問題、夜の手当ての問題も出てくる。現場でいかにがんばってもうまくいかないことがあるが、金とつなげると強力に効果を出す場合がある。

今北議長
労基法は子どもを守るための法である。現実のずれを少しでもなくしていただきたい。昨日からのお話の結果、強力にもう一度、不就学生徒をなくす措置として何らかの国家的な手をうっていただきたいような要望を承りますので、よい案でもありましたら。

渋谷先生（文部省）

長欠対策の問題は学校教育が中心であるが、厚生・労働関係から総合的対策をうつ必要がある。三省の共同通達が出ている。長欠の統計は中学は36年度1.64％、小学校0.6％と減ってきている。私どもはまだ減ると思っている。学級編成と教職員定数も改正することになっている。通常国会で提案される予定。本年度で最高50人編成となった。全国平均40人前後。これを5年間で最高45人にしようというわけ。長欠の数は一時、3.7％あったが1％に減った。長欠対策については、やゝ熱が失われ、むしろ非行対策に目が向いているのが実際である。

帰山校長

不就学対策を考えなくてはならぬ段階であると聞いてうれしい。夜中を更に広い目で広い手で救ってほしい。テレビ・ラジオ報道班、新聞記者がこんなに大ぜい会場につめかけたのも世論の反映にほかならぬ。数が少ないからといって力を抜くのでなく、今こそ絶滅の方向に向かって進むべきである。我々は大切な仕事をもっているという自覚を持たせてほしい。

今北議長

文部省からうれしい力づよいことばをいただきありがたいことだ。子どもたちが不就学であることのないようがんばりたい。福祉教員的性格をもったもの、生活指導の性格をもったものを何らかの形で考えるということばもあったので今後に大きな期待をもって(3)の問題を終る

(4)　生徒数漸減傾向に対する方策如何

——名古屋天神山中——

水野先生

名古屋の現状について。社会状勢の影響、また保護者の教育に対する理解がある程度、深まってきた。これが名古屋の生徒の漸減に現われている。長欠生徒も減っている。しかし、精神的、家庭環境的にどうしても夜中へ通わねばならぬ生徒は尽きないと思う。この不遇な生徒をいかに守ってやるか。27～31年ごろが生徒数は絶頂で、だんだん減少している。名古屋市の9月現在の調査では長欠が413名。この中で夜中に通えるかという調査をした。2名たらずはいっている。病気、不明がでている。夜中でもというのは2名、数が減ると全学年が複式になる。完全な教育がしてやりたい。完全な義務教育を終えさせてやるために、何か力づよいものがほしいということを念願して提案した。

日下田先生

課長さんの話のように長欠は減っている。残っているごくわずかな人数が気がかりだ。残ったのはわずかでも、大人の義務として心を尽くしてやらねばならぬ。国の方はきちんとした方策をとってほしい。現在の夜中でも、東京は恵まれているが、地方によっては給食にも問題がある。なんとか現在ある夜中の生徒、現在いる長欠、非行生徒、そういう者について配慮下さい。

塚原先生

年をとった子どもについて官庁の間で足なみがそろっていないのではないか。夜間中学の入学の時、教委が入学許可するようになっているが、校長の間の問題がある。局長の話によると、入学したい時は教委の許可を要するというのがあったが、16才以上の子どもでも、また義務教育の学校に教育を受けに行くことはできると思う。教委は校長の間にまさつを起こさないようにしていただけるかどうか。

木田先生（厚生省）

我々の役所の常識としては、義務教育を終ったものと考え、例外は考えていない。児童法25条をみると、適切な看護をして

いない親があれば、福祉事務所あるいは児童相談所に通告しなければならぬという一般国民に対する義務規定がある。施設収容からいうといろいろな施設がある。環境不良児が入る養護施設、子どもが教育を受けさせられないことであれば施設に収容し義務教育を受けさせる。これには父が刑務所、母精神分裂症のような場合に入れ得る。相談指導〜社会保障制度が完璧になると、子どもに精神的力づけを与えてやる。一つの相談指導の意味がある。

塚原先生
課長に質問したのは学校教育法第39条、許可を要するという問題、校長は入れてやりたいと思っても、教委で入れない場合があるし……。

渋谷先生（文部省）
少年の中へ30才のおとながはいるのは問題。私が校長だったら困る。

塚原先生
だから夜間中学が必要ですね。

渋谷先生
ちがう。

塚原先生
憲法には子は教育を受ける権利があり、親は義務として子を出す。権利が阻害された時、誰がこの権利を守ってやるのか。保護者にさせることは知っている。しかし、子どもがかけこんでくる。これが現場だ。私たちは公務員だ。全体に奉仕しなければならぬ。そういう子のためにもがんばらなければ。

今北議長
家庭裁判所で取り扱うか。

塚原先生
扱う。一軒の家に7人も寝ている。だからこういうことが起きる。

太田先生
子どもの一時保護をすることができる。親の意志を無視してよい。

京都の先生？
いつ入学しても補助費がもらえるようにしてほしい。

今北議長
一人でもいる以上は夜間中学という機関があって義務教育をまっとうせしめねばならぬ。当局のご配慮、各都府県においては当局に陳情して適切な処置を講じなければならぬ。時間がきたので、決議　宣言の文案ができているので移りたい。

このあと、塚本校長より、大会決議・宣言案を議事にのせ、原案の説明、大会は採択した。

大会　決議宣言（別紙参照）

――散　会――

10月26日
午後0時半

1964年度

第１１回 全国夜間中学校教育研究協議大会御案内

みなさまには日夜むずかしい課題と取組み，きびしい実践におつとめのことと存じます。それらを持ちよっての第１１回大会を，今秋は京都でもつことになりました。下記の趣旨その他をご熟読のうえ，多数ご参加いただきたくお願いいたします。

昭和３９年１０月１日

全国夜間中学校教育研究協議会長　　飯田赳夫
本大会準備委員長
京都市立中学校二部学級教育研究会長　　石田　　稔

記

（第１１回全国夜間中学校教育研究協議大会要項）

主催　全国夜間中学校教育研究協議会
　　　京都市立中学校二部学級教育研究会
後援　京都市教育委員会
　　　京都市立中学校校長会

１．趣　　旨　義務教育完遂のための不就学，長欠生徒対策の一環として発足をみた，夜間中学も年と共にその充実と発展をしてまいりましたが，最近の夜間中学の実状は，在籍生徒数の減少等，量，質共に一つの変化がみられ，夜間中学転機といった感すらあります。にもかかわらず戦後２０年を経た今日，なお不就学，長欠生徒は全国にかなりの数を示しており，その抜本的対策があらゆる機関の協力およびそれに対する多角的研究の推進によって早急に講じられる必要があり，夜間中学においても所期の目的を達成すべく最善の努力を果すべきかと考えます。

　したがって本大会においては全国各地の不就学，長欠生徒の現況にもとずき，今後の夜間中学問題を検討すると同時に，夜間中学における生徒指導上の問題点を協議検討して夜間中学教育の一層の充実を意図するものであります。

１．大会主題　夜間中学における指導の現状とその充実について
　　　　　　　不就学，長欠生徒と今後の夜間中学校

１．日　　時　第１日　昭和３９年１１月１３日（金）
　　　　　　　　　　　午前１０時―午後７時
　　　　　　　第２日　昭和３９年１１月１４日（土）
　　　　　　　　　　　午前９時―正午

１．会　　場　大島会館（家政学園内）
　　　　　　　京都市左京区東山仁王門東入
　　　　　　　電話代表(77)

１．日程表

十三日(金)	受付	開会式	総会	議長選出	研究協議（議事）	昼食	研究協議	休憩	研究協議	懇談会
時刻	九、〇〇	一〇、〇〇	一〇、三〇	一一、〇〇	一一、三〇	一二、〇〇　一二、三〇	一、〇〇	三、〇〇	三、一〇	五、〇〇
十四日(土)	研究協議				決議宣言　閉会式	昼食	散会			

１．会　　費　１名　５００円（昼食費及び懇親会費を含む）
　(イ)　なお夜間部設置校は大会運営分担金１校１０００円を大会参加校は当日，不参加校は大会準備事務局宛御送金下さい。
　(ロ)　全夜研年間分担金１校５００円を未納の学校は(イ)項に順じて納入方よろしくお願いします。

１．申込〆切　研究協議大会参加申込は諸準備の都合上，同封の葉書に記入の上１０月１５日必着にて御投函下さい。

１．宿泊案内　種々の事情により旅館を一応確保しておりますので御希望の方は申込葉書にその旨を御記入して下さい。
　　　　　　　旅館名　寿　館
　　　　　　　宿泊費　１名　１泊２食付　１３００円
　　　　　　　　　　　　　　　　　（税込サービス込）
　　　　　　　所在地　京都市下京区東洞院通正面上ル（東本願寺前）
　　　　　　　　　　　電話(37)

１．理事会については会場にてお知らせいたします。

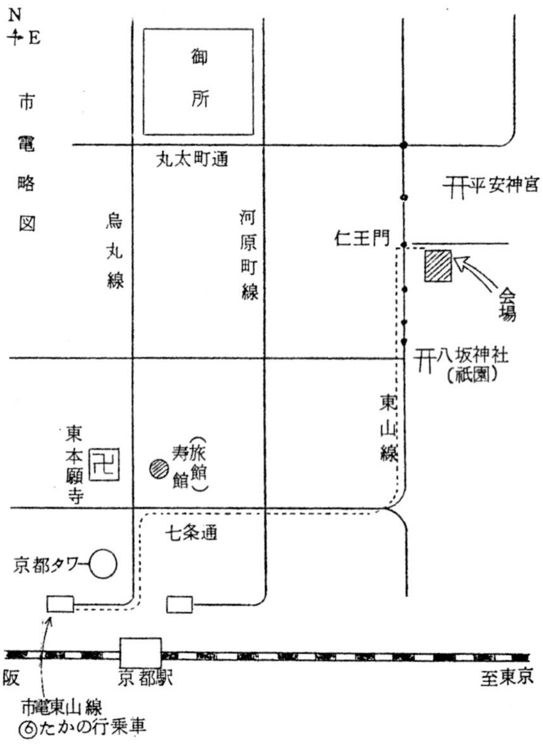

第11回
全国夜間中学校研究会
大会要項

昭和39年11月13日(金)・14日(土)

会場　家政学園高等学校大島会館

主催　全国夜間中学校研究会
　　　京都市立中学校二部学級研究会
後援　京都市教育委員会
　　　京都市立中学校々長会

あいさつ

第11回全国夜間中学校研究大会準備委員長
京都市立中学校二部学級研究会長
石田　稔

昨年の名古屋大会で京都がバトンを受けついでから、まる1年たちました。その間着々準備をすすめておればよいものを、なにぶんにも力のたらない者どもの集りなものですから、手間ヒマばかりかかって、かんじんの準備がすすまず、きょうにいたりました。したがって、準備万端に不行届がちで、まことに申訳ありません。

ところで〝義務教育のくらい谷間〟にあって〝陽のあたらない教室〟での営みであるだけに、ただ、けなげに働きながら学ぶ子らの闘志だけに目をむけているわけには参りません。ひとたび目をその周辺にそそぎますとそこにはあまりにも多くのムジュンを発見しないわけにはいきません。それは、年に1度の大会でどうにかなるといったものではないでありましょう。

とはいえ、不行届ではありましても、せっかくの機会ですから、子らのもつムジュンの解決とはいかなくても、よりよき調整への衆知をあつめていただくことができれば、と存じます。

この道のために、遠路をおいといなく古都へおはこびいただきますのにご満足ねがえますかどうか、まことに心もとない次第ですが、よろしくお願いいたします。

第11回　全国夜間中学校研究大会要項

Ⅰ．主　　題

夜間中学における指導の現状とその充実について

不就学・長欠生徒と今後の夜間中学校

Ⅱ．日　　程

日＼時	9.00～10.00	10.00～10.30	10.30～11.00	11.00～12.00	12.00～1.00	1.00～3.00	3.00～3.10	3.10～5.00	5.00～6.30
13日(金)	受付	開会式	議長選出 総会	研究協議	昼食（理事会）	研究協議	休憩	研究協議	懇親会

日＼時	9.00～11.00	11.00～11.30	11.30～12.00	12.00
14日(土)	研究協議	宣言	閉会式	散会

1. 開会式

(1) はじめのことば

(2) あいさつ　　大会準備委員長

全国夜間中学校研究会長

(3) 来賓祝辞

(4) おわりのことば

2. 総　　会

(1) 議長選出

(2) 総　　会

3. 研究協議題

(1) 学習指導について

o二部経営の概要

曳舟中（東京都）

o学力充実のための現状

曳舟中（東京都）

o学年差、能力差の著しい生徒の学習をいかに効果的に進めるか

名古屋市共同

o学習指導の問題

丸山中（神戸市）

o全国夜間中学校の学校調査について

全夜研々究部

o夜間中学校における学習指導と生徒指導の個別化について

横浜地区共同

(2) 夜間部教育について（その一）

o東京都の夜間中学校生徒募集の方法

新星中（東京都）

o二部学級生徒のリハビリテーションについて

京都市共同

o二部学級の問題点

京都市共同

o夜間中学存在意義に関する提案

朱雀中（京都市）

(3) 夜間部教育について（その二）

o指導効果をあげるために教師の待遇如何

横浜地区共同

○夜間学級と部落問題

泉ヶ丘中（京都府）

4. 大会宣言

5. 閉会式

(1) はじめのことば

(2) あいさつ

(3) おわりのことば

Ⅲ. 助言者

文部省初等中等教育局中等教育課長　渋谷敬三氏

京都市教育委員会生徒福祉課長　鴨脚慶夫氏

京都府立大学教授（全夜研顧問）　寺本喜一氏

Ⅳ. 研究・協議発表要旨

◎ 二部経営の概要

東京　曳舟中校長　提箸覚一

法の元、9年の義務教育の完全実施は国民の義務である。経済事情から就学できぬ生徒を救済し、不良化を防止し、義務教育の完遂を期し暫定措置として東京都内幾百の中学の中から本校に二部を設置した昭和28年当時からの、墨田区教委、その他地域団体の崇高な教育愛を思い、都内7校のうちの一校として、次の諸点について、よりよい方向へと努めている。

① 二部の教育環境づくり、墨田区教委、地域団体と連絡して。

② 各教科内容の研究　都夜中研の学力充実についての研究指定校として。

③ 健康安全教育と情操陶冶培養。

◎ 学力充実のための現状（概説）

東京　曳舟中　村井　稔、　鳥居照日

夜中の授業に現れる問題点は非常に多く、生徒の年令、知能、意欲、就労の疲労等の差がまちまちであることからくる。つまり個人差の多いクラスをいかにするかに夜間授業の特殊性があろう。また生徒は予習・復習の時間がなく、夜中に入学する人の

半数は、就学前に何年か学校と離れていた。学校でも絶対授業時間が不足する。このような点から英数2教科での一斉授業はむづかしく、生徒中心に考える本校では、32年から実力別クラス編成をこの二教科で採用した。

つまり、英・数二教科については、学年を解体する。今回の研究発表では、この実力別の英数2教科の指導方法や、進度を生徒の現状と共に説明して問題点にふれ、できれば東京夜中7校の英数の指導方法をもデーターにより紹介したい。

◎ 学年差、能力差の著しい生徒の学習をいかに効果的に進めるか。（要約）

名古屋　天神山中　丹羽　靖

私の学級の生徒の構成内容を例示したいと思う。

三年	A	男	33才	旧高小卒　三年編入　成績共に優
	B	男	31	学習意欲旺盛
	C	女	27	……小卒のみ
	D	女	14	……2年の2学期まで他県の塾にいた。成績（中）
	E	女	16	成績下　学習意欲なし。
	F	女	14	
	G	女	14	
	H	女	14	
二年	I	男	13	成績中の下　学習意欲なし。
	J	男	13	
	K	男	13	
	L	女	14	三年の女子と同じていど。
	M	女	14	
一年	N	男	16	……小学校も完全に学習していない。

以上をABCD　EFGHLM　IJK　Nのように3〜4のグループにわけると何とかやれそうだが、そう簡単にはやれない。

学習よりも人間教育が優先すると痛感すると共に、自分の至らなさを恥ずる。職業教育に重点をおいた特殊カリキュラムが必要である。

◎ 協議題　現実に即した学習指導の在り方をどのように促えるか。（要約）

神戸　丸山中学　西野分校

(提案理由)　現在本分校に在籍する生徒33名について、田中B式科研式標準学力検査（数・国）を実施中であるが、中間報告の結果は、知能学力ともに全国標準と較べて低く、個人差が大きい。これらの原因を究明中であるが、こういう現実に即して他方授業時数の不足（昼に比し1／2、低出席率（40%）施設不備、就労による疲労、指導者の問題、家庭地域の教育に対する関心の稀薄等、学習指導上の障害の大きさは本分校だけではないと思う。この悪条件下で教育の効率を高めねばならぬ。以下内容を2.3あげ、その対策を検討したい。

I　教育課程

道徳1　国3　社2　数3　理2　音1　保体4　美1　技・家6　英2
特活1　　計23

1時限35分　平日4　土曜3時限

この通りで、次の点に配慮している。

① 各科を一応設けている。
② 技・家を多くとっている。
③ 国数を3時限とる。
④ 始業前15分クラブ活動し、読書、珠算、卓球をする。（始業5時45分）

配慮したい点は

㋑ 始業を5時30分とし、40分授業をしたい。
㋺ 教科の統合をはかり、国・数をふやしたい。
㋩ 個別指導の時間を見つけたい。
㋥ 進路指導として職場見学・実習をさせたい。

II　能力差と個別指導について

個人の能力差が指導上の障害となり、遅刻・欠席も多い。そこで国・数では書写力、計算力カードを作り、家庭学習に用いさせ、月別テストで進級させる方法を実施したが進みは遅い。市販のプログラム学習では生徒の能力に適せず、教師の自作も困難である。

III　その他

指導者の問題、家庭、地域の教育に対する関心度について他地の実状をきかせてほしい。（本稿は編集者側で要約した）

◎　東京都の夜間中学校の生徒募集の方法と問題

世田ヶ谷　新星中　　渡辺郁雄

1. 東京都7校の生徒募集の方法の紹介
　a　東京都教育委員会の態度
　b　設置区の教育委員会の態度
　c　各学校の募集方法
　d　在学者の夜間中学を知った経路
2. 夜間中学が世間一般と中学教師にどの程度知られているか。（アンケートによる）
3. 以上のことから、今後PRの問題として、どんなことに力を入れるべきか。

◎　夜間中学生のリハビリテーションについて（中間報告）

京都　　二部研

現在の夜間中の学習指導のほか特に生活指導で技術的にむづかしい事である。また夜間中に必要な生徒のリハビリテーションは、その可能性の有無についても考えられていなかった。そこで京都の夜中生のリハビリテーションの可能性について、特に生徒の夜間中通学に至るまでの生活史の中から、それらの問題性を調べ、その時にどんな方策がとられたかをまとめている。また可能性についてもそのデーターから推測してみたい。（現在整理中であり、大会時にも充分な結論ができないかも知れないのであらかじめおことわりいたしたい）。

◎　夜間中学存在意義に関する提案

京都　　朱雀中　市河三次

1. 夜間中の歴史から発生の盛衰と消長を論じ、変化の原因を社会情勢の変化に伴なったものという。
2. その変転から貧困という要因が少なくなり、むしろ家庭の機能上の障害や、学力遅滞等の意志的障害による要因の元に、義務教育から疎外された生徒が多くなっている。
3. それらを種類別にし、類型、発生、原因別、現象類型等をわけ教育的不適として概念づけた。
4. これらの教育的不適生徒を対象とする諸障害を解決するための広い視野からの連

絡機関の元での措置を行なうかたわら、一方で義務教育を継続するという目的と活動を夜間中学の存在意義とする。夜中の内容にもふれる。

5. 以上の諸理論の基礎的なものは下記から集めた。

京二部・研究部資料・京二部研究誌・東夜研・横二部研・全夜研資料・岡村重夫：社会福祉学（各論）社会事業要論・その他である。

◎ 協議題 「夜間中学と部落問題」

京都府 泉ヶ丘中 野口良子

現代義務教育制度の矛盾の集中的な表現として夜間中が存在しているのは周知の事実である。夜間中問題と部落問題は各々異なった表れ方をしている一（関東の方はそう思われる）一が、問題の本質は全く共通の基礎に立つ問題だと考える。

現象的にみると、夜中のおかれている地域、特に関西では校区内に未解放部落をもつ学級が多い。部落のない学校もあるが総じて夜中のあるところに未解放部落があるといってよいだろう。それは夜中を必要とした事情、つまり、差別と貧困の落し子として不就学・長欠の現象が未解放部落に集中的に表れているからである。

夜中は、不就学・長欠という事態の中にこそ存立の根拠があり、その事は、不就学・長欠の原因となったものの追求、つまり、部落の問題を正しく認識しない限り、本質的な認識はえられない。部落問題の側から云えば、夜中は不就学長欠対策の一つとして存立の根拠はあるが、厳密にいえば、不就学長欠の原因が基本的には深く、歴史的社会・経済的構造の中にあるにもかかわらず、それに対してなす所なく、不就学長欠をなくすための根本対策にはとりくまず、むしろ社会・経済上の矛盾には目をそらし、安上り教育政策の一つとして、行われているのが夜間中だともいえよう。現場の教師である我々は現代学校教育の差別と選別一経済競走・学力競走一の中でふるいおとされた部落の子らに、〝何をどう教えるか〟を何よりも的確に把握しない限り、我々の意図如何にかかわらず、特殊学級での階級的、身分的差別教育の執行者にほかならない。子供らのおかれている差別と貧困に起因するいっさいの不利益に、おそれることなく対決し、解放に必要な全ての認識を子供のものとするための教育活動に中にのみ、差別教育の執行者の位置からの脱出が可能である事を知らねばならない。

V. 設置校一覧 (昭和39年1学期現況)

都府県	学校別	所在地	開設年月日	学級数	専任教	生徒数 1年	2年	3年	計	生徒増減傾向	1学期出席率	昼間復帰数	教科別週間時間配当 国	社	数	理	体	音	美	家	技	英	道・特
東京	足立第四中	足立区梅島町10	26. 7.16	3	6	4	3	19	26	増	82	0	3.7	3.7	3.7	3.7	1.3	1	1	1.7	2.3	3.7	2
	双葉中	葛飾区上千葉町511	28. 4.20	3	5	2	9	10	21	減	83	0	4	4	4	4	0	1	1	1	3	3	1
	曳舟中	墨田区吾嬬町西3の1	28. 5. 1	3	6	5	11	24	40	増	81	0	4	3	4	3	1	1	1	2	2	3	2
	糀谷中	太田区糀谷町2の613	28. 9. 1	3	6	11	18	25	54	増	49	0	3.5	3.5	3.5	3.5	1	1	1	1.5	1.5	3	1
	新星中	世田谷区三宿町10	29. 5. 1	3	6	10	9	16	35	減	77	1	4	4	4	4	2	2	2	2	2	4	2
	荒川第九中	荒川区尾久町1の687	32. 4. 1	3	6	9	17	23	49	増	67	1	4	3	3	3	2	1	1	2	2	3	
	八王寺第五中	八王子市明神町99	27. 5. 1	3	6	5	7	14	26	無	38	0	4.7	3.7	4	2	2	2	2	2	2	3.7	1
神奈川	港中	横浜市中区山下町241	25. 4. 1	1	0	1	1	4	6	増			3	2	2	2	2	1	1	1	1	2	2
	西中	〃 西区西戸部町3の286	25. 5. 1	1	0	7	7	8	22	無	61	0	3	2	2	2	2	1	1	1	1	2	2
	蒔田中	〃 南区花の木町2の45	25. 5. 1	1	0	2	6	8	13	減	32	0	3	3	3	3	1	1	1	1	1	2	
	平楽中	〃 南区平楽町1	25. 5. 1	1	0	0	10	12	22	増	64	1	3	3	3	2	2	1	1	2	2	1	
	戸塚中	〃 戸塚区矢部町146	25. 5. 1	1	0	0	2	1	3	増	67	0	3	3	3	3	1	1	1	1	1	1	0
	鶴見中	〃 鶴見区鶴見町1253	25. 4. 1	1	0	1	1	3	5	増	63	0	3	3	3	3	1	1	1	1	1	2	
	浦島丘中	〃 神奈川区白幡東町17	25. 5. 1	2	1	1	1	8	10	無	77	0	4	4	4	4	2	1	1	1	1	3	
	川中島中	川崎市藤崎町2の1	28. 4 1	1	0	0	3	3	6	減	79	0	5	4	3	3	2	1	1	1	2	2	
愛知	天神山中	名古屋市西区天神山町2の70	27.12.10	1	1	1	5	8	14	増	80	0	3	3	3	2	1	1	1	2	2	2	
	東港中	〃 港区港楽町1の9	27.12.15	2	1	3	6	8	17	無	44	1	6	3	5	2	1	1	1	1	1	2	
京都	嘉楽中	京都市上京区今出川通り 千本東入般舟院前町148	25. 5.10	1	1	1	2	5	8	減	85	0	3	3	3	3	3	1	1	3	0	3	1
	北野中	〃 中京区西京中保町	25. 5.10	1	1	0	2	3	5	減	85	0	3	4	4	3	1	1.5	1.5	1.5	1.5	2	1
	朱雀中	〃 中京区壬生中川町20	25.10. 2	1	1	1	2	4	7	減	75	0	3	3	3	3	3	1	2	0	2	3	1
	皆山中	〃 下京区間の町七条上ル堀詰町	25. 4.10	1	1	0	2	4	6	減	71	0	4	4	3	3	2	1	2	1	2	2	1
	九条中	〃 南区西九条南小路町10	25. 5. 9	1	1	0	4	4	8	無	74	0	4	3	3	3	2	2	2	0	3	2	1
	高野中	〃 左京区田中上古川町25	26.10.25	1	1	0	1	2	3	減	76	0	4	4	3	3	2	1	2	0	2	2	1
	藤森中	〃 伏見区深草飯喰町8	25. 5. 6	1	1	1	2	5	8	減	77	1	3	3	3	3	3	1	1	0	3	3	1
	泉ヶ丘中	京都府綴喜郡井手町	34. 5. 1	2	1	0	2	10	12	無	45	0	3	1	3	0	1	0	1	0	2	0	1
大阪	岸城中	岸和田市野田町230	29. 4. 1	1	0	3	0	7	10	減	51	0	1	1	1	1	0	1	1	0	1	0	1
兵庫	丸山中西野分	神戸市長田区三番町1丁目	25. 1.16	2	4	9	11	12	32	減	35	0	3	2	3	2	1	1	1		4	2	4
広島	二葉中	広島市尾長町	28. 5. 1	3	3	12	23	14	49	減	21	0	4	3	4	3	3	1	2	2	2	2	2
	観音中	〃 南観音町734	28. 5. 1	3	3	8	13	16	37	減	55	0	4	3	5	2	3	1	1	2	1	2	0
	豊浜中	豊田郡豊浜村	26. 1.18	2	0	3	9	14	36	増	6	0	4	2	3	2	1	1	1	0	1	1	2
福岡	東光中	福岡市大字西堅粕6の250	26. 6. 1	2	2	0	11	16	27	減	50	0	3	3	3	3	1	0	1	0	0	3	1

Ⅵ. 第11回全国夜間中学校研究大会出席者名簿

都府県	勤務校	職名	氏名
東京	墨田区立曳舟中	校長	提箸 覚一
	〃	教諭	村井 稔
	〃	〃	鳥居 照日
	足立区立足立四中	校長	岡野 直
	〃	主事	町田 義三
	太田区立糀谷中		清水 常吉
	〃		都築 速郎
	荒川区立荒川九中	教諭	塚原 雄太
	〃	〃	日下田 進
	葛飾区立双葉中	主事	広江栄一郎
	世田谷区立新星中	校長	福島 恒春
	〃	教諭	渡辺 郁雄
神奈川	横浜市立鶴見中	校長	石井 宗一
	〃	教諭	和田 耕明
	〃 蒲島丘中	校長	坂田 勘夫
	〃	教諭	橋本 隆
	〃 西中	校長	斉藤 滋
	〃	教諭	府川 淳蔵
	〃 港中	教諭	岩崎 保
	〃 平楽中	〃	寒風沢 晃
	〃 蒔田中	〃	石田 広吉
	〃 戸塚中	校長	中山 紀正
	〃	教諭	羽田 一
大阪	岸和田市立岸城中	教諭	堀野止治郎

都府県	勤務校	職名	氏名
神奈川	川崎市立 川中島中	校長	萩原 春雄
	〃 〃	教諭	小沢 俊三
愛知	名古屋市立東港中	校長	近藤 基治
	〃 〃	教諭	柳川 明
	〃 天神山中	〃	丹羽 靖
京都	井手町立 泉ケ丘中	教頭	木口 重信
	〃 〃	教諭	野口 良子
兵庫	神戸市立 丸山中	校長	川端 訓
	〃 〃	教諭	小林 一江
広島	広島市立 二葉中	教諭	仁科 弘
京都	京都市立 藤森中	校長	中沢 良三
	〃 〃	教諭	松尾 正雄
	〃 九条中	校長	今北初太郎
	〃 〃	教諭	川井 成本
	〃 皆山中	校長	吉岡黛二郎
	〃 〃	教諭	佐田 詢英
	〃 朱雀中	校長	高城 義郎
	〃 〃	教諭	市河 三次
	〃 北野中	校長	井上 幹夫
	〃 〃	教諭	加藤 良三
	〃 嘉楽中	校長	加藤幸三郎
	〃 〃	教諭	山田 昌雄
	〃 高野中	校長	石田 稔
	〃	教諭	藤田 彰典

＊ 重複記事が収録されているため、本史料１２～１３頁は削除した。

全国夜間中学校研究会役員名簿

1. 顧　問	寺本　喜一氏	京都府立大学教授	
	伊藤　泰治氏	東京都立一橋高等学校長	
	立石　実信氏	前横浜市立平楽中学校長	
	関根重四郎氏	東京都墨田区立本所中学校長	
	住友　国春氏	東京都八王子市立第六中学校長	
	小林俊之助氏	前東京都太田区立糀谷中学校長	
2. 会　長	飯田　赳夫氏	横浜市立浦島丘中学校長	
3. 副会長	岡野　直氏	東京足立区立第四中学校長	
	石田　稔氏	京都市立高野中学校長	
4. 理　事	塚原　雄太氏	東京荒川区立第九中学校長	（東京都代表）
	中山　紀正氏	横浜市立戸塚中学校長	（神奈川県代表）
	竹内　親儀氏	名古屋市立天神山中学校長	（愛知県代表）
	石田　稔氏	京都市立高野中学校長	（京都府代表）
	内田　安守氏	岸和田市立岸城中学校長	（大阪府代表）
	川端　訓氏	神戸市立丸山中学校長	（兵庫県代表）
			（広島県代表）
			（福岡県代表）
5. 会計監査	島田支二郎氏	東京都八王子市立第五中学校長	
	塚本　靖氏	名古屋市立東港中学校長	
6. 幹　事	斉藤　滋氏	横浜市立西中学校長	
	町田　義三氏	東京都足立区立第四中学校主事	

第11回大会　研究・協議題発表要旨

1964・Nov. 13～14.

於　京　都

この要旨は、各校において発表を予定される方々の講演要旨をあらかじめ、各校でその内容を知って頂き、討論を重ねて頂き、大会の際に有効に討論して頂くための資料であります。そのために、まとめて見ました。よく御検討頂き大会の際は活発な意見をお寄せ下さい。なお本要旨は、発題者の方で、まだ充分な準備ができていずに、とりあえずまとめたという方もおりました。したがって大会では多少、変更があるかもしれませんが　お許し下さい。

掲載の順序は全く大会と関係なく、先着順にら列したのみであります。　念為。

▽ 東京都の夜間中学校の生徒募集の方法と問題

○世田ヶ谷新星中　渡辺有陸

1. 東京都七校の生徒募集の方法の紹介

a. 東京都教育委員会の態度
b. 設置区の教育委員会の態度
c. 各学校の募集方法
d. 在学者の夜間中学を知った経路

2. 夜間中学が世間一般と中学教師にどの程度知られているか。(アンケートによる)

3. 以上のことから、今後PRの問題として、どんなことに力を入れるべきか。　以上

▽ 夜間中学存在意義に関する提案

○京都・朱雀中　市河三次

1. 夜間中の歴史から発生の基盤と消長を論じ、変化の原因を社会情勢の変化に伴なったものという。

2. その変転から貧困という要因が少なくなり、むしろ家庭の機能上の障害や、学力遅滞等の意志的障害による要因の元に、義務教育から疎外された生徒が多くなっている

3. それらを種類別にし、類型、発原因別、現象類型等をわけ教育的不遇として概念づけた。

4. これらの教育的不遇生徒を対象とする諸障害を解決するための広い視野からの連絡機関の元での措置を行なうかたわら、一方で義務教育を継続するという目的と活動を

夜間中学の存在意義とする。夜中の内容にもふれる。

5. 以上の諸理論の基礎的なものは下記から集めた。
東二部・研究部資料、東二部研研究誌、東夜研、横二部研、全夜研資料、岡村重夫：社会福祉学(各論)、社会事業要論、その他である。

▽ 協議題　現実に即した学習指導の在り方をどのように捉えるか(要約)

○神戸・丸山中学・西野分校

(提案理由) 現在本分校に在籍する生徒33名について、田中B式、科研式標準学力検査(数、国)を実施中であるが、中間報告の結果は、知能学力ともに全国標準に較べて低く、個人差が大きい。これらの原因も究明中であるが、こういう現実に即して、他方授業時数の不足(昼に比し1/2、低出席率(40%))、施設不備、就労による疲労、指導者の問題、家庭地域の教育に対する関心の稀薄等、学習指導上の障害の大きさは本分校だけではないと思う。この悪条件下で教育の効率を高めねばならぬ。以下内容を2、3あげ、その対策を検討したい。

I 教育課程

道徳1　国3　社2　数3　理2　音1　保体2
美1　技家6　英1　特活1　計23
1時限35分　平日4、土曜3時限

この通りで、次の点に配慮している。

① 各科を一応設けている ③校家を多くとっている。

③ 四数を３時限とる ④始業前15分クラブ活動し 読書

珠算 卓球をする (始業５時45分)

配慮したい点は

㋑ 始業を５時30分とし 40分授業をしたい

㋺ 教科の統合をはかり、国・数をふやしたい

㋩ 個別指導の時間を見つけたい。

㋥ 進路指導として職場見学・実習をさせたい。

Ⅱ 能力差と個別指導について

個人の能力差が指導上の障害となり 遅刻欠席も多い。そこで国・数では書写カ 計算カカードを作り 家庭学習に用いさせ 月別テストで進級させる方法を実施したが進み難い。市販のプログラム学習では生徒の能力に適せず、教材の自作も困難である

Ⅲ その他

指導者の問題、家庭・地域の教育に対する関心度について各地の実状をきかせてほしい。 (本稿は編集者側で要約した)

▽ 学年差，能力差の著しい生徒の学習をいかに効果的に進めるか (要約)

○名古屋 天神山中 円羽 靖

私の学級の生徒の構成内容を例示したいと思う

三年	A	男	33才	旧高小卒 三年編入 成績共に優 学習意欲旺盛
	B	男	31	
	C	女	27	小卒のみ
	D	女	14	２年の２学期まで他県の局にいた 成績(中)
	E	女	16	成績下 学習意欲なし
	F	女	14	
	G	女	14	
	H	女	14	
二年	I	男	13	成績中の下 学習意欲なし
	J	〃	〃	
	K	〃	〃	
	L	女	14	三年の女子と同じていど
	M	女	14	
一年	N	男	16	小学校も完全に学習していない。

以上を ABCD EFGHLM IJK N のように３～４のグループにわけると何とかやれそうだが そう簡単にはやれない

学習よりも人間教育が優先すると痛感すると共に、自分の至らなさを恥ずる。職業教育に重点をおいた特殊カリキュラムが必要。

以上

▽ 二部経営の概要

○東京 曳舟中校長 堤篤一

法の元、９年の義務教育の完全実施は国民の義務である。経済事情から就学できぬ生徒を救済し、不良化を防止し、義務教育の完遂を期し暫定措置として東京都内幾百の中学の中から本校に二部を設置した昭和28年当時からの、墨田区教委、そ

の他地域団体の崇高な教育愛を思い、都内７校のうちの一校として次の諸点について、よりよい方向へと努めている。

① 二部の教育環境づくり，墨田区教委，地域団体と連絡して。

② 各教科内容の研究　都夜中研の学力充実についての研究指定校として。

③ 健康安全教育と情操陶冶培養。

▽ 学力充実のための現状（概説）

〇東京　曳舟中　村井稔，鳥居照日

夜中の授業に現れる問題点は非常に多く　生徒の年令、知能意欲、就労の疲労等の差がまちまちであることからくる。つまり個人差の多いクラスをいかにするかに夜間授業の特殊性があろう。また生徒は予習・復習の時間がなく、夜中に入学する人の半数は、就学前に何年か学校と離れていた。学校でも絶対授業時間が不足する　このような点から　英数２教科での一斉授業はむづかしく、生徒中心に考える本校では　32年から実力別クラス編成をこの二教科で採用した。

つまり　英、数二教科については　学年を解体する

今回の研究発表では、この実力別の英数２教科の指導方法や、進度を生徒の現状と共に説明して問題点にふれ、できれば東京夜中７校の英数の指導方法をもデーターにより紹介したい。

▽ 協議題“夜間中学と部落問題”

〇京都府　泉ヶ丘中　野口良子

現代ギム教育制度の矛盾の集中的な表現として夜間中が存在しているのは周知の事実である。夜間中問題と部落問題は各々異なった表れ方をしている—（関東の方はそう思われる）—が、問題の本質は全く共通の基礎に立つ問題だと考える。

現象的にみると　夜中のおかれている地域、特に関西では、校区内に未解放部落をもつ学級が多い。部落のない学校もあるが総じて夜中のあるところに未解放部落があるといってよいだろう。それは夜中を必要とした事情、つまり　差別と貧困の落し子として不就学長欠の現象が未解放部落に集中的に表れているからである。

夜中は、不就学・長欠という事態の中にこそ存立の根拠があり、その第は　不就学長欠の原因となったものの追求、つまり　部落の問題を正しく認識しない限り、本質的な認識は与えられない。部落問題の側から云えば夜中は不就学長欠対策の一つとして存在の根拠はあるが、厳密にいえば　不就学長欠の原因が基本的には深く　歴史的社会・経済的構造の中にあるにもかかわらず、それに対してなす所なく　不就学長欠をなくすための根本対策にはとりくまず、むしろ社会・経済上の矛盾には目をそらし、安上り教育政策の一つとして行わ

れているのが夜間中だともいえよう。現場の教師である我々は現代学校教育の差別と選別―経済競走 学力競走―の中である、いおとされた部落の子らに"何をどう教えるか"を何よりも的確に把握しない限り、我々の意図如何にかかわらず 特殊学級での階級的 身分的差別教育の執行者にほかならない。子供らのおかれている差別と貧困に起因するいっさいの不利益に、おそれる事なく対決し、解放に必要な全ての認識を子供のものとするための教育活動の中にのみ 差別教育の執行者の位置からの脱出が可能である事を知らねばならない。　　以上

▽　全国夜間中学学校実態調査（標題不詳）報告

○全夜研　研究部長横浜戸塚中校長　中山紀正
名古屋東港中　柳川　明

昨年度調査にひきつづき、現在集計整理中である。

昨年度の報告をおもちの方は持参され、比較して頂ければ幸甚と存じます。

▽　夜間中学生のリハビリテーションについて（中間報告）

○京都　二部研.

現在の夜間中の学習指導のほか特に生活指導で技術的にむずかしい事がある。また夜間中に必要な生徒のリハビリテーションは、その可能性の有無についても考えられていなかった。

そこで京都の夜中生のリハビリテーションの可能性について特に生徒の夜間中通学に至るまでの生活史の中から、それらの問題性を調べ、その時にどんな方策がとられたかをまとめている。また可能性についてもそのデーターから推測してみたい。（現在整理中であり、大会時にも充分な結論ができないかも知れないので あらかじめおことわりいたしたい）。

▽　京都二部研提案　協議題　　○京二部研.

主として夜間中学の設置の理由や、夜間中学解消の方向に対する問題について発題するようであるが、内容は未定である10月22日現在）

〜〜〜〜〜〜〜〜

以上である。なるべく各校、各位において熟読され、提案や発題の内容を把握して頂き、大会において各発題者の内容に対する質問や討議について活発に協議して頂けるつもりで印刷した。大会せいの研究協ギ時間を有効にするため各地区、各校で充分大会に臨んだつもりで内容を御討議頂きたい。なお欠席の先生方は、あらかじめ質問や意見を寄せて頂とよいと考える。

これらの他にまだ発題がある予定であったが現在未到着なので、到着分のみ記した。　　以上。

1964

学力充実のための現状

—英・数二教科の能力別学習の指導について—

東京都墨田区立曳舟中学校
第　二　部

ま　え　が　き

今年の東京都夜間中学校研究会の研究議題には"学力充実について"という一つの研究目標があるが、計らずもその研究協力校に本校が指名されてしまつた。これは本校が他校に比して特にその点に熱心であつたり、またすぐれているということではなくて、ただ本校は昭和３２年以来、能力別の授業を英数二教科に採つているという点によるのだと思う。

それで、それ以後本校では毎月一回この"学力充実"についての協議会を開き、他の都内六校の夜間中学校の先生方からいろいろと御教示を受けてきたのである。特に第三回の１０月の例会には教育大の杉田先生にもおいでをいただいて、大いに参考になる講演までいただいた。

そんなわけで、今回の総会で本校がこの研究を発表することになつたのであるが、勿論この研究が充分目的を達しているなどとは、我々はさらさら考えていない。ただ、もし諸先生方の忌憚なき御意見を頂ければ、一層我々の勉強ともなると思い、研究途上ではあるがここに敢えてこの研究を発表することにした。どうか以上の理由からも種々御批判を頂ければさいわいである。

昭和３９年１０月３１日
校長　提　箸　覚　一

—（目　　次）—

学力充実のための現状

—— 英数二教科の能力別学習の指導について ——

Ⅰ〕英、数二教科に於ける実力別編成授業

本校においては、昭和３２年から下記のような方法で英数二教科の授業を行っている。

１）英数二教科は、その時間一年から三年まで英語なら英語とする。

２）後述の方法で全生徒を一年から三年までのどの学年かに、原則として その年度配属して授業を受けさせる。

３）生徒は自学年以上の実力学年には編入しない。つまり一年は二、三年の実力クラスには入れない。

Ⅱ〕実力別編成授業採用の理由

本校は夜間中学なるゆえに授業面に種々の問題をもっている。その問題点は総ての教科に共通の悩みではあるが、特に一時間一時間が一本勝負的には行かない英数二教科に於いては問題が大きく浮び上ってくるのである。以下その問題点を簡単に示してみよう。

１）欠席の多い生徒の問題……欠席した時間を取り戻す時間を生徒は持ち合せていない。

２）過年児と適令児の混合クラス……生活経験からと体力の面で、また意欲の点で同一クラス内の開きが大きい。

３）長く学校を離れていた生徒……離学期間が長いと、例えば２年に入っても２年の実力がない。

４）クラスの実力の中間値がとれない……年令、体力、意欲、知能、生活経験からくる格差が同一クラス内で大きく、「やる者」と「やらない者」と二つに傾向が分れ、中間値がとりにくい。

５）補習時間のとれない点……生徒の昼間の就労からくる疲労を考えると補習時間をとることは困難である。

６）個人指導にも限界がある場合が多い……四・五人の小人数クラスの場合は授業内で個人指導も可能であるが、十人を越す場合には個人指導にも限界がある。なお多くの生徒は自習する方法を身につけていない。

７）生徒中心に授業を進めねばならない……生徒にとっては貴重な

強時間である故、可能な限り充実した授業にするためには普通の一斉授業では問題が多い。

以上の困難な点を考えると、特に英数二教科では、実力別の編成を採った方が生徒の実力養成に利点があると思われる。つまり上述難点の(2)、(3)、(4)、(6)、(7)はその生徒の個人に即した実力別指導で相当解決出来るわけである。

Ⅲ、実力別編成の分け方と現状

実力別クラスを編成する時には、本校では次の二つの段階を経る

1）クラス別けテスト

2）対象生徒との個人面接

(1)については後述のだいたいの基準をつくり、その基準でその生徒の入るクラスを判定する。また(2)については対象生徒の意欲や気持――特に自学年以下に編入される場合――等を話しあいで指導、調整する。

以上、原則として実力別編成は(1)のテストに依るが、(2)の面接によりこれを調整する。

クラス分けテストの基準

英　語

原則として、その時の各学年の進度に合せて実力をテストするが（後述"進度"参照）、各学年の4月における基準は大凡次のようにしている。

○　一年段階……英語に全く未経験なもの。アルファベットだけはやっと読み書き出来るもの。次項二年段階理解不能のもの。

○　二年段階……be 動詞、have 動詞がどうやら理解出来るもの。

○　三年段階……be 動詞、have 動詞及び一般動詞の現在をどうやら理解出来ているもの。

数　学

各学年の教科内容についてゆかれるかどうかを知るため、計算を中心としてクラス分けテストを行う。

その内容は小学校五年程度の整数、小数、分数の四則計算と割合、図形の求積問題に中学一年の正の数、負の数の四則問題を加えて作

成してある。

○　一年段階……整数、小数、の四則計算が不完全なもの

○　二年段階……整数、小数、分数の四則計算がほぼ完全なもの。

○　三年段階……二年段階のものがほぼ完全で正の数、負の数の理解と計算がほぼ完全なもの。

実力別クラスの構成

教科	英			語	数			学
学年 / 実力段階	1	2	3	To	1	2	3	To
1	6	6	7	19	6	3	3	12
2	／	4	12	16	／	7	13	20
3	／	／	8	8	／	／	11	11

○ 左表は長欠{2年 2名、3年 2名}をのぞく

○ 後述 実力別クラスの知能・年令構成 参照

Ⅳ）授業形態と進度

英　語

（1）教科担任

1年段階……専任（免許なし）

2年段階……専任（免許なし）

3年段階……専任（免許あり）…… 主任

（主任と常に相談して各学年の授業を進めている）

〔使用教科書　NEW GLOBE ENGLISH READERS(研究社)〕

（2）問題点と指導方法

〔A〕一年段階での問題点

1）文字に入る所で脱落者が多い。

2）文の構文に理解困難なもの多い。

3）2・3年で一年段階に2年以上にわたり居残るものは、授業に新鮮さを失う場合が多い。

4）途中でくる編入者をその時までの進度にどう追いつけさせるかは大変困難な問題だ。

〔A'〕一年段階の指導法

1）文字に入る前にローマ字指導をする。alphabetは活字体が読め、小文字筆記体が書けるようにし、大文字は特に書けることを始めからは要求しない。

2）出来る限り耳から文を聞かせるようにする。

3）出来る限り、作業の机の巡回を多くする。

4）途中転入者は場合によっては、手すきの教員に依頼して個人指導をする。

〔B〕二年段階での問題点

1）二年段階に進んだ者はやる気のある者が多いが、文の構文には非常に弱い。

2）単語の実力が一般によわい。

〔B′〕二年段階の指導法

1）二年になってから、一年でやった文法的なものをくり返してやる。

〔C〕三年段階の問題点

1）受験を目的とするものが多く、意欲的であるが、進度を考えアセりを見せる者が多く、訳せばよい式の独走型の者が出る。

2）言葉の理解に柔軟性が少く、文法を理屈で考えすぎる点が多く、言葉としての英語理解に支障がある。

3）単語の実力がやはり少い。

〔C′〕三年段階の指導法

1）週一回プリントで文法、構文を一年のはじめから、和文和訳中心に短文でまとめてやる。

2）訳中心をあらためるために、訳させてから個々の文法説明をもとめる。

3）教師が何どもよみ、自然に生徒もこれに和せるようにし、朗読指導をする。

4）ごく簡単な会話の慣用表現はこれを授業で多く使用する。

5）一応すんだ部分を、本をふせて覚えている部分を言わせてみる。なお、不確実な部分は句に切りながら教師がリードする。

6）アセりは本校進学者の実情等を折に触れ話してやる。

7）単語の指導には派生語や関連語を折りにふれて示す。

（3）教科の進度（現在の学年について）

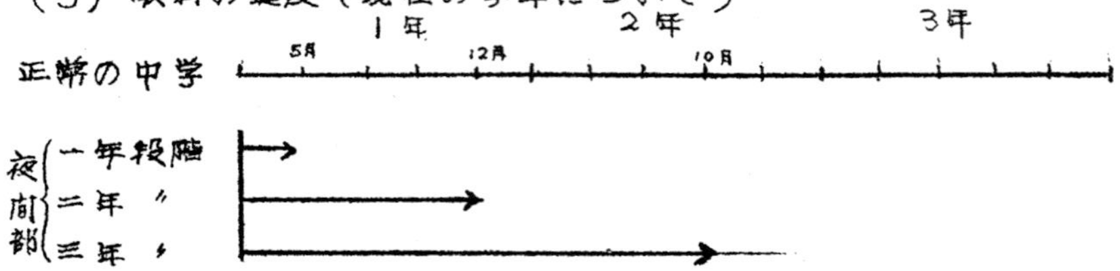

昼間部と夜間部との授業時間の比
（但し、週時間数でこれを表わす）

	一年 1時間の時間	一年 週時数	二年 1時間の時間	二年 週時間	三年 1時間の時間	三年 週時間	比
昼間	50分×	4	50 ×	4	50 ×	4	5
夜間	40分×	3	40 ×	3	40 ×	3	3

○今年度における目標

毎年の各学年の知能構成は付表〔　〕のように誠にまちまちで、達成目標は非常に浮動的である。今年度は大体以下のようである。但し下表は特に順序を追って示したものではない。

（リーダーの目標）	学年	目標	時期
1年9月	1年	○be, have 現在(短い文) ○疑問詞（Who. What. Where,） ○簡単な命令文 ○代名詞所有格と主格 ○固有名詞 ○名詞の複数 ○形容詞原級 ○冠詞 ○前置詞の簡単なもの ○助動詞 can ○簡単な形容詞比較級・最上級 ○There is……の構文 ○未来の will . shall	1年3月
	2年	○一般動詞現在(授与動詞を含む) ○感嘆文（What…! How…!） ○非人称it（時間・日付・天候） ○代名詞目的格 ○現在進行形	
	3年	○can以外の助動詞（may. must） ○動詞過去（進行形を含む） ○不定詞 ○現在完了 ○受身 ○When……, ～の構文 ○If……, ～の構文 ○一人称意志未来 ○長音節形容詞の比較・最上級 ○接続詞の that ○現在分詞・過去分詞の簡単な用法	2年12月

数学

（１）教科担任

１年段階………専　任（免許あり）――主任

２年段階………講　師（免許あり）

３年段階………専　任（免許なし）

〔使用教科書………日本書籍「中学校数学」〕

（２）問題点と指導方法

〔A〕一年段階での問題点

１）クラス分けテストの結果、能力差が大きい。

小学校５、６年の学力あり………２名

〃　４、３年　〃　………７名

〃　２　年　〃　………３名

２）本年度は四クラス編成であったので小学校段階にいた生徒には意欲のないのがいた。

３）実生活での数量的経験に乏しい。記数法、単位など全く理解していない。

〔A'〕一年段階の指導法

１）一学期のうちに、数量の理解と計算力の基をうめるため、一斉授業を為めあめ、ワークブックを使って個別指導をすることにした。内容は２～６年までのものをたくさん用意し、就徒の能力に適したものを与える。個別指導をしながら一冊が完了すれば次のワークブックを与えた。意欲のなかった生徒も目標ができたのか、積極的に質問をして努力するようになった。全員２～３冊程度終った所で一学期が終った。

２）二学期から週二時間教科書、二時間は計算練習の時間をとり一斉授業をとりいれた。

むづかしい用語式はどあまり使わないで法則をみつけだすよう留意して指導する。

３）計量などでは用具をできるだけ使って行う。

〔B〕二年段階の問題点

１）一年段階で成績の良かった生徒は意欲的であるが、大多数は教科内容むづかしく、ついて行かれない。かといって１年段階にも下れず意欲をなくしてしまうものがある。

２）文字の理解、使い方が不完全であるため式の理解、四則計算ができない

３）遅刻欠席の多い生徒は脱落してしまいやすい。

〔B'〕二年段階の指導法

１）一斉授業は才一時限で行わず、復習問題演習をやらせる。

２）教師の説明を少くし、個別指導に力を入れる。特に基礎となる文字の使い方については折にふれて充分に説明する。

〔C〕三年段階の問題点

１）意欲は高いが、進学希望者の中にはアセりが見られ、式があっていればよいという傾向がある。

２）応用問題に弱い（特に過年児には多い）

３）図形の問題の出来が悪い。特に論証の問題は抽象性・厳密性が要求されるのか仲々ついてこない。夜中生に不足している論理的思考力を発展させるために工夫が必要である。

〔C'〕三年段階の指導法

１）式をきちんと変形できるように個別指導する。

２）応用問題は充分時間を与えて考えさせる。教師は生徒の思考のステップを考えて助言する。

３）論証の初歩だけでも確実にできるようにする。

（３）教科の進度〔現在〕

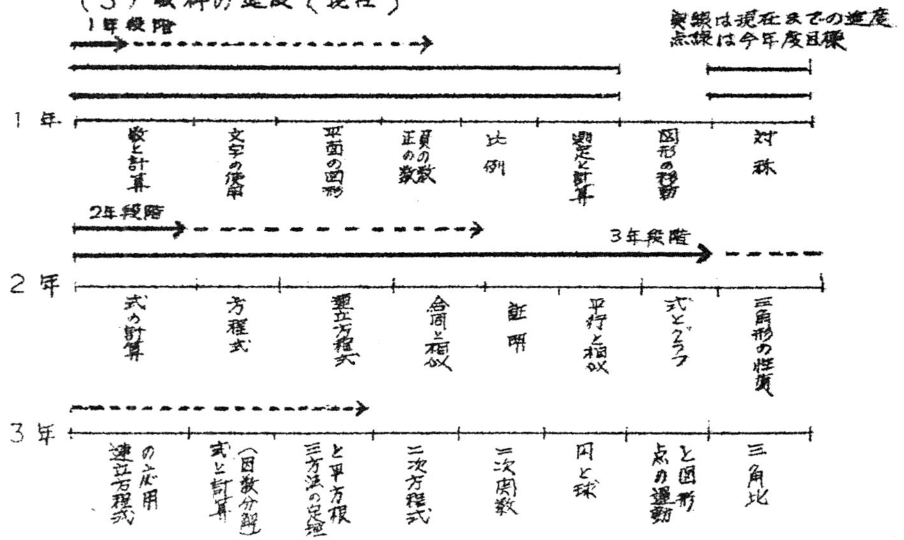

〔Ⅴ〕標準学力検査実施の結果

本校夜間部においては、英数二教科に対して、下記の要領で学力検査を実施し問題点の研究解明の一助とした。

（1）使用学力検査の種類

金子書房版

a．教科別綜合標準学力検査中学2年用・英語

a′． 〃 〃 1年用・英語

b． 〃 〃 1年用・数学

b′． 〃 〃 小学校5年用 算数

（2）検査期日

昭和39年10月5日より13日までの間

（3）検査対象生徒

a、英語中学2年用……3年段階の生徒

a′、英語中学1年用……2年段階及び3年段階の生徒

b、数学中学1年用……3年段階と2年段階の生徒

b′、算数小学校5年用……全 員

（4）採点の方法………検査説明。但し、粟点で表わさず5点評価をとった。

㊂ 学力標準検査の結果（英 語）

〔三年生のみの結果〕

実力別クラス	性別	番号	中学一年用 ⓐ一年十二月評価 単語	発音	理解	表現	総合	ⓑ二年一学期終了評価 単語	発音	理解	表現	総合	中学二年用 ⓒ二年十月評価 単語	動詞	理解	表現	総合
3	f	1						3	3	3	3	4	4	4	5	5	5
3	f	2						3	3	3	3	4	3	2	5	5	3
3	m	1						3	3	3	3	4	3	4	5	2	3
3	m	2						3	3	3	3	4	3	2	4	4	3
3	f	3						2	3	2	3	3	2	1	4	3	2
3	m	3						3	2	3	2	3	4	3	5	4	4
3	f	4						2	3	1	1	2	1	3	3	4	2
3	f	5						2	1	1	2	2	1	1	3	5	2
2	m	4	5	2	4	1	3	3	2	3	1	2					
2	m	5	4	2	2	3	2	2	2	1	2	1					
2	f	6	4	4	1	2	3	2	3	1	2	1					
2	m	6	3	1	3	3	3	1	1	2	2	1					
2	m	7	2	2	2	3	2	1	2	1	2	1					
2	m	8	2	4	2	2	2	1	3	1	1	1					
2	m	9	2	3	3	2	2	1	2	2	1	1					
2	f	7	1	3	2	3	2	1	2	1	2	1					
2	m	10	1	4	2	1	2	1	3	1	1	1					
2	m	11	1	2	2	2	2	1	2	1	1	1					
2	m	12	1	2	2	2	1	1	2	1	1	1					

注①……中学一年用の評価は実用別2年クラスでは一年十二月基準と二年一学期終了基準と二種の評価を使用したのは、現在の2年の授業進度が一年十二月に当っているからⓐ評価をあげまたⓑ評価は3年段階の者と比較するために使用した。

注②……実力別三年クラスの者の中学二年用評価を二年十月としたのは、現在の授業進度と合せて評価したのである。

注③……二年段階に出ているもので昨年度と今年度の二回にわたり2年段階で授業を受けているものはm4、m5、f6の3名である。

注④……1年級残留者は、これをカットした。その理由は3年に関しては2年級残留者を見れば、その結果は明らかだからである。

注⑤……2年生をカットしたわけ。2年生で2年級に出ているもの4名中受験者1名であつたから。

英　語

前頁の標準検査の結果をみると、付表上に示したA，B，C，Dの四線でみる断層を発見する。そしてその中で最も明瞭な区別は㋐項〔単語〕のD線上の区別であろう。また㋕項〔総合判定〕のC線の区別（m4を除いて）であろう。以下これらを個々に多少説明をほどこしてみよう。

1）C－D線に挟まれた部分について、——この部分のm4，m5，f6の3名の生徒は実は昨年度も2年段階にいたもので、今年で2回目の2年段階の勉強である。特にm4は学校側では今年度はじめ3年段階進級を認めたが、自から基礎固めを考えて2年段階にとどまった。

2）D線以下の部分——明瞭に㋐項〔単語〕の部分でf6とm6の間で断層をみる。これはやはり2年段階にとどまっている3年生は、その勉強不振に単語という最も初歩的の実力の弱さが第一の原因として認められることを如実に物語っていることとみてよかろう。さて、ここでD線以下の3年生はどのような生徒であろうか。m7，8，9，12は今年度の3年転入者・他はもとからいる生徒である。もちろん学業不振児である。また転入者における前校の英語の評価をみると次のようである。

	m7	m8	m9	m12
前歴校英語評価	2	1	2	2
前歴校欠席状況	30日以下	50日以上	100日以上	30日以下

以上のことは実は一年段階での問題点に示したように単語というものの第一の関門が充分に通りおおせないものは、英語の進歩に重大な支障をおこすこと、また本校夜間部では生徒が初期の単語においてひっかかりを示すことを物語っている。しかし、このD線以下の生徒を2年段階の現在の進度に合せて評価し直してみると、兎に角にもm5からm6までは3以上，m9までが2評価となることは、本検査受験者唯一の2年生にして一年の長があると思われ、やはり効果なしとは云えないと思う。

〔唯一の2年生受験者の結果
　単語（2）　発音（1）、理解（1）、表現（1）〕

3）B－C線間の生徒について——このf4とf5は24才のもので、f4は銀学期間の長い生徒で今年3年に転入したもの。しかも意欲の旺盛な点を以って3年段階に入れた。またf5は真面目な生徒であるが、仕事において欠席の多い点がめだつ。この二人の例は真面目な態度や意欲が相当勉強にプラスすることの実例とも思われる。

4）B－A線間のもの——f3は適令児，IQ 123，しかし積極的勉強をおこたった生徒であり、イージーな態度が目立つ。m3は今年9月昼間部より転入の適令。この生徒で目立つ点は夜間の生徒に比して単語に強さを見せている。昼間部での評価は3の下か2の上という所という。この生徒を3年一学期終了として㋕項の評価をやり直してみると、単語（2）、動詞（1）、理解（3）、表現（1）、総合（2）。なお、この生徒は昼間部で順調に出席していて2年の授業は全部受けているからこの検査に非常に有利であったと思われる。

5）A線以上の部分——m2を除いて全部1年で入学したもの。m2は2年のはじめに入学した適令児（前校評価3、欠席約30日，SD48）。しかし地方出身のためかbe動詞すら入学当時あやしく、やむなく英語の時間手すきの教員に委嘱して個人的に英語を初歩から練習させ、余帯には3年級に編入した。その伸びはこの検査が示している。

6）総体的にみて——やはりこの標準検査からみても、この夜間部は単語の力が総体的に落ちているし、また低学力の生徒にとっては特にこの実力が理解や表現（訳読と文法）の力を弱めていることがうかがわれている。

さて、それではどうして単語がスムーズに覚えられないのだろうか。その理由を考えてみると、①知能の問題、②知能からくるものともいえる法則とかルールののみ込みの悪さ、③意欲の問題、④授業時間数からくる経験不足、⑤就労からくるもろもろの制約、等と思われる。そして特に①，②，③は低学力者の問題として大きい。

数　学

標準学力検査〔数学〕を行った理由

1）小学五年用のテストでは、小学校の学習をどの程度持って中学校に入って来ているか。中一用テストでは、夜間部に入ってからの内容をどの程度理解できているかを知る。

2）結果を比較する為には標準化されたものがよいと考えた。

3）目的別に分けられた検査の方がどこに欠陥があるかを知る事ができる。

（12）　（13）

Ⓜ 学力標準検査の結果（数）

学年	実力別クラス	性別	番号	小学校五年用					中学一年用					
				小学校六年一学期として評価					教科書の進度により評価					
				数関心	考え方	用語	計算	総合	数	式	数量	計量	図形	総合
3	3	m	1	4	2	3	2	3	2	3	3	2	3	3
	3	m	2	2	3	2	/	3	2	2	3	3	3	2
	3	f	1	2	3	3	/	3	2	2	3	2	4	3
	3	f	2	/	2	3	/	3	2	2	2	2	3	2
	3	f	3	2	/	2	2	2	2	2	/	2	3	2
	3	m	3	3	3	/	/	2	3	3	3	4	/	3
	3	m	4	/	/	/	/	2	/	2	2	/	3	2
	3	f	4	/	/	/	/	2	3	3	2	3	4	2
	3	f	5	/	/	2	/	2	/	/	/	/	2	/
	3	m	5	2	/	/	/	/	2	3	2	/	/	2
3	2	m	6	3	3	2	/	2	2	/	2	2	2	2
	2	m	7	2	/	2	/	2	/	/	2	2	/	/
	2	m	8	2	2	/	/	2	/	/	2	/	3	2
	2	m	9	/	/	2	/	2	/	/	2	/	3	/
	2	m	10	/	/	/	/	/	/	2	2	/	3	2
	2	f	6	/	/	/	/	/	/	2	/	2	2	/
	2	m	11	2	/	/	/	/	/	/	/	/	3	/
	2	m	12	/	/	/	/	/	/	/	2	/	3	/
	2	m	13	/	/	/	/	/	2	2	2	2	/	2
	2	f	7	/	/	/	/	/	/	2	/	2	/	/
	2	m	14	/	/	/	/	/	/	/	/	/	2	/
	2	m	15	/	/	/	/	/	/	/	/	/	3	/
2	2	m	16	/	2	2	/	2	/	/	3	3	/	2
	2	m	17	/	2	/	/	2						
	2	m	18	3	/	/	/	/	/	2	/	3	3	/
	2	f	9	2	/	/	/	/	/	/	2	/	2	/
	2	m	19	/	/	/	/	/	/	/	2	/	2	/
3	1	m	20	2	/	/	/	/						
	1	m	21	/	/	/	/	/						
	1	m	22	/	/	/	/	/						
2	1	f	9	/	/	/	/	/						
	1	m	23	/	/	/	/	/						
1	1	f	10	3	/	2	2	2						
	1	f	11	/	/	/	/	2						
	1	m	24	2	2	/	/	/						
	1	m	25	/	/	/	/	/						
	1	m	26	/	/	/	/	/						

結果の考察

（1）小五の検査では5段階評価で

3の段階 ---------- 4名

2の段階 ---------- 13名

1の段階 ---------- 20名

となり大部分は小学校の学習が不完全のまま、中学校に入って来ている。

i）小学校のとき、長欠していたり、知能が極端に低いため学力不振のまま卒業したと思われる。

ii）離学期間の長かつた者は一般に成績がわるい。

iii）目的別に分類すると「計算力」が非常に悪い。

（2）中一の検査では

3の段階 -------- 3名

2の段階 ---------- 11名

1の段階 ---------- 12名

となり小五の検査とあまり変化がない。

その内容をしらべてみると、

i）小学校の学習を大体終えて来ている生徒は、夜間中学校でも順調に学習を続け、成績も悪くない。

ii）離学期間の長かつたものは意欲の割合に成績が良くない。

iii）転入者（学令児）には相当成績の悪いものがある。

iv）目的の分類でも「計算力」と「計量」が弱い。

（3）全体として

i）（M）表で示してあるように2～3を除いて、学力相当の段階に入つている。

ii）3年段階にあるものは学力をのばすことができるが、1年段階では、内容、進度を考えて授業を進めねばならない。

iii）この様な学力のちらばりが一要因ではあるが、根本的には教師の数（6名）と、生徒の数（47名）があつて、実力別段階の授業が可能であると考える。

Ⅳ）低学年残留者の問題

１）３年生に於ける実力別の知能・年令構成よりみた問題点

	実力段階＼教科	英語 1	英語 2	英語 3	数学 1	数学 2	数学 3
知能段階（田中B式）	優			1			1
	中上			1			1
	中	1		2			3
	中下	ⓐ 1	7	3	ⓐ 1	5	5
	劣	4	3		1	6	
	最劣	2	ⓑ 1		2	ⓑ 1	
	未調査		2	1		2	1
年令段階	適令	B2 5	4	4	1	5	B1 7
	16才～20	2	6	1	2	6	1
	21才～	1	2	3	1	2	3

上表からみると生徒の知能及び年令における学業進歩のある大まかな規則がうかがわれるように思える。（但し、ⓐを付した生徒は昨年度の知能指数６９，一昨年６８、今年８２で、今年になつても掛算九九も万足と云えない。またⓑを付した一名は本来１年段階の実力しか有していないものであるが、当人の気持の問題をくみ２年級に入れてある。）

A ① ３年段階には中下までのもののみ

② ２年段階には ⓑ の者の修正すれば中下と劣

③ １年段階は、中の１名（地方出身、前校評価、英数とも１・同欠席５０日）を除き、ⓐの修正をほどこすと劣以下。

B ① 数学の方が英語より適令者が高段階に多い。これは過年児の本校就学までの離学期間の問題が推測される材料である。

② 英語は逆に適令者が低段階に移動している。これは言語という面から過年児適令児を比較する材料となるし、また適令者の語学への（或は勉強一般への）自覚及び社会的視野広狭の問題を暗示しているように思える。

２）以上を要約すると、実力別授業においては、低学年に残留する生徒の問題点がクローズ・アップされてくる。そしてそこには″知能″と″社会的視野″（もっと簡単な言葉でいえば″意欲″）の問題であるが――知能の見方、社会的視野の探りあげ方については、付Ⅱ杉田氏の講演内容参考のこと――、学校としては、その問題以外にもう一つ、低学年に残留する生徒の気持の問題を考えないわけにはいかない。つまりこの実力別授業における劣等感の処理の問題である。それでこのような問題の面から、ここではこの実力別授業形態の意味を考えてみよう

① 劣等感の処理――幸か不幸か、夜間中学生はみな昼間働いている点、学業の評価が自分の評価のすべてであるとは生徒自身も考えていないし、また至つて小人数故に、一人一人が学業のみでなく広い面から人格全体を見られ、また見ることが出来る。これは劣等感を割引く力となる。また、高い年令生徒は自から実力をつけるための自覚の上で自分の力に応じて勉強の時間が充実することによろこびをもつている。（実例としては自分の実力に応じるクラスに後でダウンを申込むものも多い）。また、クラス分けテストの後の生徒との相談では、特にこの生徒の気持の点を配慮し、劣等感の強いものは実力に応じない上段の段階に入れて一応これを解決する。

② アグラカキの防止――アグラカキとは自分の実力以下の段階で楽に学校を通そうとするもののことであるが、このような場合はむしろ少い。しかしこれも皆無とは言えないので、これは教師側が強くコントロールして、その実力の段階にとどまらせる。

さて、これで問題は解決するのかというと決してそうではない。という

のは特殊学校でない夜間中学が、この実力別授業のように特殊学校的な方法を採用すること自体の問題である。これについての我々の考を次に示してみよう

① 先づ現状を（特に知能構成）を見ていただこう。また付Ⅳの底辺の結果を考えていただきたい。この現状をどう考えて処理したらよいかという点である。

② それから、生徒にとつて学校の時間は本当に貴重な時間にしてやらねばならない。（この中には離学期間の問題がむろん含まれる）。

③ 生徒は自習能力も低いので、ある人数集まると同一クラスでの個人指導にも限界がくる。もちろん、いま我々がこういつたからといつてこの正常ならざる実力別授業の正当性を誇示しようとするのではないのである。いやむしろ、この機会にこそ夜間中学の矛盾多い実態をいまもなお考え続けて、未解決の多くの問題に苦慮していることを正直に告白しておこう。

なお、最后になつてしまつたが、低学力、低知能者の知能の開発（付Ⅲ I.Qの移動参照）と、学業への動機付けについては自信をもつて言える段階ではないのでこれを割愛する。

〔付1〕

東京都夜間中学校の学習形態とその問題点.　（除.曳舟中）

（1）形　態

〔英　語〕　5校は学力別編成をしていない。
（1校だけ2・3年を学力別編成）

〔数　学〕　6校とも学力別編成していない。
尚、英数とも個別指導を重点に、視聴覚教材を積極的に利用している。

（2）学力別編成をしないで良いと思う点（英数とも）

○ 劣等感、優越感がない

○ 生徒の人数が少なければ個別指導を重点に行えば、何とか学力を伸ばせる。

（3）学力別編成をしないで困つている点（英数とも）

○ 学力差が大きいため、下の生徒はあきらめ、上の生徒や高校進学希望者の中には欲求不満がでてその扱いに困る。

○ 進度が非常におくれる。

〔付Ⅱ〕

東京都夜間中学校研究会
“第三回学力充実のための研究協議会”での教育大助教授杉田先生の講演内容。

この講演は昭和３９年１０月２７日、本校において第三回協議会を開いたさいの杉田先生の“知恵おくれの子供の指導”と題する講演の内容である。

〔内容〕

精薄教育の歴史は我が国では明治３７年に東京の万年小学校に、自然発生的に出来た貧民学級からと見てよい。

この当時の万年小学校長坂本龍之助が、学校近辺の貧民街から不就学児を学校で給食等を無料で給しながら就学せしめたのがことの起りという。このことからも考えられるように生活条件と精薄とは深く結びついていると言えそうである。そしてこの万年小学校での当時の教育目標は生活するときの自分の身のまわりの用がちやんと出来ることとしていたようである。

今日、この夜間部を参観して生徒を観察したが本当の精薄というものはないような気がする。

さて、精薄というものであるが、これは普通ＳＤ３４以下を指していつているが、その出現率は東京で２％（東京都調べ）、全国では約4.25％（文部省調べ）と言われ、つまり地域的に都市部に少く、田舎に多いのである。

それでは、ここに挙っている曳舟夜間部のデーターはどうしてこう精薄率が高いのであろうか。

普通精薄を調べるのは団体検査のみによるとどうも見違しがあるように思える。その理由は、①団体検査はスピードを要求する点、知能なるものがスピードばかりで計れるとは思えないこと。②問題の前に練習がついているのが団体式の普通の型だが、この練習と本問との関連は、子供にとっては原則的に同じであるということが理解できずとまどう場合もあるということである。

だから、団体での検査で得点のわるい子供に対してはこれをもう一度個人

形の知能テストで再検査する必要があろう。

昭和３６年厚生省で調べた精薄者（１５才以上）の出現率は0.5％で、前の文部省の学童対象の調査をはるかに下まわつている。これは一つの問題と思う。つまり厚生省の調査は対象が大人であるため勉強という点ではみていず「社会で一本立ち出来るかどうか」という観点にある。夜間中学の低知能者も、こんな点でみると精薄とは言えなくなる。

精薄というものは、その特徴として①生涯続くものであり、②小さい時から続いているものでなければならない。このような意味から、一時的な（例えば意志薄弱による）知能のダウンを精薄とみることは出来ないのである。

また、もう一つ晩熟の者がいることも注意を要する。普通知能は１５才〜２０才をもつて完成され、それ以後は伸びないと言われているが、この晩熟型のものは２０才位までは他の者に比して知能が低いが、この者は２０才以後でもなお知能の発達を見るのである。誠に残念ながらこの型の者を予測することは現在可能ではない。また創造力と知能の相関もうすい点も考慮を要する。（先生によつて評価の極端に異る生徒に創造力に富むものが多いと言われている。）

さて、精薄の原因は何んであろうか。精薄の原因は現在①ソ連流の大脳の欠陥によると断定するものと、②英米流の考え

a. 低文化性――― 文化の低い所に出る
b. 内因性――― 素質的又は遺伝的
c. 外因性――― 脳に欠陥のある場合

に大別する場合がある。この考の異いはその出現率も大きなちがいを表わしている。つまり精薄出現率、ソ連0.67％、アメリカ3％。

私は、この低文化性の精薄を本当の精薄といつてよいかどうか迷うが、言つてみればここの夜間中学の知能の低い人たちも低文化性の精薄ではないかと思う。

それでは、精薄の指導であるが、本当の精薄は大人になつてもせいぜい10〜12才ぐらいの知能しか持てないし、応用、抽象力がまことに少い。そしてこの低文化性のものになると生活も現実的にならざるをえず、「何故？」とか「どうして？」とものごとを考える前に行動を先とするために、いたつて現実的、即物的、セツナ的とならざるをえない。こんなところに抽象的思考を押える社会的要因が動いているわけである。

以上からみて、近ごろは社会生活能力検査等で、いわゆる知能検査に現われない他のその者の長所の発見と指導をとなえる者も多くなつてきた。また

ドルの研究では知能は16～20才でstopするが、具体的能力は30才位までは伸びるという説もあり、こんな面から夜間中学の指導を考えてみてもよいのではなかろうか。一例としては、夜中生が昼間仕事場で知つてきたことを学校で整理してやるというようなやり方。

〔付 Ⅲ〕

本校夜間部に於けるIQ変動

表は38年度、39年度2ヶ年の3年生中〃田中B式〃知能テストを毎年実施して、その個人のIQがどう変動したかを示すものである。つまり以下に示すものは本校において2回以上B式を受けたものに限定した。

IQ変動の範囲	性	年令	IQ変動の実数
−8	M	17	63→55
+8	F	16	54→69→72
−9	F	15	96→87
+11	M	21	70→84→81
+12	M F	24 15	70→76→82 76→88
+15	M	15	69→68→82
+16	F	17	78→93→94
+25	F	24	57→82
±10	F	15	124→132→123
以上の他 5点以内の上下にとどまつたもの			M……7 F……3

(注) IQ変動の実数 は、例えば63→55は一年間かくで行つた2回のテストの実数を示し、70→84→81は一年間隔で行つた3回のテストのIQ実数である。

〔付Ⅳ〕

労働省編職業適性検査の結果

昭和39年6月15日実施

（1）適職群の有無

学年	性別	適職群あり	適職群なし	計
1	男	0	2	2
	女	2	0	2
2	男	4	2	6
	女	2	0	2
3	男	11	3	14
	女	5	1	6
合計		24(75%)	8(25%)	32(100%)

（2）適職群の内容　（重複あり）

適職群	人数
視覚による簡易検査	23
簡易記録作業	9
簡易書記的作業及び分類作業	5
その他	5

全国夜間中学校学校調査報告

昭和３９年度

全国夜間中学校研究会研究部

目　　次

全国夜間中学校の学校実態調査結果について

Ⅰ　調査のあらまし

1. 調査の目的　昭和39年度における全国夜間中学校の生徒，教員の実態，並びにその学校の体制的諸条件の実態を明らかにすることを目的とする。
2. 調査の時　昭和39年10月1日
3. 調査の方法　全国の夜間学級を併設する中学校に質問紙形式の調査票を配布，各学校において記入したものを，東京・横浜・名古屋・京都の4地区で回収し，名古屋で集計・整理した。
4. 調査票回収　全国の開校32校のうち，26校から回答がよせられた。

Ⅱ　調査の結果

1. 設置校数と在籍生徒の状況

① 地域別校数と生徒数

都府県	設置校数 38年	設置校数 39年	回答校数	在籍生徒数	一校平均生徒数 38年	一校平均生徒数 39年
東京	7	7	7	259	37.3	37.0
神奈川	8	8	8	99	11.9	12.7
愛知	2	2	2	31	15.0	15.5
京都	10	9	9	~~33~~ 68	9.6	8.3
大阪	1	1	1	10	?	10.0
兵庫	1	1	1	33	47.0	33.0
広島	3	3	3	123	48.5	41.0
福岡	1	1	0	?	47.0	?
計	34	32	26	588	21.2	22.6

（38年 三重 1）

② 学年別在籍生徒数

学年	実数	%
1	103	17.5
2	198	33.7
3	287	48.8
計	588	100

③ 男女別在籍生徒数

性別	実数	% 38年	% 39年
男	367	54.2	62.4
女	221	45.8	37.6
計	588	100	100

④ 年令別生徒数

性別＼年令	12 ～ 15	16 ～ 29	30 以上	計
男	196	163	8	367
女	125	85	11	221
計	321	248	19	588
%	54.6	42.1	3.3	100

（16～29・30以上）267名（45.4%）

38年%	64.8	35.2	100

⑤ 地域別学令超過児の実数とその占める比率

都府県	在籍数	16才～29才	%	30才以上	%	超過児計	%
東京	259	118	45.6	15	5.8	133	51.4
神奈川	99	40	40.4	1	1.0	41	41.4
愛知	31	6	19.4	2	6.4	8	25.8
京都	33	9	27.2	0	0	9	27.2
大阪	10	0	0	0	0	0	0
兵庫	33	5	15.2	0	0	5	15.2
広島	123	70	56.9	1	0.8	71	57.7
計	588	248	42.1	19	3.3	266	45.4

⑥ 地域別在籍生徒の最高年令

都府県＼性別	男	女
東京	36	43
神奈川	31	24
愛知	27	27
京都	16	21
大阪	15	15
兵庫	29	15
広島	34	23

2. 学級編成

① 編成種別学級数

都府県＼種別	学級数 単式	2学年複式	単級複式
東京	22	0	0
神奈川	1	1	7
愛知	1	1	1
京都	0	1	3
大阪	0	0	1
兵庫	0	0	2
広島	7	1	0
計	31	4	14
%	63.7	8.0	28.3

② 編成種別学校数

都府県＼種別	学校数 単式	複式
東京	7	0
神奈川	1	7
愛知	0	2
京都	0	4
大阪	0	1
兵庫	0	1
広島	2	1
計	10	16
%	34.6	65.4

3. 教員数とその給与状況

① 教員数

都府県	調査校	教員数 専任	兼任	計	1校平均教員数 専任	兼任	計
東京	7	40	34	74	5.7	4.8	10.5
神奈川	8	1	51	52	0.1	6.3	6.4
愛知	2	3	2	5	1.5	1.0	2.5
京都	4	4	15	19	1.0	3.7	4.7
大阪	1	0	4	4	0	4.0	4.0
兵庫	1	4	0	4	4.0	0	4.0
広島	3	6	11	17	2.0	3.6	5.6
計	26	58	117	175	2.2	4.5	6.7

② 給与の状況

a. 専任教員の給与

	校数	%
昼間勤務より高い	8	47.1
昼間勤務と同じ	9	52.9
計	17	100

b. 夜間手当のつく地域

都府県	校数	手当額
東京	7	本俸×0.07
兵庫	1	1号俸高い

c. 兼務手当

都市	校長	教諭・講師 月額	教諭・講師 時間給	校医	歯科医	用務員
東京	本俸×0.05		240〜270	年5,000〜12,000(3校)	年2,500(1校)	月600〜1,500
横浜	1,400	2,000				月700
川崎	2,250		150			
名古屋	本俸×0.04+600	1,500〜2,600				月1,000
京都	500〜950		250			月200〜300
岸和田	時間150		150			
広島	1,200	1,200				

4. 授業の状況

① 1日の授業

a. 始業時刻と終業時刻 （校数）

始業時刻＼終業時刻	8:00〜8:29	8:30〜8:59	9:00〜9:10
4:30〜4:59			1
5:00〜5:29	2	1	
5:30〜5:59	1	8	6
6:00〜6:29		4	2
7:00〜7:29			1

b. 1時限の長さ

分	30	35	40	45	50
校数	1	5	9	4	7

c. 1日の時限数

時限	2	3	4	5
校数	1	8	16	1

d. 1時限の長さと1日の時限数

1時限の長さ ＼ 時限	2	3	4	5
30			1	
35			4	1
40		2	8	
45		2	2	
50	1	4	1	

② 教科別週間授業時数

（校数）

教科 ＼ 時数	0	0.5	1	1.5	2	3	4	5	6
国語		1				11	11	1	1
社会		1			4	14	6		
数学		1			3	13	7	1	
理科		1			9	13	2		
音楽		1	21	1	2				
美術		1	18	1	5				
保体		1	11		10	3			
技家	1		7		12	4			
英語	1		5		10	7	2		
道徳	10	2	13						
特活	8	1	15						

5. 設備備品等学習環境

① 教室

種別	夜間専用	一部専用	昼間と兼用
校数	3	1	22

② 照明

種別	螢光燈	普通電球
校数	23	3

b. ワット数

（校数）

種別	螢光燈									普通電球	
ワット数 ＼ 数	1	3	4	5	6	8	10	12	13	4	8
20						1					
40	1	1	4	1	3	5	2	3	1		
60			1								
100										1	2

c. 照度（ルクス）

ルクス	0～50	101～150	151～200	201～250	251～300	351～400	400以上
校数	1	4	4	4	5	1	2

③ 特別教室

a. 体育館

使用方法	体育の時間に使用	体育の時間と休憩時間	使用前と放課後
校数	14	2	1

b. 図書館

使用方法	読書指導	必要に応じて	始業前に使用
校数	3	9	1
始業前か放課後	月に1回貸し出し	ほとんど利用しない	使っていない
1	1	2	3

c.理科室

使用方法	実験の時に	必要に応じて	使っていない
校数	9	5	5

d.音楽室

使用方法	音楽の時間に	必要に応じて	音楽鑑賞	1学期のみ使用
校数	5	9	1	1

冬は使用しない	使っていない
1	2

④ 暖房設備

（校数）

全くなし	一部なし	石炭ストーブ	石油ストーブ	石油ストーブ 石炭ストーブ	ガスストーブ	石油ストーブ 石炭ストーブ 火鉢	電気ストーブ 火鉢	火鉢
1	1	13	4	2	2	1	1	1

⑤ 夜間専用備品 （26校のうち）

種別	戸棚	生徒用机	生徒用下駄箱	生徒用ロッカー	掲示板	ラジオ	テレビ	映写機	テープコーダー
所有校数	21	5	10	4	7	4	8	4	11

種別	幻燈機	オルガン	電蓄	野球用具	ソフトボール用具	バレーボール	ピンポン用具	バドミントン	バスケットボール
所有校数	10	9	8	5	11	13	17	9	4

種別	ミシン	編機	電気冷蔵庫	音画機
所有校数	6	1	4	1

⑥ 学習用具

	教科書			学用品			実習材料		
	校数	%		校数	%		校数	%	
		38年	39年		38年	39年		38年	39年
全額無償給与	12	56.7	48.0	13	30.0	52.0	14	44.9	56.0
全部貸与	7	36.7	28.0	5	6.7	20.0	4	10.3	16.0
一部給与・一部貸与	2	0	8.0	0	6.7	0	1	0	4.0
一部給与 一部貸与・一部生徒負担	1	0	4.0	2	3.3	8.0	3	0	12.0
一部給与・一部生徒負担	3	3.3	12.0	3	43.3	12.0	3	31.1	12.0
一部貸与・一部生徒負担	0	0	0	0	3.3	0	0	3.4	0
全部生徒負担	0	3.3	0	2	6.7	8.0	0	10.3	0
計	25	100	100	25	100	100	25	100	100

6. 給食

① 週間給食回数

給食回数	なし	あり		計
		5	6	
校数	2	1	22	25
%	8.0	4.0	88.0	100

② 週間給食内容

給食内容	校数	給食内容	校数
パン・牛乳	11	パン，副食，脱脂ミルク	3
パン・脱脂ミルク	2	パン，副食，脱脂ミルク 5回 米，副食 1回	1
パン・委託乳	2	パン，副食，脱脂ミルク 5回 パン，牛乳 1回	1
パンを毎日，牛乳を隔日	1	パン，副食，脱脂ミルク 4回 米，副食 1回 パン，副食，脱脂ミルク，うどん 1回	1
委託乳	1	計	23

③ 地域別状況

都市名	週間実施回数	1食あたりの費用	経費負担
東京	6	29 ～ 40	地方自治体全額
横浜	6	48	〃
川崎	6	20	〃
名古屋	6	20	〃
京都	6	25 ～ 35	〃
神戸	5	4.5	〃
広島	6	20 ～ 22	〃

④ 給食準備をする人 (校数)

給食婦	教師と生徒	生徒	教師	教師と給食婦	用務員
7	5	4	2	1	1

7. 学校保健

① 検診実施状況

検査種別		身体計測	内科検診	X線検査	眼科検診	歯科検診
実施校数		23	20	19	18	17
%	38年	93.4	76.8	70.0	53.4	56.7
	39年	88.5	76.9	73.1	69.2	65.4

② 予防接種，ツベルクリン反応注射

種別	腸パラチフス	日本脳炎
実施校数	12	10
%	46.2	38.5

ツベルクリン反応注射
12
46.2

⑤ 年間実施回数 (校数)

種別＼回数	0	1	2	3	4以上
身体計測	3	13	5	4	1
寄生虫卵の検査	13	7	4	2	
寄生虫の駆除	15	6	3	2	
検眼	10	16			
洗眼	22	3			1
X線検査	7	14	4	1	

④ 医療器具，薬品，身体計測器具 (校数)

	ある	ない（昼間部より借りる）	一部ある
医療器具，薬品	7	19	0
身体計測器具	0	23	3

⑤ 主な疾病，負傷（39年4月－9月）

都市	傷病名	備考
東京		6月，京葉道路，オートバイクに乗車，ミキサー車と衝突，3か月の重傷，9月退院，通院中
横浜	てんかん	教室内1回，電車内1回
〃	骨折	会社
〃	結核	8月発病，市大病院へ入院，治療中
名古屋	盲腸炎	2人，5月・8月 入院，全治
〃	湿疹	7月，校医検診，注射・くすり
京都	はやり目	3か月，疲労のため治りにくい
〃	腸痛	常時なりやすい
神戸	心臓かっけ	

8. 学校経費（2部学級費）

① 2部学級の独立した予算はあるか

	あ　る	ない，昼間と一本
校　数	20	6
%	76.9	23.1

② 経費の出所

区　分	市区町村費	市区町村費 P T A	市区町村費 寄付金	市区町村費 P T A 寄付金	市区町村費 後援会
校　数	7	6	4	4	2

③ 地域別生徒1人あたりの金額

都市	経費総額	生徒数	生徒1人あたり金額	備考
東　京	2,230,857	259	8,605	
横　浜	610,000	92	6,630	石炭の現物支給
名古屋	102,500	31	3,306	
神　戸	56,000	33	1,696	
広　島	460,148	123	3,741	

9. 学校行事

① 遠足・運動会・修学旅行・社会見学（25校のうち）

種別＼区分	実施する		実施しない	
	校数	%	校数	%
遠　足	20	80.0	5	20.0
運動会	13	52.0	12	48.0
修学旅行	18	72.0	7	28.0
社会見学	11	44.0	14	56.0

② 経費負担

a. 遠足　公費補助　4　　篤志家の寄付・招待　4
　一部公費補助・一部生徒負担　2　　一部寄付金・一部生徒負担　1
　P.T.A.補助　2

b. 修学旅行　公費補助　14

③ 補習授業

- 2学期以降希望者に週3回，放課後1時間授業を行なう。
- 希望者に放課後毎日30分授業を行なう。

④ 夏休みをどう使っているか。（校数）

- 週1回出校日　学習指導　生活指導　1
- 5日間出校日　学習指導　生活指導　2
- 週1回出校日　生活指導・コーラス　1
- 8月中　2回　球技大会　1
- 希望により10日間学習　3
- 7月中　約1週間　学習　1
- 希望により15日間　学習・4日間学校のプール開放　1
- 水泳指導　2回　1
- 希望者に個人指導による補習　1
- 3年　キャンプ1.2.3年バスによる飯盒炊事　1
- キャンプ　2泊3日　2
- キャンプ　1泊2日　1
- 臨海学習　1泊2日　1
- 全市合同で海水浴2回，登山1回

10. 緊急に必要とする施設・備品・その他

・夜間専用教室	・図書	・幻燈機
・生徒用ロッカー	・ピアノ(オルガン)	・テレビ
・黒板の照明	・薬品	・シンクロファクス
・スポーツ用具		

III 結果の考察 ― まとめ

昭和３９年度
共同研究集録

夜間中学校における
学習指導と生徒指導の個別化について

横浜市夜間中学校教育研究会

ま　え　が　き

京都での全国夜間中学校研究大会に際し，当市として合同研究の結果を発表する機会を得，ここにその資料集がうまれたことは，夜間学級の教育の反省と前進のためによろこばしいことである。この資料は横浜の夜間学級をもつ７校がふだんもっているなやみや問題点をもちより，協力しあい，助言しあってかれらの学習と生活の面について調査研究と実践を続けてきたものである。
これは，その多くの中から要点をまとめたものである。これからの夜間学級の指導の資料として，活用していただけるものと思う。しかし，なお解決を要する問題も少なくない。
関係者の一層のごじん力をお願いしたい。

この資料の作成について，夜間学級設置校の校長さんはじめ主任の先生方のご努力をいただいたことを深く感謝するものである。

昭和３９年１０月１０日

横浜市夜間中学校研究会長
横浜市立浦島丘中学校長　飯　田　赳　夫

目　　　次

夜間中学校生徒の
基礎学力向上の個別化指導

鶴　見　中　学　校

① 必要化

学習指導には一斉指導，グループ指導，個別指導など種々あるが，本校での夜間生徒には時に一斉指導，グループ指導もまじえるが，個別指導の学習の徹底化を期している。

なぜかと言えば

① 本校に生徒が少人数（5人）であるため，一，二，三年の複式学級を採用している。

② 生徒に社会，家庭，身体，性格的にいろいろ問題点をかゝえた生徒であり，昼間学校へ行かない，または行けない生徒であるので，学力が生徒により非常にアンバランスである。また同一生徒も教科によってアンバランスが目立つ。

② 生徒の実態

教師は生徒の実態，学力を把握し，その学力に応じたA－2，B－2，C－1のグループに分け，それぞれの能力に応じてカリキュラムを作成し，指導する。

氏名	学年	境遇	経過	英語	国語	数学
M	3年 (女)	父　死亡 母　病弱 兄　2人 兄2人工場へ勤め 本人　内職	中学2年まで（9月頃）まで）昼間の学校へ行きそれ以後，母の看病のため欠席	Aグループ 1年～2年前期までの学習事項を習得させる。	Aグループ 2年位の力を持つ読解力，作文はよいが書写力劣る	Aグループ 正の数，負の数の（2数の四則）習得
S	2年 (男)	父母　健在 弟　1人	中学2年4月当初悪友に誘われ，悪の道に入りかけたが補導され友との交友をさけるため他地区の本校夜間に入学	Aグループ 1～2年前期までの学習事項を習得させる	Aグループ 2年の力充分に持つ読みはふつう書くのが苦手	Aグループ 正の数，負の数四則（3桁以上）
I	1年 (男)	祖父母健在 父母　健在 弟　1人	本人病弱であったため小学校より欠席多く，学力劣り，ノイローゼとなり公私立の中学校転々として本校一年に入学	Bグループ 1年前期までの学習事項を徹底させる	Bグループ 小学校6年生位の力を持っている	Bグループ 約数，倍数，分数の加減乗除

氏名	学年	境遇	経過	英語	国語	数学
H	1年(男)	知人宅 父母兄弟は 九州	父との折合い悪く知人宅をたより単身上京，九州にいた時も学力不振満足に小学校に行かず	Bグループ 1年前期までの事項と英語に関心をもたせる	Bグループ 小学校5年生位話すことはよいが，読み，書き不足	C グループ 九九 割り算 2桁と1桁の掛算
Y	3年(女)	父 死亡 母 健在 兄 1人	家庭経済生活安定せず本人も就職したがり，母ものぞむ 落着きなくいつもフラフラし私語多し	Cグループ アルファベットを正確にかけるようにする	Cグループ 小学校3年位の力しかない。話しはうまい。	Cグループ 九九 2桁と1桁の積

⑤ 実践と結果

次に英語科と国語科との実践例として，一時間の展開例を記して見る

(イ) 英語科

時間	A・Bグループ	Cグループ
0分〜10分	絵（ピクチャーカード）を見て，聞き話す練習	
10分〜15分	絵の後に書いてある単語を用いてノートに口頭練習の文を書く。A：Bの割合は4：1	アルファベットを書く練習
15分〜30分	教科書を読む　意味をとる	〃
30分〜45分	単語の練習，又問題をやる	〃
45分〜50分	絵を見て，もう一回反復練習する	

結果として現在

Aグループ

話す力，読む力1年前期の力が現在は書く力はやゝ劣るが，少しずつ正確にかけるようになった。

Bグループ

絵の単語が口頭にかける様になり，Yes．Noの答が出来るようになった。

Cグループ

アルファベット転写の力が出来た。絵を見て単語を口頭で書けるようになった。

－2－

(ロ) 国語科

時間	Aグループ	Bグループ	Cグループ
0分〜15分	漢字のよみと書きの10分間テスト	教科書を音読させ，漢字の読みを確認する	黒板の漢字30字2回ずつノートに書く練習
15分〜30分	教科書を音読させ，漢字のよみを確認 難語句をノートさせ練習と辞書を用いて意味を調べさせる	漢字の練習10回ずつ	
30分〜45分	文章を段落に分けさせ，その要点をノートさせる	発問式に漢字テスト もう一度通読させて内容について話し合う	練習した結果を検討してやる
45分〜50分	ノートを確認し内容について話し合う	漢字の練習	

Aグループ

① 文章の内容，要点のつかみ方が確実性を増してきた。

② 作詩に興味をもってきた。

③ 辞書の使い方が上手になった。

Bグループ

① 音読と書くことを非常に嫌っていたが，積極的にやるようになった。

② 特に書くことに興味を示してきた。

Cグループ

やる気がなかったが，小学校3〜4年の漢字を板書して読ませると興味を持ち読むようになった。

(ハ) 数学科

割愛（誌面の都合上）

－3－

◈ 問題点

基礎学力の向上と云うが，次に問題点をあげて見ると

① 生徒が学校へ来るのは学力を向上させるためばかりくるのではなくて，家庭のウサばらし，工場の勤務のつらさによる逃ひ場としてくるのもいる。

② 授業時数の絶体不足

③ 語学や数学は反覆練習が必要なのに，家庭に帰っても，その時間がないため非常につみかされが少なく進度が著しくおくれる。

などで基礎学力の向上を目ざしているが，思うように行かない点もある。学習に関心を持たせ，興味づけるために，ＡＶ教材の利用を常に考えている。なお本校は横浜市の視聴覚研究校，NHKの研究指定校でもあるので，割合視聴覚教材教具も豊富である。それを活用して学習効果を上げるよう各教師はくふうし，努力している。

中学校の全課程をマスターさせることは，とても無理である。しかし恵まれない５人の生徒に，５教科の指導を通じ，文化の匂にふれさせると，ともに教科の学習を通じて，学習の態度をつくり，現在の社会に適応できる生徒になってもらいたいと念じている次才である。

国語学習（文字）の進め方について

浦島丘中学校

生徒の実態

ほとんどの生徒が家庭経済を維持するために止むを得ず夜間中学校へ通学するようになってきている。

① 家庭経済および身体的欠陥のために学校にいけなくなり，中学校を卒業した年令になり，思いなおして勉強するようになった者

② 父に死別後，止むをえず，初めから夜間中学校に来るようになった者

③ 家庭の事情のために中途から夜間中学校に来るようになった者

というように大別できるかと思うが，それぞれ個別的な生活問題をかかえており，一律的なものの考え方で生徒の生活を理解することはできない。

学力の面から考えてみると，全員がそれぞれ学年相当の学力を持っているとは言えない。家庭関係の事情と，学力は相関関係を持っているように思える。

しかし，いずれにしても，少しでも勉強していきたいと言う向上心を持っているし，学校に来て，みんなと話しあえる雰囲気を楽しんでいる。

学習の場の設定

1. 先生と生徒の関係

日を経るにしたがって生徒との親近感が深くなって来ている。昼間の生徒には味わえないような親しみがわいて来ている。学校からの帰り道，バスに乗らずに色々なことを話しあいながら夜道をあるいたり，時には会食と言って調理に興じたり，ピンポンで同じ汗を流したりする間に，夜間でも楽しく勉強できる確心にたものがでてきているようだ。

また，生徒は自分の生活を通して，友人のことを考えるらしく，欠席生徒に対して心から心配する様子がみえる。勉強中突然これらの友人のことが話題になることがある。その時には彼等の話に耳をかたむけることにしている。話したいことを話し終ると安心したかのように自然に勉強にもどっていける。

2. 机の配置

幸か不幸か生徒数（９人）が少くないので次のように机を配僵している。

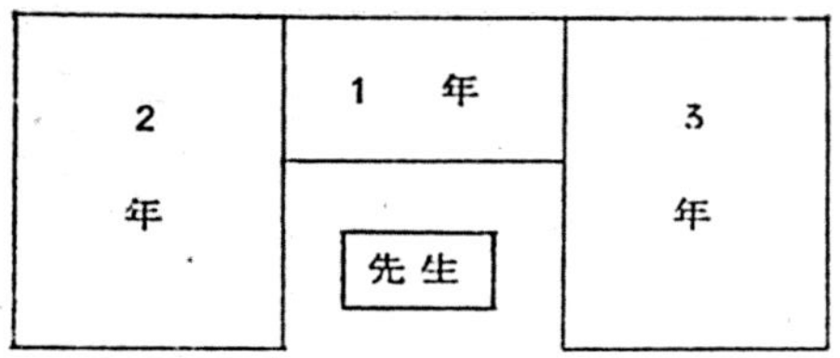

このようにして，1年生を中心におき，それぞれの問題に対して，相互に発言できるようにしている。時には自分の学習が早く終った3年生は1.2年生の指導にまわることもある。

授業の仕組み

夜間中学校の授業は1，2，3年合同の授業になるので，これをどのような仕組みの学習内容を持たすかと言うことが問題になる。

通常の学習カリキュラムで授業を進めていくことは非常にむずかしいので，国語学習においては，抽象的な学習を切りすて，具象的な学習を中心にしている。学習内容が飛躍的に展開することもあるが，生徒全員の協同で，問題解決にあたるようにしている。

① 教　材

教科書だけにたよらず，日常の利用度の高い新聞などを組入れている。

② 学習の仕方（文字の学習）

1　年　　仮名使い。→ 送りがな。→ 漢字のなりたち。

2　年　　漢字のなりたち。→ 音訓の読み。→ 文字のえらび方。

3　年　　音訓の読み。→ まぎらわしい文字。→ 語句の意味。

このような流れにしたがって学習を展開している。この学習は1，2，3年同時展開となり，成功度の高いものから順に学習を始めている。この学習は，1年生が，2年生の学習に手をつけたり，3年生が1年生を指導したりして，それぞれの能力におうじて展開している。このようにしていくと，やればできると言う学習意欲を高め，また，成功度が高くなるので学習に興味を持つようになる。

男生徒のひとりは，必ずといってよいくらい復習してくるようになり，自分がいないと皆んなが困るという気持ちをもつようになって来ている。

これを図にすると次のようになる。「漢字のなりたち」を全員の先徒が中心にして学習している。そして，この図のように，それぞれの学習が入り組み，相互学習になっている。教えたり，教えられたりするわけである。こうして，3年生ともなれば，必然的に良い意味でのエリート意識を持つようになって来ている。

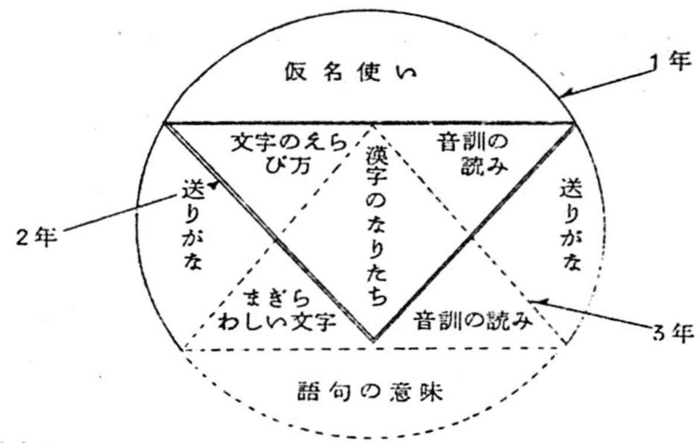

③ 学習のまとめ

学習した文字や，ことばを使って短文を作ることにしている。

(イ) 一つのことばや，文字を使った短文

(ロ) 二つまたは，三つのことばや文字を使った短文

を作らせている。組合せが多くなると自然にことばの意味に関心をもつようになるので，ここで語句の指導もできる。

（できあがった短文の中には，それぞれの生徒の家庭の反映，また職場の反映があらわれて来ることも見逃せないことであろう。）

社会科地理の学習内容構成の基準性について

西　　中学校

1. 必要性の根拠

① 授業時数の問題

中学校第1学年（地理的分野）では，年間授業時数は最低140時間であるが，年間に内容を十分に消化できないほど，学習内容は豊富で，かつ多岐にわたっている。しかも本校夜間部のように社会科授業時数が70時間では，とうてい消化することができない。

② 遅刻・欠席による問題

夜間部生徒の遅刻・欠席によることが一段と学習内容の消化をおくらせている。生徒は経済的の理由から少しでもよけいに働いて，より多い賃金を得ようとする無理のない気持をいだき，雇傭者は生産の都合から本人の申し出があるまでは，少しでも労働させようとする。このからみあいが遅刻や欠席を生じさせる。この状態が直接ひびくのが授業である。昨日休んで今日出席するもの，今日休んで明日出席するもの，そして彼等生徒は欠席し遅刻した範囲の学習を取りもどすだけの暇がほしくてもないのである。しかも家庭学習は疲労を一段と大きなものにする危険をはらんでいる。

③ 知能と能力差の問題

夜間部に在学する生徒の多くは，家庭経済の貧困による不就学者か長期欠席者であった。しかもその不就学，長期欠席の状態が多様であるために学力の差は大である。中学校教育を入学と同時に受けられる生徒は皆無である。学力の差は，中学校教育を受けるに近い生徒から，小学校の中学年から学習内容をはじめなければならない生徒まで いる。また知能も普通児以下の学業不振児あり，指導によっては昼間部生徒の上位につくことのできる優秀児もある。普通児以上の知能を有する生徒は，かりに学力が低くても指導される学習内容は手得されていくことが多い。したがい学力の差は個々に大きく差が拡大され同一内容の指導では不可能であり，かつ普通児以下の生徒は劣等感を感じ情緒的不安定となり欠席の原因ともなり，大きな問題に発展をしてしまうこともでてくる。

④ 生活経験の差の問題

以上の外，同学年においても，適年児の低生活経験と過年児の複雑な生活経験に起因する学習内容と授業態度の問題である。それに体力も18才，19才近いものと，12才，13才との開きも大きい。過年児の生徒の方が学習に対してより切実であり，同一にはじめても，やがて開きが生じていくのである。また社会教育ということから見ても，過年児は学校教育で直接受ける面まで知識として体得していることである。

⑤ これからめざす生活設計の問題

生徒は苦るしみながらも，暖い愛情がみなぎる学校に，平等に語り合うことのできる学校にできうる限り出席し，少しでも知徳を練磨しようと努力している。知能の低い生徒，学力の低い生徒は向上のための努力を，高知能，学力のある生徒はそれなりの学習を求め欲している。生徒の大部分は，卒業後も今の仕事を続け将来をきずいていこうとしている。その内心には職場の人と同じ力，同じ生活ができる希望を十分にいだいている。一方少数の生徒であるが，進学への志を有する。しかしこの進学の志も強固のものでなく，卒業間近かの生活環境によって変化する。特に進学の志の断念を決定するのは，学習の実力を知る時である。学習の不足は決定的な進学断念となる場合が多い。進学にせよ，職場にとどまるにせよ，これからめざす生活に応じ得るようなことも考えてやらなければならない。

2. 研究のすすめ方のねらい

こうした問題をかかえる夜間中学校において，能率的に最大の効果をあげるには，昼間部における学習内容の適当な利用でなく，学習内容を検討し，精選し，構造ずけることが必要である。たとえば日本地理の学習において，各地域ごとにどのような学習内容に重点を置いたらよいか，この基本的な内容が日本全体とまた他の地域とどのような関連や位置づけをもっているかを検討して，地域と日本全体や各地域間の有機的な関連を図り学習内容を構造的に把握していくことである

3. 方　法

① 学習内容構成の方法

学習内容の精選には，一定の基準を設け，精選された内容を構造化するのである。各地域の学習内容を分析検討すると，どの地域でも取り上げられる地理的一般性や普通性を示す内容，その地域でなければ学習できない地理的特殊性をもつ内容があり，またそれぞれの地域の現在および将来の重要な課題となっているものもある。これらの3つの内容について，日本全体と各地域との関連において構造ずけを図るのである。

② 学習内容の構成表

地域と配当時間	九　州 (4)	中国，四国 (4)	近　畿 (5)	中　部 (5)	関　東 (6)	東　北 (5)	北海道 (5)	日本全体 (4)
自　然		ⓐ気　候		ⓐ地　形				自　然

地域と配当時間	九 州 (4)	中国,四国 (4)	近 畿 (5)	中 部 (5)	関 東 (6)	東 北 (5)	北海道 (5)	日本全体 (4)
農 業	b 南九州の農業	a b c 高度の土地利用	b a 近郊農業 高冷地農業	b c a 高冷地農業	b a 畑作農業	ⓐ 米作と果樹栽培	b a 大農と酪農	産 業
林 業 水産業			a 紀伊半島の林業				b a 盛んな水産業	
鉱工業	b c 北九州工業地帯	b c 瀬戸内海工業地帯	ⓐ 阪神工業地帯	b c 中京工業地帯	b c a 京浜工業地帯	ⓐ いろいろな鉱資源		
開 発				ⓐ 豊かな電源地帯		a c 北上川の総合開発	a c 開発の歩みと今後の課題	
人 口 集 落			b a 奈良 京都		ⓐ 首都東京			人口

③ 学習内容構成表のよみかた

表のたて軸は，自然から，オ1次産業～オ2次産業を経て人口集落に及び横軸は，従来の地域区分の7地域と日本全体にまとめた，表中のaは日本全体に関連の深いもの（一般性） bは地域独特の性格をもつもの（特殊性） cは地域の課題にふさわしいもの ⓐは日本全体の基本的内容をもつものである。

九州地方では，その重要な内容として南九州の農業と北九州の工業とをあつかい，特に「北九州の炭田地帯の災害と失業問題」などを課題として扱うことを示している。九州における北の工業と南の農業は，中心的内容で両者を比較すれば，南北九州の地域の性格もつかむことができる。表の中に現われない内容は，省略はなるべくさけて，その扱いの比重を軽くするのである。

中部地方では日本全体の地形を学習し，また日本の水力電源のこともこの地域であつかう。

近畿地方では，紀伊半島の林業を中心として日本全体の林業分布にふれる阪神工業地帯は，日本全体の視点にたち，わが国の工業分布，立地条件などを通じて地域性をとらえる。

関東では，首都東京を中心に日本全体の都市を学習し，奈良，京都などの古い歴史をもつ都市との対比をする。関東では畑作農業，近畿では近郊農業，東北では米作と果樹園芸農業を学習する。

北海道では水産業をあつかい九州，南四国，伊豆，房総などの暖海性の水産業もここでまとめ，

北海道の寒海性の水産業と対比する。

④ 指導法

学習内容の構成表は学習の基準であるから必要性の根拠でのべたことを考え，生徒個々の学習内容を構成し指導を行うのである。

夜間中学校生徒の学習能力は多様であるから，これを一律に指導するのでは充分な効果は期待できない。そこで生徒の特殊性を考え指導の方法も考慮しなければならない。

- 学習の目標を充分に考える。
- 学習の発展段階を考える。
- 学習の動機づけによって
- 学習教材によって

以上のことを考えて1時間の授業形態を次のようにとってみる。

- 1斉中に個別指導
- 個別からはじめ一斉にそして個別に
- 個別で終る。

国語科「書くこと」の指導について

港　　中学校

「書くこと」の指導については，中学校国語指導書に明記されているように，いわゆる作文の基本的態度と，書写の二つを考えねばなるまい。しかし，私は，ここでは作文に限定して述べていきたいと考えている。

作文的なものの内容として，「必要な用件やことがらを落ちなく文章に書く」「要点を明確に書く」（オ1学年）「事実と意見とをはっきり区別して書く」（オ2学年）「ことばの効果を考える」（オ3学年）というように，学年の段階を追って指導するよう，計画を立てるべきであるが，これは，あくまでも，標準的な基準であり目標であるから，指導要領にそっていかなければならないとはいえ，個人差，個別的なくふうはされるべきであろう。

特に，夜間部の生徒の指導に当たっては，その特殊性の長短を熟知した上で，計画を立て実践すべきべきものであると考える。すなわち，特殊性のオ1は，多集団の授業をしていない。（私の学校では，毎日のように出席しているが，3名～6名である。）オ2は，学年相応，年令相応の学力を持っていない。オ3は，個人個人の環境・人生経験に，昼間の生徒と違った特殊性がある。オ4は昼間働いている者が多い。オ5は，年令の差が大きい。（私の学校では，13オ～31オの生徒が通学してきている。）以上の特殊性の上に立った指導計画を考えなければならず，必然的に，個別指導を多くとるようにせざるを得ない。しかし，この点は絶対数が少ないという点から，簡単に実施できることである。

このような立場から，現在私の実施している計画の大綱を述べてみたいと思う。

まず4月以降の常時出席者を紹介しよう。

① T.S.　31オ　3年生　39.2入学　会社雇

満洲からの引揚者。独身。店員・バーテン……いろいろの職業を転々とし，今は，M会社の倉庫係として勤め，社会に対する考え方はしっかりしているし，生活しようという意欲は根強いものがある。態度はまじめである。学力は，小学校5年程度。

② M.N.　18オ　2年生　39.4入学　彫刻師見習

国籍は違うが，日本に生まれ，日本に育ち，成育環境は完全に日本人であるが，国籍の点では悩みを持ち，人生に関する考え方も，しっかりしているが，やゝ悲観的になり易い。学力は，中学2年程度。

③ K.S.　15オ　3年生　38.12入学　左官見習

市内H中学校より転入，怠学していたが，夜間に来るようになってからは，殆んど欠席なく態度もまじめである。一流の左官職になるよう希望にもえている。学力は，中学2年程度。

④ Y.A.　15オ　3年生　39.9入学　電気工見習

茨城県より転入，家庭の事情で，N電気店に住込み，明朗であるが，あわて者であるという印象が強い。学力は，中学1年程度。

⑤ T.M.　15オ　3年生　39.9入学　病気

病気のため，昼間部より転入。性格は温和で，しっかりしている。学力は，中学2年程度。

⑥ H.K.　13オ　1年生　39.9入学　店員　（女子）

ただ一人の女生徒。市内I中学校より転校。家庭の事情によるが，しっかりしていて，態度もはきはきしている。学力は，小学6年程度。

男生徒5名女生徒1名というのが，39.9.20現在の出席者数である。

さて，この生徒たちに，いかにして，前記「書く」能力をつけさせるかということが，問題である。「作文はその子の持っている実力・考え方をよく表わしている。」とは，言いふるされた事実である。ここで，指導上の問題点を書き出してみると，次のようになる。

1. 学力のひらきが，非常に大きい。（基礎学力が違う。）
2. 社会経験・体験に大差がある。

1.の場合，漢字を知らない。読書経験が少ない。書いたという経験が少ない。ということがある。

2.の場合，体験が異なり，社会に対する考え方と，現在の環境を主にして考えるため，それぞれ，相当に異なったものを感じる。しかし，社会を真剣に見つめ，生活に対する意欲は，昼間の生徒に見られない　まじめなものが見られ，「書く」材料は豊富であり，表現力さえあったならと考えさせられることが多い。しかし，それをどの辺まで深く見つめ，正しく理解しているかという点については，測り知れないものがある。

そこで私は「書く」普通の過程を踏んでも駄目だと考えた。そして，教科書を読ませるにしても，内容を理解させるにしても，昼間の生徒を指導しているような手順でいくのでは，効果をあげるわけにはいかないと思った。私は，4月以降，「書くこと」の指導をするという目標だけでなく，国語科全体の指導の点からも，とにかく，活字に馴れさせ，文に親しみを感じさせるようにしなければならないと考えた。

△ 4月　「教科書を写す」

教科書を写す作業によって，文字，語句を憶えるだけでなく，書く作業によって，文・文章の構成（構文の手本）になれさせ，知的理解より，体験的理解をするよう指導した。文の内容としては，なるべく分り易い，そして，働きながら学ぶという彼らの，「心の糧」となるような教材を選んだ。例えば，「吾一」とか「ハイジ」といった。道徳教育的な資料になるような作品で，平易なものといった，文章にふれさせたわけである。

△　5月　「段落ごとの内容把握・短文作り」

段落は，意味段落に区切り，その内容把握を目的とさせ，学力に応じて「要点をおさえる。要約する。」といった作業をさせ，段落相互の関係を捕えさせるという指導を行なった。また，語いの用法，実際に，文を作るということから，短文指導と併せて実施した。このとき気づいたことでは，常に，自己の生活を対象として，物事をまとめ，短文を作り，内容を考えるという態度があり，好感が寄せられた。

△　6月　「実際に書く」

自己のまわりから取材して，作文を書かせた。題は，「私の希望」。実際には，次のような過程を踏ませた。

1. 頭に浮んでくることをメモする。
2. 題にそって，メモを整理する。
3. 書こうとする筋に従って，整理したメモに順番をつける。
4. メモをもとにして，下書きをする。
5. 下書きを推こうする。この際，文字・語句の誤りを直し文，文章の意味の通らない所を直す。
6. 清書する。

以上の過程は，4月から在籍している，三人を対象として指導した。彼らの作業を見ていると，社会経験の豊富な点から，メモは早くとれたようであった。しかし，そのメモの取捨選択がたいへんのようであった。ところがこの作業が大切なのであって，ひとりひとり，徹底的に整理させた。この点昼間の生徒と違って個別指導が簡単に行なえて楽である。いわゆる「うまい作文」を書かせようとは思わない。しかし，整理するために思考するということが，題を厳粛に考え，主題を浮かび上がらせるポイントであることを自覚させ，「筋道を捕えて，意志が発表できる」という観点から指導した。この観点から，メモをもとにして文をつづらせ，作文としての形態を整えさせた。原稿用紙三枚ということにしたが，少々無理であった。ここででき上った作文を，横浜市夜間中学校作文集にのせたわけである。

最後に，実践した結果を反省し，今後の計画に寄与したいと考えている。

社会経験は豊富であっても，やはり，学力というものが不足しているので，昼間の生徒と同じには扱えない。そこで，目標を，実社会に直接関係するものとして，次のようにおいてみたいと考える。

『自己の意志が率直に表現できる』

-14-

とにかく，形容句とか修飾的用語が使えなくても，意志が通じるようになればよい，ということである。これによって，手紙も書けるようになるだろうし，日記もつけられるようになるだろう。仕事の依頼状その他生活をしていくために，必要欠くべからざるものだけでも書けるようにさせたい。そして，最終的には「目的に応じて文章を書くことの技能を確かにさせるとともに，それを生活に役立てようとする態度を身につけさせる。」ことを目標にして，指導を進めていきたいと思う。

-15-

学校に来ない生徒を就学させるにはどうしたらよいか

平楽中学校

(1) このテーマを取り上げた理由

昭和３８年度，横浜市立中学校長欠生徒数調査によると，男女合計 1,３３６名の多きに達している。本校に於ける長欠生徒数はこの総数の約１０％に相当する１２４名（男７６，女４８）である。欠席の理由については様々であるが，その中で最も多いのは，本人の意志による勉強ぎらい学校ぎらいで７０名（男５１，女１９），次に親の無理解による者２１名（男９，女１２），病気，身体精神障害による者１４名（男６，女８）となっており，その他，家計の補助のため，家族の疾病異常のため，経済的理由などが上げられる。欠席日数もまちまちであるが，５０～99日５８名．　１００～１４９日２９名．　１５０日以上１８名．１学年あるいは１学年以上の原留が１９名である。

この様な多数の長欠生徒を抱える本校の地理的環境はどうであろうか。本地域の約半分は，横浜のふきだまりと言われ，東京の山谷，大阪の釜ケ崎のようなスラム街をも抱えている。最近では市のテコ入れで，バス住宅が４階建ての簡易アパートになり，付近には地域指導のセンターとして愛泉ホームも設立された。町の迷路は広く整理され，家並みも新しくなった。しかし，まだまだ，バラックや真暗なアパートの一室に，政治から見捨てられた様な最低生活も保障されない多くの家族がいる。保護者の職業も，沖仲仕，日雇い，工員，手伝い，内職，職人が８０％を占め，会社員，公務員などはその１０％にも満たないであろう。いわゆる「カギッ子」は全校の30％に該当し，又，昨年１年間の家裁送検数は市内中学校オ１位というありがたくない実績である。社会が安定したと思われる昨今ですら，昼間，酔っぱらいが大道を闊歩し，職を持たない浮浪人がぶらぶらしている。

父兄の教育関心も非常に低い。昨年度行われた本校調査によると，父兄会，ＰＴＡ各種会合などの出席率は２０％で，いずれの会合に於いても顔ぶれは常に一定である。極端な父兄は就学奨励金を受け取る時だけ顔を見せ，就職が決定しようとも，卒業式を迎えようとも一向に来校しようとしない。これは「共かせぎ」にも原因があるように思われるし，進学３５％，就職６５％にも関係があるように思われる。又，この他の調査事項として，「学校であったことについて毎日聞いてくれる」８％，「試験の結果について関心を持ってくれる」２２％，「１日の勉強時間30分以内」３８％，「毎日お手伝いをする」４２％，「勉強部屋を持つ者（部屋の隅など勉強できる場所を含む）５０％，勉強机（共有やお膳も含む）７７％等である。

この様な点から本校の抱える「悩み」がどのようなものであるか大体お分りのことと思うし，又，不就学児の家庭にあっては，尚一層の底深い難問題を包含していると思われる。

義務教育を受ける権利は日本国民としての受けるべき基本的権利である。この義務教育を受けない不幸な者がひとりでもいないようにする様，学校としてもあらゆる方面の協力を得て出来得る限りの手だてを尽くさなければならない。そして，その前に立ちはだかる大きな障害を一つ一つ除去しながら，不就学生徒問題の解決の道を開いて行かなければならない。これがこのテーマを取りあげた根本の理由である。

(2) その対策について

不就学生徒のすべてを夜間部に編入させるわけではない。生徒，父兄，民生委員，地域の指導者あるいは雇傭主などとの話し合いから総括的にみて，昼間に入れるか夜間にするかを決定しなければならない。では，どの様な対策を考えているか。対外的には

(イ) 町内別地区懇談会（学区を２５地区に分け，年１回以上開催）

出席者は父兄，生徒，地区担当職員，町内役員及び地区リーダーである。話し合い事項としては，地区内の諸問題，教科指導，生活指導など多方面に亘る。この様な機会をとらえて近所の長欠生徒の実態を話し，出席者の協力をお願いしている。

(ロ) 中学校区小中合同懇談会（学期１回）

持ち回り制により，校長，副校長，生徒指導職員，ＰＴＡ役員，地区担当父兄が一堂に会し，小中合同の立場から，問題解決にあたっている。

(ハ) 町会長，民生委員，保護司と学校側との協議会（年２回）

地区と学校との緊密な連けいを目的とし個々の生徒の指導についていかにすべきかを忌憚なく話し合う。これらの人々は各地区の長欠生徒の実態をよく掌握しており，又，付き合いもあるところから就学を勧誘するのに大変好都合である。この種会合は何度となく持つべきだと思う。

(ニ) 愛のパトロール（年３回）

祭り，バザー，その他の大きな催し物のある夜間，ＰＴＡ各委員，全職員がいくつかの班に分散して行う。もち論，生徒指導が目的であるが，この様な貴重な機会をとらえて長欠者と話し合うのも効果がある。

(ホ) 学校警察連絡協議会

以上が対外対策であるが，各種会合の場に於いて，ＰＴＡ総会，ＰＴＡ各委員会などでも話し合いは持たれている。

次に夜間部独自のものとしては

(イ) 就学勧誘の手紙（学期ごと）

毎回返事のくるのは２，３通である。それでもこちらの誠意が通じたかと嬉しくなるが成功したのは２，３例に過ぎない。

(ロ) 夜間部担当職員の定期的会合（月１回）

(ハ) 家庭訪問

随時行なっているが，定期的には春，秋の二回である。家庭の事情，生徒のくらし方，悩みなど，訪問結果をまとめて定期会合の際に話し合っている。

(ニ) 授　業

我々は生徒が喜んで登校してくる様なムード作りをいつも念頭においている。余り堅苦しくせずに，１日の生活の話し合いの中から，明日への糧を作り出すことに努力している。言いかえると，その日の失敗や成功から教材を見つけ出し，授業を進める様にしている。伝票の書き方，領収書の誤字，珠算，応対のしかたなど。自分たちの身近かな問題だけに授業は自から生きてくる。毎日の時間割にレクリエーションの教科も入れている。

(ホ) 給　　食

腹をすかして登校してくる生徒に与えるものとしては，余りにもみじめである。

給食の選択は近所の店に自由に注文させている。例えば，ラーメンを食べる者，牛乳とパンを食べる者，あるいは，パンばかりもある。しかし，いずれにしても４８円止まりには変わりない。又，終業式，始業式等には，夜間担当職員が金を出し合い，生徒ひとり当り１５０円程度のものを注文して，楽しい団らんの時を過ごしている。

(3) 以上の結果どんな効果があり，反応があったか

日夜，頭を痛め，真剣に話し合い，対策を立てているにもかかわらず，不就学生徒が一向に減少しないのはどうしてであろうか。我々の行っている指導面に，我々に気づかない欠陥があるのであろうか。あるいは，我々の手の届かない底深い所に彼らは根を下ろしてしまったのであろうか。いずれにしても，市の県の国の大きな施策を我々は望んでいる。しかし，毎年，何人かの卒業生が校長先生から卒業証書を受け取り，持ち切れないほどの贈物を抱え，ささやかな「蛍の光」に送られながら晴れがましい姿で校門を出て行く時，言い知れぬ安堵の気持ちと限りない祝福を感じるのである。

Ａ子の作文（昭和３８年度卒業）

「卒業に寄せて」

五時，私の社会人としての一日の仕事を終える。暗くなった道をひとり友人の家へと急ぐ。暗い校庭から明るい教室へ。「今晩は，今晩は」そこには夢を分けあえる背のびをしなくてもよい仲間

がいる。八時半，生徒としてのつとめを終えて友だちといっしょに学校を出る。生きる苦しさ，仕事のつらさ，みらいのこと，暗い道をかってなおしゃべりをしながら，家に向う時，その時が私の一番楽しく生きがいのある時だ。あすへのささえとなってくれる時，そんな楽しい生活もあとほんの少しで終ろうとしている。仲間よ，もうすぐ私はひとりになってしまう。苦しさをわかってくれる夢を聞いてくれる仲間とももうお別れだ。大丈夫だろうか。やって行けるだろうか。とても心配だ。だめだ，だめだ，やさしい先生はそんなことは言わなかった。社会という冷たい中から私たちを守ってくれた学校はそんなことは教えなかった。ひとりでも，負けない強く生きて行けと教えて下さったではないか。そうだ，私はりっぱに生きて行こう。ひとりになっても負けないで，学校にはいって良かったと言えるように，私は行こう。あすと言う希望をもって。私はりっぱな社会人になろう。強い社会人になろう。（原文のまま）

(4) 今後の問題点

(イ) 本校のような地域にあっては，生活面の向上，環境の浄化，青少年対策など，市や県，国に於いての地域指導を強く望む。

(ロ) 前述した様な種々会合への参加，家庭訪問などから，夜間担当職員に時間的考慮，事務量の軽減，手当ての増額など。

(ハ) 給食費の値上げ。

(ニ) 中学校教育の制度上の欠陥の検討

○　特殊学級の増設，職業中学校の新設

長欠児の実態とその対策
－学区域を中心として－

戸塚中学校

(一)　問題の所在
(二)　長欠児の生活環境
(三)　方向づけと夜間学級
(四)　今後の問題

(一) 問題の所在

横浜市教委が市内長期欠席生徒を調査した結果，昭和３８年度（四月～翌年三月まで）連続または断続で５０日以上欠席したものが1.３３６人あげられた。これは統計の上にあらわれた数字であり，実際は数字にあらわれないものもあると想像される。われわれは，この数字を念頭におきつつ，彼らの実態が，いかなるものであるかを見極めようと考えた。いままでにも，こうした問題を，数的立場から論究したものが，いくつかあらわされたようであるが，彼ら個々の生活実態については，十分考究されたとはいえない。

一般的にみて，夜間学級在校生徒は，年々減少の過程にあることが認められている。しかし，長欠生徒は依然としてその数を減少しつつあるとはいえない。たとえば，横浜市教委の数字を用いても，３８年度，長欠生徒は在籍生徒の1.８%にあたり，その前年に比し，0.１%増となっている。昨年，全夜中大会に用いられた文部省統計によっても，全国７万の数字があげられている。もとより長欠生徒といっても，その内容は千差万別である。長欠生徒イコール夜間中学という方向は，全てにとれるものではない。

われわれは，そこで次のように考え，問題を掘り下げようと試みた。

1.　長欠生徒の真因はどこにあるのか。とりまく生活環境は，どのようなものなのか。
2.　彼らをどう扱い，いかに方向づけるべきか。
3.　今後どのような対策がたてられるか。

上記の視点にたって，われわれは，昨年来とり扱ってきた何人かの事例をもととして，長欠生徒の生活実態を掘り下げ，問題の核心に少しでも近づきたいと考える。もとより，以下に掲げることがすべてではない。また，一般的論述で規定し得ることではない。個々の生徒が，どのような生活具体の中にあるのかが，先ずもって知られなければならない。

(二) 長欠児の生活環境

長欠の事情がいかようなものであれ，おかれた地域環境によって，差異のあることはいうまでもない。われわれの周辺地区は，本来農村区域であったものが，近郊の都市化に伴ない，近年急速に工場化され，工業地帯として大きく伸びてきたところである。また一方住宅地域としても発展をとげ，人口の増大化をもたらしている。このような地域は，旧来の工業地域に見られない明るさと，平隠さをもっているが，反面，その間隙にしばしば特異なるケースをもつ問題家庭や生徒を生んでいる。このような地域の特性を考慮した上で，以下の論述をすゝめたい。

昨年末，本校夜間部に入学した－Ｓ．Ｉ－（男）１５才。学庭の経済状態は上に属する。両親健在で区内の目抜通りで書店を経営している。姉弟は二人。出席日数は在学２年間を通じ数十日に過ぎない。生活的には全く問題のない家庭であるが，なぜ学校へ出ないのか。″きらいだから〃が主因である。きらいだから″休む〃ということは，本人よりもむしろそれを容認する家庭に問題があるわけである。″きらい〃ということの主因は″友だちに合うのがいや〃であり，″勉強が出来ない〃″聞かれて答えられないとはずかしい″″勉強するのがおっくうだ〃等が要因としてあげられる。

－Ｔ．Ｈ－（男）　１５才　の場合は，Ｓ．Ｉと同じく学校嫌いである。″いじめられる〃というのが表面上の理由である。両親は共稼ぎで通学した場合，本人が帰宅しても不在の場合が多い。本人は毎朝学校へ行くようなふりをするので，両親は行ったものと思うのであるが，その実学校へは行かず，近所の神社や森で一日をすごし，小さい女の子を対象に自分の象徴を出してなめさせる。といった異常な性的遊ぎにふけっていた。

本校外の生徒で三年在籍の時，出席日数の不足から卒業出来なかった－Ｉ．Ｋ－という女生徒がいた。地域的に近いため，家庭訪問を試み，状況によっては夜間学級への収容を考えたのであるが，失敗におわった。家庭状況は，父親病気（呼吸器系），母親は近くの病院へ，賄婦として働いている。弟は中学在学で，これは毎日通学している。担任の教師の話をまとめると，昼間，看病をしたり，家計を助けるために近所へ子もりに行っているのだという。したがって説得すれば通学するであろうということであったが，数回の訪問にも本人はつかめずそのまゝでおわってしまった。

－Ｗ．Ｋ－（女）　１７才の場合，その環境はきわめて複雑である。父母は離婚，本人は母に引きとられ，父親から母子共で，月１万円ほどの金額を受けている。もちろん，それだけでは足りないので，母親は，卵の行商などをしている。本人は知能指数もかなり高く，成績は，普通にいけば，上の下～中ぐらいの実力をもっている。ところが，非行グループにはいり，長欠をするようになった。転校も試みたのであるが，それも成功しなかった。この場合，非行化にはしったのが才一原因であるが，非行に至る段階には次のような事情があった。離婚後，父母は別居したのであるが，父親，母親は，その後も依然として性関係をつづけ，二人の関係が本人の目にうつったことが，そもそもの原因であった。母親は，新興宗教にはいり，狂信的に信じ，信仰の力で娘を立ち直らせようとしたのであるが，かえって親子の間が離れ，子は親を馬鹿にし，暴力をふるうまでに至った。われわれも説得し，非行グループと離れるよう指導し，夜間部への登校を促した結果，立ち直ったかに見えたのであるが，長くつづかず昔のグループに逆もどりしてしまった。現在は風俗営業の女給をしている。父母の性関係，そして自ら堕した男関係が，この場合決定的なようである。

－Ｍ．Ｋ－　（男）　１５才は，本校三年に通学している。しかし，出席日数はきわめて少ない。何が原因か。つまるところ怠学であるが，″友だちと合うのがいやだ〃というのが，表だった理由である。その上に，知能の低さも手伝い″学校へ行くのがいやだ〃ということになる。この生徒は，集団生活や集団の場での協調に欠け，教師対生徒の一対一ならなんとか通学するのではないかと思われたが，夜間学級へ通うということ自体にも問題があり，断続的長欠状態をつづけている。

前述したように，本校の学区域は平和的である。したがって長欠生徒といっても，数的に多いというほどではない。しかし問題は，数的大小ではなく，ひとりひとりの生徒をどう捉え，どう救っていくかということにある。

最後に，上述した市教委の調査結果にもとづく，夜間学級就学可能とされた生徒をあげよう。調査の結果は次のとおりである。

－Ｉ．Ｍ－　（男）三年在籍。　″怠学〃ということであったが，現在は普通に通学している。

－Ｋ．Ｅ－　（女）三年。精神分裂で，夜間に収容するということは困難である。

－Ｓ．Ｋ－　（女）三年。居所不明。

－Ｎ．Ｋ－　（男）三年。高血圧症。病弱であり夜間通学は困難である。

㈢ 方向づけと夜間学級

いまゝで述べた事例は，あくまでも個々の生徒のもつ問題内容である。こゝではそれを分析し，数値にまとめあげるのではなく，どう方向づけを行うべきか。そして，夜間学級が，これら複雑な問題をかゝえる生徒に，どこまで手を差しのべることができるのか。を論究したい。

われわれが，訪問，面接した結果から向学に成功した事例もあるが，多くは失敗に帰している。

Ｓ．Ｉの場合は，経済的に恵まれているため，家で家庭教師をつけ，それでこと足りると考えていた。″いやなら〃″行かなくてもよい〃という家庭の考えが，長欠に追いやった主要な要因である。したがって，その家庭方針を転換すれば，通学は可能となるわけである。この場合，両の説得によって収容し得たわけである。しかし，年令も関係し，昼間の通学は忌避された。昼間

－22－

は家でブラブラという状態である。生活の土台から立て直し，社会生活への適応性を養うことが，急務である。

夜間中学への通学は，オ一に本人の強い意志が必要である。Ｉ．Ｋの場合など，本人の意志が少しでも動けば救うことが出来たのではないか。しかし一方，義務教育をおえなくとも何とか勤められ，それなりに通用するという社会のシステムにも問題がある。実数こそつかめないものの，Ｗ．Ｋのように風俗営業などに従事しているものの中には，相当数未卒業のものが認められるのではないか。

最近，本校において，次のような事例があった。Ｍ．Ｋという２０才になる男子であるが，中学は未卒業である。理由は在学中非行化にはしり，退学したのであるが，以後，大いに努力し，クリーリングの下請業を自ら営んでいる。登録免許を取るために，中学卒業の資格がいるということで夜間部へ入学を希望してきたのである。この場合特定の試験を受けるために卒業免状が必要なのであり，もしそれを受けぬならば，不必要なわけである。われわれは，そこにも一つの問題があると考える。

夜間中学の存在価値は，設立当初に比べ，相当変ってきているように思う。本校の場合など夜間中学でなければ救えないという事例はごく少ない。むしろ，放置されたままにある長欠生徒をどういう場で扱い，救いの手を与え，社会への出発に方向づけをなすべきか。

㈣ 今後の問題

はじめに述べたように，長欠児のもつ問題は種々雑多である。そのどれをとりあげても救い，方向づけを行うという立場からの解決は安易ではない。われわれは，われわれ自身として，長欠生徒の対策のしかたにあやまりがあったのではないか，という反省の基盤に立って考えてみた。

昨年来の方法は，まず各校に調査用紙をくばり，該当生徒を拾いあげ，その学校の担任教師と話し合い，しかるのち訪問するといった方法をとった。この場合，担任教師の選択で，最初から不可能という線が出されることが多い。一回で解決するということは殆んどないので，時間的問題も関連する。夜間担当職員が全て兼任である状況においては，いきおい″ひまをみて〃ということになりがちである。

もう一つ，われわれのとった方法は，ビラはりと工場訪問である。先の方法は，区役所の民生課等を通じ募集内容を記したビラの掲示を依頼したり，また浴場組合に依頼し，各浴場にビラを掲示してもらったりした。工場訪問は過去に中途退学したまゝ臨時工等で入社している者を考慮しておこなったのであるが，大企業，中企業には，殆んどみられず小企業，零細企業をくまなく歩く必要がある。

このような方法をとったのであるが，日時をきめて行なったとはいえ，連続的に行えなかった

－23－

ことである。何度か回を重ね，執拗に訪問し，とにかく対象者をつかむ，ということが最も必要なことである。こうした意味から各校あてないしーブロック毎に，訪問教師を設置するということが必要である。

長欠児対策は，夜間学級担当教師の力だけでは十分でない。事前には各校のホーム担任が長欠に追いやる以前に対策をたてる必要があるが，地域全体でなし得る方策も考えられなければいけない。父兄，地区民生委員，教師が集って〝地区長欠対策委員会〟といった形のものが設置される必要がある。こうした地域社会の活動と共に，国や県，市の抜本的対策，単に教育の場だけではなく，地域社会の環境浄化，奨学資金の拡充，特殊教育の補充，拡大，教師の定員増加等，政治的経済的社会的角度からの十分な対策が講じられねばならないと考える。　３９.１０.（羽田）

夜間中学生が求めているものは何か
（子供たちを理解するには）

蒔田中学校
横浜市夜間中学校研究会

1. まえがき

横浜市内の少数の中学校に夜間学級が設置されている。普通学級とちがって生徒数が少ないので世間にあまり知られていない。しかも普通学級の生徒とはちがって彼らをとりかこむ要素は非常に複雑である。考え方も普通学級の生徒とはちがうにちがいない。

憲法に定められた「基本的人権」や「教育の機会均等」及び「児童福祉法」等の恩恵にもめぐまれず，家庭の諸事情により，まだ負うのに早い家庭の重い責任を負わされ，昼間会社で就業にはげみ，夜普通の子供たちが家庭の一家だんらんの場でテレビをみている頃，彼らは暗い電燈のもとに少数の友だちとひとりの教師をかこみ教科書をひらいて国民全員に与えられた「学問する」味をあじわっているのである。この子供たちが何を考え，何を夢みているか，我々は考えてやる必要がある。そしてこのことは我々の義務でもある。

我々は一口に「子供たちを理解する」ということばを使うが，はたして本当に日常生活の場で相手を完全に理解しているのであろうか疑問である。往々にして，我々自身が「理解したつもり」になっているに過ぎはしないか，そして自己満足に酔っているのではないか等反省してみる必要がある。

この調査は子供たちを理解し，彼らの考えや悩みを一緒になって考えてやる必要にせまられおこなったものである。

おわりに，この調査に昼間の忙しい時間をさいて協力して下さった各校の関係職員，夜間学級職員及び調査に心よく応じて協力して下さった人たちに心から感謝の意を表したい。

2. 調査概要

この調査は昭和３９年７月より１０月にかけておこなったもので，ご協力願った学校及びその数は鶴見中学校，浦島丘中学校，西中学校，港中学校，平楽中学校，戸塚中学校，蒔田中学校の横浜市内七校の夜間学級生徒男子３４名，女子１９名の計５３名と，それぞれ七校の普通学級の生徒各学年男子５名，女子５名のそれぞれ計男子１０５名，女子１０５名で，その選抜は各学年２組の出席簿中より奇数の出席番号の生徒を抽出し調査した。

調査方法は文章完成法による作文型式と生徒との面接法の二通りをもちいた。なお作文の場合の氏名は記号を使わせた。

3. 調査項目

(1) 職業別調査

(2) 収入，支出調査

(3) 休日の生活様式調査

(4) 家庭の雰囲気調査

(5) 友人関係調査

(6) 興味調査

(7) 学習に対する調査

(8) 欠席理由調査

(9) 希望実態調査

4. 結　果

(1) 職業調査

オ1表　職業調査表

職業＼男女別	男	女
店員	37.5 (%)	33.3 (%)
工員	29.1	33.3
左官業	4.1	0.0
漁業	8.3	0.0
理容院手伝い	0.0	11.2
運転助手	4.4	0.0
家事	0.0	11.1
無職	16.6	11.1

オ1表は夜間学級の生徒たちの職業別分類表である。漁業に従事している約8%のものは，殆んど神奈川区に集中し，田舎からの出稼ぎによるものが多く皆住込みであるということ。又無職が1割以上もおるということ等考えさせられる点である。

(2) 収入，支出調査

オ2表　夜間，昼間生徒1ヶ月の収入・支出調査表

収入＼支出		夜間 最低～最高	夜間 平均	昼間 1年 最低～最高	昼間 2年 最低～最高	昼間 3年 最低～最高	昼間 平均
収入		1000～(円) 24,000	10,500(円)	300～(円) 1,000	500～(円) 6,000	400～(円) 6,000	2,000(円)
支出	家計	500～ 20,000	7,700	300～ 700	0	0	500
	娯楽費	300～ 3,000	1,340	100～ 300	100～ 1,000	150～ 800	400
	食費	300～ 2,000	1,300	100～ 500	100～ 500	150～ 500	290
	学用品費	0～ 200	160	100～ 600	200～ 500	200～ 650	280

(注) 昼間の生徒の収入には小遣いも含む。

オ3表　娯楽費の使途　(1ヶ月間)

生徒＼種類	映画	旅行	スケート	卓球	釣り	本.手芸	衣服	遊興	附合い	その他
夜間	53 (%)	3	3	3	3	17	6	6	3	3
昼間	42 (%)	3	4	7	2	23	0	2	7	10

オ4表　食費の使途　(1ヶ月間)

生徒	夜間	昼間
朝・昼・夕食(3食)	7 (%)	0 (%)
昼・夕食(2食)	14	0
昼食	20	17
夕食	7	0
牛乳・菓子類	52	83

オ2表において普通学級生徒と収入，支出の差はもちろんあるが，普通学級に於ても家庭の事情によって新聞配達や牛乳配達をおこないその収入の一部を家に入れている者もある。

夜間学級の生徒はその収入のほとんどを家に出し，又は自分たちの娯楽や食費にも多額の費用をついやしていることである。特にオ3表でわかるように半数以上の人が映画にその娯楽費を投入していることで，このことは映画をみることが彼らの最大の休息であるということと思われる。

食費においては普通学級生徒の8割のものが牛乳や菓子類の購入にあてているのに対して夜間学級生徒は主に主食にその5割をあてている。このことは彼らが昼間の普通学級の生徒とちがう点である。

(3) 休日の生活様式調査

オ5表　1ヶ月間の休日数

0日	1日	2日	3日	4日	5日	8日	9日以上
6	2	27	13	30	6	2	14

才6表　休日の生活様式

種類＼生徒	夜間 男	夜間 女	昼間 男	昼間 女
ラジオ・テレビ	17 (%)	17 (%)	23 (%)	25 (%)
映画	18	30	5	9
家事手伝い	2	25	6	19
スポーツ	17	12	14	2
読書・勉強	7	4	20	20
町に行く	14	4	4	4
友人と遊ぶ	14	4	20	16
教会	7	0	3	2
寝ている	4	4	2	1
その他	0	0	3	2

才5表において休日数が9日以上ある者が全体の14%あるがこれは無職でいる者を含む数である。

休日を夜間学級生徒がどうくらしているかは才6表においてあきらかなように家の外に出て映画をみたり，スポーツを行ったり，町に出かけたり，ふだん彼らができないことを行う者が多く，昼間の普通学級の生徒が家で静かにテレビをみたり，勉強したりするのとは非常なちがいがあり興味をひく点である。

(4) 家庭の雰囲気調査

才7表　雰囲気調査表

雰囲気＼生徒	夜間	昼間
(1) 明かるい家庭である	54 (%)	83 (%)
(2) 複雑な家庭である	18	6
(3) すごくさみしい家庭である	27	7
(4) 父の権力がとても強い	1	4
(5) その他	0	0

才7表，才16表に於て更に夜間学級生徒の家庭の複雑さや個人的な悩みが多いことも判明し，我々教師は家校で学習指導よりも生活指導のほうに更に多くの時間をあたえて生徒たちの相談相手になってやらなくてはならない。そして両親や兄姉の代理者ともならなければならな

いことを再認識したい。

(5) 友人関係調査

才8表　階級別交友関係

友人階級＼生徒	夜間	昼間
(1) 同じ学級の者	20 (%)	34 (%)
(2) 近所の同年令の者	16	29
(3) 20才以上の者	8	1
(4) 16～19才の者	18	8
(5) 年下の中学生	7	11
(6) 小学生	3	12
(7) 職場の者	28	1
(8) その他	0	4

才9表　交友関係グループ数

人数＼生徒	夜間	昼間
1～5 (人)	54 (%)	76 (%)
5～10	27	16
11～15	7	2
16～20	7	1
20名以上	5	5

才10表　異性の友人数

人数＼生徒	夜間	昼間
0 (人)	42 (%)	80 (%)
1～3	33	12
4～6	21	5
7～10	2	2
11名以上	2	1

才8表にて生徒たちの交友関係をみると，昼間の生徒が同級生との交わりが多いのに対して夜間学校の生徒においては職員の人や16～19才の者に集中していてこのことは夜間学級生

徒の年令別及職業別構成面よりおこる必然的なものと思われる。

また才９表，才１０表においての友人数にも差のあることは考えさせられる点である。

(6) 興味調査

才１１表　　興　味　調　査

興味＼生徒	夜間 男	夜間 女	昼間 男	昼間 女
(1) スポーツ	23 (%)	33 (%)	23 (%)	15 (%)
(2) 映画	13	16	9	7
(3) テレビ	7	0	6	5
(4) 読書	17	16	5	18
(5) 釣り．飼育	7	0	12	3
(6) 歌．ピアノ．音楽関係	18	11	7	22
(7) 遊興関係	8	0	0	0
(8) 食べること	3	0	0	0
(9) 料理	0	16	0	3
(10) 工作．手芸	4	8	9	19
(11) 切手集め	0	0	29	8

才１１表に於て，夜間学級生徒が家の外にでて映画やスポーツに興味をもって実行しているところ（才６表においてもわかるように）や，ここで昼間の普通学級の生徒と比較して読書にも興味をもっている生徒が割合に多いという点に関心をもっている。はたして夜間中学生がもっている興味が実際に日常生活面に受け入れられているか疑問である。往々にしていろいろな事情から読書する時間も少ないのではないか。生徒たちの話しでは興味はあるが，本を購入する余裕もあまりなく読書の時間も仕事の休み時間しかないとのことである。

(7) 学習に対する調査

才１２表　　教科の得意，不得意調査表

教科＼得・不得意／生徒	得意 夜間	得意 昼間	不得意 夜間	不得意 昼間
国語	18 (%)	10 (%)	10 (%)	9 (%)
社会	15	8	10	10
数学	15	16	26	14
理科	7	11	11	14
音楽	8	13	11	15
美術	10	4	9	12
保健．体育	16	17	6	3
技術．家庭	2	12	6	5
英語	9	9	13	18

−30−

才１３表　　家庭での学習時間

時間＼生徒	夜間	昼間
(1) 勉強しない	39 (%)	3 (%)
(2) 30分以内	27	12
(3) 30分〜1時間	30	28
(4) 1時間〜2時間	4	39
(5) 2時間以上	0	18

才１４表　　学習時の疑問点をだれに聞くか

生徒＼対称	先生	主人	父母	兄姉	友人	隣人	参考書
夜間	68 (%)	2 (%)	2 (%)	7 (%)	17 (%)	2 (%)	2 (%)
昼間	19	0	11	29	32	0	9

才１５表　　家庭でのテレビをみる時間

時間	夜間	昼間
(1) テレビをみない	9 (%)	4 (%)
(2) 30分以内	3	2
(3) 30分〜1時間	27	12
(4) 1時間〜2時間	28	26
(5) 2時間〜3時間	18	31
(6) 3時間以上	15	25

家庭においての学習時間は才１３表でわかるように，夜間学級生徒の殆んどは１時間以内の学習であるのに昼間の普通学級の生徒においては半数以上のものが１時間以上学習している。このことは才６表の休日の生活様式とも関連して夜間学級生徒がいかに平日の労働に疲れ，学習よりも映画，テレビ，スポーツ面で日頃の疲れを癒しているかがうかがえる。

また学習上わからない点や疑問点が発生した時，だれに質問したり聞いたりするかにおいては才１４表に示すごとく，夜間学級生徒の７割が先生に，昼間の普通学級生徒の６割が兄姉や友人にその解決策をもとめている。

この点我々夜間学級担当教師は生徒たちの指導に対して昼間の生徒同様な指導をすると消極的すぎる夜間中学生の間に教師の不信感が生じ，こうじて学校教育上支障が生ずる危険があると思われる。

−31−

特に家庭にて両親も彼らの学習上の対称になっていない点で，学校においてだけでも彼らの学習効果をあげるよう我々教師は努力すべきであると思う。

(8) 欠席理由調査

オ16表　欠席理由調査表

理由＼生徒	夜間	昼間
(1) 本人の病気	17 (%)	93 (%)
(2) 仕事の都合（含家事）	55	4
(3) 先生にしかられていやになる	16	1
(4) 家の人の病気	11	2
(5) その他	1	0

(9) 希望実態調査

おわりに生徒たちの希望や実態の調査を生徒たちの作文からおもなものをあげてみよう

質問	夜間学級生徒の答	昼間学級生徒の答
1 学校に行くことについて	(1) 非常に楽しくすきである。(70%) (2) 普通である。(20%) (3) きらい，できれば休みたい。(10%) 理由 (イ) 皆と遊んだり話せるから。 (ロ) 友だちがいるから。 (ハ) 学問をおぼえられるから。 (ニ) 一日の苦労を忘れるから。 (ホ) 先生がやさしいから。 (ヘ) 学校が遠いから。	(1) 楽しい。(75%) (2) 普通である。(12%) (3) きらい。(13%) 理由 (イ) 友だちが多勢いるから。 (ロ) 皆んなと遊んだり勉強できる。 (ハ) 家では多勢の人と遊べないし，用事を手伝わされるから。 (ニ) 義務教育だから。 (ホ) 試験があるからきらいである。 (ヘ) 家で寝ていたい。
2 仕事をすることについて	(1) 楽しい。うれしい。(96%) (2) いやな時もある。(4%) 理由 (イ) 職場の人がよくめんどうをみてくれる。 (ロ) お金がもらえる。 (ハ) 生活できないから。たべて行けないから。 (ニ) 仕事をまかせられて責任をもつようになっているから。 (ホ) 楽な仕事であるので。	(1) 仕事はきらい。(60%) (2) すきである。(20%) (3) 普通である。(20%) 理由 (イ) お金がもらえるから。 (ロ) 身体の具合いによってはすきでもある。 (ハ) 友だちが来るので仕事をしているとはずかしい。 (ニ) めんどうだからきらい。 (ホ) 疲れるのできらい。
3 一日のうちで一番いやなことは	(1) 職場の人にしかられた時。(26%) (2) 人に馬鹿にされた時。(21%) (3) 兄弟喧嘩をした時。(16%) (4) 昼間の生徒に通勤時にあうこと。(21%) (5) 父が口うるさい。(16%)	(1) 仕事をいいつけられたとき。(28%) (2) しかられたとき。(17%) (3) 勉強すること。(15%) (4) テストがあるとき。(15%) (5) 仲間はずれにされたとき。(25%)
4 一日のうちで一番楽しいときは	(1) 休み時間 (2) 仕事が終って登校するとき。 (3) 仕事も勉強も終って寝るとき。 (4) 会社にいるとき。 テレビをみるとき。 家で食事するとき。	(1) 学校にいるとき。 (2) テレビをみているとき。 (3) 自分のすきなことができるとき。 (4) 休み時間。 (5) 学校から帰るとき。 (6) 家で家族と話しができるとき。
5 一番すきなことは	(1) スポーツ (2) 読書 (3) 寝て休むこと。 (4) 休み時間。食事のとき。	(1) スポーツ (2) 遊ぶこと。 (3) 友人と話しをするとき。 (4) テレビをみるとき。読書
6 今一番欲しいものは	(1) オートバイ	(1) カメラ・ステレオ・レコード・自転車等

－32－　－33－

6 今一番欲しいものは	(2) お　金 (3) 着物・洋服 (4) 幸　福	(2) お　金 (3) 自分の部屋・洋服 (4) 本
7 うれしいのは	(1) 給料日 (2) 休　日 (3) 自分を差別しないで可愛いがってくれること。 (4) 友だちができたこと。 (5) 母と映画に行くこと。	(1) お金をもらうとき。 (2) 学習成績があがったこと (3) 遊ぶ時間があるとき。 (4) 家族で遊びに出かけるとき。
8 くやしかった時は	(1) 満足に学校に行けなかった。 (2) 昼間の生徒に馬鹿にされた時。 (3) 昼間から夜学にうつったとき。 (4) 会社でしかられたとき。	(1) 学習成績がおちたとき。 (2) 両親にしかられたとき。 (3) 喧嘩したとき。 (4) 自分の悪口を云われたとき。 (5) 馬鹿にされたとき。
9 一番心配していることは	(1) 親の病気　(38%) (2) 自分の将来のこと。　(30%) (3) 家の中のできごとのこと。(26%) (4) 父母の居所が不明であること(5%)	(1) 進学のこと　(83%) (2) 就職のこと　(10%) (3) 家の中のできごとのこと。(7%)
10 卒業したら私は	(1) 今の仕事を続けたい。　(40%) (2) 別のところに就職したい。(25%) (3) 進学したい。　(22%) (4) 親と一緒に住みたい。　(13%)	(1) 進学したい。　(72%) (2) 就職したい。　(20%) (3) 各種学校に進学したい。(6%) (4) 就職し夜間高校にいきたい。(2%)
11 私の一番うらやましいと思うことは	(1) 自分の家のある人。 (2) 自分の仕事しているとき，友だちが遊んでいること。	(1) 勉強のできる人がうらやましい。 (2) 高校に入学できた人。

11 私のうらやましいと思うことは	(3) 母のいる人とあったとき。 (4) 仕事をしているとき，昼間の生徒にあったとき。 (5) 健康で体格のよい人のこと。	(3) 自分の思うようなことのできる人。 (4) お金持ちの人
12 私のしてもらいたいこと	(1) 月給をあげてもらいたい。 (2) 休日をふやしてもらいたい。 (3) 自分の時間が欲しい。 (4) 自動車の免許状をとらしてもらいたい。	(1) 小遣いを値上げしてもらいたい。 (2) 自分の部屋をつくって欲しい。 (3) 自分の欲しいものをすぐ買ってもらいたい。
13 私の一番つまんないとき	(1) 忙しくて休むひまのないとき。 (2) 家に帰ってもだれも居ないとき。ひとりで家に居るとき。 (3) 家に帰るとき。	(1) きらいな教科を勉強するとき。 (2) 家にひとりで居るとき。 (3) 朝起きるとき (4) 母の居ないとき。
14 私の不満に思うことは	(1) 昼間の学級より夜間学級にうつったとき。 (2) 給料が少ないこと。 (3) 旅行ができないこと。 (4) 先輩がいばること。	(1) 母がきびしすぎる。 (2) 小遣いが少ない。 (3) 自分の欲しいものを買ってもらえないとき。 (4) 親に勉強しろといわれること。
15 私がはずかしいと思うとき	(1) 人に馬鹿にされたとき，特にまだ中学校を卒業していないと人にいわれたとき。 (2) 作業衣姿を昼間の生徒にみられたとき。 (3) 登校したときに昼間の生徒にあうこと。	(1) 質問に答えられなかったりしてはじをかいたとき。 (2) テストで悪い点をとったとき。 (3) 勉強ができないこと。 (4) 皆の前で叱られること。

16 私たちの先生について	(1) 親切でやさしい。 (77%) (2) 女の先生が1人ぐらいいたほうがよい。 (23%) (3) きらい。 (0%)	(1) 親切でやさしい。 (68%) (2) 普通である。ものたりないところがある。 (20%) (3) おこりっぽい。 (8 %) (4) 進学のことをよく相談にのってくれる。 (4 %)

(注) パーセントが記入してない項は答の種類が多かったので上位のものを2〜3種類記載した。

5. まとめ

日本国民の念願であった東海道新幹線も開通し，オリンピックも無事に終った。そして各地に立派な道路や施設ができた。しかし夜間中学生には関係ないようだ。

多くの人たちがオリンピック，オリンピックと騒いでいる時，テレビもみることなく生活のための労働に従事していた多くの夜間中学生が居たことを我々は忘れてはならない。

このような多くの生徒たちがいる以上，我々はどうしたらよいだろうか。

日の当らない場所にいる生徒たちでも希望をもって，ありったけの力でいろいろの不満と戦っていることを我々は再認識したい。

ここに記載した調査は彼らの全てではない。しかしその一部である。

夜間中学生たちがいかに学習意欲にもえているか，友だちのかずは少なくとも雨の日，風の日でも皆な出席し，寒い冬は破れた上衣を頭からかぶって一生懸命勉強している姿をどれだけの人が知っておるだろうか。彼らは人に知られたいために勉強しているのではない。みな自分自身の生活に必要だからである。

彼らが勉強しようと熱望している以上，教師たる我々は彼らに協力し少しでも彼らの学習効果をあげるよう努力したい。

そのためにも彼らを理解することは必要である。そして彼らが何事にも恥じない勇気と実行力を身に着けるよう我々は念願したい。

昭和３９年度　横浜市夜間中学校年間行事等の予定

横浜市夜間中学校研究会
※印は横浜市夜間部全体行事

月	儀式的なもの	保健体育的なもの	学芸的なもの	遠足修学旅行	その他	各校の会議的なもの	市関係の会議的なもの
4	才１学期始業式 入学式	健康診断（計測・内科・歯科・眼科） 体力測定			卒業生と在校生の懇談会	職員組織完了 夜間部職員会	1. 横浜市夜間部主任会 • 研究テーマ • 行事計画 2. 横浜市夜間中学校の長欠生徒調査
5		球技会（運動会） 健康診断（４月末実施校）		春季遠足 修学旅行	定期家庭訪問 職業適正検査	夜間部職員会	1. 横浜市夜間部主任会 • 全国大会参加について（研究テーマ）
6		各種予防接種 ※横浜市夜間部生徒の卓球バトミントン会	映画鑑賞会	修学旅行	職場訪問	夜間部職員会	1. 横浜市夜間部主任会 • 球技会の件について • 研究推進について
7	才１学期修業式	水泳教室	※横浜市夜間部生徒の文集発行		平塚七夕見学	夜間部職員会	1. 横浜市夜間部主任会 • 研究推進について • 水泳教室について • 文集の件について 2. 夜間中学校生徒の調査
8		※横浜市夜間部生徒の水泳教室 ハイキング			定期家庭訪問 休業中　召集		横浜市教委との話し合い
9	才２学期始業式	球技会			定期家庭訪問	夜間部職員会	1. 横浜市夜間部主任会 • 京都大会参加について 2. 夜間中学校生徒の調査
10		バトミントン　卓球戦 スケート教室　球技会（運動会）	写生会	※横浜市夜間部生徒の秋季合同遠足		夜間部職員会	1. 横浜市夜間部主任会 • 秋季遠足の件
11			映画鑑賞会		定期家庭訪問		
12	才２学期修業式	スケート教室			激励会（クリスマスパーテー） 定期家庭訪問		1. 横浜市夜間部主任会 • 大会の反省
1	才３学期始業式	健康診断					1. 横浜市夜間部主任会 • スケート教室の会について • 文集発行について
2		スケート教室 ※横浜市夜間部生徒のスケート教室	※横浜市夜間部生徒の文集発行				1. 横浜市夜間部主任会 • ３９年度の反省 • ４０年度の方向
3	才３学期終了式 卒業			修学旅行（未実施校）	教師生徒使用人の懇談会	夜間部職員会	

**** MEMO. *********************************

********************************* MEMO. ****

横浜市夜間中学校設置校　（１９６４年 10月現在）

学校名	校長名	主任名	所在地
鶴見中学校	石井宗一	和田耕明	横浜市鶴見区鶴見町1,253
浦ヶ丘中学校	飯田赳夫	中村勇作	横浜市神奈川区白幡東町17
西中学校	斎藤　滋	府川淳蔵	横浜市西区西戸部町3の286
港中学校	野川義蔵	岩崎　保	横浜市中区山下町241
蒔田中学校	帰山邦一	石田広吉	横浜市南区花ノ木町2の45
平楽中学校	内田吉郎	萩谷信富	横浜市南区平楽1
戸塚中学校	中山紀正	羽田　一	横浜市戸塚区戸塚町4,542

東京都の夜間中学校における生徒募集の方法について

東京都世田谷区立新星中学校

渡　辺　郁　雄

目次

東京都の夜間中学校における
生徒募集の方法と問題

戦後の日本に於ける夜間中学校は創設以来満１５年を迎えた。昭和２４年頃から各地に続々と設置され、この間長欠者の救済に多大の貢献をしてきているが、こゝ数年前より生徒漸減の傾向にあるのは昼間の長欠者が減少した為であって喜こぶべきことである。

しかし、全国的に見た場合夜間中学による長欠者の救済は全長欠者の約１%にしか当らない。東京都に於ては７校が設置されているために、昭和３１年全長欠者7,804　名に対し夜間中学生８５７　名救済率10.98%であり、33年は比率で最高の13.55%である。３７年度でも8.66　%である。

こゝで私達は現在の救済率では満足することなく、生徒募集の方法について調査、検討してみた。

1. 生徒数の推移

東京都では第１表のように、３１年度８５７　名を最高にして以後漸減の傾向にあり、３９年１０月２２日現在２６５　人であり、年度末までの増加を過去の状況から３０人と見込んで２９５　人となり最盛期３１年度の約$\frac{1}{3}$に減少しているが昨年同期よりも僅かに多い。

これは、長欠者の減少とほぼ比例している。夜間中学に於て救済されている長欠者は２６年の創設以来一般に周知される迄の３・４年間に急激に上昇し、29年以来毎年８%を下らないのは、東京都に於ける夜間中学の存在意義の大きさを物語るものである。

第１表

年　度	26年度	27	28	29	30	31	32
学校数	1	3	6	7	7	8	8
学級数	2	7	18	22	21	24	25
生徒数	115人	313	635	804	816	857	796
欠席者数	10,280人	10,493	9,693	9,632	7,972	7,804	6,719
救済率	1.12%	2.98	6.55	8.35	10.24	10.98	11.85

年　度	33年度	34	35	36	37	38	39
学校数	8	8	8	7	7	7	7
学級数	23	22	22	21	21	21	21
生徒数	635人	485	427	387	329	298	265
欠席者数	4,709人	4,577	4,433	4,510	3,798	3,392	
救済率	13.55%	10.60	9.63	8.58	8.66	8.78	

注　生徒数は各年度末、但し39年は10月22日現在

（東京都教育庁調査）

2. 設立区立教委の募集に対する協力

各教育委員会では、生徒募集に限らず協力的であり誠に喜こばしい。

第２表のように、長欠の調査は全区市が行なった。学校で行った区でも全面的に区へ依頼すればやってくれる状態であり、好意的である。家庭訪問の費用は３校が学校の旅費から、１校が２部の後援会から、１校が本年

度のみ特別支出であるが、元来、学校の旅費は職員の生徒引率・研究会等の出張費であり、それを生徒の家庭訪問に使用するのは夜間中学併設校の負担になるので、別途予算を組んでもらいたい。

ポスター・看板は、７校中５校が両方又は片方を作り、現在でも４校が作成している。ポスターの文面については、委員会と協議して決定している。

第２表

	A 校	B 校	C 校	D 校	E 校	F 校	G 校
1.昼間の長欠者の調査はしたか	した	した	した	した	した	した	した
2.どこでしたか	区でした	区でした	学校	区でした	学校でした	市でした	区と学校共同で
3.昼間の長欠者を家庭訪問したか	した	しなかった	しなかった	した	した	担任の意見をきいてした	した
4.上記のことに対して委員会は	だいたい協力的	必要があれば積極的に応援してくれる	だいたい協力的	積極的に応援する	積極的に応援する	だいたい協力的	積極的に応援する
5.家庭訪問の旅費は	後援会から	／	／	学校の旅費から	本年度だけ区より別途予算	学校の旅費から	学校の旅費
6.ポスター・看板はあるか	ポスターはある	今年はないが２年間でつくった	看板はある	両方なし	ポスターはある	両方ない	ポスターはある
7.それらを作ることに対して	学校で作った	希望すればいつでも作ってくれる	学校で作った	来年度は作ってくれそうだ	区と学校で作った	たのんだことがない	区と学校で作った
8.区の公報その他区の出版物にのったことはあるか	ある	ない	ない	ない	ある	ある	ある
9.どのような経過でのったか	区より取材にきた	／	／	／	区より取材にきた	たのんでのせてもらった	区より取材にきた

3. 各校の募集方法

３７年度以降行なわれている募集の方法は大別して次の３つである。

(A) 長欠者調査及び家庭訪問

長欠者調査は地区教委又は学校で全部が実施している。家庭訪問は5校が実施している。

大田区糀谷中

３８年１月区で行った調査（第３表）により長欠原因が「家庭によるもの」の生徒の中学校長へ教育長名で入学をすゝめる文書を出し、住所・氏名の報告のあったもの３名。この３名について数回の家庭訪問をしたが、遂に１名の入学も得られなかった。

第３表

在学生徒数	本人によるもの				家庭によるもの				計
	疾病異常	学校ぎらい	その他	小計	貧困	親の無理解	その他	小計	
37,895	102	114	13	229	18	16	11	45	274

墨田区曳船中

例年４月末、学校長名で２部職員が作成した調査用紙を区内中学校に配布し調査している。その結果（第４表）を基として、保護者に「夜間部があるので就学につき相談しにくるよう」呼びかけの「就学通知書」を出し、来校時に就学について相談している。３９年５月中に保護者６名来校、１名入学、その他先生の連絡により４名入学。

第４表

	配布校	解答校	長欠者数	貧困	無理解	嫌怠学	性格的	病気	住所不明
３８年度	１２	8	１２	3	0	7	0	2	0
３９年度	１２	8	２８	8	3	9	1	6	1

葛飾区双葉中

３９年９月、教育委員会に依頼して調査をしてもらった。その結果は第５表の通り。次に教育長名で各学校長宛依頼状を出してもらい、学校の担任に会って処理について協議し、救済の可能性あるものだけを訪問している。現在続行中であるのでまとめはつかないが２名の入学が実現した。

第５表

長欠原因	病気	怠学	家事	貧困	その他	計
人数	２９	５３	１３	7	3	１０５

世田谷区新星中

３９年２月末、区教委と相談して学校長名により中学校長会を通じて病気以外の長欠調査をした、これにより生徒の状況を具体的に学校長・担任に尋ね、可能性ありといわれた者１５名について家庭訪問をした。時期的に学年末の多忙な時期で１回づつの訪問しかできなかった。時間的余裕がないため可能性無しといわれた保護者にも郵便による二部の紹介をしたところ、その中から２名の入学者があったのみである。

第６表

長欠原因	嫌怠学	家業・家事	貧困	性格的	両親離婚	その他	計
	２７	4	4	5	2	2	４４

以上のように各区には多数の長欠者があり、各夜間中学とも調査・訪問に多大の労力を費しているにも拘らず、現在までのところ期待した程の効果を上げていない。

そこで、家庭訪問についての問題点を上げてみると

○大田区糀谷中 —— 長欠理由が家庭に原因する者について、学校へ問い合わせても返事がこないのが多いので訪問できない。

○葛飾区双葉中 —— 長欠者の在籍校が協力するか否かが問題で、非協力的な場合は訪問以前で行詰りとなる。訪問そのものには困難は感じない。

○世田谷区新星中 — 各学校の協力は得られたが調査完了が３月上旬までかかった為、学校の年度末にぶつかり、又、春休み、定期異動、担任変更等の障害があった。

○足立区第四中 —— 対象生徒・父兄との連絡がうまくいかないことが多い。

以上のことから、家庭訪問に必要なことは、

a　区内各中学校の協力が是非必要である。（委員会・校長会等への強力な呼びかけ。）

b　学年末等の多忙な時期をずらすこと。

c　初対面では効果は表われない。２回３回の説得が必要

d　対象生徒は昼間留守の家庭が多いので訪問は夜間になる。従って、授業時間とのやりくりも充分考える必要がある。

e　昼間の先生が可能性がないと判断した者でも入学して喜々と通学している例があるので、対象にする生徒の判断はむつかしい。

(B)　昼間の先生への啓蒙

長欠者を調査して、夜間中学の先生が訪問して就学を奨めることは、生徒・父兄にとっては始めて会う人であり、打ちとけて話し合うことが困難である。そのために担任としてその生徒の長欠原因・解決方法を充分に知った昼間の先生に奨められた場合と違ってくるので、昼間の先生に夜間中学のことを充分知ってもらわねばならない。これは一朝一夕にできることではなく、各校が機会あるごとに実施している。

a　直接的な方法としては、二部の学校行事（卒業式・運動会・研究会・授業参観）等への招待

b　間接的には、教育問題としてとり上げられるマスコミの取材協力等であるが、後者の場合は一般教員へも浸透するが、前者の場合は学校長あたりで止ってしまう場合が多い。

第７表は３９年１０月に調査したものである。調査の対象が少数であり、これで全部を推定するのは危険があると思われるが、学校の先生はやはり夜間中学の存在を大部分が知っていることが分った。調査の目的はもっと知らないのではないかと思ったからであるが、結果は意外であった。６０％以上の先生が６年も前から知っており、１年以内に始めて知った人は０であった。

次に、「何から知ったか」は一般の人（第１０表参照）と同様にマスコミを通じて知った人も相当あるが、比率では「人から」「その他から」の方が多い点で一般の人とは全然異なる。「内容について」は「だいたい知っている」が７２％であり、一般人の４０.２％に比べはるかに高率

である。ところが残り２８％もの先生が「あるということだけ知っている」程度であった。

これらのことから、我々は近隣の昼間の先生にもっと祥細に理解を得るような手段 ── 授業参観・夜間中学報告書の発行等 ── を講ぜねばならないのではないか。

第７表　　先生は夜間中学をどれ程知っているか

		目黒区Ｎ中	世田谷区Ｔ中	杉並区Ｓ中		
解　答　者		３２	２５	２５	８２	
知らない		１	１	１	３	４％
知っている		３１	２４	２４	７９	９６
いつごろ知ったか	１年以内	０	０	０	０	０
	2.3年前	４	３	４	１１	１４
	4.5 〃	１１	５	４	２０	２６
	６年以上前	１４ 無答２	１６	１６	４６	６０
何から知ったか	ラジオ・テレビから	７	１	６	１４	１５
	雑誌・週刊誌から	５	０	３	８	９
	新聞から	６	０	８	１４	１５
	ポスター・看板から	０	１	１	２	２
	人から	１２	１５	８	３５	３８
	その他から	８	７	５	２０	２１
内容について	だいたい知っている	２３	１８	１６	５７	７２
	あるということだけ知っている	８	６	８	２２	２８

注　1.　目黒区、杉並区には夜間中学なし、但し、目黒区の調査校は世田谷区新星中学とは２Ｋ位しか距離がない。

2.　「何から知ったか」の合計が「知っている」と回答した人数と一致しないのは一人で２つ以上の回答をしたものも入れたため。

3.　「何から知ったか」の内訳の「その他から」には前任区にあったからというのが多い。

(C) 学令超過者へのP・R

すでに長欠のまゝ除籍された長欠者、旧制度の義務教育修了者等へのP・Rは、1.マスコミ　2.ポスター・看板である。

マスコミに取り上げられる記事・放送等は純粋な教育問題としてであるが、それが世間一般・長欠不就学者（家庭）に伝えられ、生徒募集の大きな効果を上げていることが分る。第8表は37年度以降にとり上げられた記事であり、その回数・分量とも極めて多く、その他に全国的に夜間中学の問題として載ったものが多数あるので、一般社会人でも夜間中学の存在を知る機会は相当ある。

第8表

糀谷中	37年	5月	朝日新聞	問題点の紹介
	〃	6	N・H・K ラジオ	給食について
	〃	9	共同通信	解　説
	〃	11	N・H・K テレビ	現代の限
	38	1	フジテレビ	訪問ニュース
	〃	9	〃	ルポルタージュ
	39	3	岩波「世界」	作文集・解説
曳船中	37	10	K・Rテレビ	生徒の学校生活
	38	10	学習研究社中学コース	一生徒の生活
	〃	10	東京放送	〃
	39	1	毎日新聞	学習研究社よりの寄贈状況
	〃	1	読売新聞	一生徒の生活
	〃	1	共同通信	夜間学校について
	〃	3	T・B・Sテレビ、毎日 読売、朝日、東京 日本経済各新聞	卒業式
	〃	3	フジテレビ 少年サンデー	卒業生の生活
双葉中	37年	10月	読売新聞	給食作業員を生徒が経費を負担して修学旅行に招待した美談
	39	4	N・H・Kテレビ	まがり角にきた夜間中学
	39	5	岩波「世界」	卒業生を送る言葉
	39	6	美しい十代	一生徒の生活
新星中	37	4	フジテレビ	学校生活の紹介
	37	5	読売新聞	夜間中学校　学校長のルポルタージュ
	38	5	日本教育新聞	夜間中学をたずねて
	38	10	NETテレビ	運動会風景
	39	3	労働科学	夜間中学生
	39	3	岩波「世界」	生徒の作文
足立四中	37	8	女学生の友	生徒の一日の生活
	37	10	NHKテレビ	生徒の就学・就職の状態
	38	3	女学生の友	卒業生の生活
	38	3	NHKテレビ	生徒の生活
	38	6	〃	〃
	39	8	女学生の友	在学女生徒の生活
荒川九中	あまり多すぎてわからない			
八王子校	特になし			

次にポスター・看板について学校別に述べると、第2表でも概略わかるのであるが、

大田区糀谷中 ―― 毎年ポスターを区内小中学校、区の公報板・公衆浴場・最寄り駅にはっている。駅・浴場では割引はしてくれるが料金が必要であるので二部後援会から出してもらう。

墨田区曳船中 ―― 数年前より道路に看板を立て電車の中からでも見え

るようになっている。

世田谷区新星中――ポスターは2年前より品切れとなっていたので本年3月区教委に依頼して作成してもらった。3月中旬より世田谷区内80枚、目黒区、渋谷区各50枚をその区の委員会へ行き配布依頼。又、都民生局を通じて都内母子寮・引揚者住宅の管理人に郵送して掲示を依頼した。その結果四月の新学期には16名の入学者があり、うち6名がポスターによる者であり、全部が過年者であった。

ポスターは夜間中学の存在を知りながら、年令等を考えて積極的になれなかった者へ、入学する勇気と希望を与えたようだ。

4．在学の生徒は夜間中学を何から知ったか。

第9表は東京7校の集計であるが、

(1) 「先生から」が58名で当然のことながら、都夜中生の27％で一番多い。家族、友人、雇主が先生を通して知ったのも含めると76人となり35％にもなる。

(2) 以下、雇主、家族（父母）・マスコミ・友人・委員会・ポスター・看板………の順となる。

(3) 新聞・雑誌・テレビ・ラジオ・ポスター等により入学を希望してくる人は過年者が多い。

(4) 新星中で、「友人から」が多いのは最近になって中国・韓国より引揚げて引揚寮の友人から聞いてきた者、6名を含むからである。

(5) 荒川九中はテレビ・新聞等にでることが多く、それによる入学者が12名となって表われている。

(6) 八王子五中の「先生から」13名中9名は夜間の先生からである。

(7) ポスターによる入学は全部で13名6％であるが、実施した3校だけの調査者79名の16％に該当する。

第9表　現在の在学者はどのように夜間中学を知ったか。

		桃谷	荒川九中	曳船	双葉	新星	八王子五中	足立四中	計	%
1. 家族から		3	6	6	3	6	4	4	32	15%
家族は何から知ったか	友人から		(1)	(1)		(1)			(3)	
	先生〃	(1)		(2)		(1)	(1)	(2)	(7)	
	委員会〃				(1)				(1)	
	新聞・雑誌から						(1)	(1)	(2)	
	ラジオ・テレビ〃			(1)		(1)	(2)		(4)	
	ポスター・看板〃							(1)	(1)	
	他の家族〃	(1)	(2)		(2)				(5)	
	雇主〃								(0)	
	その他〃	(1)	(3) 兄姉がいた	(1)		(3)			(8)	
2. 友人から		0	6	4	0	8	2	2	22	10%
友人は何から知ったか	家族の人から								(0)	
	雇主〃		(2)				(1)		(3)	
	先生〃		(2)			(2)	(1)	(1)	(6)	
	委員会〃		(1)	(1)					(2)	
	新聞・雑誌〃			(1)					(1)	
	ラジオ・テレビ〃							(1)	(1)	
	ポスター・看板〃								(0)	
	他の友人〃		(1)	(2)		(5)			(8)	
	その他〃					(1)			(1)	
3. 雇主から		3	4	9	8	1	5	3	33	16%
雇主は何から知ったか	家族から				(2)				(2)	
	友人〃			(1)	(2)		(1)		(4)	
	先生〃	(2)	(1)	(2)					(5)	
	新聞・雑誌から							(2)	(2)	
	ポスター・看板〃								(0)	
	ラジオ・テレビ〃		(1)	(3)		(1)	(3)	(1)	(9)	
	委員会〃		(2)	(3)	(3)		(1)		(9)	
	その他〃	(1)			(1)				(2)	
4. 先生から		3	6	17	9	7	13	3	58	27%
5. 委員会から		1	3	4	0	5	1	2	16	7%
6. 新聞・雑誌から		0	7	5	1	1	0	0	14	6%
7. ラジオ・テレビ〃		2	12	0	0	3	1	0	18	8%
8. ポスター・看板〃		2	0	0	0	6	0	5	13	6%
9. その他〃		2	1	2	0	0	0	7	12	5%
合計		16人	45人	47人	21人	37人	26人	26人	218	
在籍者（10月1日現在）		46人	52人	47人	21人	38人	28人	26人	258	

5. 世間では夜間中学をどれほど知っているか。

第１０表は東京西部の世田谷区新星中学に近接する４区の昼間の父母について調査したものである。調査方法はその学校の知己の先生に生徒を通じて依頼したものである。

その結果、調査人員２８９名中２４４名で８４.４％もの父母が知っていることがわかった。知った経路としては、ラジオ・テレビ・新聞・雑誌等によるマスコミが７７％も占めている。「内容について」は、やはり先生の場合（第７表参照）とは異って６０％程度の人が「あるということだけ知っている」だけである。

そこで再び第９表を見ると、現在の都夜中在学者のうち、「家族から知った」者３２名中、「その家族は何から知ったか」に対して「新聞・雑誌」「テレビ・ラジオ」は合計６名であり、２０％に満たない。同表の４、５を合計しても１４％である。

これは夜間中学入学の対象家族がマスコミから隔離された低文化生活を営んでいると考えていいだろう。従って、現実に長欠している生徒へは、家族の奨め、生徒自身の自発性を待つよりも、昼間、夜間の先生の積極的な努力が必要となるわけであろう。

第10表　一般の人は夜間中学をどれほど知っているか

	調査人数	知らない	知っている	何から知ったか 1. ラジオテレビから	2. 雑誌週刊誌	3. 新聞から	4. ポスター看板	5. 人から	6. その他	どの程度 内容もだいたい	あるということだけ
目黒区	83	11	72	37	13	19	1	12	7	26	46
世田谷	68	7	61	32	7	19	0	7	6	25	36
杉　並	62	13	49	30	9	14	0	8	4	23	26
大　田	76	14	62	28	7	14	2	13	6	24	38
合　計	289	45	244	127	36	66	3	40	23	98	146
比　率		15.6%	84.4%	43%	12	22%	1%	14%	8%	40.2%	59.8%

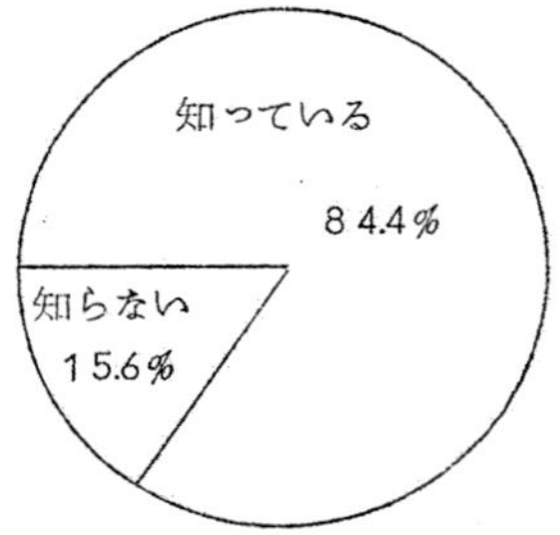

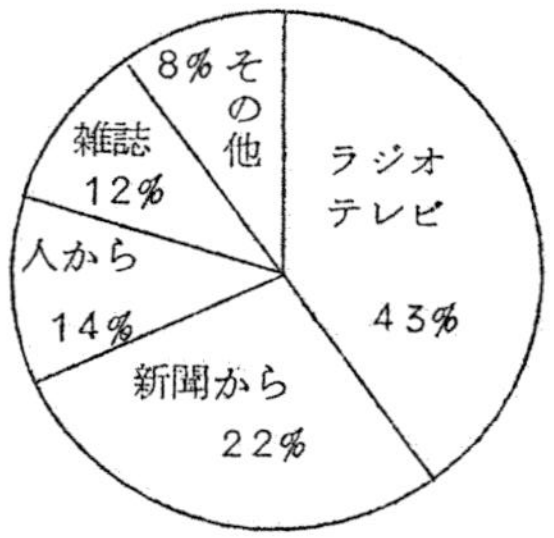

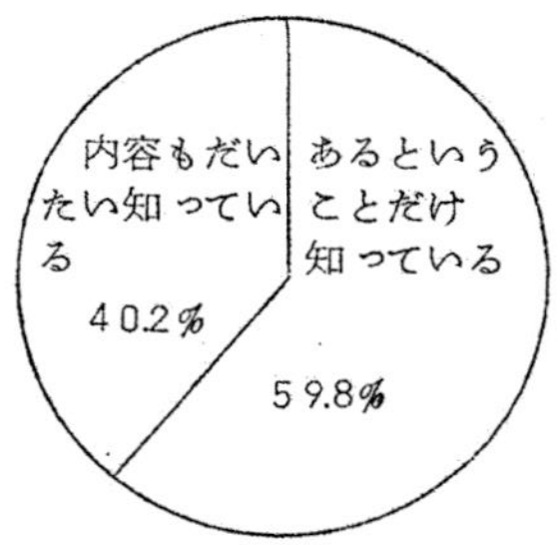

第11表　何から知った人が内容についてよく知っているか

	内容もだいたい知っている		あるということだけ知っている	
ラジオ・テレビから	51	40.1%	76	59.9%
雑誌・週刊誌から	21	58.6%	15	41.4%
新聞から	34	51.5%	32	48.5%
人から	12	30.0%	28	70.0%
その他から	14	60.8	9	39.2
計	132		160	

注　ポスター・看板は3名とも「内容もだいたい知っている」であった。

京都における夜間中学生徒のリハビリテーションの可能性について　（予報）

京都市二部教育研究会
研　究　部

京都における夜間中学生徒のリハビリテーションの可能性について　（予報）

京二部研・研究部

市河三次　加藤良三　松尾正雄

夜間中学生徒の質的，数的変化に伴ない，その生徒たちのもっている問題性が，複雑化してきていることはすでに報告した。現在，夜間中学校の存在について云々されている様であるが，果たして我々は存在，非存在を討論しうる資料を手にした上での事柄なのであろうか，余りにも資料がとぼしく，また，資料を得ようとする手段も閉ざされ，資料をえようとする熱意にとぼしい事を反省したい。ここに本年度の研究の一部を予報することによって，それらの資料の一部となれば幸甚である。なおこれらは，あらためて完成し報告したい。

1.　調査の項目と諸元，及び目的

生徒（以下夜中生の事をこう称する）は，はたして，何を要求しているかということはすでに１３集でのべた。即ち生徒の夜中通学に至らしめた原因（以下問題性と称する）の除去される事をもって根元的な要求としている事を見逃すべきではない。さて，問題性を背負うが故に夜中通学を余儀なくされている生徒に対して，夜中の中で手厚く保護しようとのみするのは，生徒の人間完成にとって好ましくない。問題性がはたしてどこまでとり除けうるものか，とり除けられつつあるかについて知る事は，我々の根本的な教育方針や教育技術の一部として重要であろう。その様な意味から問題性の解決の方向について調査を行なった。

調査は研究部員，市河，加藤，松尾の三教諭によって各個面接され，生徒と教師から同一の事項について聞きとり整理した。特に第１４集でできなかった，問題性の発生期等，主として障害因子の起こった時間的要素と，それらに関連する社会資源の利用の程度について調べた。もっとも生徒の口述であり，記憶を中心としたので，時間的要素は正確を期しがたく，また社会資源の利用についても，正確は期しがたい。これらの調査はもっと完備された方法であるべき事は充分承知しているが，諸々の事情を，調査開始が１０円になった事から，一応予報としてとりまとめた。

調査生徒数　　７ケ校　　４０名

調査項目　　一般的実態調査及び生徒の夜中通学に至らしめた諸々の原因，その遠因，起因について。及びそれらの発生時期と措置について

2. 結果と考察

a 1.夜中通学をするまでにどんな障害に遇っているか。

既報（京二部研，夜間部教育の研究第１４集）のような障害類型で今年も調査を行なった結果，発生の時期と共に，次表の様な結果がえられた。

表１－a．夜間生徒の生活史の中に発生した障害と発生期

発生時期（逆算）	6月	12	16	1.12	26	2.12	3年	4	5	6	7	8	9	10	11	12	13	20	不明	計
住込・口べらし		3	6	3	3		1	1		1										18
貧困	2	1	1			1				1			1							7
欠損家庭	1	2	2			1		1	1			3		1	2	1	1			16
家人の病気	1	1	1		2	2	1	1		2	1			1		2			3	18
親の怠慢					1	1	1		1	4	1	1							6	16
監護不能			2			1				1										4
家事			1	1			1													3
嫌学			2	2	3	2		1												10
本人の病気			2		1		1					1								5
その他																		1		1
計	4	7	17	6	10	8	5	4	2	9	2	5	1	2	2	3	1	1	9	98

表１－b．夜間生徒の生活史で発生した障害に対する福祉機関の関与した数（表を参照のこと）

発生期（以前）	6月	12	16	1.12	26	2.12	3年	4	5	6	7	8	9	10	11	12	13	20	不明	計
住込・口べらし					1															1
貧困	1					1				1										3
欠損家庭	1	1	1			1														4
家人の病気	1	1				1				1				1		2			1	8
親の怠慢						1				1		1							1	4
監護不能						1														1
家事			1																	1
嫌学																				
本人の病気																				
その他																				
計	3	2	2		1	5				3		1		1		2			2	22

表１－C．生徒の生活史で発生した最初の障害（起因）

発生期（以前）	6月	12	16	1.12	26	2.12	3年	4	5	6	7	8	9	10	11	12	13	20	不明	計
住込・口べらし																				0
貧困										1										1
欠損家庭														1	2	1	1			5
家人の病気						1	1	1		1				1		2			3	10
親の怠慢					1	1			1	3		1							6	13
監護不能																				0
家事																				0
嫌学			2	1	3			1												7
本人の病気			1				1					1								3
その他																		1		1
計	0	0	3	1	4	2	2	2	1	5	0	2	0	2	2	3	1	1	9	40

この表について一般的に生徒は就労しているにもかかわらず，障害類型の中に就労を入れたのは，主として「口べらし」によって住込等をさせられた場合であって，特に留意する必要がある。貧困は二次的な障害であって，前駆的障害を伴なう筈であるから，これらの二者はいづれも，障害の起因（Primary Events）とはなっていない。また起因としてあげられるものは１年から２０年までに及び，古くに原因をもつものや，１年～２年以前の所に起因のあるもの，つまり没入して日の浅い場合も多いことがわかる。

問題はこれらの諸事象の発生したとき，一体どれだけ社会資源を活用したかにかかっている。表中に示した（措）の項の数値である。全部の事象の発生数Nは９８であり，その中で，社会資源の活用及び措置は２２例，２２４％にすぎない。もっともこれらも，現在継続されているというのではなく，単に活用又は単に措置されたに止まっている。表２によって簡単に説明すると，社会資源の活用は，貧困と親の病気の場合に多いのは当然であろう。しかしいづれもが５０％にも満たない。余りにも活用の度合が少ないとしかいえない。もっとも民生当局の判定が正しいのであって，活用度が低いからといって一概に不適性を主張はしない。また，法律で整備されている問題以外に，特に父母の怠惰，酒乱等によって起る家庭機能の障害や，親の死による欠損家庭等は，民法による親権の剝奪（前者）か，

児童の保護施設収容ということしかなく，家庭再建への足がかりとてない。表によっても措置された率は低い。

障害の初発もまた両親の怠惰等によるものが他を圧して高い。因果関係の因となっているものである。したがって，根元的な原因は家庭内部の不調整現像として位置づけられる家庭構成上の機能障害によるものと考えられ，そこから誘発した障害に対する措置を行なっているのでは，すでに遅い。表3にも示したごとく，また既に報告（第１４集）した様に，複合化された障害の数は2.３の障害をもっている例が多い。同一因果系列に属さない異質因果系列の中に存在する場合も極めて多い。したがって，個々にわたる事例に対する保護の完成の場合に，因果系列を調査することが極めて重要な事だといえよう。

表2.　障害発生数と福祉機関関与率及び起因のしめる率

	発生総数	関与数(表B)	起因の数(表C)	関与率(%)	起因の率(%)
住込・ロべらし	1 8	1	0	5.6	—
貧困	7	3	1	4 2.8	1 4.3
欠損家庭	1 6	4	5	2 5.0	2 7.5
家人の病気	1 8	8	1 0	4 4.4	5 5.6
親の怠慢	1 6	4	1 3	2 5.0	8 1.3
監護不能	4	1	0	2 5.0	—
家事	3	1	0	3 3.3	—
嫌学	1 0	0	7	—	6 6.7
本人の病気	5	0	3	—	7 0.0
その他	1	0	1	—	1 0 0.0
計(平均)	9 8	2 2	4 0	2 2.4	4 0.8

表3.　障害の段階数

段階数	(例)
1	1 0
2	1 8
3	1 2
4	0
計	4 0

−4−

図1.

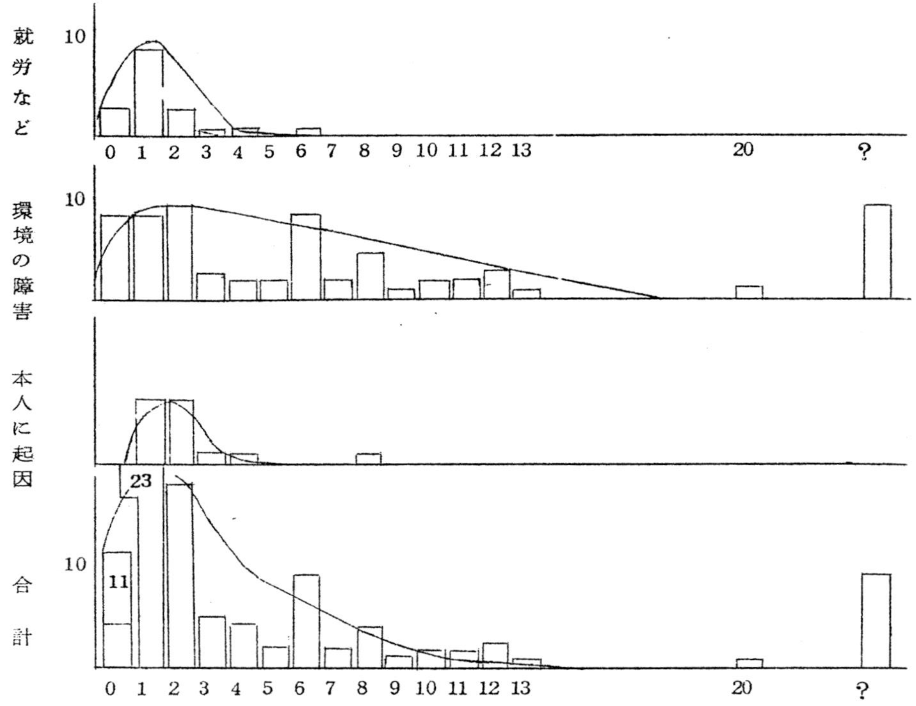

以上，時間的に制約された状態で予報にかえたいと考えた。結論を要約すると次の如くなるであろう。

① 生徒の問題性は極めて深く，いくつも複分されている。

② 発生も，主として生徒の環境的障害に属するものは，かなり古くから発生している。（図１参照）

③ 障害の発生に対して，福祉機関にとられた措置は２２.４％にすぎない。

④ 以上のことだけで，夜間中学生徒のリハビリテーションの可能性を論ずることは危険であり，不可能であるが，生徒のおかれた状態や，おかれつつ，現在も経過していることに対する研究調査を重ねてしなければならない。

−5−

夜間中学存在意義に関する提案

１９６４年全国夜間中学研究会大会

京都市立朱雀中学校
市　河　三　次

夜間中学存在意義に関する提案

京都・朱雀中・市河三次

1. まえがき

すでに夜間中学が開設されてから１４年を経過した。その間，いくつかの転機を経た今日[4,10,11]，その存在に関する意義は，開設当初と全く異なつてきている。この変化は夜間中学の主体的状況の変化ではなく，社会的経済的な構造の変化とともに変転したものと考えられる。

かつまた，夜間中学は日本の社会福祉事業の中にあつて[1,2]、一つの理念や理論的体系を確立しないまゝ[1]今日に及んでいる事は被うことができない。ここで広く社会福祉，学校福祉の立場から夜間中学を認識し，在存の意義を具体的な資料を基礎として論述し，理論的体系を作りたいと考える。

2. 夜間中学の発生の基盤と消長

すでに資料としていくつかの論文がでているが[1,3,5,6,7 ~ 11,12]，遠く尋常夜学校など明治初期から，太平洋戦争にいたる迄の夜間小学校に関する考察は，現在の夜間中学校の前史的な意義と，日本社会の構造的矛盾の中にあつたとする理論[12]を確認した上に立つて，この場合除外したい。

戦後の夜間中学の発生は主として経済的構造を基盤として形成されていた。即ち神戸・京都・東京等において開設された理由は貧困による教育疎外、即ち長欠生徒を救うにあつた事[34567~11,12]は多くの報告の認めるところである。しかし，その後社会の経済的発展と安定[4,6,11]に伴ない，経済的構造上の矛盾からおちこぼれる人々の数は減少して行つた[11]。しかし反面，それらの脱落者は社会構造上の矛盾によつて「おちこぼれた人々」として認識されるようになつて来た。即ち不遇の人々の，不遇である理由は，貧困という単純な領域から発生するのみではなく，社会制度の複雑化に伴なつておこる基本的な人間要求の不充足が，その不調整理現象の中から発生してくるもの[1]であるという認識を確認されなければならない。夜間中学生徒の通学理由の中に現れている変化は，すでに報告[6,11]した通りであり，上述の論拠の裏づけをここに確認する。

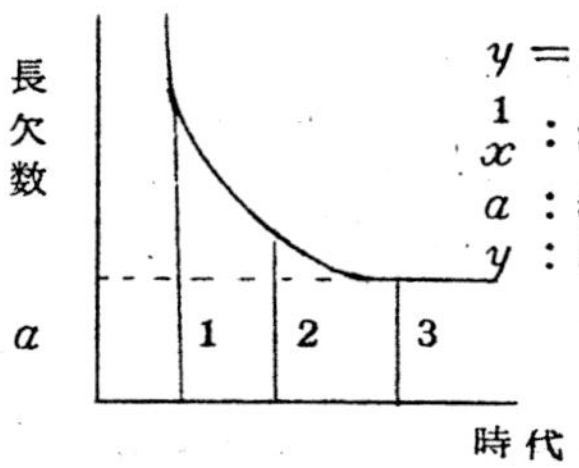

$y = \frac{1}{x} + a$

$\frac{1}{x}$ ：減少曲線

a ：教育的不遇生徒

y ：社会状勢の変化に伴なう問題性

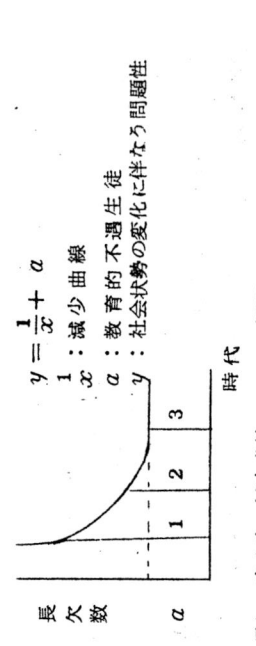

長欠，夜中生の減少曲線についての解釈

$1 = y_1 + a$ ········昭２７

$2 = y_2 + a$ ········昭３３

$3 = a$ ···········昭３５～３９.

したがつて夜間中学の存立は，常に社会情勢の変化に伴なつて変貌して来たとはいえ，教育がSocial Serviceの一部であるという理論[1,2,a,]の中にあつて，夜間中学のはたして来た業績はSocial Serviceとして少なくとも認識されるべきであろう。

3. 教育的不遇性について

以上のべて来たような消長を示す夜間中学校は単に夜間中学の内部や教育の立場だけで論ずるべきではない。社会情勢の変化による，社会的構造上の矛盾によつて発生した不遇性が，教育をうける権利を阻害し，それによつて脱落した不遇生徒の救済（即ちSocial Service）として位置づけられて来た。[a、b、C、d]すでに過去何回かその様な機会を作り，また資料の中でも具体的事例を挙げて来た。実際に夜間中学教師の教育実践の中で，教師の手の及びうる範囲以外にまで拡がつた問題性のために，しばしばケースを拋棄しなければならなかつた事も多い。そこでこの章では，夜間中学生徒を含めて，広く教育的不遇について論じたい。

3・1 教育的不遇性の概念

教育的不遇とは，生徒の環境，家庭，精神的・意志的行動，社会・経済的構造等から発生する矛盾によつて，「正常な形で義務教育を受けられずにいる生徒」と規定してみたい。この種の生徒の「義務教育をうける権利を阻害している障害因子（Obsfacle facfor）」は種類も多く，複雑であり，[3,6,10,11]生徒への影響も種類によつて異なつている。[3,7,11]且つ，これに包含される生徒の範囲は極めて広く，特に学校の長期欠席として具現されている例が多い。[1,3,6,11]勿論，Obstacle factorの種類によつては，すでに社会・児童福祉等の諸政策や，公的扶助が与えられ，保護や対策が確立され

ているが，[1,2,3,6]教育の場から見る不遇性を主張する立場をとるなら必らずしも正常な義務教育を受けられるまでには立ち至つていない場合も多く見られる。[3,6,11]

3・2 教育的不遇性の範疇

教育的不遇性はObstacle. factorの発生・構造に関連して考えられる範疇と生徒に対する影響の仕方（発現の仕方）によつて考えられる範疇の２側面から見なければならない。まずここでは主として障害の構造を中心として概略を分類[11]してみたい。

	類型	原因	
直接因子系	精神的障害 意志的障害 情緒性障害 身体的障害 その他	ｏ学習に対する意志の欠除 •学校社会に対する障害 ｏ学力の遅滞等 主として生徒の意識構造の中に現れる諸欠陥	学習の機能的不遇
間接因子系	家庭構造上機能障害 家族構成上機能障害 家庭経済上機能障害	ｏ欠損，崩壊家庭 ｏ多子，多核家庭 ｏ貧困等 生徒の生活構造の中に現れる諸欠陥	生徒の環境的不遇
第三因子系	社会構造上の問題 社会機能上の問題 社会体制上の問題 特殊な事例	生徒の生活環境や意識構造と社会制度や社会構造との間に起つた葛藤，不調整，及び特殊な事例等	

上表の諸因子は複合[11]したり，いくつかが因果関係を伴なつて現れる場合（因果系列）のほか，全く因果関係を伴なわずに併発しておこる（複合因果系列）場合等，複雑多岐にわたつていることは報告[6,11]した。また一方，これらのObstacle facforによつて，発生する現象をまとめると概略次表のごとくなる。

	類型	結果
離学	長期欠席（連・断続） 不就学	就労，その他 （参考文献　　参照）
就学	断続欠席，欠課 学級内不適応（心理的内向，顕性的行動） 学校社会への積極的参加 障害を被弊しながらの正常な学習	
反社会的行動	非行等	

もつとも，これらの範疇は更にこまかく分類され，嫌学，学力遅滞による学習意志の欠除等多くにわけられねばならない。[6,11]しかし，それらの中でやゝもすると，顕性的な学級内不適応行動や非行等，現象の顕著なもののみを問題にし，学力遅滞による学習意志の欠除や，家庭の機能障害

等の生徒自身に内在する障害によるものは見逃されがちである。即ちその様な問題を内包しつつ生徒自身が問題性を克服して就学している例等は極めて多く，ややもすると生徒の行為に賞讃を贈る場合すら起りがちである。前表であげた教育の場において，機能的不遇生徒よりも，環境的不遇生徒は見落されがちであり，かつまた生徒の生活史的側面から見ると因果関係はむしろ，機能的不遇は環境的不遇の結果となつてあらわれている例が多い。[6,11,] またカウンセリングや補導等の諸対策も，機能的な不遇生徒に対して立てられており，ケースワークも積極的にとりあげている。反面，環境的不遇に対するものは極めて少なく，ケースワークも積極的ではない。広い意味での問題性の危険を包含する生徒や家庭に対して，その予防としての措置をとる必要性が強調される。[1)]

3・3　教育的不遇性の解除

すでにのべて来た不遇性について，現在行なわれている諸施策や諸法律は完備されている。[3,4,6,13)] しかし一般には，社会的資源との相互間に緊密な連絡が，機能的に行なわれているかという点では疑問をもたざるを得ない。夜間中学生徒の場合に例をとると（６４京都，N＝４０，Obstacle chance＝９８）社会資源の利用は次表の如く極めて低い。

Obstacle factov	民生委	児　童	その他
家庭構成上機能障害	3例	0例	
家族（両親）の病気	8	0	
親の死亡	3	1	
貧　困	3	0	
監護の不能	1	1	
例　数　１０６	18例	2	

もちろん。この表にある例は，どの様な経過で民生委等と接触したかは不明である。一般的に，こう云つた社会資源の活用が低いのは，社会資源の利用の方法を知らなかつたり，手続上の繁雑さ，また場合によつては保護を求める側の感情に対する窓口の事務的な態度ばかりでなく，[3.)] 事情の好転に対する不信感もないとはいえない。更に第一の隘路は時間がかかりすぎる点であろう。また教育の場の中にも，それらは教育の場においてなされるものではないという観念がかなり根強いことも問題の一つであろう。しかし京都市においては生徒福祉課という一つの課の単位で活動がはじめられている事は他に例を見ないもので期待すべき事である。ここでEducation Welfare officer やaAtendance officer[1)] 等の活動に例を見たい。即ち生徒・両親・家族・地域社会資源との関係を調整することを活動の主目的とする教員を必要とする。[1,2,6,6,)] 夜間中学教師が常におかれていたのは，このEducation Welfare officer の仕事であり，またaAtend ance officer としての役割を行なつて来た。ただかねて主張して来たごとく，教育的不遇生徒の保護にあたる中枢的現場機関の相互協力により，立体的に措置し，処理して行くための連絡機関の不備，及び夜間中学教師側にも，それらの問題性解除のための適当な専門家との連絡調整と，生徒の家庭状況を正しく評価する技術，[1,b,C)] ケースワークの技術，社会的サービスについての知識，専門家との協力関係を作り出すための研修の機会の不足等が，活動をにぶらせていた事を反省せざるをえない。

4.　夜間中学の存在意義

以上の観点から，夜間中学は教育的不遇生徒を対象とするべき学級としての意義を強調しなければならないであろう。全国平均で見る長欠生徒は1.0％の前後であり，減少の傾向は双曲線的で０に収斂するのはほど遠い。[11,)]

また長欠の理由は本人に起因するものが年々増加している。[3,11)] また長欠生徒に対する出席の督促も学校出席を強調する方向が強く，生徒の家族，地域社会を援助して家族関係や，社会資源との関係を調整すそことによる方法は，まだ行なわれている例が少ない。

教育的不遇という問題生徒の発見から，問題の性格把握，さらに問題性解除の方途を見極めた上で，問題解決の活動に入らねばならない。それには各種の機関との連けいを必要とするのみではない。生徒の生活・意識構造を中心とした考え方に立つて，措置が決定されなければならない。過去における夜間中生徒の場合，これらの機関の協力をまたないでいたために，年少労基，児童福祉法等に抵触する場所にすら，[13,11)] 安定の場所を求めて来ていた。この誤びゆうを犯すことのない様な，各種社会資源の協力の元に行なわれた措置決定の後に，はじめて措置の開始が行なわれるべきであろう。

しかし，この場合極めて困難な事象に当面しなければならない。即ち「教育に時間はない。しかし措置決定には多くの時間を必要とする。このジレンマをどうすべきか」[6)] ということであろう。充分な対策と，充分な問題解決，好転の見込みの上に立つて重荷をとり除くことのために，充分な時間を一方で必要とし，一方で義務教育の遂行という急ぐべき事象のあるとき，夜間中学の存在意義は新らたな目的をそこに発見する。即ち教育的不遇生徒の問題解決に要する期間の，それら生徒に対する義務教育の継続という使命は，正しく評価されるであろう。

過去における夜間中は，生徒が問題性から逃避するための場所であり，教師は正しく統一された実践の指針をもたないまま生徒を義務教育の場に留めているのみであり，Rehabilitation についての積極的活動は公式には行なわれていなかつたといつてよいであろう。したがつて，人間性の涵養という目標で，昼間労働や，家庭の事情から来る抑圧をとり除くための生活学習に力をおく学級や，学習効果，おくれを取り戻すためという目標をもつ学級等，必らずしも内容の統一はなかつた。それぱかりではなくRehabilitation の可能性もほとんどないまま卒業させていた。この様な夜間中学存在の効果は，矛盾の累積に他ならずRehabilitation を加えた活動でない限り，正しい評価はなされない。したがつて夜間中生徒が教育的不遇性をもつているという限りにおいて，過去の夜間中学の実践にRehabilitation を正式に加えた活動を要求されるし，また，この要求を満足させるために，同列に位置づけされた各種機関と相互協議を可能にさせるための協議機関の設置を主張しなければならない。おおむねを図式化してみると次図のごとく考えられよう。

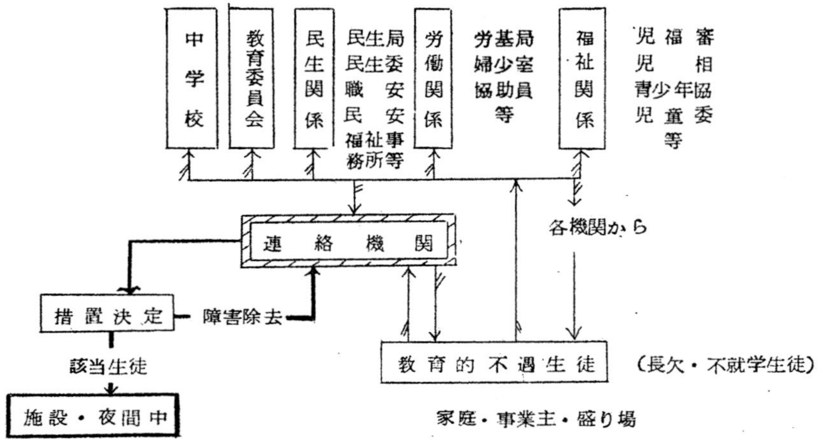

もつとも，上図は単なる案であり，改善や補正を必要とすることはいうまでもない。[6, 11, d)] 教育的不適生徒の，発見と通報は ⟶ でし，措置は ➡ で表現し，現在Obstacle factor によつて離学している生徒の発見と措置についての構造を示してみた。このように，各種機関によつて発見された教育的不適生徒は，直ちに連絡の中枢機関に通報され，そこによつて措置されねばならない。児童相談所の役割りに特に「教育」を強調されたもののみを取り扱うSection と解されようが，この機関は，むしろ教育委員会の中に存在することを主張したい。即ち前章でものべた通り「教育における立場」を前提とするゆえんである。もしこの様にして夜間中学が位置づけられるならば，夜中教師の学校外の生徒指導に費すエネルギーは大巾に減少するであろうし，生徒自身も自己の背景にある問題性が解決されつつあり，近い将来にRehabilitation が期待できるということで精神的安定がえられよう。

5. 夜間中学の活動と内容

Sociai Serviceの一部として特に意味づけられるとしたときの夜間中学は，活動の内容もかなり変革する必要を伴なうであろう。教育における最低限度の生活とその保障の問題が，より実質的，内延的保障として考えられなくてはならない[3)]という当然の要求の具現化として，学習指導

上の問題では，生徒の学力差をどう調整して行くかということを第一とする。また，「学習の意欲」をいかにして求めるかをその前提として掲げなければならない。統一されたカリキュラムではなく，もはや個人個人の能力，背景，生活等の諸構造を分析した結果与えられる指導でなければならない。単に学力のみでなく，生活背景にある問題性によつて，学習への参加の仕方に差異を生じたとき，[3, 6, 11)] その調整をいかにするかが基本的な問題となるであろう。

また生活指導は，もはやケースワークとしての技術を要求されてくる。即ち教育的不適に属するObstacle factorを除去するための措置は，連絡機関（仮称）で行なわれつつあるとしても，生徒に投影されているObstacle factorのえいきようは教師の受持つ範囲でなければならない。したがつて，高度の技術と広汎な知識を必要とし，特に精神病理学，心理学，法律，社会福祉学ケースワーク等の専門化された素養を身につけなければならない。[3, 6, 11, b)]

体制としても，複数の専任教師を配置し，完備された学習環境と，生徒にとつて安堵感をもたらせうる学習の機会を創らなければならない。特にRehabilitation を第一義とした指導にあつて，普通学級と大差ない環境と行事の企画を必要とするであろう。特に通学に対する配慮は重要であり，貧困者に対する交通費の補助や，通学容易な配置を考えなければならない。[3.)] 東京，名古屋地区における集中配置と，京都，横浜，神戸地区における分散配置とは，学習効果の点からは前者，学校生活になじませてRehabilitation の可能性を強調する点からは，後者に利点があり，そのいづれも優劣がつけがたい。しかしなら，地理的条件のほか，生徒のもつ問題性による配慮や，Need に適した配置を熟慮するべきであり，[11,12)] いたづらに一片の法制化の主張や，[b.)] 解消の主張や声に支配されることなく，[d.)] 集中，分散の両方式を合目的的に配慮して配置するべきであろう。多発地区には分散配置をあえてしてまでも，生徒のNeed に適合させるべきことを第一義としたい。法律的側面からも，学校教育法，その他施行規則等のほかに，文部・厚生・労働事務次官通達の制定時の背景や，[13)] その主旨によつて，更に追加されるべき点があろう。また，単に教育扶助，準要保護の基準を夜間中生徒全般に適用する必要はなくなるであろうし，適用も実状に則させるべきであろう。

6. まとめ

以上5章にわたつて簡単に，過去における夜間中学の業積と，誤びゅう性を指摘してきた。かつまた社会情勢の変化に伴なう教育の場から落伍する生徒の質的変化をのべてきた。それらは社会政策の欠陥と簡単に規定できないという主張に他ならず，また現在の保護施設のごとく単に生

徒を問題性から隔離させているだけで，福祉事業が達せられているとする一部の考え方の誤びゆう性を指摘することの主張にもつながろう。大切なことは根源の改善に他ならず，生徒の生活背景にある重圧の除去がない限りにおいて，すべての行為や実践が，合目的的ではないという警告にほかならない。いたずらなセクショナリズムや，理論的な根拠にとぼしい実践活動から早急に脱皮し，夜間中学が，教育的不遇生徒の救済の活動の場であるという明確な規定をもつべきであろう。

「夜間中学はあつてはならないものであるから」という理論は，空論に他ならない。理想的な終局社会を期待するのはよいが，そのような合終局的理論よりも，現実を直視し，「あつてはならないものは夜間中学よりも前に，教育的不遇生徒である」という事実を認識しなければならない。また，反面「生徒が現存する以上，学習面に力を注ぐべきだ」という主張は，「生徒の背景にある教育的不適性をもつ Obstacle factor が現存する以上，その改善にも力を注ぐべきである」という実践を伴なわなければならないであろう。

7. 参　考　文　献

1）　岡村重夫：社会福祉学（各論），柴田書房，昭３８，Ｐ１５４
2）　日本社会事業研：社会事業要論，ミネルヴァ書房，昭３８，Ｐ２１２
3）　日本社会福祉学会編：日本の貧困，有斐閣，昭３３，Ｐ２６０，２７４，２８１
4）　京二部研編：雑草のように強く，昭３８，資料編，　Ｐ１５６
5）　文部省：夜間に授業を行なう学級をもつ中学校に関する調査報告書，昭２８
6）　加藤淳子：夜間中学に関する研究（京都府大，卒業論文）昭３９
7）　京二部研：夜間部教育の研究，第１０集，昭３４
8）　―――：―――――，第１１集，昭３５
9）　―――：―――――，第１２集，昭３６
10）　―――：―――――，第１３集，昭３７
11）　―――：―――――，第１４集，昭３８，Ｐ12～16　Ｐ24～40　Ｐ49
12）　田中勝文：「教育」２月号，昭３８
13）　文部・厚生・労働事務次官通達，昭３０，９月

《講　　演》

a）　島田啓一郎：京二部研研究会，昭３９，７月

b）　全夜研大会：第５回（福岡）第６回（東京）第７回（京都）第８回（東京）第９回（横浜）第１０回（名古屋）各大会

c）　全夜研代表者会議：昭３８，６月　名古屋

d）　京二部研と京都市教育長との懇談会，二部研各社会福祉関係機関との懇談会，など（昭３８）

第11回全国夜間中学校
教育研究協議大会

夜間中学校と部落問題

京都府
泉ヶ丘中学校夜間学級
野口良子

教育の機会を平等にし、教育の条件を改善して
すべての子供の能力の全面的な発達を保証しつ
つ部落の解放に必要なすべての認識を子供のも
のとするために

はじめに

現代義務教育制度の矛盾の集中的な表現として夜間中学が存在しているのは周知の事実である。

ところで、表題のように部落問題をもち出したのは 、夜間中学の問題と部落問題は、各々異つたあらわれ方をしている 関東の方はそう思われると思うーがその問題の本質においては、全く共通の基礎に立つ問題だと考えるからである。

現象的にみると夜間中学のおかれている地域、特に関西では、校下内に未解放部落を持つ学校が多い。もちろん、部落をもたない学校もないではないが総じていえば、夜間中学のあるところ未解放部落ありといつてもいいすぎではない。それは夜間中学を必要とした事情、つまり、差別と貧困の落し子として 不就学、長欠の現象が、未解放部落に集中的にあらわれているからである。夜間中学は、この不就学、長欠という事態の中にこそ存立の根拠があり、その事は、不就学長欠の原因となつたものの追求、つまり部落の問題を正しく認識しない限り、その本質的な認識を得る事はできない。

落問題の側からいえば、夜間中学は不就学、長欠対策の一つとして存立の根拠があるのではあるが厳密にいえば、不就学、長欠の原因が基本的には、深く歴史的社会的、経済的、な構造の中にあるにもかかわらず、それに対してなすところなく、不就学、長欠をなくするための根本的対策にはとらくまずーむしろそうした社会、経済下の矛盾には、目をそらし、安下り教育政策の一つとして行われているのが、夜間中学だともいえるようである。

したがつて、現場の教師である私達は、現代学校教育の差別と選別（経済競争学力競争）の中で、ふるい落された部落の子供に、何を、どう教えるかを何よりもまず的確に把握しない限り、それは、私達の意図如何 にかかわらず、特殊学校での階級的、身分的差別教育の執 行者にほかならない 子供たちのおかれている差別と貧困に起因するいつさいの不利益におそれることなく対決し、解放に必要な全ての認識を子供のものとするために教育活動の中にのみ、差別教育の位置からの脱出が可能である事を知らねばならない。

井手町被差別部落の概要

表Ⅰ、Ⅱ、が示 すやうに世帯数５８５戸のうち４０７戸が日雇労務者で、そのほとんどが土木建設業の土工として働いている。ここ１－２年はオリンピックのための建設工事に地元だけでなく阪神方面への出稼ぎ土工として仕事は充分にあつたが、オリンピック終了の今見とおしは暗い。表Ⅱが示すように建設業者をしているのが42戸もあるが業者登録をしているにすぎない弱少企

業でそのほとんどは土工と大差ない。

昭和３０年前後の災害によつて特に部落（井手部落に限らず）には土建業者が生れそれは災害復旧工事つまり公共事業をアテにした業者故に現存ほとんどの災害復旧工事が終了し京都府土木予算の徹底的な減少とともに業者としての道をふさがれてしまつている

２－３の業者をのぞけば民間事業を請負うだけの力もない。その事は日雇労務者の将来が決定的に暗いものである事を明らかに示すものである。この事実こそ被差別部落のうけている絶対的な差別なのである。表にある卸小売といつても默娯子屋を含む弱少なものである事はいうまでもない。生活保護世帯は全町３０世帯中２２世帯準保護世帯は３４世帯中１６世帯が部落に集中している。又農業が表Ⅱにおいて６０戸となつているが井手町の平均耕作反別５、７７反に対し部落にあつてはその半分にもみたない。２、４６反が平均耕作面積となつている。

この２、４６反の数字といえども戦後の農地改革によつてふえたものである。農業を専業にして喰えないのは数字が明らかに示しているがそこで婦人は鹿子絞り金銀糸工場（零細な家内工業）又はゴルフ工場の雑役罐詰工場等々で働き男子の大半は農業のかたわら日稼ぎの土工として働いている。こういう風に家族全員が何らかの仕事をもち家をあけている中でいきおい子どもたちの不就学、長欠非行への傾斜がはじまる。

昨年度３月においては長欠、不就学生徒は２４名をかぞえその全生徒が被差別部落民である事は偶然ではない。現存それらの生徒を夜間学級にむかえいれ１０名を去る３月に卒業させたので若干は減少した。夜間学級生のほとんどが母親と同じように金銀糸、罐詰工場で昼間を働いている。中には母親のるすを守つて主婦代りをしている子もいる。

被差別部落民である生徒（表Ⅱ　が示すように全生徒数の約２５％）の実態は、学業成績、知能指数の面では平均分布の段階があらまし一段階つまり低い方えかたより特に男子にその傾向が強い。また怠学、非行、粗暴といわれる生徒の大半が被差別部落民で示めている。いうまでもなくこの事実は貧困と差別が残した傷痕である。

久しい間の差別と貧困を強いられた生活の中で人間の意識と文化を極度に低いものにしながらそれにもなれ抵抗する術を失い反社会的とみえる行動の中でかろうじて人間を主張している部落の子供　たちの憤りこそ読みとるべきである。

〔差別の実態〕

表Ⅰ　井手町地域別世帯数　（註　太線内は被差別部落）

部落	人口	世帯数	生保世帯	準世帯	生徒数 男	生徒数 女	生徒数 計
	604	127			21	20	41
	529	116	4		12	17	29
	737	144			18	20	38
	721	169			13	16	29
	1198	286			33	31	64
	558	124		17	15	13	28
	423	91	4		8	8	16
	1006	219			28	25	53
	62	13			0	4	4
A	1116	277	12	8	31	19	50
B	1220	308	10	9	28	33	61
計	8174	1874	30	34	209	208	417

表Ⅱ　生活基盤に於ける絶対的差別（被差別部落に於ける就業別世帯数）

職業／部落	農業	建設業	製造業	卸小売	サービス業	公務員	その他	計
B	6	25	8	16	9	7	237	309
A	54	17	4	17	8	7	170	277

表 Ⅲ　3ヶ年に於る進路状況　（）内は被差別部落

年度	性別	卒業者数	進学 全日制 公立	進学 全日制 私立	進学 各種学校	就職 法25条	就職 定時制	家事
36	男	64 (18)	26 (4)	8 (3)	2 (1)	28 (10)	7 (2)	
	女	66 (18)	14	16	14 (5)	21 (12)	2	1 (1)
	計	130 (36)	40 (4)	24 (2)	16 (6)	49 (22)	9 (2)	1 (1)
37	男	91 (25)	32 (1)	8	2	48 (22)	12 (4)	4 (2)
	女	83 (24)	23 (1)	12 (4)	28 (7)	17 (10)	2	
	計	174 (49)	55 (2)	20 (4)	30 (7)	65 (32)	14 (4)	4 (2)
38	男	81 (13)	37 (3)	17 (3)	1	31 (6)	3	2 (1)
	女	103 (26)	30 (1)	15 (1)	23 (6)	32 (17)		3 (1)
	計	184 (39)	67 (4)	22 (4)	24 (6)	63 (23)	3	5 (2)

・職安法第25条の3

（仕事の内容）

1　求人申し込を受理し且つその受理した求人申込を公共職業安定所長に連絡すること。

2　求職申し込を受理すること。

3　求職者を求人者に紹介すること。

4　職業指導を行うこと。

5　就職後の指導を行うこと。

6　公共職業訓練所の行う施設への入所のあつ旋を行うこと。

表 Ⅳ　産業別就職者数　（ ）は被差別部落

産業別	36 男	36 女	37 男	37 女	38 男	38 女
建設	2 (2)		1 (1)		3 (2)	
食品		3 (2)	2	3 (2)	2	4 (3)
繊維		8 (5)		5 (3)	2 (1)	12 (9)
化学	3 (1)	3 (1)	5 (3)	2	4 (1)	3 (1)
鉄鋼	3 (1)		4 (2)		2	
金属	3 (1)		7 (3)	1	4	1
電機	6 (2)	3 (1)	10 (4)	3 (2)	3	3 (1)
機械	7 (1)	1 (1)	9 (4)		6	2
卸小売		1		1 (1)		5 (2)
修理		2 (2)	5 (2)	1 (1)	2 (1)	2 (1)
その他	4 (2)		6 (3)	1 (1)	3 ([illegible])	

表 Ⅴ　地域別就職者数　（ ）は被差別部落

地域別	36 男	36 女	37 男	37 女	38 男	38 女
京都市	17 (6)	10 (4)	27 (12)	6 (2)	19 (3)	12 (6)
山城	9 (4)	5 (2)	70 (5)	6 (4)	7 (3)	7 (4)
奈良	2	6 (4)	6 (3)	4 (4)	5	10 (7)
大阪			4 (1)	1	1	2
その他			1 (1)			1

表 VI 規模別（ 従業員数）就職者数　　（ ）は被差別部落

規模別＼年度・性別	36 男	36 女	37 男	37 女	38 男	38 女
５００人以上	10 (5)	6 (3)	15 (5)	4 (2)	10 (3)	5 (2)
２００　〃	6 (2)	8 (3)	11 (3)	3 (1)	5 (1)	6 (6)
５０　〃	8 (2)	6 (3)	16 (11)	7 (5)	10 (1)	14 (10)
以　下	4 (1)		6 (3)	3 (2)	6 (1)	7 (5)

表 VII 離転職者とその主要な理由　　（ ）は被差別部落

理由＼年度・性別	36 男	36 女	37 男	37 女	38 男	38 女
非常につかれる		1			1	1
適性に合いそうにない	1		1			
規則がきびしい	2 (2)		2 (2)	1 (1)	2 (2)	1 (1)
他の仕事を進められて	1 (1)	1 (1)	2 (1)	2 (2)	3 (1)	2 (2)
給料が安い	1		2 (1)		1 (1)	4 (4)
協調できない		1		1 (1)	1	1 (1)
その他	1					1 (1)

注　３８年度女性は夜間学級生が大半なり

夜間学級卒業生離転職の内容

在籍数（３年）　２１名　　　卒業者数　１０名

就職者数　　１０名　　　転職者数　　９名

転職の内容

月	4	5	6	7	8	9
数	3	2	5	2	3	2

備考

上記の表のように１０名の就職生徒が９０％まで転職し、しかも同じ生徒が３回（４月－９月の６ヶ月間に）転職している。学力が低いため一寸むづかしい作業にぶつかつたりするとすぐいやになる。又協調性にとぼしく、職場での対人関係につまづくとすぐいやになる。又給料が安すぎる。

上記の在籍数２１名の内卒業生徒10名除籍４名をのぞく７名が出席時間数の不足等で今年度え卒業延期生として残つている。しかし、その１１名もすでに就職させたがやはり転職している正常な教育をうける権利をうばわれた生徒達の不幸は徹低的な学力の低さと共に職場集団へと不適応というかたちで働く権利さえもうばわれていく悪じゅん環となつてあらわれている。

夜間学級の現在

I　在籍生徒数（昭和３８年２月夜間学級開設）

卒業－１０名－　３９年３月卒業

除籍－　４名－昨年度全く出席なく年令超過で除籍とする

２年－５名　　　３年－２名

卒業延期－６名　　現在夜間に出席しているので出席日数が良ければ来年３月卒業　悪い者は除籍とする。

授業時間

イ　午后4時ー午后6時30分

現役の生徒でアルバイト先の了解をえて勤務を早く終らせ、学校えきさせている、2、3年複式学級。

午后7時30分ー午后9時30分

卒業延期生徒のために生徒の居住地に場所をかりて授業をやつている。卒業させた者も参加。

3. 現状

昨年度は夜間在籍生徒27名の内10名余りが平均して出席。10名を卒業させた。

昨年の場合も大人と同様に仕事をもち夜になつて疲労を背おつた体で学校に出席した出徒たちは大人にも小人にもなりきれないコンプレックスと欲求不満ヒステリックな狂暴さで毎夜のようにばく発させた。しかしながらそのように荒れた学校とはいうものの、その中で時には、子供らしいすなおさや貧しさが放えた親切や思いやりのある小さな出きごとがいくつかあり生徒たちは曲りなりにも10名が卒業していつた。

今年度ひきつずいて夜間学級をはじめたが、卒業によつて残り少くなつて生徒（毎夜3－4名出席）は、集団の意味をうしなつて連日連夜気のむくまま気がむけば学習するしかなければ例によつて狂暴性を発揮。

複式学級である上に能力差が激しいので生徒個々の能力に応じて指導しているが行きとどかない

4　何を如何に教えるか

夜間出席の全生徒が被差別部落出身の生徒であることは単なる偶然ではない。この問題は従来生徒のなまけぐさや勉強ぎらい、あるいわ親の無理解ということですまされがちだが、なぜそうなるかということを深くほり下げて考える態度をもちたい。決して生徒や父兄たち個人の責任ではなく十分に勉強できない環境が、生徒や父兄にそういう態度をとらせている。（人間として尊重されない長い屈辱の歴史が貧困を生みだし、希望を失わしめた）そのことは生徒たちが（教育をうける権利）を放きしているのではなく、むしろ、うばわれてきたというべきである。という確認の上で、生徒の粗暴さ反社会な全ての言動を分析し、その中から指導の方向を明らかにする。

○一見、反社会的な無目的々にみえる言動を正しく分析、把握してうけとめ生徒たちのエネルギーを単にスポイルするのではなく、たくましく生ていくためのエネルギーー差別をはねかえし解放のために立ち上るーに転化させることを通じて学習意欲をひきだす。（基本目標）

— 8 —

○　学習意欲は人生の目標や生きる希望を失つたところには生れてこない。

生徒たちの将来を希望にみちたものにするために（生る目標や希望をもたせるために）生徒たちをとりまく環境（貧困と差別的不利益）に対する正しい理解と自らの力で人生をきりひらいていくという自覚を養うことが先決である。すなわち生徒たちに、人間の尊厳をとりもどさせることである

以上のものを基本的な教育方針として生徒たちの現在の学力とにらみあわせて、せめて日常生活していく上に必要な最低の学力をつけてやるのが任務である。読み、書き、計算、等の基礎学力をぜひ修得させたい。

同和教育の基本方針

京都府教育委員会

封建的な権力によつてつくり出された身分差別は、今日においても完全に解消されていないだけでなく、現在の社会体制の中で差別は、なお新しい形をとりながら拡大再生産されている。部落の人々は国民の中の下積みとして社会的経済的に差別の集積と集中をうけている。この事実が部落問題である。この問題の解決は国民にかぶさる差別をなくし、部落を解放することを目的として当然国および地方公共団体が、みずからの責任としてなさなければならないものである。同時に、このための政治や行政は、国民の基本的な権利保障と民主主義の具体的な実現を要求する広汎な国民の期待にこたえるものでなくてはならない。

同和教育は、この基盤にたつて差別の実態を直視し、人権の自覚と教育の機会均等○生活○文化の向上○進路の保障をめざすものである。

そしてさらには、広く差別と貧困に苦しむ人々の願いにこたえるために、すべての地域や学校において、とりくまなければならないのである。

（1）　日本国憲法○教育基本法ならびに児童憲章の精神をよりどころとして人間性の尊重○人権の自覚をあらゆる教育の機会に実現させ発展させる。

（2）　融和的立場にたつものでなく、差別の実態の科学的、実証的な認識の上に立つて差別をなくする意志と行動力を養う。

— 9 —

（３）　部落の子どもたちは、今日もなお長欠・不就学・年少労働等の悪条件下におかれ学力技能その他において、十分な発達がはかられていない、この実態の上にたつて教育の諸条件を整え個々の能力を伸長する。

（４）　今日、部落の人々の受けている差別は、すでに消滅したはづの身分制や現在の経済的条件等によつて、近代的な職業から不当に疎外されている事実が顕著である。従つて積極的に教育の機会を拡大し、進路の保障につとめる。

（５）　今日、部落の人々はなお職業・居住・結婚等の市民的権利を侵害され経済的文化的に低位におかれている。したがつて解放意欲の高揚をはかり現実の生活課題の解決につとめる。

同和教育は、以上の問題を地域の教育課題として明確にとらえ、学校教育・社会教育連携して計画的に解決しなければならないものである。

第１２回大会アピール

１９６０年、国民的課題である部落問題を解決するために、同和教育にとりくむ３５００名のものは、教師として父母としてまた民主団体の組織の一員として、それぞれの実践をもとに国民の権利をまもるために、権利意識を育て、差別を差別としてうけとめ、差別をなくすることのできる能力をもつた国民をつくつていく内容と方法、その体制を明らかにするために三日間の討議をつづけた。

部落問題の解決は全国民の課題であるにもかかわらづ、まだ一部の少数の人にしか理解されていないし、またとりくまれていない。戦後同和教育が子どもたちの背後にある、生きた部落差別の問題を教育の場にもちこむことによつて日本の教育の課題を明らかにし、課題にこたえる原理・原則、義務教育無償、高校全入、教育の機会均等、等々を明らかにし、すばらしい成果と内容をつみあげてきた。そしてそれが教育をまもる大きなエネルギーとなつた事実をわれわれは知つている。しかし現在、また部落差別はいけないと否定しながらも、なお差別を温存し、助長する役割を果している融和主義的な動向のあることを知り、憲法や、教育基本法改悪の動向すらある現在の数時点に立つて、われわれは次のことを確認しあつた。

１、日本民族におおいかぶせられ、部落に集約される一切の差別を許さない。

２、子どもたちの学習する権利をふみにじり、ねじまげる一切のものをまず排除しよう。

－１０－

３、教育基本法をまもり児童憲章を実のあるものにしよう。

４、新しい装いをこらした融和主義の本体を明らかにしよう。

５、自主的教育体制を確立し教育内容を創造するみちすじを明らかにするため総活運動を推し進めよう。

６、同和教育の課題を具体的につかみ、要求活動を通して教育諸条件と教育内容を整えるために同和教育白書運動を展開して、それを国民教育運動に高めていこう。

７、平和と民族の解放と幸せを求める動きの中で、同和教育の中味をゆたかにしよう。

８、自主的な同和教育運動の母体として地域に職場に、教師、父母、働く人々の小集団サークルを育てよう。

全同教研究大会は次の諸要求を実現させるために一大国民運動を展開することを申し合せる。

１、教科書無償

１、高校全入

１、教員定員の増加（福祉教員、職業指導教員、専任養護教員等）

１、学級定員の減（目標一学級３０名）

１、高校入学に伴う生活扶助のうちきり撤去のため法改正を要求する。

１、育英資金、奨学資金の増額

１、就学奨励費の枠の拡大

１、学校の施設、設備の充実、教育の機会均等の実現

１、権利の自覚を育てる子ども会をつくろう。

１、最低辺に行とどいた行政措置を要求する（職業補導期間の有給化内職のあつ旋）

１、教育課程改悪と官制道徳教育反対

１、教育基本法改悪反対

部落解放同盟綱領

全国に散在する６千の部落３百万の部落民は、身分的差別と階級的搾取のために屈辱と貧困のどん底につきおとされている。日本国民は基本的人権と政治的自由を完全に保障されておらず勤労大衆は低賃金、低生活にしばりつけられているが、その底辺におさえつけられているのが部落民である。

部落民は、今日なお居住、就職、教育、結婚などの市民的権利すら侵害されている。農村では土地所有からのけものにされ都会では、近代的な職場からしめだされている

－１－

部落の伝統的な産業は、大資本に圧倒されて壊滅的な打撃をうけている。部落にはまん性的な失業者と生活困窮者が激増し固定化している。それ故に環境はますます悪くなる一方である。

明治維新の変革によつて封建的身分制度は廃止されたが、部落民に悲惨な生活と最低の社会的地位から解放されなかつた。それは維新後の資本主義発展の過程において支配階級が人民を搾取し支配するために封建的遺制を温存し利用したからである。第二次大戦後の改革によつて日本の民主化はいちじるしく前進した。しかし実情は本質的に変つていない。アメリカ帝国主義に従属する日本の独占資本は、日本の民主化をくいとめる反動的意図のもとに部落に対する差別を利用している。それ故に、現在では、独占資本とその政治的代弁者こそ部落を差別し圧迫する元兇である。

部落の解放なくして民主々義はありえない。部落の完全な解放は、労働者階級を中核とする農漁民勤労市民、青年、婦人、知識人等すべての圧迫された人民大衆の解放斗争の勝利によつて日本の真の民主化が達成されたときはじめて実現する。

それ故に部落解放運動は、平和と独立と民主々義のための広範な国民運動の一環であり、そのための統一戦線の一翼である。

部落民はいくつかの階級に分れているが全体としては一つの身分階層として共通の利害と共通の意識の紐で結ばれている。したがつて部落解放運動は、全部落を包含するものであるが、その中心となるのは部落の労働者、農漁民である。

部落解放同盟は部落民の自覚にもとづく自主的な解放運動の唯一の大衆団体である。同盟は自らの規準にのつとり部落民のあらゆる不満や要求をとりあげて大衆斗争を組織しなければならない。同盟の組織と活動の基礎は部落に置かねばならない。全国六千の部落に支部をつくりそれぞれの部落の具体的事情に即した日常斗争を活潑に展開し、地区的な規模から、全府県的、全国的に拡大し、部分的、初歩的な要求を、より高い一般的な目的に結びつけ、さらに究極の目標である部落解放－人民解放を達成するための斗争に発展させなければならない。

同盟はそのすべての活動を通じて融和主義と鋭く対決し、その反動的本質をばくろし徹底的に粉砕するためにたたかわなければならない。

――記録より抜粋――

×月×日

今日から、私の新しい仕事がはじまる　小さな不安と期待に、いささか興奮しながら、私は、どしやぶりの雨の中をシャンと胸をはつて歩く。

不就学、長欠児童という呼び名で、こともなげに私にさし出された私のビジネスとしてのあれこれに、私しは胸を痛めている。

今日、私しをむかえてくれたのは九名の少女たち。雨の激しいせいなのであろう。出席が悪い

私しを見あげた九つの顔－幼さをかくしきれない少女たちの肌に、安ものの化粧品のひからびた青さや赤さがくいこんでいる。せいいつぱいのおしやれとたのしみであろうか。

私しの予想した以上に人なつこい少女たち。

<今、一番アンタたちのしたい事は何、私には、どういう事をしてほしいの　>と私

<てがみのかき方おしえて>

<ラブレターかきたい。センセ、かいた事あるやろ、いつぺんよんできかせて>少女たち笑っ

<洋裁もしたいし、料理もならいたい>大まじめに、"人間らしい彼女たちの要求をつき出してくるかと思えば、突然、<あゝラブシーンがしたい>という。あどけない顔を、いかにも大人くさくゆがめてみせる。

簡単な計算をさせてみても、まちまちでいる彼女たちに必要なのは、彼女たちの人間的な要求を、ことばとして表現し、憤りを憤りとしてぶつつけることばを彼女たちのものにしてやることだと思う。私しを自分たちとは別世界の人間としてみている彼女たちは、<センセ、こんなきたないことはわかるか、おんどりや（お前）いうたら、何ということや思う　>と、はつしやいでいう。そういうはしやぎ方に私は、辛くなる。

<センセの家どこや、一ぺん、あそびにいくわな。そやけどウチラ柄わるいし、もうちよつと行儀おしえてくれたらいくわ>、つぱり彼女たちは、はしやいでいう。

<ギョウギつて何、柄が悪いつてどういう事、>私しはきく。

<しらんけど、みんないわはる、[A]と[B]は柄が悪いつて>　<うちら、字もしらん、アホばつかりやで>

少女たちは、自分自身の大切さや、自分という人格をもつた人間をまるつきり信用していないのだ。彼女たちに、人間としてのほこりをとりもどしてやる事が、何よりも私の最初の仕事であろう。

まだ、私は、少女たちの名前をおぼえていない。しかし、どうやら彼女たちと仲良く出きそうである。

駅まで、雨の中を見送つてくれた少女たちに、＜もういいから帰えつてちょうだい、ありがとう＞と礼をいつた私に、一人の少女がいう。

＜あつ、わかつた、センセ、あそこに男前たつてるさかい、うちらおいかえしてひつかけたろ思てんのやろ＞私はハツとする。事もなげにいう少女の、そのあたり前さにこわくなつてしまう。彼女たちの小さな職場でそういう会話は日常の事なのであろうか。まだ１４－１５歳の少女の中に、それはどういう風にうけとめられているのであろうか。私は、さりげなく＜なに＞とききかえす。少女は、もうすでに、言つた事を忘れたのか、別に私の返事の必要も感じてはいない。少女たちは、口々に流行歌を口ずさみながら、雨の中へかけていつた。

×月×日

子供と少し話合いをして作文をかかせる。書かせるといえば簡単たが、書くという事をした事のない少女たちにとつて相当の難問題であつたようだ。子供の心を私の心の中にひきいれたいために、私はさりげなく私の話をする。

「私のおムコさんの妹、あんた達と同じように金糸工場えいつていたわ、それに義弟は、夜間中学を出て高校えいき、大学まで卒業したのよ、義弟がね、夜間中学行てる時はお昼靴を作つてたのよ」私は零細な金糸工場で働く事を恥に思い、その事に傷ついている少女たちの表情をさぐる。十五人の少女たちは、おどろいた風な表情の後で、あたたかなものを感じさせるおだやかさとおちつきで、共犯者を得た安堵と喜びのような人なつこさをみせはじめる。

「へえーほんま？」

「ほんとよ、センセ、それが、とても自まんなの、義妹は働き者だし、義弟も良く働いて良く勉強したし……でも、アンタ達もこうして勉強に出て来るし、とつてもえらい」少女たちは、私しえの警戒と敵意に似たものを、たしかにといたようだ。

昼仕事をして、なぜ、わざわざ夜疲れた体で学校え来、勉強しなきやならないのか、という事を話合わせる。

「うちは、損やさかい勉強するのや　」

「なぜ？」

「働きによそえ行つて、家から、お父ちゃん死んだいう電報来てもわからなんだら、親の葬式にも出られへんもん」

「それにな、センセ、手紙もよめん、かけんでは、ラブレターももらえへん。人にばかにされるし、男もでけへん。アホくさい」ませた調子でいいきる少女の言葉を笑う者もいない

真剣さである。

「ほんまに、うちら損やなあ、何もよめへん、一寸した漢字もよめへんし、人にばかにされてなあ……」　M子は、勝気で頭も悪くない。小学三年生からの長欠児でなければ普通学級の中で良く出来る生徒の部に属したであろうに…。

「金糸工場でしか働けへんのは、アホくさいなあ」

「そやけど、金糸工場は、字もいらんし行儀もいらんしええとこやけどな、皆か笑うさかいかなんのや」

「センセ、ジーゼルに乗つとるやろ。男の子が、うちらみると寄つて来て不良の子みたいにからかうのや、うちらがアホや思とんのや」

「なんぼ、ばかにされて、アホらしい思うたかしれん」

十五人の少女は、一せいに口を動かす。私は一人々々をききわけかねる。ただ、一途に私に語りかけようとする少女にいぢらしいものを感じながら、私は一人づつしやべる事、他人のいう事に耳をかたむける習慣をつけさせなければと思う。

×月×日

社会科〃政治のしくみ〃をタイプ印刷したプリントでやる。漢字の読めない子、ひらかなのよめない子、その一人々々に納得させようと思えば、国語にもなつてしまう。一年から三年、卒業該当生を含む年令差と学力差の複々々式学級で、私一人の気負いやファイトで何が出来るというのか。激しい疲労感。

（註）　私を他人ではなく仲間だとみた生徒たちは、日を重ねるにしたがい、我ままさと男の子のような乱暴さで、はつしやいだりすねたりして私に甘え、集中して勉強する事に退屈して手のつけようもない。仲間の意味をさとらせたいと努力を重ねながら、圧倒的な生徒たちの反社会的ともいえるエネルギーの前で私は、力を失つている。

×月×日

はりつめた思いで教室に入る。昨日よりは今日、ほんの少しでもいい発展したと感じられるなら……。

少女たちのうたうパンチのきいた流行歌が、夜の校舎にひびきわたる。昼中を、大人にまじつて働いている幼い少女たちにとつて夜間学級は、昼にははたせなかつた遊びへの欲求のはけ口であり、いこいの場所でもあろう。そうとは思いながら私は、なす術のない混乱とさわぎの中で、チョークをもつて立ちつくしてしまう。数字の時間、たし算の出来ぬ子、かけ算の出来ぬ子、割

単な問題の　その問題の読めぬ子、その一人々々に手がまわらない。私ともう一人の先生と二人でいて一人は、教室をとび出す子を追い、さわぐ子をしかり、出席せぬ子を呼び出しに行き、一人が黒板にむかい、それでいて学習はすすまないのだ。なんだつてこの子供たちは、こんなにも不幸なのだ。家庭教師をつけられてにげまわる子もいるというのに、何たる不公平か。

M子が来ない。K子がのどをふるわせて歌をうたいつづける。机の上を舞台にしてゼスチャーよろしくだ。T子という小利巧でとりわけエゴイスチックな少女が今夜もまた、男の子をひきつれて教室の中をかけ歩く。勉強なんかくそくらえ！彼女の怒声がひびきわたり、他の少女たちはそれに批判の目もむけない。私は苦しい努力をはらつて集団の意味をさとらせようとほほえみを失うまいとする。例によつて彼女の心をつかんだと思つたすぐ後から彼女の憎悪と反抗にもえたまぶたにぶつかる。

C子という今夜はじめて現れた少女。ボス的な横柄さで私をフンとみる。書類には売春であげられた事もあり。感化院に入つていたとかかれていた少女。他の少女が、〃やくざ〃の子やと私に耳うちする。彼女は三年生であるが真紅のブラウス、濃いグリーンのスカート、そのはなやかな色彩につつまれた彼女の体は、すでに成熟した女を思せる。キャンプに行くからテントをかせという。校長先生に相談しないとかせないという私に「あんなオッサン、うち話つけたる。わかつとるんや。センセ、責任もつし、迷惑かけへん」まさに女ボスの貫録である。

「ふん、お前ら勉強する気になつたんか。えらい。若いセンセやんけ、よう勉強おしえてもらえよ」捨てセリフを残して消える。

×月×日

家庭訪問を計画して学校に出る。M子が三日も欠席した理由をつかむためにも—。

K子、E子、N子が、早くから学校へ来る。E子は、私の彼女への日記がほしくて来ている。E子は、たどたどしい字で日記をかきはじめたのが彼女にとつて大きな進歩となつている。

三人の少女と一諸に部落をまわる。約六百戸の未解放部落。農村というもののその八〇%が、日傭の土工。百姓は一割にみたない。表通りには、大きな家が立ちならび、一歩路地を深く入ると映画のセットのやりにこまごまと区切られたバラック。銭湯が二軒あり。大通りを裸の男が、わずかに前を手ぬぐいでおおつて歩いている陽気さ。老婆がうすよごれた腰まきを手でおさえて歩いているのかあたり前になつている気らくさ。風呂屋のノレンの向から裸がみえ、かん高い嬌声がきこえる。貧しい者がつくりあげた楽天的なにぎわい。少女たちはそれになれ、「あのオッサン裸や、生れたてや」と愉快そうに笑うのみだ。ここで、行儀が悪い男、非常識な男だとさわぐのはヤボというものだ。

私は少女たちとゆつくり歩く。

「大きい家、けなりいわ（うらやましい）」

「アホくさ。ここのオッサン何してもうけたんや、うちかて欲しいわ」とK子とN子。「センセ、うちの家きたないのしつとるやろ」とE子。「大きな家ほしいけど一生ゆめや。うちが働いたら家たてたるいうてお母ちゃんいうけど、たてても後とる兄ちゃんのもんや、そんなんらかへん」とF子がぐちる。彼女たちは家の大きいの小さいの美しいの汚いのとさかんに口にしながら、それに恥じいるようにだまつたE子に気づかない。E子の住いは、たしかに人間の住めないようなひどさなのだ。仲間を傷つけた事に気ずかない少女のおしやべりはつづく。

しかし、K子の家は大きいだけでうす茶けたたたみに家財道具らしいものもなく彼女以下七人の妹や弟が、かけつこをしているのだし、E子よりわずかにましだというにすぎないのだが—。

E子を訪ねる。目にものが出来眼帯をしている。ブロック工場で働いているという日焼した母親は、37歳だというのにひどくふけてみえる。日当六百円だが、体が弱いので良く欠勤してM子の収入がたよりだという。

苦労したけどM子の働きでようやく楽になつたと笑う。M子には、父親がない。母親の恋人らしい若い男がいる。それをM子は、〃おつちやん〃といいおつちやんもいるから学校でたら住みこみに出てお金、お母ちやんに送つてあげるといつていた事を思い出す。けなげというべきか、楽天的たくましさというべきか。

「目なおつたら、学校いくわ」

×月×日

激しい疲労感。努力しても努力しても根本的な解決の一部にすらならない日々。むなしい事に努力しているのではないかという疑問にぶつかる。彼女たちが、まぎれもなく部落民であり、差別と屈辱の中で人間としての権利をうばわれ、貧困と倦怠になれている姿の中に、激しい公憤を感じながら私は、その憤りを少女たち自身のものにしてやる事が出来ないのだ。その屈辱への激しい憤りこそが彼女たちを人間としてめざめさせ、学習への欲求をかきたてる唯一のものだと思うのに。私はその差別と貧困の、あまりにも屈辱的な歴史の重みの故に、そして又、少女たちのあまりの基礎学力のなさ故に、導くべき術を失ってしまうのだ。

エゴイスチックで大人くさい少女の顔が、歪んだり笑ったり怒ったりするのを私は冷やかにみる。

K子がふくれ、A子がすねる。昨夜訪ねた甲斐あって出席の悪いI子・Y子が出席。どうみても少女にはみえないI子。たんねんにぬりこんだ化粧の上手なこと。その娘らしいプライドのせいか、ソロバンをもつ事に抵抗し、本を読む事をかたくなに拒否する。たとえ読めなくてもせめて本をみてほしいと思うのにニヤニヤしている。その顔が白痴美といゝたいほど美しい。名前くらいしか書けない娘のコンプレックスはどう処理されているのか。

今日も、O子が男の子供をひきつれて登場。何たる荒れ方。つれて来た男の子供さえ気に入らなければ、O子の手からソロバンが投げつけられる。ソロバンが男の子にまともにあたる。ソロバンがこわれて散る。

「表へ出え！話つけたるぞ！」何の話をつけようというのか。少女たちは、O子のタンカにうっとりとしている。私は声をからす。それでもO子のさわぎ、それに野次をとばす少女たちのさわぎがおさまるわけではない。彼女たちは争っているのではない。たわむれているのだ。そんな風にさわいで遊びたいのだ。昼間仕事で遊べない不満と疲れている肉体の焦燥をもてあましている幼い少女たちに今になって勉強をしいる事は、ナンセンスではないのか。とは思いながらも野放しの犬のように、たくましく成長していく少女たちの将来をだまってみていられないではないかと思う。けれども、２５名もの野放しの犬のような少女を相手に一人や二人の教師でどうなるものでもない。彼女たちに必要なのは、１４～１５才の少女としてあたり前の生活をさせてやる事なのだ。昼は学校へ来、子供集団の中で少女らしいその年頃にふさわしい人間としての感情や生活をもつ事なのだ。その中でこそ、人間を回復させる事はたやすいのだ。夜間なんておおよそナンセンスというものだ。昼働かなくても良い条件をこそ保障してやるべきではないのか！

×月×日

家庭科実習。ソフトドーナツをつくる。

エプロンを身につけまめまめしく動く少女たち。彼女たちの表情は明るい。ドーナツのつくり方を板書しても見むきもしないが、私にアレコレとこまかく質問しながら手はメリケン粉をまぜ合せている。さわがしいがお菓子はうまく出来上る。

O子の働きぶりは抜群である。なるほど女ボスだけあって実力もあるとみほれていると彼女はボスらしい気前の良さで出来あがったドーナツをかっさらって外にたむろしている単車のおあにいさんたちにもって行く。

あっけにとられている少女たちをしり目にO子の口はパクリとドーナツをくわえこむ。

「お前ら、すくなくなったけど喰わんか。ケチケチせんとやったかてかまへんやないか。そやろ」O子の筋のとおったらしい説明に少女たちは納得して残り少ないドーナツをほおばる。M子とH子はO子を許してはいないらしい表情である。そんな事におかまいなしにO子は上気嫌だ。「M！H！なんでくわへんのや」とO子、

私は実習室のテーブルをとりかこんだ少女たちに実習の反省をしようと話かける。

M子とH子がO子をするどく批判する。ところが怒るかと思ったO子があっさりとそれをみとめ「えへッへへ」と舌を出したのだ。その顔のあどけないこと。私はしめたと思う。これだと思う。O子をまだ理解しきれないが、良い意味のボスになれる女の子なのではないか。M子・H子O子の三人を中心に何とかクラスをまとめてみよう。実習が終るのをまっていたとばかりN子がヒステリーをおこし、K子が老女のようにぶつぶついい、A子がふくれっ面を私にむけている。E子は野次馬、I子がさか毛を立てて鏡をのぞきこんでいる。U子の口紅はどぎつすぎる。アイシャドーも濃い。いかがわしい商売女のようだ。「この間、ビール二本で毛そめたんやで」U子の自まん話にききほれ、少女たちはU子の赤ちゃけた髪をなでている。

×月×日

いつになく授業がおだやかにすすむ。

O子が学習意欲のようなものを示してくれたからだ。

T子があいかわらず荒れている。O子が大ボスならT子は小ボスだ。スケールは小さいがO子より陰険だ。T子にはしたがう子分がいない。その故に、いっそうT子は腹立たしいのであろう。一人でデモンストレーションをくりかえしている。

×月×日

生徒の出席が悪い。雨のせいであろう。

ホームルームをやる。云いたい事なんでもいい、云わせてみよう。かなしいこと、うれしいこと

腹の立つこと、くやしいこと、ふしぎなこと、エトセトラ・エトセトラ

「センセ、おもろいこというたろか、ここら柄わるいやろ？玉水とはちとちがうやろ、なんでもしっとるか？」

「…………」

「うちらホンマにこんなとこいやや」

「ホンマにうちらの子はしぶとい」

口々にいう少女たちにまじって、昼間の生徒が四人出席している。

「センセ、ホンマに南と北は柄わるいやろ、昼の学校でもナ、ことばのきれいな子はきれいな子と、ことばの荒っぽい子は荒っぽい子と友だちになって、うちらなんやしらんけどいやや思うねん」

「うちら知ってる！うちらはナ一本たらんのやもんナ、センセ！」A子は親指を曲げて四本の指をさし出しながら、一本たりないと説明する。その顔のむじやきなこと。少女たちは私のいささかとまどったような表情に四本指をつきつけてゲラゲラ笑いはじめる。

「あのナ、うちらの嫁入りするところはきまっとるんや、××と××と××としか嫁のやりとりはせえへん。白（被差別部落の対語）としたら親や親類がもめて不幸になるんやて……」

「そら、こっちはこっちで一諸になるのがええのんや……」A子はもの知り顔にいう。

「センセ、金糸工場で四本しやはる。あれうちらの事アホやいうたはんのんか」S子は四本の意味がわかりかねているらしい表情でいう。

私は、少女たちのおしゃべりを整理してやらなければと思いながら、少女たちがやっぱり"部落"というものを、正確には認識していなくても"白"だの"四本"だのという型で、しかもそれが屈辱としてうけとめられていた事になぜかホッとする。

「センセ、どっちや、四本か五本か？」

少女の質問はするどい。私は四本の意味を１７才の時にはじめて知った話。それから急に勉強しなければと思った話。そしてセンセになろうと思った話をしてやる。いつもやかましい少女たちが、あまり神妙なので私はおかしくなってしまう。つづけて簡単に"部落史"を話してきかせ"なかま"を読んでやる。少女たちは、感動したふうにきいている。((やっぱり学校にいる時、ちゃんと教えてほしかった、妹には学校で教えてやってほしい)) と云って就職先で差別をうけたショックのなかから訴える少女の作文にE子はホンマやホンマやという。

授業が終って階下の職員室に入って来た少女たちは、宿直の先生をつかまえ「センセ、四本か五本かどっちや」とからかっている。私はもっとシャンと系統的に教えてやらねばならないと思

う。少女たちにはまだ"四本"の意味の重さが理解出来ないのだ。結婚や就職という人生の大事な時に"四本"の投げかける影と重さとその不合理さを憤りをもって認識できる大人になってもらわねば……。

少女たちが、自らを劣等な人間のように、しかもそれがあたり前のように思い、それになれてくらしているというのに"ねた子をおこすな"などといって知らぬふりをして すごしている大人の側の無責任さを今さらのように私は知った思いでいる。」少女たちの今の、ものめずらしい事への単純な興味と、共犯者のように秘密っぽくなれあっている仲間意識が、激しい屈辱にかわり、激しい憤りにかわるとき、私は彼女たちの心の奥にシャンとした姿勢で立っていなければならない。誰がどういおうと、私は彼女たちに正しい"部落民意識" をもたせてやりたいと思う。その意識こそが、彼女たちを人間として飛躍的に成長させる力になるだろうと思うのだ。

（註）毎夜のさわがしいあけくれの中で、夜間学級も、O子・M子・H子を中心に群から集団へかわっていった。それは手のつけられないならずものとみえたO子が、人一倍世話好きな少女であった事や、M子やH子のしっかり者が学級をつくりなおそうと積極性を示してくれたからだ。３人を班長とするグループを編成して、学級は"ひとりはみんなのために、みんなはひとりのために"を合言葉に少しづつではあるが学習集団としての型をとりはじめていた。

×月×日

「まあセンセ、ききな、うちは活発で口はあらいけど、かげで人の悪口いうたりつげ口したりいじわるした事ないで。いつでもS子が、いとこ同志の秘密べらべらしゃべるさかい、S子に怒ってんのや、昨夜やかましかったいうけどナ、それはT子とT代がS先生に叱かられて学校からかえりかけてんのに班長のM子やH子がとめへんさかいちょっと大きな声出したんや、センセ、いうたやろ、ひとりはみんなのために、みんなはひとりのために、協力して勉強しようと。うちはそのために大声だしてどなったんや。うちは昔は不良やったさかい、うちさえおらなんだら皆しずかに熱心に勉強できるいうのんならあしたから学校来やへんで。そやけどお前ら！うちが来んでもさわぐにきまっとる。ほんならだれかが大声でどなってとめんならん、おんなじ事やないか、夜間みたいなもん人数が少なかったらなさけのうて勉強する気せえへんで。多ぜいでがやがやいいもって、おこったりおこられたりしておもしろいのんやないか。センセかて多ぜいの方がはりあいあるやろ」O子は私の入って来たのにチラリと目をむけただけで教壇を占領しつづけ、ノートを片手に机をたたきながらしゃべっている。O子の手にしているのはS子の日記帖だ、あ

っと思う。S子は『学校へ来ても０子がこわいからいやになる。小さな事でも０子が大げさにしてしまう』というふうに書いていたのだ。それを不注意にもS子は０子にみられてしまったらしい。S子は下をむき、皆は神妙な顔をして０子の口もとをみつめている。私はS子の査問になるのをさけさせるために助言する。

「S子！これからな、日記に友達の悪口書いてこそこそ先生につげるいうよな、きたない事するなよ、うちのわるいことはここで皆のいるところではっきりいうてんか。日記にはもっとかかんなんこといっぱいあるはずや、これからうちも気つける」０子はおちついた口調でいい終る。私は、いいたい事はお互いにいいあい、仲間割してほしくないという。

×月×日

明日の家庭科実習の話でもちきりだ。

すしはきらいだから明日学校休むとT代とT子がぶつぶついっている。

「お前、そんな勝手ばっかりいうんやったら今度お前の好きなもんする時、うちら一緒にしたらへんけどかまへんのか」M子・H子・０子の班長が口々に説得している。私は食べるためでなく実習としてするのだからグループでいったんきめた事を後からくずすような事をしてはいけないのではないかという。ホンマやホンマやと私のことばに賛成した少女たちは、グループになって話合いをはじめる。０子の名議長ぶりで結局各グループ創意をこらしてすしをつくろうという事になる。T子もT代も納得したようである。

E子が今日も日記をもって来る。

私が『部落』の話を平気でするといい、E子の母親は『いらん事教えて』と怒り、E子に『夜間学級は、白の人がこっちもんを差別しておもしろがってしとるんじや、そんな学校へ恥かきにいかんでも良い』と云っていたのに対し、私がE子の日記の中に『私がいくらかくそうとしても生徒たちが知っている限りなんにもならないではないか、むしろかくすより、その事を知って腹を立てる子になってほしい。腹を立てそれから思いきりハッブンして勉強もせんならんと思う子になってほしい』とかいたのを読んだ母親が『E子、たいげえええ先生や、しっかり先生のいうことをきくんやで』と涙を出してくりかえし云ったとE子が日記にかいてくる。私は、E子のたどたどしい文章を、それこそくりかえし読みながら胸をあつくしている。私の思いをわかってもらえた喜びと、私を『たいげえええ先生や』と手ばなしで感動しているE子の母親の切なさが私の体中にしみ入っていく。少女たちは、ようやく目的をもった集団になりつゝある。

×月×日

「センセ、気に皆まじめになったなあ、おかしい位になあ」F子が笑う。しかしグループは毎

夜何かでもめている。

（註）あいかわらず少女たちの気まぐれに悩やまされながらも、どうにか一つにまとまりとしての力をもちはじめた夜間学級であったが、グループの中心である０子・H子・M子が、各々家庭の事情で学校へ来れなくなりはじめるとグループは除々に集団から群へと傾斜していった。０子はやがて住み込みで働きに出、そしてついにキャバレーのホステスになった。M子は、母親と母親の恋人のいる家を出て住み込みのウェイトレスになった。H子は母親が恋人とかけおちしてしまい、幼い弟と父親のいる家庭のきりもりをしなければならなくなった。それでもM子とH子は曲りなりにも卒業する事が出来たのであったが０子はついに出席日数の不足で卒業出来なかった。０子は時々私のもとに便りをくれた。『センセが部落の事教えてくれたのが一番好きやった』とかいて来た。

０子・H子・M子を失った後、夜学に熱心なあまり屋仕事を子供が休んで収入がへって困るからと怒る母親の訴えや、本当に一人前に卒業証書をくれるのかどうか。就職はちゃんとしたところへ世話してくれるのかどうかという問題や訴えで生徒たちも動揺していた。しかしやがて三月１０名の生徒たちが晴れて卒業していった。

今年に入って、もはや集団としての機能を失ってしまった夜間学級は、生徒たちの毎日の仕事の疲れとゴキゲンの良し悪しに左右されつづけながら、遅々として学習をすすめているのである。

×月×日

あわただしげな足音が少し遠くにきこえ、それはまたたくまにかん高いT子とK子のおしゃべりにかきけされ、彼女たちのいきおいの良い手で戸があけられ、いちどきに職員室の中に洪水があふれる。生徒たちの登校である。彼女たちは我がままな女王様。私はすばやく彼女たちの表情をうかがいゴキゲンの良し悪しにおびやかされる召使い。

T子が私を無視して入って来る。ツンと胸をはってあきらかに私を怒らせようとする演技だ。私への甘えでもある演技。私はおだやかに声をかける『今日は読書と算数だったわね』T子の返事はない。彼女はフン然と私を無視。

彼女はだまったまゝノートを広げ何かを書きはじめる。それもまたよかろう。何でも書くがよい。

突然『センセ』という声にふりむくと彼女は『お前いうたんとちがう。宿直のセンセ』と横をむく。

K子は流行歌姿三四郎をあたりかまわず大声でうたいながら職員室を歩きまわる。

「K子ちゃん、アンタの時間は、今算数よ」と本をさし出せば「勉強せえへんで、こんな本なんや！」となげかえしてくる。

「学校へは勉強しに来たのとちがうの」と私。

「ちがうわ、きたったんや。来てほしなかったらかえるで」

たった二人の生徒に私はなす術を失う。

＊ 編集委員会注記：本史料２０～２１頁に記されている言動は、被差別部落の人々に対して極めて差別的な意味を持つものであるが、このようなやりとりが当事者によってなされていた歴史的状況を後世の者が知り、反差別に向けた教育活動の意義や必要性に対する理解を深める意味も込めて、ここでは原文のまま記載する。

昭和39年度全国夜間中学校研究会決算報告書

収入の部		支出の部	
項目	金額	項目	金額
前年度繰越	9,796－	三省並に関係方面渉外諸費	12,790－
昭和39年度学間会費29校分 (500×29)	14,500－	通信並に交通費	2,996－
		事務用品並に事務補助者謝礼	1,800－
		名古屋大会諸経費及び雑費	2,000－
		名古屋大会時会場要員費	2,000－
		雑費	1,000－
		差引 次年度へ繰越	1,710－
合計	24,296－	合計	24,296－

会計監査の認証を得ましたので上記の通り収支決算をご報告申し上げます．

昭和39年11月13日

全国夜間中学校研究会長　飯田赳夫

仝　　会計幹事　斉藤滋

全国夜間中学校研究大会収支決算書

収入 13,8,000円　　支出 118,233円　　残金 19,767円

収入の部

種目	予算	決算	内(備考)容	領収書番号
全夜研本部支出金	10,000-	10,000-		
設置校大会分担金	30,000-	27,000-	1,000×27枚	
大会参加費	25,000-	31,000-	500×62名	
本市校長会援助金	10,000-	10,000-		
京都市立中学校分担金	22,000-	21,500-	500×43校	
二部研究会出資金	10,000-	0-		
全夜研分担金		3,500-	500×7校	
写真代		3,000-	100×30枚	
祝儀		5,000-		京都青年会議所
市教委補助金	43,000-	27,000-		
計	150,000-	138,000-		

支出の部

種目	予算	決算	内(備考)容	領収書番号
文具消耗品費	5,000-	4,960-	紙・ボールペン・テープコーダーテープ その他	①⑯㉑㉕㉖㉙(51)
印刷費	45,000-	19,580-	封筒、大会要項、研究発表要項、その他	③⑨㉚(46)
通信費	5,000-	6,780-	切手、ハガキ、電話	4, 5, 6, 8, 12, 11, 13, 14, 22, 50, 53
交通費(車代)	5,000-	4,460-	マイクロバス、タクシー代	17, 24, 33, 39, 49, 52, 54
諸費	10,000-	7,640-	花、茶菓、会合弁当代	2, 7, 17, 18, 20, 28, 32, 38, 45, 48
昼食代	14,000-	15,000-	13、14日昼食、茶代	(41)(43)
会場費	8,000-	9,000-	会場・暖房 アルバイト	㉗㉟㊲
講師費	5,000-	3,000-	寺本先生	㊱
懇談会費	40,000-	32,868-	料理、ビール	(41)(42)
見学費	3,000-	0-		
雑費	10,000-	11,445-	研究調査、支部会補助金、写真代	10, 15, 23, 34, 40, 44, 47
全夜研分担金		3,500-	500×7校	㉛
計	150,000-	118,233-		

支部会収入

各校分担金		3,500-	500×7校	
寄附金		10,000-	河内代(ロマン)寄附	
大会補助金		2,445-		大会雑費より
計		15,945-		

支部会支出

会合費		15,945-		(45)
計		15,945-		
差引		0		

以上の通り相違ありません

会計　京都市立九条中学校長　今北初太郎 (印)
　　　京都市立朱雀中学校長　高城義郎 (印)

係　川井成本 (印)

大会宣言決議(案)

全国夜間中学校研究会は、ここに第11回全国大会を創立の地京都において開催致しました。

義務教育の完遂は民主主義教育の原則よりみてあらゆる教育活動に優先すべきものと確信します。そして夜間中学校の存在は、当然義務教育においては容認され難いものであり、その早期解消はわれわれの心より念願するところであります。しかしながら11年前の本研究会設立当初にくらべて、長欠生徒数は半減したとはいえ今なお全国に約7万人余を数え、夜間中学校数は30有余~~校~~約650名の生徒が在学しています。夜間中学校の存在が不就学長欠生徒の実態に深く根ざしていることは、過去の大会において繰返し明らかにされて来ました。そしてわれわれはつねに関係当局に対して不就学長欠問題の根本的対策を要請し一方国内各方面に~~共~~その救済を訴えて参りました。さいわい文部、厚生、労働の三省をはじめ教育行政機関においては各々その施策が講ぜられ、又国内各方面の理解も高まり、数年来の国内経済状況の好転及び新教育制度の浸透と相俟って、不就学長欠生徒数も漸次減少の方向を~~保~~たどって来た事はまことによろこばしい現象であります。とはいえ現在なお全国の中学校長欠生徒数は7万人を超え、将来においてもその数が1％以下に減少することは~~望み得ない~~なかなか困難と思われます。更に社会の底辺に~~沈潜する~~不就学生徒が多数存在することはまことに遺憾にたえない現状と云わざるを得ません。これらの不遇な青少年を、誰が、どこでどうして就学させるのか、この事こそわれわれ関係者の負うべき今日的課題であります。われわれは不就学長欠問題の行きづまりを打解する方途として関係各機関が相互に連けいを保ち、有機的に機能を発揮しあって生徒の持つ問題性を解決し、一日も早く就学させることこそ現状に即した最善の方策であると思います。~~そして~~夜間中学校は生徒の問題解決の来る時まで義務教育を継続させる学級として位置づけられるべきで~~あり~~したがってましょう。われわれは従来の施策に根本的な反省を加え、夜間中学校問題を生徒数の減少という一面のみにとらわれることなく、広く義務教育の完遂という立場から、不就学長欠対策の歴史的展望の中で解決されるべきであると確信いたします。

「夜間中学校の発展はその解消以外~~は~~にない」これを合言葉に、ここに全国各地の夜間中学校教師が日ごろの研究と実践の成果をもちよって「夜間中学校における生徒指導の問題」及び「不就学長欠生徒と今後の夜間中学校の問題点」を種々討議致しました。その結果、われわれは今後いっそう不就学長欠生徒の完全解消の為に尽力することを宣言し、あわせて下記のとおり決議いたします。

決　　議

1　不就学長欠生徒救済の為の抜本対策を関係当局において速かに樹立されたい。特に次の三項の実施を要望する。

イ、各地教委に不就学長欠生徒対策委員会を設置されたい。

ロ、夜間中学校を不就学長欠生徒就学促進学級として位置づけ総合的見地より全国的に配置されたい。

ハ、中学校に福祉教員を配置されたい。

2　夜間中学校の教育条件の充実を期し、地域格差を是正されたい。

イ、夜間中学生徒の健康保持、増進のため、無償完全給食を実施されたい。

ロ、施設、教材~~器~~教具を早急に充実されたい。

ハ、専任教員の定数~~の~~を確立~~を要請する~~されたい。

ニ、夜間中学校教員の待遇を改善されたい。

昭和39年11月14日　　第11回全国夜間中学校研究大会

総括一覧表

夜間中学校生徒数変遷資料　（３９、１０月作製）　No.1

学校名	開設年月日	生徒在籍者数　１０月現在　（カッコ内は各年度の卒業者数）							
		２８年１２月	２９年度	３０年度	３１年度	３２年度	３３年度	３４年度	３５年度
足立四中	26. 7.16	302(　)	(　)	(　)	(　)	(　)	120(　)	88(　)	80(　)
双葉中	28. 4.20	55(　)	116(28)	105(34)	1[illegible]6(35)	110(36)	112(36)	82(19)	75(20)
曳舟中	28. 5. 1	153(　)	150(47)	186(73)	1[illegible]1(49)	129(48)	103(40)	85(24)	69(32)
糀谷中	28. 9. 1	80(11)	(29)	(44)	(35)	(42)	124(　)	72(　)	69(　)
新星中	29. 5. 1		(15)	(20)	(27)	(26)	53(26)	61(27)	45(　)
荒川九中	32. 4. 1					(　)	44(　)	43(　)	49(　)
八王子五中	27. 5.10	66(21)	(16)	(13)	(17)	(15)	54(　)	50(　)	41(　)
港中	25. 4. 1	11(10)	13(5)	12(4)	10(6)	16(5)	17(2)	15(3)	15(4)
西中	25. 5. 1	54(28)	49(23)	46(12)	13(12)	34(11)	50(11)	62(12)	39(9)
蒔田中	25. 4. 5	48(9)	44(11)	43(9)	10(6)	35(12)	36(22)	24(10)	44(8)
平楽中	25. 5. 1	13(5)	(4)	(7)	18(13)	(11)	(　)		30(　)
戸塚中	25. 5. 1	19(8)	(4)	(6)	11(6)	(5)	10(　)	8(　)	8(　)
鶴見中	25. 4. 1	7(　)	(　)	(　)	7(　)	(　)	21(　)	20(　)	13(　)
浦島丘中	25. 5.22	50(14)	(23)	(15)	27(21)	(25)	41(　)	24(　)	21(　)
川中島中	28. 5.11	36(7)	(16)	(16)	30(10)	(11)	29(　)	20(　)	18(　)
天神山中	27.12.15	50(17)	60(26)	65(25)	61(27)	48(21)	49(　)	30(　)	26(　)
東港中		30(12)	32(9)	38(18)	29(5)	23(9)	27(12)	23(7)	25(9)

学校名	開設年月日	生徒在籍者数　１０月現在　（カツコ内は各年度の卒業者数）							
		２８年１２月	２９年度	３０年度	３１年度	３２年度	３３年度	３４年度	３５年度
崇広中	２５．９．１８	３４（８）	２７（０）	２８（３）	２８（６）	３３（４）	２６（７）	３２（２）	３２（０）
嘉楽中	２５．５．１０	６８（２４）	（３０）	（３８）	（２４）	２５（１０）	１２（１０）	１３（８）	１９（１１）
カラス丸中	２５．５．１０	３８（２１）	（２１）	（１２）	（１４）	２５（１２）	１６（１３）	１２（６）	１０（６）
北野中	２５．５．１０	３２（１６）	３４（１４）	（１５）	３２（１８）	２２（１６）	１８（８）	２３（１７）	１２（６）
朱雀中	２５．１０．２	４３（１７）	（１３）	（１２）	（１７）	２２（６）	１９（８）	１５（１２）	１２（２）
皆山中	２５．５．１０	７４（２２）	（１９）	（２８）	（２６）	４７（１５）	３２（１９）	２５（１２）	１９（９）
九条中	２５．５．９	３３（１７）	（１０）	（１５）	（１９）	１６（１）	２０（１３）	８（２）	１２（１）
高野中	２６．１０．２５	２２（１４）	（１８）	（９）	（２）	２１（１３）	１４（１４）	７（７）	１１（５）
山科中	２５．５．１８	２４（１６）	（６）	（６）	（７）	９（１０）	９（５）	８（３）	８（３）
藤森中	２５．５．６	３６（１７）	（１５）	（１９）	（１９）	２６（１８）	１３（１１）	１５（１０）	１０（１０）
男山中	３４．５．１			３９、６月廃校				３８（　）	４４（　）
岸城中	２９．４．１		（２８）	（１７）	（２０）	（１２）	３５（１８）	３８（１０）	３１（１１）
丸山中	２５．１．１６	１０２（　）	（　）	（　）	（　）	（　）	５４（　）	５６（　）	５５（　）
二葉中	２８．５．１	５８（９）	（１８）	（２２）	５９（１３）	５６（１３）	６５（１５）	６１（１４）	５２（４）
観音中	２８．５．１	８８（１６）	（２７）	（２７）	（２７）	（２３）	７５（　）	７０（　）	７３（　）
豊浜中	２６．１．１８	６９（６６）	（１）	（３）	（５）	（１２）	７８（２２）	５２（９）	３８（７）
東光中	２６．６．８	６２（２４）	（１５）	（１６）	（１０）	（１７）	４２（１４）	４５（１５）	４７（１２）

	36年10月在籍生徒年令性別						37年10月在籍生徒年令性別						38年10月在籍生徒年令性別						39年5月在籍生徒年令性別						卒業者（カッコ内進学者）			教職員数			
	12−15		16−20		21以上		12−15		16−20		21以上		12−15		16−20		21以上		12−15		16−20		21以上		36年度	37年度	38年度				
	男	女	男	女	男	女	男	女	男	女	男	女	男	女	男	女	男	女	男	女	男	女	男	女				専	兼	講	計
双葉中	18	9	17	6	2	1	11	5	6	7	1	0	17	6	3	3	2	0	11	8	2	2	0	0	25 (10)	10 (1)	18 (3)	5	1	5	11
曳舟中	27	14	5	5	6	1	22	12	10	3	4	2	15	7	0	2	6	3	10	4	8	3	8	4	28 (9)	23 (4)	18 (10)	6		5	11
西中	4	3	5	11	2	3	1	4	6	7	1	2	3	5	0	1	5	8	4	2	0	2	3	0	8 (2)	3 (0)	5 (1)	0	11	0	11
蒔田中	9	7	6	6	1	0	6	2	8	5	0	2	2	1	8	7	0	0	4	2	4	2	0	0	5 (0)	4 (0)	3 (0)	1	4	0	5
平楽中	8	6	4	4	1		15	6	3	0			15	5		7			9	6	0	4			(5)	(9)	(4)	0	5	0	5
東港中	10	5	2	0	1	1	9	5	1	1	1	0	11	6	0	0	1	0	8	6	1	0	2	0	5 (0)	6 (0)	4 (0)	1	2	0	3
戸塚中	2	1	1	2	1	0	2	1	1	2	0	0	1	0	1	2	0	0	0	0	2	1	0	0	1 (0)	3 (0)	0 (0)		5		5
崇広中	2	2	6	22			0	1	3	4			0	0	3	3									8 (0)	2 (0)	2 (0)				
北野中	6	5	0	0	0	0	4	5	1	0	0	0	3	1	4	1	0	0	0	2	2	1	0	0	7 (0)	4 (0)	7 (1)	1	0	4	5
高野中	5	2	0	0	0	0	3	5	0	0	0	1	3	5	0	1	0	0	0	3	0	0	0	0	(3)	(6)	(3)	1	0	4	5
岸城中	8	19	0	0	0	0	12	18	0	0	0	0	7	13	1	0	0	0	2	7	0	0	0	0	6 (0)	12 (0)	15 (0)	0	4	0	4
二葉中	22	8	11	7	1	1	9	5	28	10	2	1	7	2	27	9	2	1	7	3	27	9	1	0	9 (0)	7 (2)	3 (1)	3	1	1	5
御音中	11	8	10	12	10	13	10	15	11	16	8	10	12	13	14	19	6	8	10	8	6	6	4	3	11 (1)	7 (1)	10 (1)	4		6	10
豊浜中	28	9	0	0	0	0	31	5	0	0	0	0	28	1	0	0	0	0	34	0	2	0	0	0	(3)	(6)	(2)	0	4	1	5
東光中						不		明					16	14	6	6	2	4	10	8	1	3	3	2	(14)	(24)	(24)	2	0	0	2

1965年度

第十二回全国夜間中学校研究大会の御案内

皆様には益々御健勝で恵まれない子供等のために御精進のことと存じおよろこび申し上げます。

さて第十二回全国大会を左記の要項で開催いたします。既に長い歴史を経て参りまして、本会も次第に充実はしてきましたが、まだ現実は幾多の問題の解決を迫られ、そのきびしさに直面し苦しんでいるのであります。この際思いを新たにして内面的に深く堀り下げて進む方向を考えたいと存じ別紙の要項にて実施することにいたしました。趣旨御熱覧の上多数御出席くださるよう御案内申し上げます。

全国夜間中学校研究会々長　横浜市立浦島丘中学校長　飯田赳夫

才十二回全国大会準備委員長　横浜市立戸塚中学校長　中山紀正

殿

実施要項

一、名称　才十二回全国夜間中学校研究大会

二、主催　全国夜間中学校研究協議会

三、共催　神奈川県教育委員会　横浜市教育委員会　川崎市教育委員会
横浜市公立中学校長会　川崎市公立中学校長会

四、研究主題　「夜間中学校の現状を解明し、特に指導上の問題点を究明する」

五、会場　神奈川県立社会教育会館（宿泊も同じ）
横浜市金沢区金沢町一四二　TEL(70)[　]　横浜駅のりかえ京浜急行金沢文庫下車十分

六、会期　昭和四十年十月二十九日（金）三十日（土）

七、日程

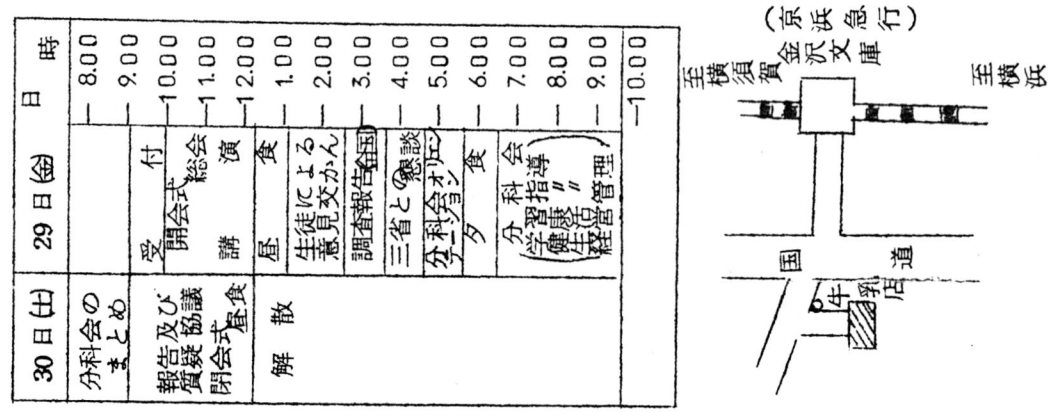

時	29日(金)	30日(土)
8.00		分科会のまとめ
9.00	受付	
10.00	開会式　総会	報告及び質疑協議
11.00	講演	閉会式
12.00	昼食	昼食
1.00	生徒による意見交かん	解散
2.00	調査報告(全国)	
3.00	三省との懇談	
4.00	分科会オリエンテーション	
5.00	夕食	
6.00		
7.00	分科会（学習指導　健康〃　生活〃　経営管理）	
8.00		
9.00		
10.00		

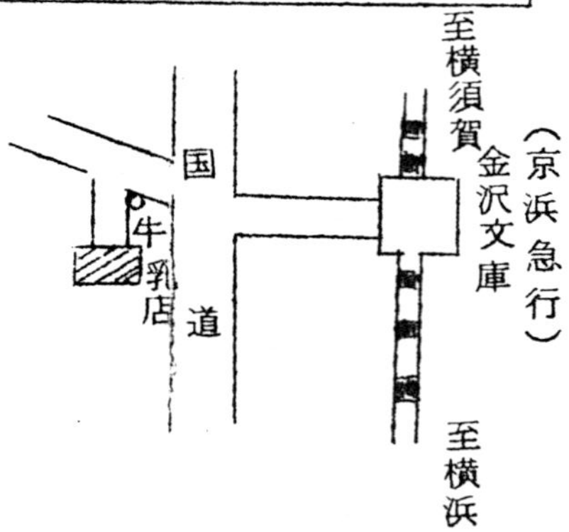

☆講演　夜学の歴史　横浜市教育研究所員　小塚三郎先生

八、分科会　第一学習指導（教育課程　指導法等）
第二健康指導（発育・疲労・栄養・スポーツ等）
第三生活指導（生活相談・学習と職場・経済的問題等）
第四経営管理部門（管理、運営等）

九、会費　参加費（一人三百円）　宿泊費（一人一〇〇〇円）各校分担金（一校五〇〇円）
（当日受付でいただきます。）

一〇、参加申し込み　1.分科会には各地区毎に一名は参加するようにしてください。（宿泊が原則）
2.各地区で相談の上各部会の研究題を九月十日迄に事務局に提出してください。
3.各地区は提出した研究題について研究を進めておいてください。

一一、事務局　横浜市戸塚区戸塚町四五四二　横浜市立戸塚中学校内　中山紀正宛
TEL（八八）[　]

第12回

全国夜間中学校研究会
大会要項

昭和40年10月29日(金)30日(土)
会場　神奈川県立社会教育会館

主催　全国夜間中学校研究会
共催　神奈川県教育委員会
横浜市教育委員会
川崎市教育委員会
横浜市公立中学校長会
川崎市公立中学校長会

あいさつ

全国夜間中学校研究会会長
横浜市立浦島丘中学校長
飯田赳夫

秋たけなわの、ミナト横浜にお出でいたゞき久し振りにお目にかかれて、ご同慶に堪えません。われわれの研究会も、会員の皆さんのにえたぎる教育愛にさゝえられて第12回の全国大会を迎える事になりました。

本年の研究は、今までなし得なかった参会者全員の合宿研究を2日間にわたって行なうようにいたしました。正直に申して恐縮ですがいつもスッキリしない形で運営されている夜間中学校の全国研究会がきびしい現実の中で、このような形で開催できることを心からうれしく思います。とくにこの衝に当ってくださった準備委員長の中山校長をはじめ、地元設置校の校長各位や夜間部主任の先生方のご努力に深く敬意を表します。また、この上なく有がたく感ずることは文字通りご多用の中をおさきくださって、文部省の中等教育課長石川先生、労働、厚生の本省の先生方のご出席いたゞけたことです。さらに地元県、市教育委員会の物心両面にわたって惜しみない理解あるご協力を賜わったことです。参会の皆様とゝもに厚くお礼申し上げる次第です。

願わくば会員の諸兄、由緒深き金沢文庫を持つこの地で心おきなく年来の研究や抱負を披歴されたおたがいの真摯な研究の成果を期待します。
そして明日からの歩みの糧にしてください。生徒らに光と栄養を与えることのできるのは学校だけです。自分たちの今の立場こそ一番力強い人間を育てるのだという自信と誇りを本年もまた確認し合える大会であることを念願します。
お礼やらお願いを申し上げてあいさつにさせていたゞきました。

第12回全国夜間中学校研究大会準備委員長
横浜市立戸塚中学校長
中山紀正

第12回を横浜で開く事に決定されてから1年間の日時はありましたが、実際に準備のために動き出したのは1学期の半頃であったのでしょう。そんなわけで皆様をおむかえするのに大変不真面目で本当に相済みません。

然し会場や、方法や、接待の問題よりも久し振りにお会い出来ることを嬉しく思います。

何年か前にやはり横浜がお引受けした時に毎年の大会開催は大変なことだから、隔年に代表者会を持つようにしたらどうかという提案をしましたら、御熱心な御意見によって取り下げた事を想い起します。

その意気込みで年を重ねる毎に盛大な大会を開き、多くの困難な問題の解決を考えて来ました。然しまだまだ現実に残る問題や、その根に巣食っている深い病根は、そのまゝに何時解決されるかもわかりません。そこで本年は、それらの中から問題を指導の一点にしぼり、より深く研究していたゞきたい念願から、夜に至るまでの方式を考えました。無理かと考えもしましたが、各地から多くの熱心な会員諸兄の御参加に驚くと同時に、いかに真剣に取組んでいられるかを、まざまざと見て、深い敬意と感謝を表する次第です。

御熱心な皆様をお迎えする準備はさぞ御不満だらけとは思いますが、御理解と御援助におすがりをして、意義のある大会として盛上げていたゞくよう、厚かましくお願い申します。

終りに来賓や、先輩各位の御臨席を厚く御礼申しあげ、こゝまでの日々を御苦労下さった横浜市夜間中研究会の方々、PTAの皆様、其他御指導や御協力いたゞいた皆様方に心から感謝の意を表して御挨拶といたします。

第１２回　全国夜間中学校研究大会要項

Ⅰ　主　　題

夜間中学校の現状を解明し
特に指導上の問題点を究明する。

Ⅱ　日　　程

日＼時	8.00	9.00		10.00	11.00	12.00	1.00	2.00	3.00	4.00	5.00	6.00	7.00	8.00		9.00	10.00
29日（金）			受付	開会式	総会	講演	昼食	生徒による	意見交かん	調査報告（全国）	三省との懇談	分科会オリエンテーション	夕食	分科会	学習指導	健康指導	生活指導	経営管理

日＼時	9.00			12.00	1.00
30日（土）	分科会のまとめ	報告質疑及び協議	閉会式	昼食	解散

Ⅲ　第１日　　日　　程

１　開会式次第

(1) 開会のことば
(2) 会長あいさつ
(3) 来賓祝辞
(4) 日程説明

２　総会次第

(1) 議長選出
(2) 業務報告
(3) 会計報告
(4) 予算審議
(5) 新役員選出

３　講　　演

〃夜学の歴史〃　横浜市教育研究所員
小塚三郎先生

４　生徒の意見交換（京浜地区代表）

司会　塚原雄太（東京荒川九中）
松本　威（横浜浦島丘中）

出席者氏名

学校名		氏名	性別	在率	年齢	勤務先
八王子市立	第五中		男	３７年度	２１	電子株式会社
八王子市立	第五中		男	２年	２４	電気ｋｋ
墨田区立	曳舟中		男	３２年度	２８	大学農学部事務室
墨田区立	曳舟中		男	２年	１９	計器
葛飾区立	双葉中		男	３９年度	１６	製機
葛飾区立	双葉中		男	３年	１５	工業
世田谷区	新星中		女	１年	１９	美容室
世田谷区	新星中		女	３９年度	３９	お手伝い
荒川区立	荒川九中		女	２年	２１	自宅
荒川区立	荒川九中		男	卒３９年	１７	製作所
太田区立	糀谷中		男	３年	１６	製作所
太田区立	糀谷中		女	卒	２１	看護婦学校
足立区立	足立四中		女	卒	２６	松戸市立　小教輸
足立区立	足立四中		男	在	１９	整備工業所
横浜市立	浦島丘中		女	３９年卒	１６	青果商
横浜市立	浦島丘中		男	３年	１５	古物商
横浜市立	蒔田中		男	在	１５	金物店
横浜市立	蒔田中		男	３９年卒	１７	商店
横浜市立	西中		男	３９年卒	２１	アルバイト
横浜市立	西中		男	３８年卒	２２	理容学校
横浜市立	平楽中		男	４０年卒	１６	商業高校
横浜市立	平楽中		男	３年	１５	八百屋
横浜市立	鶴見中		女	在	１６	製作所
横浜市立	鶴見中		女	卒	１７	自宅
横浜市立	港中		男	４０年卒	１６	組
横浜市立	港中		男	３年	３１	バーテン
横浜市立	戸塚中		男	３年	１５	自宅
横浜市立	戸塚中		男	卒	１７	木工株式会社

5 全国調査報告

全夜研　全国調査の集計結果の発表

報告者　市河三次（京都朱雀中）

6 三省との懇談

文部省　初等中等教育局中等教育課長　石川二郎先生

労働省　婦人少年局年少労働課課長補佐　佐久間昭明先生

厚生省　児童家庭局養護課課長補佐　入江慧先生

7 分科会

第1分科会　学習指導部会（教育課程指導法‥）

世話係　助言者　東京都教育委員会指導主事　大井芳雄先生
神奈川県教育委員会指導主事　須藤久幸先生

司会者　広沢堯雄（八王子五中）書記　石川元重（八王子五中）

o提案事項　提案者

「個人指導の徹底」中間報告（東京共同）…見城慶和（荒川九中）

第2分科会　健康指導（発育．疲労．栄養．スポーツ…）

世話係　助言者　横浜市教育研究所員指導主事　小塚三郎先生

司会者　書記

o提案事項　提案者

「夜間中学生徒の健康と保健」市河三次（京都朱雀中）

第3分科会　生活指導（生活相談．学習と職場．経済上の問題等‥）

世話係　助言者　横浜市教育委員会指導主事　岩沢慶尚

司会者　中村勇作（横浜浦島丘中）　書記　亀江進（横浜平楽中）

o提案事項　提案者

「横浜市夜間中学における生活指導について」（横浜　共同）‥岩崎保（港中）

「東京都世田谷区立中学校の長欠実態調査（中間報告）」上田喜三郎（東京新星中）

第4分科会　経営管理部門（管理．運営等…）

世話係　書記　中村昭政（東京新星中）

司会者　小池七郎（東京新星中）

o提案事項　提案者

「夜間中学の存在意義」（東京．共同）……広江栄一郎（東京双葉中）

「生徒募集を如何にするか」………丹羽清（名古屋天神山中）

Ⅳ 第2日日程

1 分科会のまとめ

議長選出

分科会の報告

報告者　第1

第2

第3

第4

質疑応答研究協議

2 閉会式

1 理事会報告

2 大会宣言

3 新旧役員あいさつ

4 次期会場代表あいさつ

5 閉会のことば

V 設置校一覧（昭和４０年１０月現況）

都府県	学校名	所在地	開設年月日	学級数	専任	兼任	生徒数 1	生徒数 2	生徒数 3	生徒数 計
神戸	丸山中（西野分）	神戸市長田区三番町３−１	25. 1.16	3	6		10	5	14	29
広島	二葉中	広島市山根町	28. 5. 1	3	3	5	9	23	14	46
広島	観音中	広島市南観音町	28. 5. 1	3	3	7	14	13	17	44
広島	豊浜中	豊田郡豊浜村豊島	26. 4.28	2	1	3	1	7	19	27
福岡	福岡東光中	福岡市西堅粕６−２５０	26. 4. 1	1	2	0	0	1	18	19
大阪	岸城中	岸和田市町田町２３０	27. 4. 1	1	0	4	0	5	1	6
名古屋	天神山中	名古屋市西区天神山２−７０	27.12.10	1	1	0	3	2	4	9
名古屋	東港中	港区港楽町１−９	仝上	1	1	0	0	3	7	10
京都	朱雀中	京都市壬生中川町２０	25.10. 2	1			1	2	5	8
京都	藤森中	伏見区深草池ノ内町	25. 5. 6	1			1	5	3	9
京都	嘉楽中	上京区今出川千本東入	25. 5.10	1			0	1	4	5
京都	皆山中	下京区間町七条上ル	25. 4.10	1			0	1	6	7
東京	足立第四中	足立区梅島１０	27.（26） 7.16	3	6	講師 4	8	10	16	34
東京	双葉中	葛飾区お花茶屋１−１０−１	28. 4.20	3	6	4	3	5	14	22
東京	曳舟中	墨田区文花１−１８−６	28. 5. 1	3	6	3	6	7	18	31
東京	糀谷中	大田区西糀谷３−６３−２３	28. 9. 1	3	6	4	7	12	21	40
東京	新星中	世田谷区太子堂１−３−４３	29. 5. 1	3	6	6	19	19	19	57
東京	荒川九中	荒川区東尾久２−２３−５	32. 2. 7	3	6	4	8	16	28	52
東京	八王子第五中	八王子市明神町９１	27. 5.12	3	6	5	4	8	11	23
神奈川	横浜 鶴見中	横浜市鶴見区鶴見町１２５３	25. 5. 1	1	0	6	0	2	3	5
神奈川	浦島丘中	神奈川区白幡東町１７	〃	1	0	12	2	2	2	6
神奈川	蒔田中	南区花の木町２の４５	〃	1	0	7	1	3	5	9
神奈川	平楽中	南区平楽町１	〃	1	0	9	0	3	9	12
神奈川	港中	中区山下町２４１	〃	1	0	7	0	3	8	11
神奈川	西中	西区西戸部町３の２８６	〃	1	0	11	5	9	7	21
神奈川	戸塚中	戸塚区戸塚町４５４２	〃	1	0	7	0	1	4	5
神奈川	川中島中	川崎市藤崎町２の１	28. 4. 1	1			0	0	3	3

昭和４０年度 廃校

学校名	所在地
北野中	京都府中央区西京中保町
九条中	京都府南区西九条南小路町１０
高野中	京都府左京区田中上古川町２５
泉ヶ丘中	京都府綴喜郡井手町

Ⅵ 第12回全国夜間中学校研究大会出席者名簿

都府県	勤務校	職名	氏名	都府県	勤務校	職名	氏名
	墨田区立曳舟中	校長	提箸覚一		横浜市立鶴見中	教諭	立山一夫
	〃	主事	国谷藤吉		横浜市立浦島丘中	校長	飯田赳夫
	〃	教諭	村井稔		〃	教諭	中村勇作
	〃	〃	渡貫実		〃	〃	橋本隆
東	〃	〃	鳥居照日		〃	〃	松本威
	〃	〃	横田裕介		〃	〃	内藤利子
	足立区立足立四中	校長	岡野直		横浜市立西中	校長	斉藤滋
	〃	主事	町田義三	神	〃	教諭	府川淳蔵
	〃	教諭	河西靖尭		〃	〃	多賀春雄
	〃	〃	藤崎康夫		横浜市立港中	校長	小林鶴蔵
	太田区立糀谷中	校長	飯島孝夫		〃	教諭	岩崎保
	〃	教諭	清水吉		〃	〃	浜名紀喜
	〃	〃	井出迪夫	奈	横浜市立平楽中	教諭	石井忠吉
	荒川区立荒川九中	校長	村上義恵		〃	〃	亀江進
	〃	主事	塚原雄太		〃	〃	永田良平
	〃	教諭	日下田進		〃	〃	吉川春二
	〃	〃	見城慶和		横浜市立蒔田中	校長	髙田四郎
	〃	〃	村松友和	川	〃	教諭	北川明
	〃	〃	桜井和夫		〃	〃	石田広吉
	〃	〃	加藤春郎		〃	〃	新妻貞子
京	葛飾区立双葉中	主事	広江栄一郎		〃	〃	小森利子
	〃	教諭	撫佐昭二		横浜市立戸塚中	校長	中山紀正
	〃	〃	加藤忠幸		〃	教諭	羽田一
	〃	〃	古屋加寿子		〃	〃	岩崎博
	世田谷区立新星中	校長	小池七郎		〃	〃	長谷部竜次
	〃	教諭	池田定子		〃	〃	甕川孝
	〃	〃	小原武子		〃	〃	宮川金也
	〃	〃	中村昭政	兵庫	名古屋市立天神山中	教諭	丹羽清
	〃	〃	上田喜三郎		京都市立朱雀中	校長	井関忠直
	〃	〃	吉田安男	京	〃	教諭	市河三次
	八王子市立第五中	校長	広沢尭雄		〃	〃	加藤良三
	〃	主事	石川元重		京都市立藤森中	教諭	松尾正雄
	元横浜市立平楽中学校長	本会顧問	立石実信		京都市立皆山中	〃	川井戒本
神	横浜市立鶴見中	校長	石井宗一	都	京都市立嘉楽中	〃	山田昌雄
奈	〃	教諭	和田耕明		京都市教委生徒福祉課	主事	宮川通
川	〃	〃	望月通生	広島	広島市立観音中	教諭	岩田鎮雄
	〃	〃	平井周	京都	京都女子大学	学生	

京都	京都女子大学	学生		京都	京都女子大学	学生	
		学生					

＊ 重複記事が収録されているため以下は削除した。

全国夜間中学校研究会役員名簿

1．顧　問	寺本喜一氏	京都府立大学教授
	伊藤泰治氏	元東京都立一橋高等学校長
	立石実信氏	元横浜市立平楽中学校長
	関根重四郎氏	元東京都墨田区立本所中学校長
	住友国春氏	東京都八王子市立第六中学校長
	小林俊之助氏	元東京都太田区立糀谷中学校長
2．会　長	飯田赳夫氏	横浜市立浦島丘中学校長
3．副会長	岡野　直氏	東京都足立区立第四中学校長
4．理　事	広沢尭雄氏	東京都八王子市立第五中学校長（東京都代表）
	中山紀正氏	横浜市立戸塚中学校長（神奈川県代表）
	竹内親儀氏	名古屋市立天神山中学校長（愛知県代表）
	高山五郎氏	京都市立皆山中学校長（京都府代表）
	内田安守氏	岸和田市立岸城中学校長（大阪府代表）
	川端　訓氏	神戸市立丸山中学校長（兵庫県代表）
		（広島県代表）
		（福岡県代表）
5．会計監査	村上義恵氏	東京都荒川区立第九中学校長
	近藤基治氏	名古屋市立東港中学校長
6．幹　事	斎藤　滋氏	横浜市立西中学校長
	町田義三氏	東京都足立区立第四中学校主事

分科会報告

全国夜間中学校研究大会

1965.10.29~30

横浜市

1965・10・29

第一分科会　「学習指導」　助言者　大井芳雄先生

司会者　広沢尭雄先生

提案事項　学習の個別指導　（東京荒川九中）

学習の個別指導については、すでに全国の夜間中学において研究されているが決定的な方法がみられないままに、各学校独自の立場で実施されている。その問題として、年令差、学力差、学力不足、知能指数、入学転入学の時期のちがいをあげられるが、学力の充実をめざし研究した結果、次の方法が試みられた。

① 指導形態を次の三種類に分ける（国社数理英）

A型（国語）……一斉授業の中で技術的な操作し個人指導を実現する。

B型（数英）……進度段階により学年を解体し、グループを構成する。（四段階）

C型（社理）……一斉授業の中で学力のある者に応じ、指導目標を限定する。（三段階）

② 結果

③ 結果、以上の方法で実施した結果、次の事がいえる。

(イ) 能力上位の者については、各科とも効果をあげているが、能力下位の生徒については、更に研究を要する。

(ロ) 能力別に分けることによって、劣等感・不満感を持つ者は見当らず、むしろ活気が出た。

(ハ) 一グループに教師二名をあてることによって、下位グループには効果が見られる。

(ニ) グループ指導の外に個別指導を取り入れることにより、効果があげられ

WISC知能診断についての発表。　（戸塚中）

夜間中学生2名、昼間中学生2名について診断をした結果、個人個人から指導のねらいが、科学的につかむことができ、これは普段の観察と一致しているが

学習指導の場合にも多いに参考になる。

協議

A、内容と方法

① 夜間中学独自のテキストを作ったらどうか。

- ○ 学力の低い生徒にはよいが高い生徒には向かないだろう。
- ○ 定時制高校でミニマム、エッセンスにおさえて作ったことがあるが、非常に部厚いものになってしまう。（大井先生）
- ○ 教師が生徒の実態に応じて教科書を組み替えることならできるだろう。
- ○ 作る場合、学力時間数を考えに入れなければならない。
- ○ プログラム学習で効果をあげられる場合もあるが、作り方に研究を要する。
- ○ 複式の学級を一人でやっている学校等が考えると、むずかしい。
- ○ 全国夜間中学校の研究会でとりあげられる問題である。

B 学習意欲

夜中生の中に嫌学者が多いことから、学力意欲の欠乏が問題になる。その原因として、身体的・知能的・環境的原因があげられることから、次の方法が、試みられる。

- ○ 実生活に必要性の強いものを興味を持たせてよく理解させる。
- ○ 生徒の要求をよく考える。
- ○ 刺激を与え、考えさせ、できたらほめる。
- ○ あまり抽象的なものに片よらない。
- ○ 現在の教育課程が問題である。水準をあげることしか考えていないようだ。知能的な生徒はよいが行動型の生徒には、意欲がわかない。

才12回 大会　　Oct 29 1965　　全夜中研

第Ⅲ分科会　討議内容の要約

主題「全国夜間中学生徒の健康と保健」

本分科会では　上記の主題にもとづき、座談的に討論を展開した。

司会　松尾正大・市河三次

記録　多賀春雄

助言者　小塚三郎

○ 夜間生徒の健康管理は、どのようにしているか？

- 大体・学校保健法に定められている線は大体実施されている。（検診計測）
- しかし夜間中としては不充分な所がある。それは　入学の時期が不一定なのと、生徒数が少なくてX線がうけにくい。
- 荒川の中では　年2回行なっている。費用は1回は公費、1回は個人だ　新星は全部公費である。
- 大体のところで　やれているので大丈夫だ

○ 夜間中で特に健康管理で気をくばっているのは？

- まず　疲労だろう。これは横浜で今年しらべているようだ
- 京都では　むかし　ウロビリノーゲン反応　とフリッカー値をしらべた　数値では多少　疲れがあると云えるデーターが研究された。
- 疲労には肉体的と精神的疲労がある。肉体的疲労がたしかに多いが、学校に来ると解放感によって　生徒は疲労を感じさせない。
- 昼の仕事の疲れが肉体的には蓄積されている答だが　学校に来ると勉強への意志と友人との人間関係から、精神的喜びが肉体的疲労を忘れさせている。
- しかし　それが繰返されると蓄積して病気という心配がでてくるだろう。
- 生徒の体を心配して　体育や、一般授業でもその度合を適切に考りょしている。
- 生徒の休養室がほしい，　いや　サボリが出たので今はベッドはしまってあるよ!!

○ では生徒の病気にどんなのがあるのだろうか．

- 学校内での事故は勿論だが 夜間特殊性としての いわゆる夜中病は余りない
- この他に外からもち込んで来る病気と．職業病があろう．
- 僕のとこの生徒は40Wの電球の下で旋盤をかけているが 鉄サ症というのにかかって目がわるくなっている．雇主と交渉するのが健康管理だ
- この問題は夜中の教師以外の問題だろ．福祉機関．労基局へ言うべきだ
- 雇主は父親なのだ
- ともあれ．こんな場合でも医者へつれて行くのは夜中教師の道義上の責任であ
- トラホームはどうする．伝染病は
- 学校に入る前の病気も充分調べねばならない トラホーム．虫歯は準要保ゴでとかかく処置はしてくれる．トラホームは治るまでしてくれる．

○ 病気を発見したとき、教師はどうするか

- 職場や父母に連絡して治させるべきだ
- 生徒が実際に病院に行く時間がない しかしほっておけない 学校で指導の必要がある
- 突発的に学校で発病したりしたら校医へつれて行く．しかし専任の1人の地区それがむづかしい。生徒や授業は放置する場合すらある．
- 初診料は学校でもってもらう．僕の所は特定の基金(PTA etc)があるよ．

○ 学校安全会の方はどう利用しているか．

- 調査では ほとんど活用されていないようだ
- 入会手続がうまく行っていない，編入学時にその確認も必要だろう
- 夜中生の特色から 県外、区外通学生徒の事故でも対象とならなかったり．文からはづれたりするし．学令超過で失格の人もいよう
- 夜中だから学校安全会に特例を作らせたらよいという考えもあろうが．10円の危険負担で支払全額の半額が支払われるのだから入会させよう

○ 夜中の生徒の栄養面から見て給食はどうだろう

- 2ケ校を除いて全面的になったのは進歩だ
- 給食実施の効用として 一般的には 生徒の顔色がよくなったと云えるだろう．
- しかし50円程度の低廉な費用でどの位役立っているかはわからない
- 東京では 850 cal ですよ．調理士もいます 双葉は975円(月)で 稲中新星では1150円ですよ．京都は45円内外です 横浜も50円，1回分が．
- 東京以外は完分な給食とは言えない 新星は土曜はご飯ですよ

- 給食によって一般的偏食はなおらなかったが マナーがよくなった。
- 給食のもっている目的は給食指導でかなり達せられている
- 実態報告がほしい．東京の情況の説明が全日本を高める

○ 夜中では 心の保健が必要なのだ

- 体育授業では集団訓練などは生ト数の関係でとれない。
- 体育がレクレーション的になっていたのが 専門教師をおいた
- 横浜では連合同遠足が行なわれ，心の支えに役立った．
- 京都は駅伝とか2泊3日のキャンプ 昼との合同運動会等が活発に行なわれむじゅん．あつれきもない

○ 卒業生とかは考えない人間関係は．

- 卒業生の学校訪問がしばしばあり在校生の心のはげみになっている．

第3分科会

助言者	横浜		岩沢指導主事
司会	横浜	（代理）	松本 威
提案者	横浜	港中	岩崎 保
	東京	新星中	上田 喜三郎
	東京	足立4	河西 靖彦
記録	横浜	平楽中	亀江 進

はじめに横浜から発表していただきましたが．生活指導という問題にとりくむにあたつての　教師の姿勢　を前提にして　生徒．先生からの諸調査（別添　資料　参照）の説明が中心になりました．とくにこの調査が　昼間の生徒との比較という形ですすめられ．その上から見ては　それほど　ひどい変化がない面が多かつたということは　これからの指導に参考になることだといえましよう

東京の発表は　世田谷区の全生徒を対象におこなわれた　長欠生徒の発生原因　時期などに関するものでしたが．まだ中間発表の段階ですので　もうしばらく　時間をかけなければならないということでした

これに補足して　東京の有志の先生方がまとめられた　長欠生徒調査が発表されましたが　これも世田谷区と同じように　まだ　中間発表でしたので　これからの結果が期待されます

こうした発表は．この分科会の基礎的なものにはなるのですが．残念なことに．具体的に　生活指導をどうする　という迫力に欠けている面も多かつたので　話し合いの材料は．参加者の中からほりお

こすことにしましたが　あくまでも中心は　教師の姿勢というところにおきました

⊙　どうしても　高校にいきたい　　しかし　その子に能力がない　こういう場合どうしたらいいのだろう　ということになると　みんな当面しているんだけれど　困ったようにことばにならないというのが本当のところなのでしょうか　オダテながら　とか　その子の希望がかなうように便宜をはかつてやつて　というような指導が多いようですが　なかには　在学中に調理師の資格をとらせ　高校ばかりが人生じゃないと指導したという積極的なものもあり　大切なことだと考えさせられました

⊙　非行のある子をどうしたらいい

他の子どもに与えるものを考えると大変むずかしい　仮入学をさせてようすを見ようという考えも出ましたが　子どもたちとの接触を多くし　共にあそぶ機会をふやすことによつて　くいとめることができる　また　職場のよしあしによつて与える影響が大きいので　これは　じつくり考えねばならないという声は貴重でした

⊙　転職の相談は

これは　その子その子の実情に応じ　ケース　バイ　ケースで考えねばならないの一語につきました

こうした話しあいの中でまとめられたことは　次のようでした

① やはり担任は　専任の方が　子どもにふれる時間が多く　本当の生活指導ができる
② 子どもたちに　自分で意識し　解決する力をつけよう
③ 子どもたちを　もつとよく知ろう
④ ケースバイケースで子どもをよくしていこう

第12回　大会

第4分科会の報告

報告者　中村昭政（東京都世田谷区立新星中学校二部主事）

1. とき　40．10．29　6.30－9.00
2. ところ　神奈川県立社会教育会館　談話室
3. 参加者　12名　司会　小池七郎（東京都世田谷区立新星中学校長）
4. 提案　「夜間中学校の存在意義」
5. 提案者　広江栄一郎（東京都葛飾区双葉中学校二部主事）

> 提案について、夜間中学の存在意義については全員具体的に了解しているが、法制化せよ、ということになると問題があるのではないか。夜間中学の減少に対しては　強い対策をとらなければならない。生徒数の減少が、夜間中学の統廃合を招いている現状の打開策は何か。

まず、提案者の広江さんは「憲法を守る上から夜間中学を法制化することは絶対に必要である。この考えが通らないで、弱い線が出るなら、私としてはこの提案を引っこめる。」と強い発言があったがこれに対して、

「すぐに法制化することより、それ以前の段階、つまり、今の夜間中学の存在を一般の人に知ってもらうこと、夜間中学の機能を一般の人に認識してもらう努力が必要ではないか。具体的に例をあげると、機能を高めるためには、夜間中学の質を備品、専任教諭の定数、公費などを　東京の線まで引きあげることに力を出したい。」

このほか、全夜中が過去で法制化や行政措置について関係各官庁に向って陳情を行って来た歴史をあげ、それらが壁につき当ったため、夜中自体の充実に力を入れる方向になったことも　話し合いに出された。

これらをまとめると、

1. 夜間中学の存在をもっと社会に知らせる。

2. 長欠児対策こそ　夜間中学存在意義の突破口となるのではないか。

3. 校長は夜間中学の統廃合に　大きな支点となっている。校長は、生徒入学等の問題に対して、常に積極的であってほしい。

4. 生徒数の減少は、くふう次第で防げるはずである。

5. 長欠児の原因の分析を深めていくと、教育課程の改正なども考えられ、生徒の能力に応じた学習内容や方法が考えられなくてはならない。

座談

1. 生徒募集の方法と、学校に来たがらない生徒を　どういう方法で登校させるか。（名古屋天神山中　丹羽）

2. 京都の夜中が廃校になってきている事情を聞きたい。

（東京　双葉中　提案校長）

これらの問題のあとで、名古屋から　提案のかたちとして『生徒募集の方法を如何にするか』が出され、いくつかの具体案が　話しあわれたが、その主なものは、

1. 夜中の教師自身が自信をもってポスターを利用したり、マスコミの協力を得て　生徒を集める。

2. 全夜中の幹部のオルグを名古屋に派遣したらどうか。

などである。

京都の問題については、京都側から、夜間中学校への入学条件がきびしくなって来たこと、市教委の中の生徒福祉課が長欠生徒を扱っているので夜中の現場ではその実態がつかみにくくなっていることなどがあげられたが、生徒福祉課で実際に生徒をどのような方法で昼間の中学へ吸収しているのかという質問も出ている。

第12回 夜間中学校研究大会

生活指導 第3分科会

横浜共同 提案
横浜市立港中学校 岩崎 保

横浜市内には、夜間中学校が7校設置されている。これは、昼間の中学校の62校に比較して　けっして多い数ではない。しかし、多い方が良いのか、少ない方が良いのかという点に関しては、種々問題のある所である。一つの学校に、実際登校して来ている生徒の数が、10名以下であったりしたのでは何のために（というと大げさになるが）学校が存在しているのか、分らなくなるときがある。教育の機会均等とか、いろいろのことが言われていても、夜間中学は夜間中学ではないか。昼間で機会均等を与えるのが、本当の機会均等であって、夜間中学でそれを救おうなどというのは、本当に救ったことになるのだろうかという疑問を持つ。もっと昼間の中学校に入れるべき、努力なり環境なりを与えなければいけないのではなかろうかと思う。過去において、夜間中学校が、実績を挙げたからといって、将来へ向っても、まっしぐらに進もうというのは、やはり正常化の方向とはいえないであろう。

しかし、現時点においては、夜間中学校は存在し、生徒は喜々として（ばかりではないかも知れないが）登校して来ているのである。とにかくどうにかしなければならないのである。そのため、横浜市の夜間中学校では、昨年、「学習指導と生徒指導の個別化について」という研究をまとめた。その中で、特に、『夜間中学校生徒が求めているものは何か』（子供たちを理解するには）という問題で、生徒の実態を把握することに努力してきた。今年度は、更に一歩　歩を進めて、実態を把握した上で、『生活指導を扱うには、どのようにしたらよいか』という問題と取組んでいる。とにかく、生活の基盤、学習累積等、昼間の生徒とは全然異なったものを持つ生徒たち、相互に関連性・類型化の少ない生徒たちの指導は、どうしたら良いかという問題を取組んでいるのである。指導の姿勢（教師の）　指導の個別化、指導の限界、等々問題は大きく、すこぶる多い。本大会で、各地の実例等をお話しいただいて、今後のよき示唆を与えていただけたら、幸いである。

以下の実態調査は、市内7校のまとめであり、これは、黒線でグラフに表わしてある。昼間の中学校に関しては、港中学校における、3年の抽出学級を対象とした調査のまとめであり、これは、斜線でグラフに表わしてある。

実態調査を中心として、話を進めて行くことにしたい。

卒業後の進路の所を見ていくと、夜間の生徒でも、進学したいというのが　21％もいる。そして、これが、学習時間の所で、30分以内の総数が　62％に対し、30分以上が　38％もいるという事実。少々驚いた次第である。向学心があると言えばそれだけだが、それなら、なぜ昼間に行かないのだろうかと思わざるを得ない。ここに生活相談を受ける姿勢なり、態度なりに、考えなくてはならない点があるのではなかろうかという反省が生まれてくる。しかし、これは　あくまでも、21％を対象にした姿勢である。残りの79％の大部分は、このような希望にみちた生活環境にいるというわけではないのである。

両親にしても、健在は54％であり、46％が欠損家庭である。保護者にしても、36％が、父母以外に求めているという現実である。この認識がなければ、夜間中学生への指導はできない。

住居にして、自宅から通学している者が　52％、48％が、自宅外から通っているということになる。

職業にしても、夜は学校へ来るという、ハンディを負っているせいか、大企業に就職している者は少く、工員にしても、小企業の会社に勤めているというのが現状である。労働時間にしても、10時間以上というのが、29％もいるということは、年少者の就業という点から、考えなくてはならないことではないかと思われる。

経済面を見ると、収入は、住込みで　¥3000,—　〜¥10,000—　というところ。

通勤で、　¥5000—　〜　¥23,000—　といった所である。しかし、これを支出の面から見ると、¥200—　〜　¥10,000—　と非常に大きな開きがある。これは、小遣いの中に含まれる内容が違うので、一概に、多いとか少ないとかは言えない。それこそ、生活費の全部または、一部を含んでいる者から、純粋に遊ぶ金だけを指している者まであるわけである。

次は、いよいよ、この分科会のテーマにあった、アンケートのまとめである。「現在困っていること」と「将来への希望」という所であるが、まだ実感がないのか、案外まとまらなかったので、書いてあったことを、整理してのせておいた。ちょっと、ここからだけでは、問題が大きくてそうろうというわけにはいかなかった。ただ、相談の相手として、教師を選んでいるのが、3％しかいないという点は、少し、考えるべき点があるのではないかと思った。

次に、市内の夜間中学担当教員の意見を参考にしていくことにする。

これは、解答を寄せられた25名の先生方の意見で、Ⅱと⑤を除いては、先生方の書かれたものをそのまゝ書き写してある。いわゆる「生の声」と言ってよかろう。

Ⅱについては、生徒のアンケートの集計とちょっと違って、12名の先生が、相談を受けている。（先生に相談するという生徒が4％しかいないが、これは、お互の見方の相違と思うので、問題にしないことにする。）

⑤については、男生徒の進路の件が6件というのは、進学希望者が21％もいることからして、当然なことと思われる。この件については、指導助言の項の　③　生徒のその後の項の　③　を参照していただきたい。

女生徒については、異性のことに関することが案外多い。これは、指導助言の項の　⑥　生徒のその後の項の　⑥　を参照していただきたい。

ここで　私見を述べさせていただくことにすると、

夜間の生徒の悩みは深刻である。進学問題にしても、家庭・恋愛のことに関しても、昼間の生徒とは、比較にならない複雑さをもっている。

家庭の無理解とか、本人の意欲不振とか、そのようなことでは片付けられない、もっと、社会の奥深い問題、本人や家庭や学校では、どうすることもできない問題にぶつかることが多い。中学生が、昼間働かねばならない現実、昼間の学校にはこられない原因、この一つを取りあげたとしても、問題は、非常に大きなものとならざるを得ない。そして、（昼間の生徒にも、突き当る壁はあるが）　この問題を解決することのできること、ある程度解決することのできるということは、夜間中学校解消への道でもあるように思われる。

3生活相談の項をごらんいただきたい。夜間中学校の教師一人一人の実感だ。これらから、集約してものを申すことはできない。一つ一つを　かみしめて読むことによって、「生活相談の態度・姿勢・助言のしかた」と言ったものが生まれてくるのではないかと思う。

具体的に何を提案してよいか分らない。これが　現在の心境である。カウンセラーを置いた方が良いとか、専任の相談員を設けるとか、いろいろ、制度に対する要求はあるだろう。しかし、これらのことは、昼間の中学校でも　まだ未解決であり、夜間中学生を救えることは、昼間の中学生とする方向にむけるべきだと考えているので、ひとり、夜間中学校への対策としてのみ、考えるのは、無理であろう。また、全国の方々の考え方、地方の歩み方は違う。この場では、これにまとめなければならないということは、できないのではないかと思う。　　（S40・10・28・）

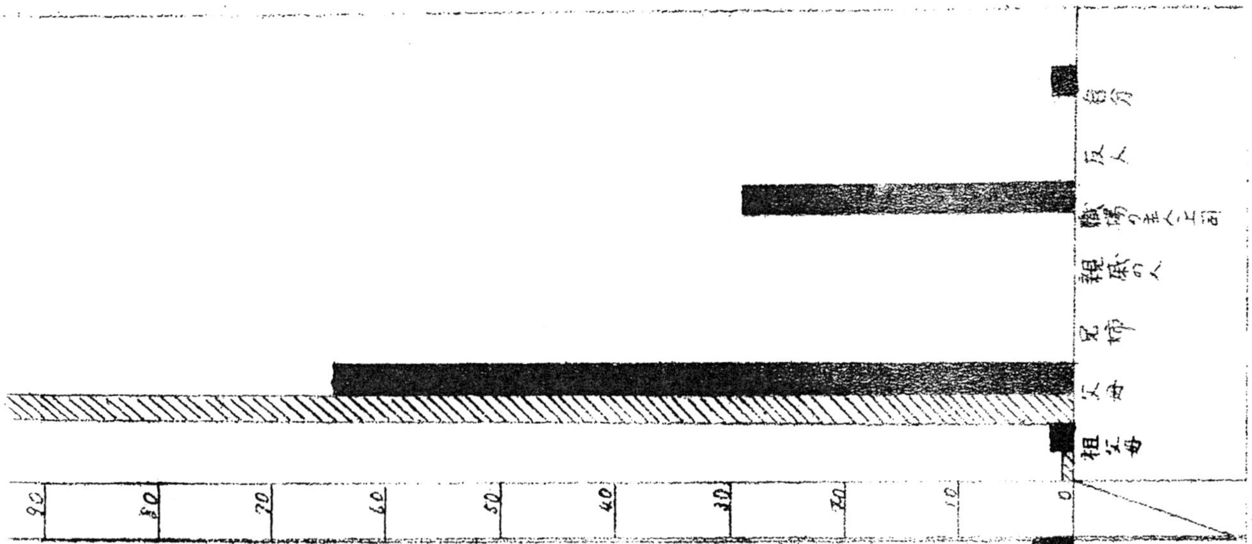
自分
友人
父母
祖父母
0
10
20
30
40
50
60
70
80
90

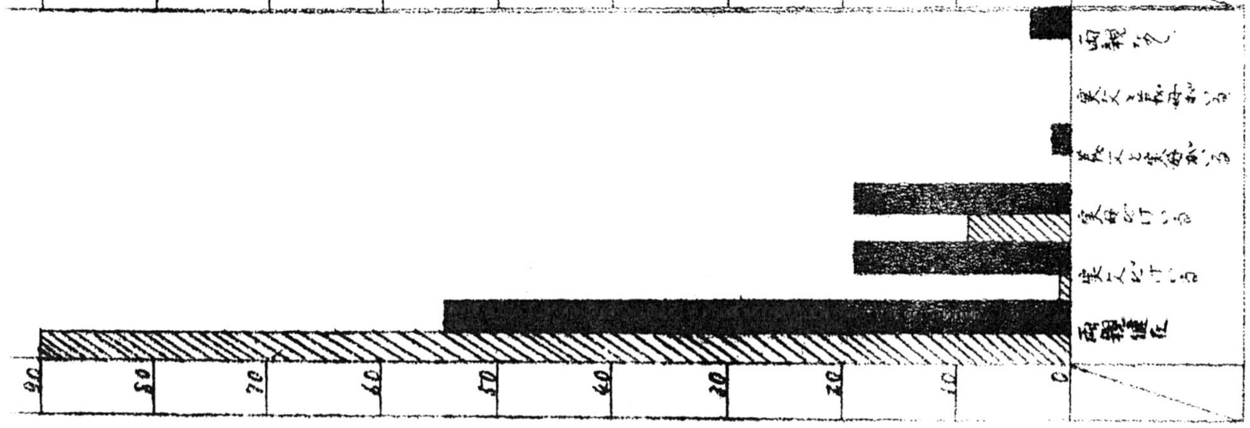
両親健在
0
10
20
30
40
50
60
70
80
90

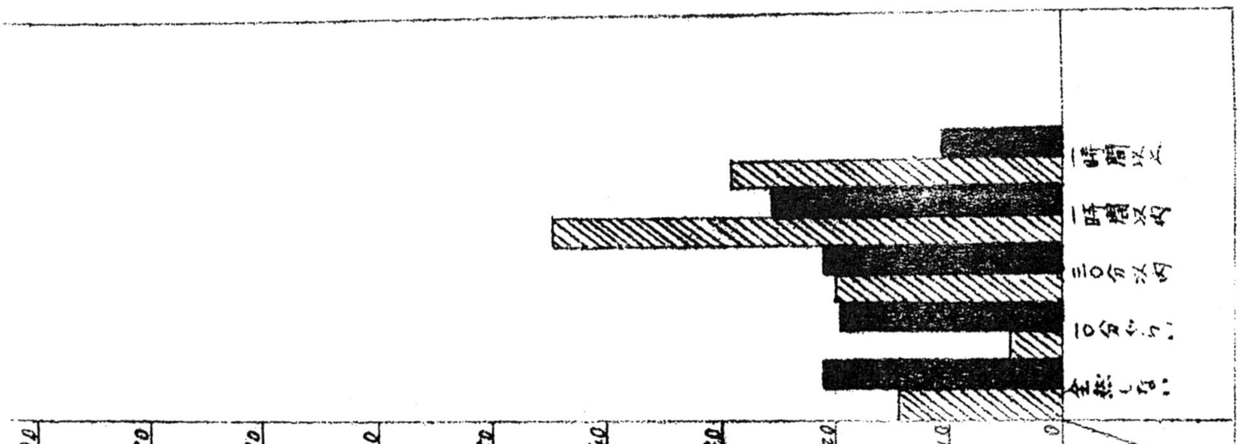
一時間以上
一時間以内
三〇分以内
全然しない
0
10
20
30
40
50
60
70
80
90

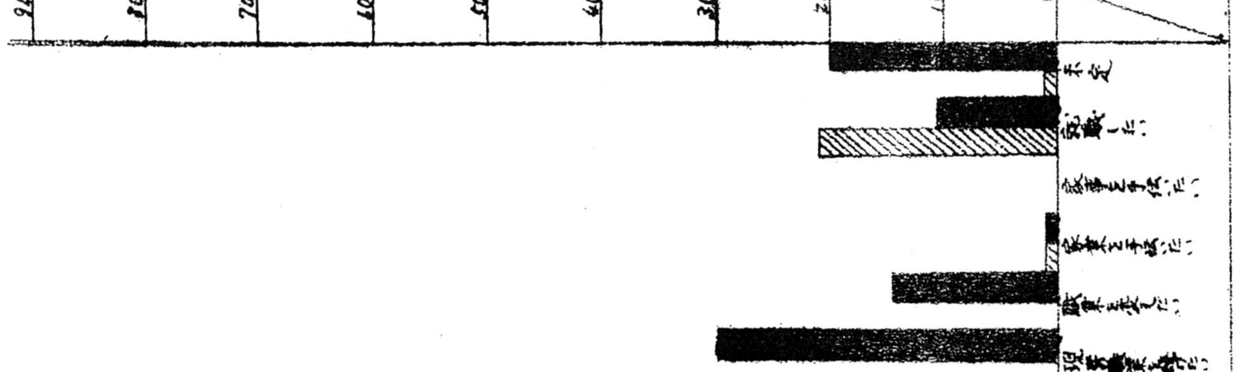
未定
進学した
0
10
20
30
40
50
60
70
80
90

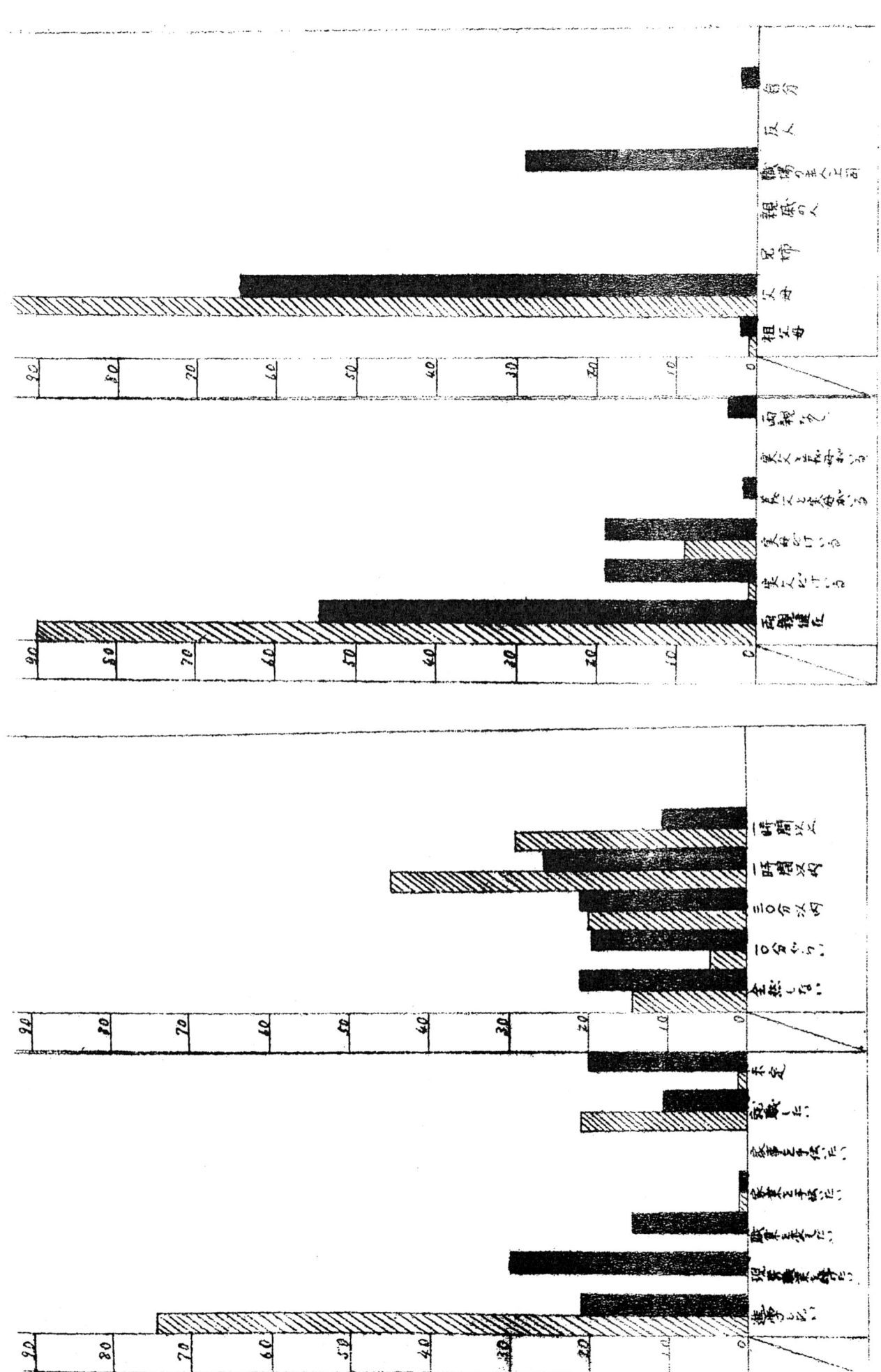

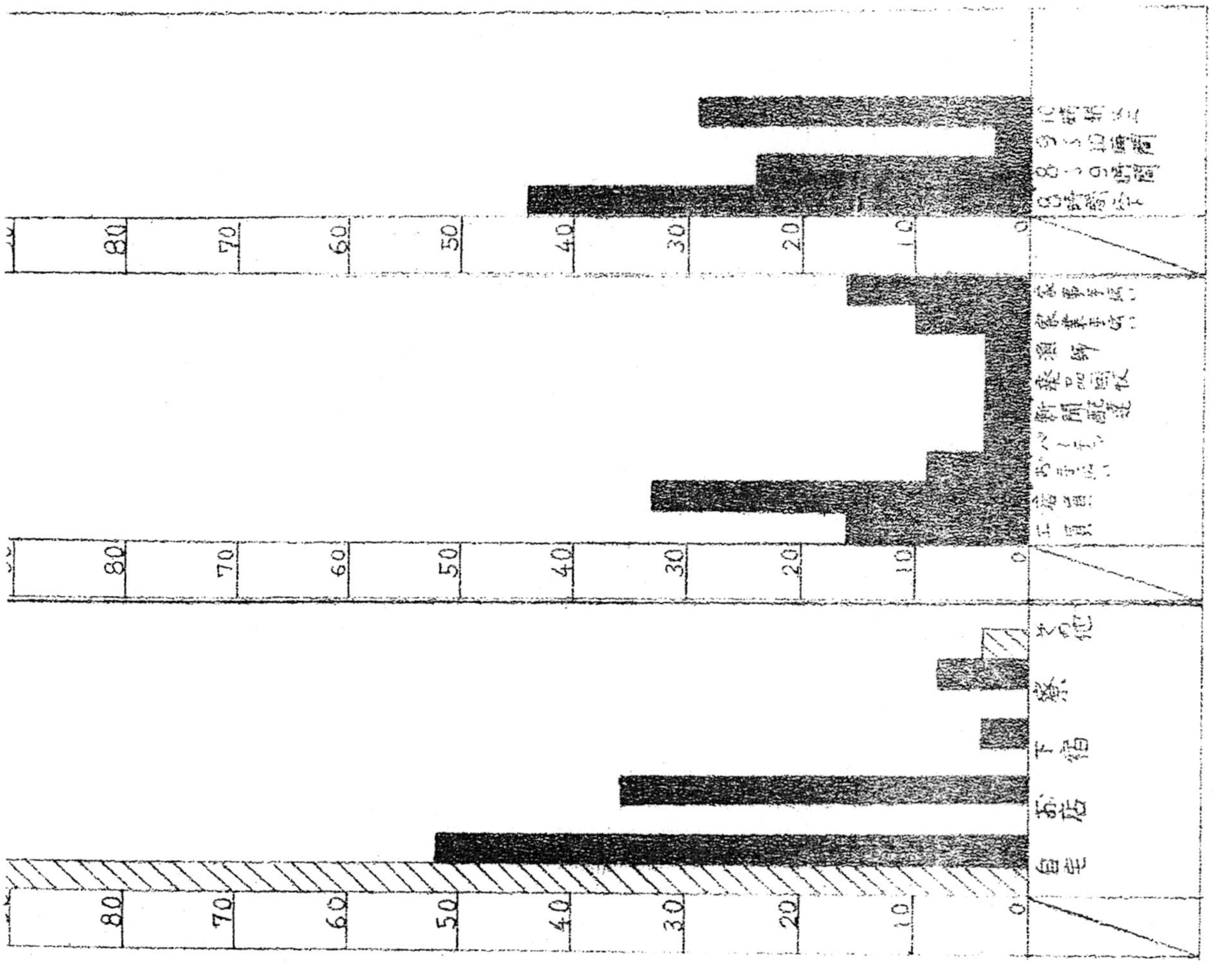
80
70
60
50
40
30
20
10
0
自宅
商店
下宿
寮
その他

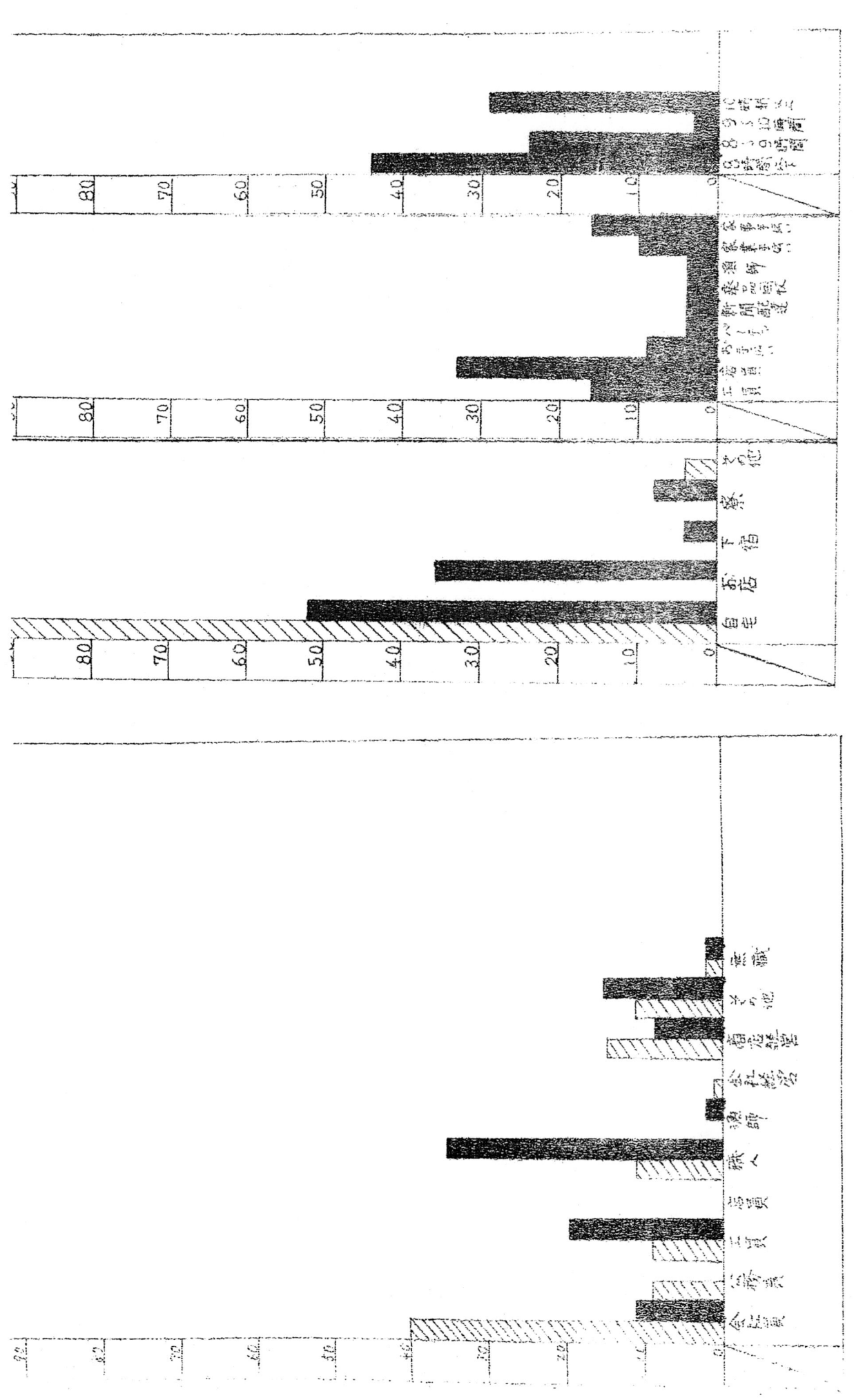
会社員
公務員
工員
職人
商店経営
その他

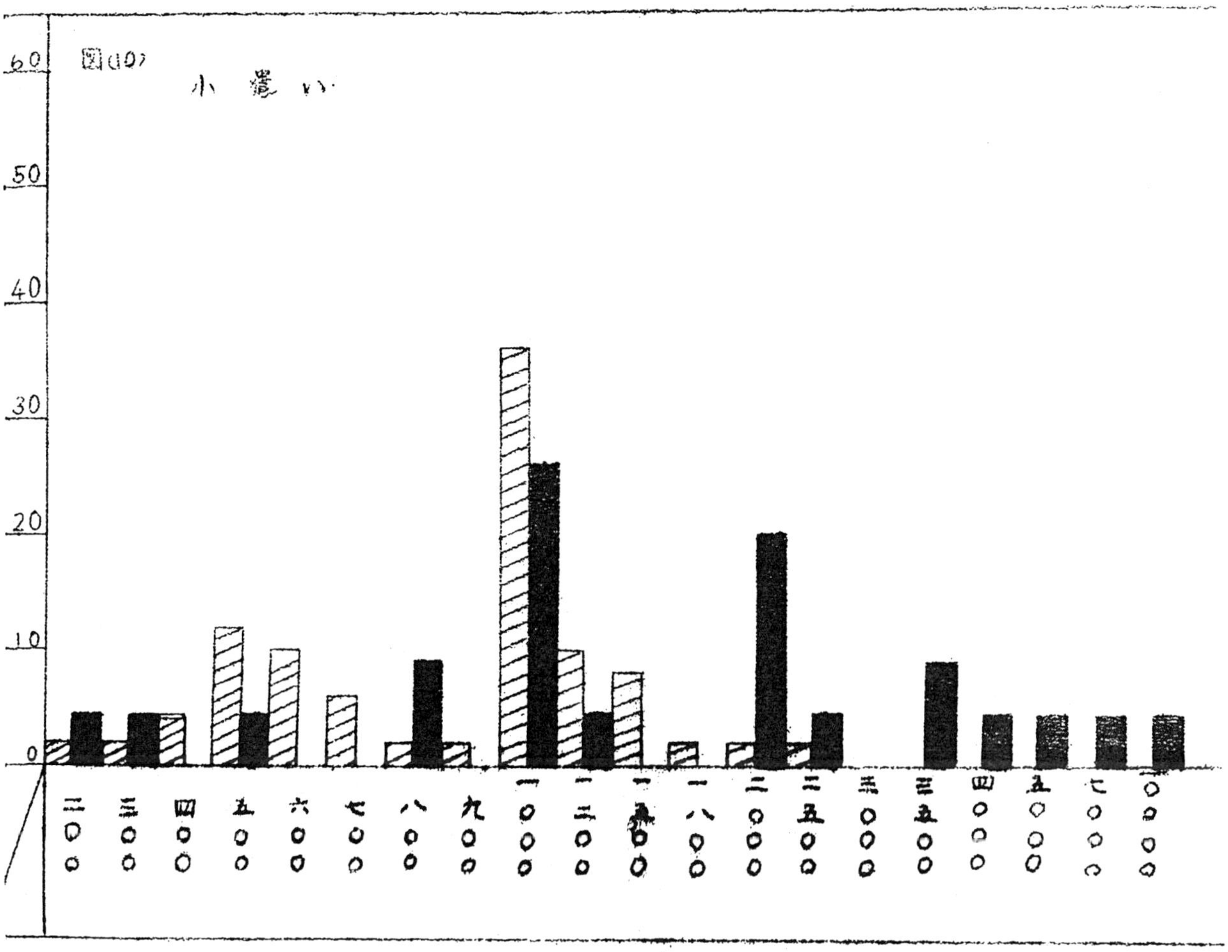
図(10)
小遣い
60
50
40
30
20
10
0
二〇〇
三〇〇
四〇〇
五〇〇
六〇〇
七〇〇
八〇〇
九〇〇
一〇〇〇
一二〇〇
一五〇〇
一八〇〇
二〇〇〇
二五〇〇
三〇〇〇
三五〇〇
四〇〇〇
五〇〇〇

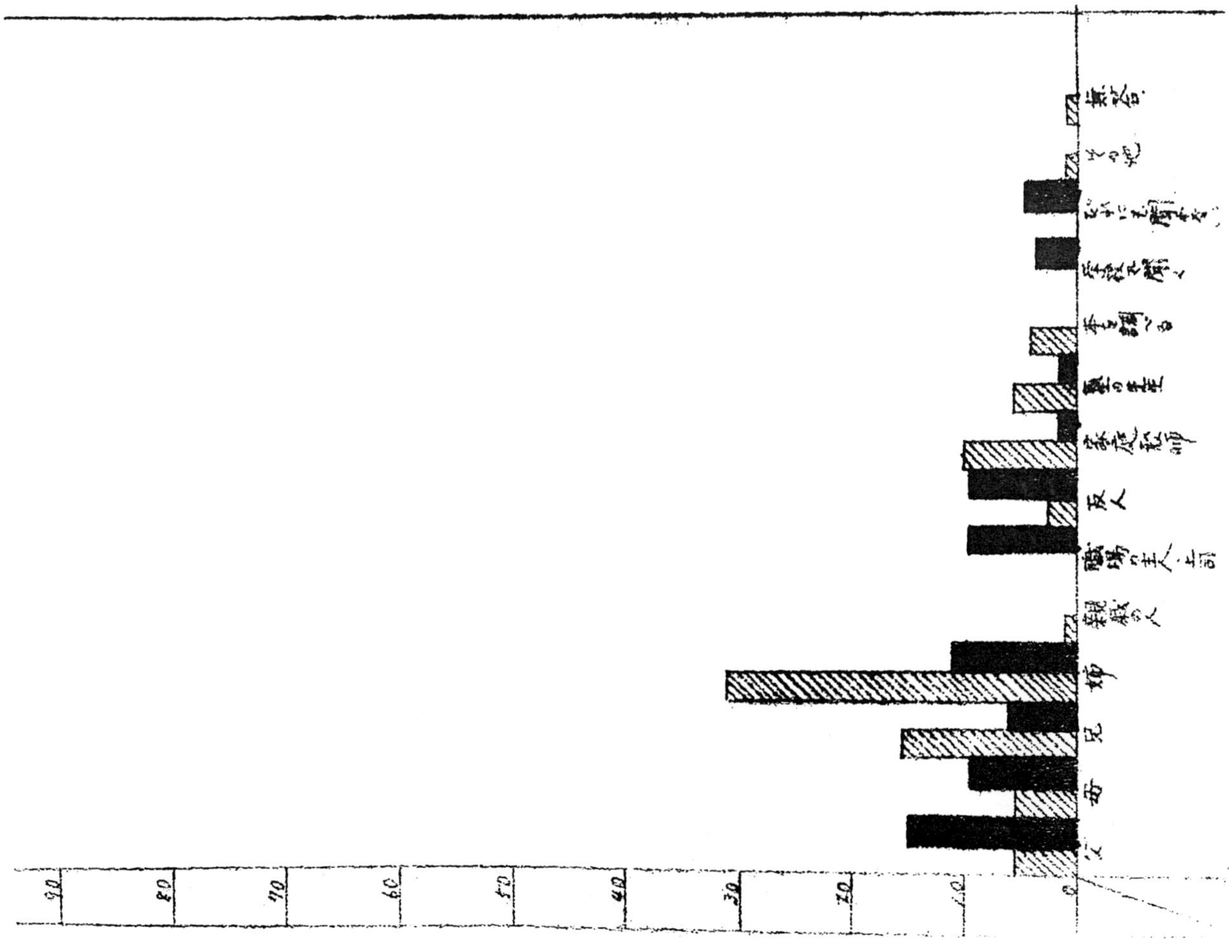
無答
その他
友人
職場の主人・上司
親戚の人
姉
兄
母
父
90
80
70
60
50
40
30
20
10
0

図(11)　相談はだれにするか

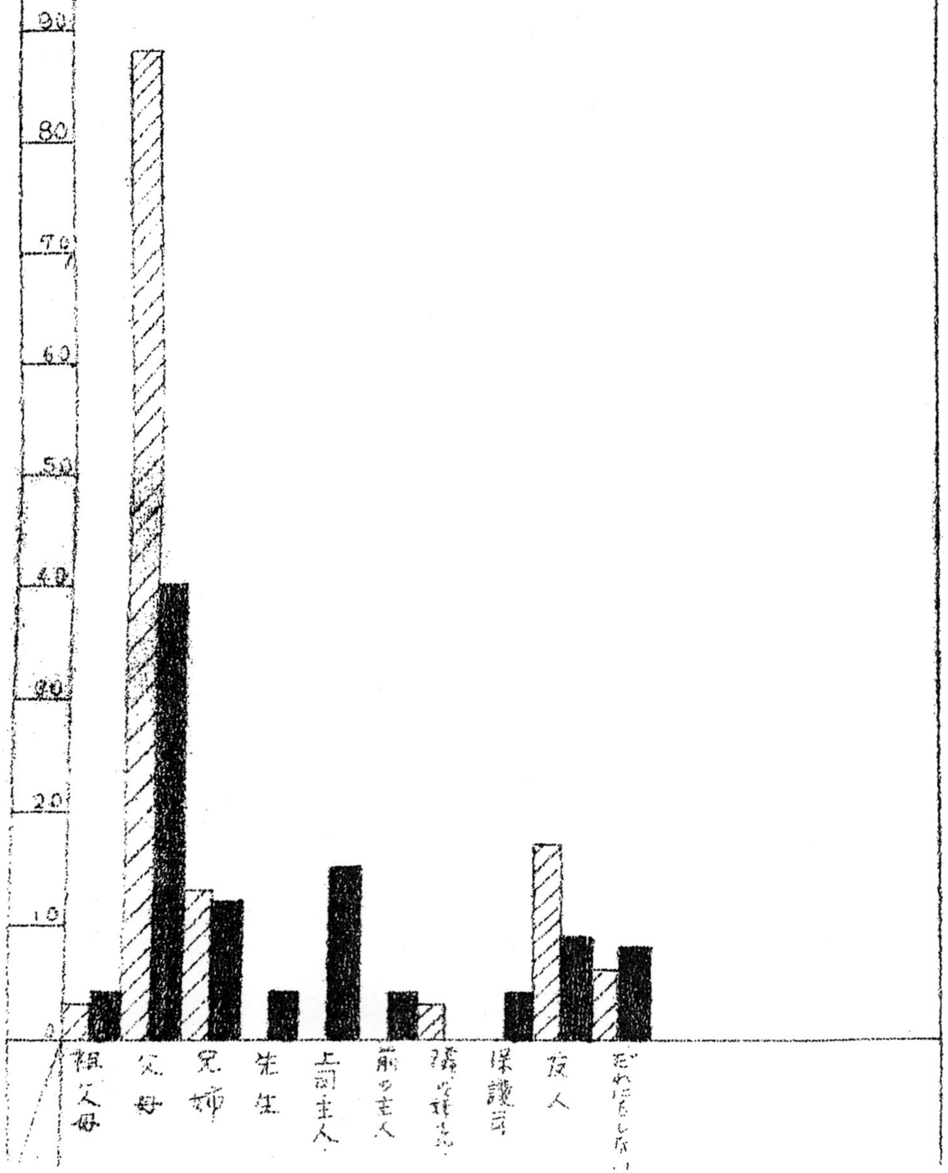

小遣い使途				現在困っていること			
昼		夜		昼		夜	
食べ物	30	食べ物	16	高校入試	17	父が働いてくれない	2
映画、遊び	23	学用品	14	小遣いが少ない	1	父が病気している	2
本(雑誌)	13	映画、遊び	13			小遣いが[illegible]している	2
学用品	12	衣類	10			進学できるかどうか	1
貯金	9	日常品	10			母が健康でない	1
レコード	5	預金	5			仕事場の調子この解決に困む	1
着るもの	3	本(雑誌)	5			朝一時間位遅くして欲しい	1
日常品	2	電車賃	3			信頼できる友人がいない	1
月謝	1	散髪	2			友人のことで悩んでいます	1
貸してあげる	1	妹への小遣	1			ペンフレンドが欲しい	1
サボテン	1	まんが	1			今の仕事がいやになった	1
釣りの道具	1	釣りの道具	1			船で強い風に会うこと	1
卓球の球	1	野球	1			両親と話がいかないこと	1
模型	1					悩みを聞いてくれる人が欲しい	1
						無し	1

将来への希望

いいおよめさんになりたい	2
お店をもちたい	2
[illegible]の先生になりたい	2
正直でまじめで頭がよく明るい人になりたい	2
まじめな人になりたい。	2
看護婦になりたい	3
父のような人にはなりたくない	1
まじめで男らしい人	1
自動車の運転手になりたい	1
ギター演奏家になりたい	1
人に迷惑をかけない人になりたい	1
むだ口をきかない人になりたい	1
生活できる人になりたい	1
いつも考えておちついて正しい人	1
理容師になりたい	1
考えたことがない。	1

コクヨ

夜間中学校を担当していらっしゃる先生方へ。

・ご多用中恐れいりますが、全国大会で提案する資料といたしますので、下の調査項目にご記入くださいますよう、お願いいたします。

1 生徒から、生活その他のことで、相談を受けたことがありますか。　（ある　．　ない）

2 おありの先生は、

(1) どんな内容のことでしたか。

男生徒の場合

女生徒の場合

(2) 先生は、どのように指導されましたか。

(3) その生徒は、その後どんなでしょうか。

夜間中学の生徒の生活相談についてどうお考えですか。

コクヨ

夜間中学校担当の先生へのアンケートのまとめ（25名）

1 相談を受けたこと　　ある=12名，　ない=13名，

2(1)相談の内容

男生徒		女生徒	
進路のこと	6件	家庭のこと	3件
家庭のこと	2件	異性のこと	3件
現在(生活)のこと	1件	進路のこと	2件
職場のこと	1件	現在(生活)のこと	1件

(2)指導助言

① 指導以前によく聞くことが大切であり，直ちにこうすべきだという結論は打ち出さない。

② 男1の場合　就職通学にいたるまでの話し合いをしたらがまんしてがんばるとのこと
男2の場合　職場とも相談して通学を許可している。
女1の場合　母親とも話し合ってみたが，本人が嘘をいうので困っていた。本人にも充分注意し，その時は納得して帰るが，続かない。

③ 高校定時制に進学することをすすめ，将来のよい職につくことについて話した。

④ 現在の職種仕事を続けることが本人のためによいと感じたので　転職しないよう注意する。

⑤ 個性尊重の精神を生かす

⑥ 異性の友だちを学校につれてくるように（連れてきた）異性（相手方）の考えを聞いてやり，中学時代の友だち関係の話をする。

⑦ 家庭内の自分の位置仕事　親に対する感情等について話し合う。
時に異性関係の話がでて来たので　その点の注意。

⑧ 本年4月初めて担当（夜学）したので，生徒を充分理解していないため，私ならこうするという程度の私見を述べただけである。

⑨ 自分をしっかり保ち，いつも前向きの姿勢で世の中を過していくよう，種々の例を用いて話しました。

⑩ 話を聞いて，不満点原因をつきとめ，納得するよう話をしてやる。1人で寮生活をしている生徒に郷里の母の話などさせ　将来について考えさせ，本人の目的を再確認させてやる。

⑪ 夜間中学へ通わねばならなかった原因，現在の仕事の状態情熱，将来の希望等を聞き，結論を出さずに，お互にいくつかある問題点の解決法を考えることにした。

(3) 生徒のその後

① どう変化したというほど変化しない。

② 男1 不満なく生活している。工場長にもほめられ，仕事に熱意をもつようになった。
男2 中学卒業後も自由に通学し，一緒に勉強している。
女1 しばらくは良かったが，夏休みに入って，家庭不和で8月末に家出する。（現在も不明）

③ 本人も定時制に行くため　学業に励んでいる。

④ 継続して就業している。

⑤ 本人の長所を伸展しているようである。

⑥ 何事も気楽に相談してくる。

⑦ 特に変った所はないが，気楽に話し合えるようになった。

⑧ 以前より明るいと思います。私の所為かどうかは不明である。

⑨ 9月は私が休みましたので，今月よくみて見ようと思います。

⑩ 学校に来ない

⑪ 問題点の中核が本人や教師には　どうにもならない内容を持つだけに，目に見えた変化は見られないが，気楽に話し合えるようにはなった。しかし現在は欠席している。

1 生活相談
夜間中学の教師は万能であることが望ましい。常日頃、カウンセラーとして、聞ける態勢が必要である。昼間の生徒と比較して、生徒の心身の変化は極めて大きい。従って、とりたてて生活相談とうたわなくとも、毎日毎時が生活相談である。特別にどう考えるということではなく、せねばやっていけないのが現実である。

2 生活相談の必要は認めます。しかしそれが生徒自身の進路なり校友間の問題ならば、継続相談なりその対策もたちますが、職場の問題、家庭生活の問題となると、複雑な人間関係経済問題など 態度心構えだけではどうにもならないことにつき当たります。この辺に限界が感じられます。
親、職場の指導者などと緊密な連絡を保って、総体的立場から、相談を進めなければならないと思います。

3 ①学校職員と家庭の話し合いだけでは解決しない。明日の生活ができないような状態で話し合っただけでは、根本的解決方法ではない。社会福祉の問題である。
②われわれが彼らと同じような生活をしてみない限り、かれらの実態は分らないだろう。……夏休みのような時に、共同生活をしてみる必要があると思う。
③普通の生活以上の生活をおくっている方々には、彼らの生活の本当の姿は分らないだろう。

4 夜間中学を担当して、数カ月しか経っていないし、相談も特別受けたことがないので、どう答えてよいか分らない。昼夜中学生に問わず、教育的配慮から、相談にのることは必要と考える。問題は、相談内容の限界にあると思う。相談された内容いかんによって、指導せねばならないこともあろうし、時には、助言程度で止らざるを得ないこともあろう。その限界の判断は、教師自身の主観によるので、むずかしい問題を含んでいると思う。

5 主任が主に相談相手になっているし、夜[illegible]をもって日が浅いので、よく分りません。

6 職場と通学の両立が困難であるということ、生徒自身は学校について、職場での多少の犠性を払ってもと考えていても、その時に直面すると、矢張り職場の方が優先する。このような問題について教師がそく生徒の勤務先に相談に行く、会社、工場で理解してくれる場合ばかりでない。生徒の純粋な学問に対する情熱学校で完全に活たすことができない。その他の社会的困難が多すぎる現状である。ほんの一例にすぎないが時折このような矛盾にぶつかる。

7 恵まれない生徒が多いため身近かになって考えてやるべきで、正しい人生観や社会観を身につけさせたい。

8 生徒の人数が少ないので、家庭的雰囲気になり易い。そこで、なんでも話しあえる状態にして、生活指導をしていきたい。

9 生活相談の専任制をとりたい。

10 生活に対して厳しい考え方をもっているが、どこか淋しい投げやりな面を持った生徒もみられるので、その子の指導をかねた相談に応ずるようにして行くことが、大切な一つだと思う。

11 昼間の生徒より友人も少なく、自分のかゝえている問題悩みを話しあえる相手があまりない。そこで教師として十分にその問題にのってやる必要があると思う。

12 積極的な生活相談が必要である。

13 生徒の生活環境などから、生活相談の問題を多くの生徒がもっている。これに適切な指導をしてやる必要がある。

14 夜間部専任カウンセラーがほしい。兼任なので、できるだけ相談にはのってやるが、不十分で生徒には気の毒だ。

15 生活内容が昼間の生徒と違って複雑である。親身になって相談することは、特に必要に感じる。

16 生活相談の担当の先生をきめて、相談してやる必要がある。（現在やっていることではあるが　）

17 担当者全員が相談に応じられる、換言すれば、生徒が相談しやすい、全体の雰囲気が必要である。

18 種々悩みを持ち、また生徒自身割切っている様子ですが、ぜひ、密接的に、相談にのってやるべきだと思います。

19 考えてやりたいと思うが、昼間の授業もあり、専心できず故に、夜間専任を作る必要を感じている。

20 職場により下校後も就業する場合があると　労基法等の徹底を考えます。

21 生徒一人々々の生活基盤に非常に大きい差がある為、相談を受けるのに難しさを感じる。昼間の生徒と違って、生半可な解答は与えられない。しかし、成長していない生徒に、社会問題にしろ、恋愛問題にしろ、どの程度の話をしたら良いか、大変難しい。また、個人差、年令差も大きい。それに、夜間の担当が専門ということではなく、昼間が本職なんだから。

22 家庭や学級の相談より、勤め先の話が中心となる。不満が多く、将来についての考え方が浅く、その日その日の動行について敏感であり、計画性に劣るので、その点をよく指摘する

23 夜間中学に通学してくること自体が問題をすでにかかえていることから、絶対必要条件である。
しかし、生活相談によって若干の解決ができたとしてもそれは、本質的解決にはなっていない。
全国大会であるなら、もっと本質的な面を討議し、夜間中学に、通わなくても済むよう努力をすべきだと思う。

24 ゆっくり話し合う必要があると思いますが、ついこれだけは教えなければと思い、時間を勉強にすごしてしまいさて、勉強が終ったとなると、私の方がくたびれ、ちょっと、話す程度になります。
生活相談中心の夜学に意味があるのかとも考えます。

中学校長欠者実態調査
——東京都世田谷区の場合——

（中間報告）

1965年10月28日

東京都世田谷区立新星中学校

Ⅰ．目的

毎年のように、通学意思があるにもかかわらず、病気、貧困のために長欠しなければならない者、あるいは又、勉強の遅れ、貧困，欠損家庭非行などにより、通学意思を無くし、長欠に入る生徒は跡を絶たない。

これらの生徒の多くの者は、義務教育を中途で放棄することとなり、再び勉学の必要を感じた時には、既に年令超過となり、通常の中学校へ入学するのは難しい状態となっていると思われる。

彼らのうち、ごくわずかの，勉学の熱意ある者が運よく現存の夜間中学に、再び入学の機会を得るのみで、一度意欲，あるいは機会を失った多くの者は、義務教育を修了することなく、社会に呑み込まれているのが実情であろう．その数は、毎年全国では相当のものとなると思われる．ちなみに、昭和39年度の中学3年全国総長欠者数は24379名にのぼり、東京都は1555名であった．

ここに、次の三項目の問題が現われる．通学意思ある者，通学意思をなくした者それぞれの場合について長欠した場合．．．

① 現在長欠中の生徒の長欠を防ぐにはどうしたらよいか．

② 長欠し、一担中学校を離れた者が、義務教育を修了できるようにするにはどうしたらよいか、

③ 上記①②との関連に於て、夜間中学校の役割と方向はどうあればよいか．

長欠調査は、過去に於て、昭和24年以来、中央青少年問題協議会、及び文部省の調査が存在する。しかし，いずれも全都道府県単位という大規模なもので、個々の長欠者の詳細な状況を求めるのは無理である。

そこで、我々は、我々の中学校の所属する、東京都世田谷区という、一地域を取り上げその区立中学校全25校を対象として，個々の生徒の

詳細な実態調査を行い、その地域に於ける上記三項目の疑問に答えることをもって、我々の目的とした。

Ⅱ 長欠調査の歴史

中学校生徒の長欠調査は、青少年保護育成運動の一環として、中央青少年問題協議会が、今から16年前の昭和24年度生徒調査を実施したのをもって始まる。

翌昭和25年、1年のブランクの後、文部省がそれを受け継ぎ、昭和26年度より毎年実態を調査、33年以降は独立した長欠調査は中止、学校基本調査の中の一項目として、続けられ、今日に至っている。

Ⅲ 長欠の定義

長期欠席（略して長欠）とは一体何と理解したらよいだろう。過去に実施された長欠調査から、その定義を眺めることにする。

実施者	欠席日数	調査期間	回収県
中央青少年問題協議会	30日以上	1年間	東京、高知を除く
文部省	50日以上	4月の学年はじめから10月31日まで	全県
		（昭和29年より）4月より翌年の3月31日まで	全県

文部省の、年間を通じ、連続、断続50日以上を長欠とするという定義の根拠となっているところは、4月より10月までの授業日数は145日～154日で、その1/3の50日も欠席すれば、学力差が生ずるであろうという仮説のもとに、50日というところにある。

席をもって長欠とする立場をとった。

調査票の集計されたものを調べてみると、すべて欠席日数は50日以上と定義した場合と同じものであったことを附記する。

そこで次に、文部省の調査に現われた過去の長欠者の変動を次に一部上げてみる。

Ⅳ 長欠率の変動

		26	27	28	29	30
東京都	長欠者総数	10,316	10,542	9,714	9,632	7,972
	長欠率(%)（介っているものだけ）	4.30	3.90	3.20	2.68	2.05
全国	長欠者総数	156,563	181,1779	157,876	154,535	145,823
	長欠率(%)	3.23	3.76	3.17	2.84	2.57

31	32	33	34	35	36	37
7,804	6,719	4,708	3,854	3,087	3,506	3,658
1.86	1.64					
129,285	118,388	84,199	77,523	75,866	78,410	72,981
2.25	2.15				-	-

38	39
3,383	3,580
0.61	0.71
66,388	59,448
0.75	0.92

上表に見るように、長欠率は年々減少をたどっているが、未だに毎年多くの義務教育未修了者を出している。さらに、それら年々加わってゆく多

Ⅴ 調査方法

① 対象

東京都世田谷区内の公立中学校生徒

総中学校数　　２８校　　　総生徒数　２２,２１２名

（昭和40年5月現在）

② 調査票の作製

調査票は1枚。

その内容は、長欠者の氏名、学年、年令、知能指数、家庭状況、出席状況、長欠理由等についての概況を知るためのものである。特に長欠理由は、「本人に通学意思がありつつも諸般の事情で長欠している場合」と、「本人に通学意思がなくなり長欠している場合」の二つに大別し、それぞれの主要な要因と思われるものをあらかじめ上げ、該当項目に印を付け、空らんに記入してもらうという方法をとった。

③ 調査の実施

本校の校長を通じて、区校長会で各校宛に、その調査協力方依頼、生徒の状況をよく知る担任に、記入してもらうこととなった。

実施時期は40年9月末から10月中旬にかけてであった。

Ⅵ 調査結果概観

1. 概況

① 40年9月末より、1ヶ月経過して、28校中回答のあったものは丁度半数の14校である。

② 従って、世田谷区全体の状況については ただ推測の域を出ないのだがまとめてみる。

③ この調査の目的に対する結果を、今すぐ出すには調査が十分であ

り、今後の調査に待たなければならない。

2. 調査票回答数

回答学校数　　　14校 … 世田谷区立中学校総数の50%

回答学校総在籍生徒数　10845名 … 世田谷区総生徒数の49%

3. 長欠者数

		中1	中2	中3	13才	14才	15才	16才	17才
男	22	6	8	8	2	8	6	5	1
女	11	2	4	5	5	0	4	2	0
計	33	8	12	13	7	8	10	7	1
長欠率	0.34%								

これだけで結論は出し切れないが、長欠率をみると、世田谷区の場合の0.34%に対し、昭和39年度の文部省の調査における東京都の、0.71%は、それをかなり上まわっている。

4. 長欠理由

	① 通学意思がある場合				② 通学意思がない場合								
	計	病気	貧困	欠損家庭	計	勉強の遅れ	家庭のしつけ	家庭のもつれ	差別	学校での対人関係	貧困	非行	不明
男	8	8	0	0	13	9	6	2	2	2	5	2	1
女	3	2	1	1	8	8	5	0	0	1	1	1	0
総計	11	10	1	1	21	17	11	2	2	3	6	3	1

33% →①に属する人数　63% →②に属する人数　3%

① 通学意思がある場合

病気がそのほとんどを占めている。

② 通学意思がない場合

主な要因は、勉強の遅れと家庭のしつけ。それに貧困が続く。要因の間の関係をよく調べてみると、勉強の遅れはただそれだけで長欠の要

因を成していることは少く、家庭のしつけ、貧困、非行、差別等のために勉強の遅れを来たし、さらにそれらがからみ合っている場合が多いようである。いずれにせよ、長欠の原因は、二三の要因が相互関連してみられるようだ。

5. 長欠開始学年月

		小学校より	4月	5	6	7	8	9	10	11	12	1	2	3	不明
①	1年	0	1	0	2	0	0	2	1	0	0	0	0	0	0
	2年		0	0	1	0	0	1	0	1	0	0	0	0	0
	3年		1	0	1	0	0	0	0	0	0	0	0	0	0
②	1年	1	5	2	0	0	0	2	2	0	0	0	0	0	2
	2年		1	1	0	0	0	2	0	1	0	0	0	0	
	3年		0	0	0	0	0	1	0	0	0	0	0	0	
	計	1	7	3	0	0	0	5	2	1	0	0	0	0	
①か②か	不明	0	0	0	0	0	0	0	0	0	0	0	0	0	1
	総計	1	9	3	4	0	0	8	3	2	0	0	0	0	3

① 通学意思がある場合

主な要因は病気であり、そこには年間を通じて特徴は読みとれない。

② 通学意思がない場合

a) 全学年

全学年を一緒にまとめた月別数を検討すると、資料の少なさから、はっきり断言できないであろうが、多少の危険を顧みずまとめると、長欠の始まり易い月は、まず4月と9月、次いで5月と10月、即ち、1学期と2学期の最初の月であることが注意をひく。

b) 学年別

学年別にみると、1年、2年、3年の順に長欠になる人数は少なくなっている。上述の (a) 全学年でみた結論から、1年に入学して来た生徒にとって、春の4月、次いで夏休み明けの9月10月が長欠し始めやすいといえよう。

Ⅶ 今後の課題

① 残り14校の調査を完了させなければならない。

② しかる後に、各長欠生徒について、詳細にわたり、長欠理由を分析するための実態調査が必要とされる。調査案を作製し、調査員の面接によって行われる、きめ細かな調査結果を工の目的のために役立つものとしなければならない。

東京都世田谷区立新星中学校 二郎
木原 武子
吉田 安男
上田 喜三郎

第十二回全国夜間中学校研究大会
昭和四十年十月二十九・三十日神奈川県立社会教育会館

第四分科会（経営管理部門）

夜間中学の存在意義

東京 共同提案
東京都葛飾区立双葉中学校第二部主事
発表者 広江 栄一郎

一、はじめに

「なぜ山へ登るか？」という問いに対して「そこに山があるからだ―」というのと、「なぜ夜間中学は必要か？」という問いに「そこに生徒がいるからだ―」というのとは、似て非なるものでなければならぬ。ところが「人つくり」の根本は教育にあるとか、「義務教育はすべての日本人子女に、ひとしく受けさせなければならない位のことは、普く知り尽されている筈の今日でも、全国到る所に不就学者や長欠者という名の、義務教育からの落ちこぼれがあり、教育から取り残された子女が、実質上義務教育を受けないまま、社会へ音もなく放り出されている事実は「文化国家」の建設という国家的な要請に応ずる上からばかりか、人道上からも由々しき問題であり、深刻な憂いがなされて然るべきである。しかるに世人の関心は「そこに山があるのに、登らない人がいる」程にも払われていない。これはわが国義務教育の底辺における虚飾なき現況である。ここに敢えて音もなくという表現を用いたのは、中学卒業と同時に就職する生徒には、活発な激励会等が催され、これは高校進学者の多数を占める近来の傾向下において、そうでない不遇者への社会の慈悲心のようであるが、一方義務教育を終了することすらできず、非情にも学籍から除かれ、言わば教育的無国籍者も同然に社会へ落ちこぼれる子女に対しては、声をかける者とてない現状への私的なレジスタンスからである。ともかくこれは戦後社会の大きな忘却であり、義務教育の重大なひずみとして、世の良識に訴えなければならないものと思う。特にその事実を知悉しながら敢えてこれを放置するばかりか、その最も効果的な救済策である夜間中学に対しても、不当にこれを異端視し、公然とこれを否認し抑制する文部省の態度は甚だ不可解である。それはかりか近年義務教育の就学率は九九・九％などと誇示し全国に数万を数える不就学、長欠者のいることを巧みに隠蔽、数字的なまやかしによって義務教育の現状を糊塗することは、長欠対策における無責任の上塗りをするものである。

二、夜間中学の存在意義（その否認は憲法違反の疑いあり）

教育が理想的な環境や施設設備を望ましいとする考えは何人にも異論の余地はない。け れ共それだからと言って現状においてあらゆる理想を満たすものは全国に恐らく一校もない筈である。しかもその設置面における理想と現実のギャップは、教育を受ける側にも当然あり得ることで現に昼間の通学を不可能とする家庭が実在することは認めざるを得ないものである。しかも長欠者、不就学者を解消するために具体的実効的な措置が取られない限り、それら昼間通学を不可能とする子女の教育を受ける権利は当然通学を可能とする夜間中学によって保障されなければならない。それこそ又能力に応じて教育を受けるべきだとする教育基本法の趣旨にも合致するものであろう。ともかく最高法規である憲法のすべての子女にひとしく受けさせるという規定は義務教育の至上命令であって、夜間でなければ教育を受けることのできない子女のためには、夜間教育の機会を与えるべきである。ましてや実在する義務教育からの離脱者を放置し、又人々の善意と子弟愛の至情から出発した夜間中学を否認するに於ては憲法違反の疑いもなくはない。

三、根拠薄弱な文部省の夜間中学否認の理由

文部省は十数年来、夜間中学の制度化に対する関係者の要望を斥け、公然とこれを否認し続けてきた。その現実無視の頑迷固陋さは、久しく関係者のひんしゅくするところである

このことは苟しくも真理の探究を本領とする教学を冒瀆し、一国文教の府を任じる文部省として、国家の基本原理である民主主義を敢えて蹂躙し、憲法体系のルールを免かれ得べくもない。次に文部省が夜間中学を否認する理由と考えられる事項を挙げ、その非合理性をここに究明を試みよう。

(一) 義務教育は昼間実施が望ましいという見解

義務教育は子女の身心の発達段階からも、教育内容指導の関係上からも昼間実施が望ましい位のことは誰にも異論のあろう筈はない。問題は昼間通学することのできない子女をどうするかということで、原則論や理想論を云々することは既に次元と段階を異にする問題である。

(二) 夜間中学を公認すると便乗される恐れがありはしないか。

新学制の実施当初、所謂新制中学として校舎、青空教室、食糧の買出しに狂奔せざるを得なかった時代には確かにその懸念があり得た。だが今日の教育に対する一般的傾向から、それは既に色あせた杞憂に過ぎない。しかも敢えてこれを固執するのでは、世の親達の教育に対する熱意への冒瀆でさえあろう。

(三) 文化国家の体面上の見栄と体裁というものから

夜間中学を公認することは昼間教育からの脱落者の存在するという事実、言い換えると国家的な恥部を世界に目立たせる結果を招き、体面上好ましくない。恐らくこのことが文部省を躊躇させる最大のものであろうことは想像に難くない。そしてこのことから想起されることは、故池田首相がその昔から迂闊に口をすべらせて物議をかもした例の「貧乏人は麦を食え」という一語である。そして今日「人々は飢餓を忘れて生きている」と言われる時代に、「貧乏人は教育を受けなくてもよい」と言わんばかりの非情な施策が黙視されるのは甚だ怪訝な事情というの他はない。

これを要するに子女の教育は時々刻々の今日的問題であり、理想や原則にかかずらい、見栄や体裁にとらわれて、実在する長欠者を放置するという法はない筈である。

(四) 文部省の長欠者の解消策とその動向

文部省は「夜間中学」を公認して欲しいという関係者の要望に対して、長欠者は完全雇用の達成や、社会福祉の充実等によって解消され、夜間中学はやがて存在の意義を失うとしてその要望を斥けてきた。確かに近年は長欠者の減少傾向は顕著なものがある。同時に現に長欠者皆無の学校が全国でも果して何校あるか。しかも漸減のカーブも三十八年以降は停滞横ばいを続けることから長欠者の漸減はほぼ限界に達したと見られるのである。

又長欠者の減少と軌を一にするかのように夜間中学の生徒も近年減少の傾向を辿ってはいるが、これは必ずしも自然的現象ではなく、寧ろ文部省の夜間中学を否認するとの新聞報道等が奏効した皮肉の結果である。即ち文部省は夜間中学を進んで取り潰しこそしなかったが、それを認めようとしない代りには、現存する夜間中学を義務教育のまがいもの視し、敢えてその衰亡をはかり、遂には腫れ物として黙殺してきたのである。

しかも文部省のこうした意向がジャーナルの波に乗りでもすると夜間中学の期待される活用の領域は抑圧されるばかりか、その存在に対する社会的基盤をも稀薄にし、特に長欠者の処理上昼間教育との連携をも一層困難化するに至ったのである。このことは昼間教育との緊密な連携をとることによって、より多くの効果を期待し得る長欠者の救出作業を不当に妨げるものである。加うるに文部省のそうした意図は夜間中学の統廃合に名を借りて不自然で姑息な圧縮を図ろうとする便乗者も散見されるに至っている。

五、夜間中学の灯こそ善意の灯……何人かこれを消し得ん！

「僕が働らけば、家族が何とか食べては行ける。だけど勉強もぜひ続けたい。だから夜間中学をつぶさないで……」と。これは過先年文部省の夜間中学は認められないという新聞報道を伝え聞いた生徒たちの悲痛な訴えであった。又極端な内気さから昼間の学校で嫌って長欠を続けていた生徒、精薄すれすれの子で昼間の通学を毛嫌らいした子等が最近の生徒には必ずしも貧困が長欠の原因ではない生徒も幾人かを数えるが、それらの生徒が目を輝やかせて夜学の灯の下に集まるのは、夜間中学の効用の領域を一層広げつつあるものと見るべきであろう。まして学令超過者のためには、夜間中学こそ、教育の機会均等を達成させる唯一の施設と言うべきであろう。

義務教育は生徒たちにとっては受けるべき権利であるが、彼等にその権利を主張しなさい、保障する能力はない。そして当然その主張をすべき親たちもあるかなしというのが実情である。尤も健全な社会であれば、政治家なり有識者なりが、世論を起こしもしようが、だが戦後の退廃した社会にはそれを求め得べくもない。従って長欠者の救済と義務教育をすべてにひとしくという崇高な国家の要請に身を挺する者はわれわれ夜間中学の教師の双肩にかかると言っても過言ではない。真にである。今こそ夜間中学教師たる者は全国長欠者の一掃を期し夜間中学をしてあり得べき姿に置くべく勇気と熱情を傾注すべきである。

六 夜間中学の職場観

長年夜間中学に勤労しながら文部省の非情で無理解な態度に業を煮やし「夜間中学に夢がない」と言い残して去って行った有能な教師がある。生き甲斐と魅力に富む職場への希望を望むのは人間の尊厳な基本権でもあろう。しかも夜間中学程労多くして功の少ない教師の職場が又とあろうか？誰も手を汚さないでどぶ掃除をしようとするのは望み得べくもない。げに夜間中学の教師は殉教者的な大慈でも要するであろうか。だが同じく義務教育に従事する教師の進んで苦難に立ち向おうとする犠牲と慈悲心に甘えて人事管理の公正が期し得ようか。それは又世に勧善懲悪をすすめかねない皮肉な話である。即ち夜間中学の教師は義務教育の底辺を支えるという重要な任務に応ずる処遇を受けるべきであり、そのためには夜間中学が架空の存在である現状からまず是正されるべきである。

七、むすび

中小企業が全産業の八九〇%を占め、些細な不況から倒、破産が相次ぐという、わが国の実勢から目をそらして、今すぐにも福祉国家ができ、所得の増大によって全国民の富裕化が達成されでもするように錯覚し、長欠者はそれによって解消、夜間中学は存在の意義を失なうであろうとした文部省の洞察は顧みて甚だ荒唐無稽のものであった。そして、その間義務教育の落穂拾いとも言うべき役割を果し数千名に上る不遇の子等を世に送った夜間中学の功績は顕著であり絶大であった。文部省は今こそ現実を直視し夜間中学の制度化のために英断をふるうべきである。

第12回 大会

第4分科会の報告

報告者 中村昭政
（東京都世田谷区立新星中学校二部主事）

1. とき　40．10．29　6.30－9.00

2. ところ　神奈川県立社会教育会館　談話室

3. 参加者　12名　司会　小池七郎（東京都世田谷区立新星中学校長）

4. 提案「夜間中学校の存在意義」

5. 提案者　広江栄一郎（東京都葛飾区双葉中学校二部主事）

> 提案について、夜間中学の存在意義については全員具体的に了解しているが、法制化せよ、ということには問題があるのではないか。
> 夜間中学の減少に対しては強い対策をとらなければならない。生徒数の減少が、夜間中学の統廃合を招いている現状の打開策は何か。

まず、提案者の広江さんは「憲法を守る上から夜間中学を法制化することは絶対に必要である。この考えが通らないで、弱い線が出るなら、私としてはこの提案を引っこめる。」と強い発言があったがこれに対して、

「すぐに法制化することより、それ以前の段階、つまり、今の夜間中学の存在を一般の人に知ってもらうこと、夜間中学の機能を一般の人に認識してもらう努力が必要ではないか。具体的に例をあげると、機能を高めるためには、夜間中学の質を備品、専任教諭の定数、公費などを東京の線まで引きあげることに力を出したい。」

このほか、全夜中が過去で法制化や行政措置について関係各官方に向って陳情を行って来た歴史をあげ、それらが壁につき当ったため、夜中自体の充実に力を入れる方向になったことも話し合いに出された。

これらをまとめると、

1. 夜間中学の存在をもっと社会に知らせる。
2. 長欠児対策こそ夜間中学存在意義の突破口となるのではないか。
3. 校長は夜間中学の統廃合に大きな支点となっている。校長は、生徒入学等の問題に対して、常に積極的であってほしい。
4. 生徒数の減少は、くふう次第で防げるはずである。
5. 長欠児の原因の分析を深めていくと、教育課程の改正なども考えられ、生徒の能力に応じた学習内容や方法が考えられなくてはならない。

座談

1. 生徒募集の方法と、学校に来たがらない生徒を、どういう方法で登校させるか。（名古屋天神山中　円羽）
2. 京都の夜中が廃校になってきている事情を聞きたい。
（東京　曳舟中　提箸校長）

これらの問題のあとで、名古屋から提案のかたちとして『生徒募集の方法を如何にするか』が出され、いくつかの具体案が話しあわれたが、その主なものは、

1. 夜中の教師自身が自信をもってポスターを利用したり、マスコミの協力を得て生徒を集める。
2. 全夜中の幹部のオルグを名古屋に派遣したらどうか。

などである。

京都の問題については、京都側から、夜間中学校への入学条件がきびしくなって来たこと、市教委の中の生徒福祉課が長欠生徒を扱っているので夜中の現場ではその実態がつかみにくくなっていることなどがあげられたが、生徒福祉課で実際に生徒をどのような方法で昼間の中学へ吸収しているのかという質問も出ている。

第12回
全国夜間中学校研究会(記録)

昭和40年10月29日(金) 30日(土)

会場 神奈川県立社会教育会館

主催　全国夜間中学校研究会

共催　神奈川県教育委員会
　　　横浜市教育委員会
　　　川崎市教育委員会
　　　横浜市公立中学校長会
　　　川崎市公立中学校長会

1.

第12回　全国夜間中学校研究会　記録.

Ⅰ. 主題　夜間中学校の現状を解明し
　　　　特に指導上の問題点を究明する.

Ⅱ. 日時　昭和40年10月29日(金)～30日(土)

Ⅲ. 会場　神奈川県立社会教育会館

◇ 開会式　A.M. 10.17

・開会のことば	副会長	提箸覚一(曳舟中)
・会長あいさつ	会長	飯田赳夫(浦島丘中)
・来賓祝辞	文部省中等教育課長	石川二郎
〃	県教委指導主事	須藤久幸
〃	市教委指導部長	伊藤
〃	顧問	立石実信
〃	横浜市公立中校長会長	内田吉郎

◇ 日程説明　準備委員長　中山紀正

◇ 講演「夜学の歴史」市教育研究所 主事 小塚三郎
夜学の発生からどのように今日まで発展してきたか。それらのあとづけと、夜学、戦中今日の夜間中の問題におよぼす。

2

◇ 生徒による意見交換（京浜地区代表）
司会 塚原雄太（荒川九中）
松本 威（浦島丘中）

卒業生および在校生 A ほか25名参加。
自己紹介 仕事のこと、何故夜間中へ来たかなどさまざまな問題について意見交換をおこなう。
最後に「若ものよ身体をきたえておけ」を合唱し散会する。 P.M 3.35

◇ 全国調査報告 報告者 市河三次（朱雀中）

◇ 三者との懇談 司会、村上義恵（荒川九中）
文部省 石川二郎
労働省 佐久間昭明
厚生省 入江 慧

要旨 ㊫ 文部省が夜中を制度化するのはむずかしい。
年少労働と結びついているが制度化するには問題がある。 長欠生徒の原因を調査する必要がある。
長欠の数は減少しつつある。
現に存在している夜中は、第1次的には各都道府県市町村教委がもっているが、拡充していく。
㊫ 労働行政の立場から話していく。 夜中に対する考えは文部省の立場と同じである。夜中生の勤めている事業所はどんなものかという資料はない。また、ヤミの事業所とか法的に不適当だからといってやめさせる

P.3
ことは出来ない。労働者としては安定所、婦人相談所等々へ個々にいって相談してもらいたい。

㊫ 児童福祉の立場からどのような対策がなされているかを話し、地域社会に対する働きかけとして児童公園等をつくり 健全な児童の育成を心がけている。
また、福祉事務所、民生委員、児童相談所等を通し個々の児童について相談に来てほしい。

◇ 質疑応答

◇ 分科会（分科会記録参照）

第2日
1. 分科会のまとめ、司会 糀谷中、飯島孝夫
質疑応答

2. 合同協議（全体） 文部省、労働省

夜中に対する文部省の回答
。法的に認定することは出来ないが否定はしない。
。文部省としては義務教育からの脱落者を救う方法として、夜間中学を好ましいものとは考えていない。

p4

3.　理事会報告　　戸塚中　中山紀正

。会場 ― 次会広島　ただし、だめな場合は京浜地区で行なう。

。役員　会長　留任
副会長　広島から1名
会計監査　荒川九中
幹事　横浜から1名、東京 町田先生
専門委員会　研究部長（中山紀正）
留任
理事　未決定

4.　大会宣言（案）プリント

5.　会長あいさつ

12、10分 終了.

――◇――◇――◇――◇――

（記録整理）準備事務局　横浜市立戸塚中学校
担当（羽田）

p5

第1分科会
司会　広沢荒雄（八王子五中）
提案者　見城　（荒川九中）
羽田 一（戸塚中）
助言者　大井芳雄（東京都指導主事）

◇提案事項「学習の個別指導」（荒川九中）
学習の個別指導については、夜間中学において幾多の研究がなされているが、決定的な方法がみられぬままに各学校の立場で実施されている。また、年令差、学力差、学力不足、知能指数、入学転入学の時期のちがいがあげられるが、学習の充実をめざし研究した結果、次の方法が試みられた。

① 指導形態をつぎのように分ける。（国、社、数、理、英）
A型（国語）…… 一斉授業の中で技術的な操作により、個人指導を実現する。
B型（数英）…… 程度段階により学年を解体し、グループを構成する。
C型（社、理）…… 一斉授業の中で能力および意欲に応じ、指導目標を限定する。

② 結果　以上の方法を実践した結果、つぎのことが云える。
イ、能力上位の者については、各科効果をあげているが下位の者については、更に研究を要する。
ロ、能力別に分けることによって劣等感、不満感をもつ者は見当らず、むしろ活気が出た。
ハ、グループに教師2名をあてることによって下位グループには効果が見られる。
ニ、グループ指導の中に個別指導も取り入れることにより効果があげられた。

◇ WISC 知能診断についての発表（尹塚中）

P6. 夜間中学生2名 昼間中学生2名について診断した結果、個人個人の学習指導のねらいが科学的につかむことができ、これは普段の観察と一致しているが、行動学習両面の指導に科学性をもつことができた。

協議

A. 内容と方法

① 夜間中 独自のテキストを作ったらどうか。

- 教師が生徒の実態に応じて教科書を組み替えることならできるだろう。
- プログラム学習で効果をあげられる場合もあるが作り方に研究を要する。

。複式の学級を1人でやっている学校等から考えると、むずかしい。 全夜中の研究会でとりあげられる問題である。

B. 学習意欲

夜中生の中に嫌学者が多いことから、学力意欲の欠乏が問題になる。その原因として、身体的、知能的、環境的原因があげられることから、次の方法が試みられる。

。実生活に必要性の強いものを興味をもたせてよく理解させる。

。生徒の要求をよく考える。

。刺激を与え、考えさせ、できたらほめる。

。抽象的なものに片よらない。

。現在の教育課程が問題である。水準をあげることしか考えていない。だから知能型生徒にはよいが、行動型生徒には意欲がわかない。

第2分科会

17 主題「全国夜間中学生徒の健康と保健」

司会 松尾正夫 市河三次

記録 多賀春雄

助言者 小塚三郎

◇ 夜間生徒の健康管理は、どのようにしているか。

。大体学校保健法に定められている線は実施されている。

。しかし、夜間中としては不充分なところがある。それは、入学の時期が不一定なのと、生徒数が少なくてX線がうけにくい。

。荒川九中では年2回行なっている。（1回は公費、1回は個人）

。新星中では全部公費である。

◇ 夜間中で特に健康管理で気をくばっている点は。

。まず疲労だろう。これは今年横浜でしらべている。

。京都ではむかし、ウロビリノーゲン反応とフリッカー値をしらべた。数値では多少疲れがあると云えるデーターが研究された。

。疲労には肉体的と精神的疲労がある。肉体的疲労が多いが

。学校にくると解放感によって生徒は疲労を感じない。

。生徒の身体を心配し、体育や一般授業でもその度合を適切に考りょしている。

◇ 生徒の病気にはどんなのがあるか。

。学校内での事故は勿論だが夜間特殊性としてのいわゆる夜中病はあまりない。

。この他に外からもち込んでくる病気と職業病がある。

• 私のところの生徒は40Wの電球の下で旋盤をかけているが鉄サ症というのにかかって目がわるくなっている。やとい主と交渉するのが健康管理だ。

。この問題は、福祉機関、労基局へいうべきだ。

p8 ◦ともあれ、こんな場合でも医者へつれていくのは夜中教師の道義上の責任である。
◦トラホーム、伝染病は。
◦学校に入る前の病気も充分調べねばならない。トラホーム等は処置してくれる。
◇ 病気を発見したとき、教師はどうするか。
◦職場や父母に連絡して行かせる。
◦生徒が実際に病院へ行く時間がない。しかしほけない。学校で指導の要がある。
◦突発的に学校で発病したら校医へつれて行く。1人の場合それがむずかしい。他の生徒や授業は放置する場合がある。
◦初診料は学校負担。
◇ 学校安全会の利用は。
◦ほとんど活用されていない。
◦夜中生の特色から県外、区外通学生徒の事故で対象とならなかったり、学令超過で失格者もいる。
◦是非入会させるべきである。
◇ 栄養面から見て給食はどうか。
◦東京……850cal、調理士もいる。(双葉月975円 新星1150円)
京都 45円内外、横浜 50円、新星 土曜はごはん。
◇ 心の健康面では。
◦横浜……合同遠足、
◦映画鑑賞、2泊3日のキャンプ、昼との合同運動会。
◇ 卒業生との交流は。
◦学校訪問がしばしばあり、在校生の心のはげみになっている。

p9 第3分科会

司会 横浜(代理) 松本威
提案者 横浜港中 岩崎保
東京 新星中 上田喜三郎
東京 足立4 河西靖堯
記録 横浜 平楽中 亀江進
助言者 横浜 岩沢指導主事

◇ はじめに横浜から発表があり、生活指導という問題にとりくむにあたっての教師の姿勢を前提にして、生徒、教師からの諸調査の説明が中心となった。とくにこの調査が昼間の生徒との比較という形ですすめられ、その上からみて、それほど大きな違いがなかったということから、今後の指導に参考になることと云える。
東京の発表は、世田谷区の全生徒を対象におこなわれ、長欠生徒の発生原因、時期などに関するものであり、中間発表の段階である。これに補足し、東京の有志の先生がまとめた長欠生徒調査が発表された。

◇ これらの発表はこの分科会の基礎的なものになるのだが残念ながら具体的に生活指導をどうするという迫力に欠けていたため話し合いの材料は、参加者の話し合いの中からほりおこすこととなった。が中心は、教師の姿勢ということにおかれた。

◇ どうしても高校に行きたい、しかし能力が無いといった場合。
• たとえば調理師の資格をとらせ、高校へ行くだけが

P10

人生ではないといった指導が必要である。

◇ 非行のある生徒をどうしたらよいか。
- 仮入学でようすをみる。
- 接触する機会を多くし、共に遊ぶ機会をふやす。
- 職場のよしあしによって与える影響が大きい。じっくり考えるべきである。

◇ 転職の相談は、
- 実情に応じ、ケース、バイ、ケースで考えていく。

話し合いの結果　まとめられた点

① 担任は専任の方が子どもにふれる時間が多く、本当の生活指導ができる。
② 生徒に自から解決していく力を身につけさせる。
③ 生徒をもっとよく知ろう。
④ ケース、バイ、ケースで生徒をよくしていこう。

P11

第４分科会

司会　小池七郎（新星中）
提案者　広江栄一郎（双葉中）
記録　中村昭政（新星中）

「夜間中学校の存在意義」

◇ 提案者は「憲法を守る上から夜間中学を法制化することは絶対に必要である。この考えが通らないで弱い線が出るなら私としてはこの提案を引っこめる」と強い発言があった。

これに対し「すぐに法制化することより、それ以前の段階つまり、今の夜間中学の存在を一般の人に知ってもらうこと。夜間中学の機能を一般の人に認識してもらう努力が必要ではないか。具体的に例をあげると、機能を高めるためには夜間中学の質を備品、専任教諭の定数、公費などを東京の線まで引きあげることに力を出したい」

このほか、全夜中が過去で法制化や行政措置について関係各官庁に向かって陳情を行なってきた歴史をあげそれらが壁につき当ったため、夜中自体の充実に力を入れる方向になったことも話し合いに出された。

これらをまとめると
1. 夜間中学の存在をもっと社会に知らせる。
2. 長欠児対策こそ夜間中学存在意義の突破口となるのではないか。
3. 校長は夜間中学の統廃合に大きな支点となっている。校長は生徒入学等の問題に対して常に積極的であってほしい。

P12 4. 生徒数の減少は、くふう次第で防げるはずである。
5. 長欠児の原因を分析していくと、教育過程の改訂なども考えられ、生徒の能力に応じた学習内容や方法が考えられなくてはならない。

〔座談〕
1. 生徒募集の方法と学校に来たがらない生徒をどういう方法で登校させるか。（名古屋 天神山中 丹羽）
2. 京都の夜中が廃校になってきている事情を聞きたい。
（東京 関本 提案）

これらの問題のあとで、名古屋から提案のかたちとして「生徒募集の方法を如何にするか」が出され、いくつかの具体案が話しあわれたが、その主なものは
1. 夜中の教師自身が自信をもってポスターを利用したり、マスコミの協力を得て、生徒をあつめる。
2. 全夜中の幹部のオルグを名古屋に派遣したらどうか。

京都の問題については、京都側から夜間中学校への入学条件がきびしくなってきたこと、市教委の中の生徒福祉課が長欠生徒を扱っているので夜中の現場ではその実態がつかみにくくなっていることなどがあげられたが、生徒福祉課で実際に生徒をどのような方法で昼間の中学へ吸収しているのかという質問も出た。

大会宣言

義務教育就学率の最高を誇るわが国において、長欠、不就学生徒数は依然としてあとをたちません。その背後には複雑な問題が山積しています。このような現状にも拘らずどれほど適切な施策がなされているか疑問であります。

我々はこの問題を解消するため過去十一回の大会を重ね、研究を積み当局に対して要望を繰り返して参りましたが、いまだ明確な方途を見ないのであります。か、る現状において夜間中学校をもつ教育委員会にあつては、率先して夜間中学校への指導と助言をされ、多くの中学校卒業生を出してまいりましたことは周知の事実であります。

第十二回研究大会を横浜において開催するにあたり、我々関係者一同は、こゝに真剣な討議を重ね、義務教育の完璧を期する意図のもとに、夜間中学校の存在意義を自覚し、いつそう内容の充実を図り、子供達の幸福を願つて左記の決議をする次第であります。

決議

一、義務教育未修了者の完全就学のため当局は抜本的な施策を立てられたい。

1. 児童憲章及び福祉諸法の具体化を図る特別機構の設置。
2. 全国中学校に生徒指導主事（カウンセラー）の完全配置。
3. 夜間中学校の本来の目的とその実績を再認識し、いつそうの充実を図る。

二、夜間中学校教育条件の充実と地域格差の是正を図られたい。

1. 無償による完全給食の実施。
2. 専任教諭の配置及び教員定数の増加。
3. 施設、設備、材料、教具の充実。
4. 教職員の待遇改善。

右決議する。

昭和四十年十月三十日

第十二回全国夜間中学校研究大会

昭和40年度

全国夜間中学校研究会決算報告書

収入の部			支出の部		
項目	金額	備考	項目	金額	備考
前年度繰越金	1,710-		全国大会京都大会へ補助費として	10,000-	
39年度年間会費(¥1200) 24校	28,800-	増額分もふくむ	通信、交通費	4,880-	
39年度年間会費(¥500) 4校	2,000-	増額分 ¥700未納	本部会議費	5,960-	
			専門委員会費	6,050-	
			三省交渉費	4,520-	
			雑費	800-	
			次年度繰越金	300-	
合計	32,510-		合計	32,510-	

会計監査の認証を得ましたので上記の通り，収支決算報告をいたします。

昭和40年10月29日

全国夜間中学校研究会長　飯田赳夫　印

仝　　会計幹事　斉藤　滋　印

昭和41年度

全国夜間中学校研究会予算(案)

(40，10．29．)

収入の部			支出の部		
項目	金額	備考	項目	金額	備考
前年度繰越金	300-		次期大会へ補助金	10,000-	
年間会費	32,400-	東京、神奈川、愛知、京都、大阪、兵庫、広島、福岡等 ¥1200×27	通信、交通費	5,000-	連絡費 通信費等
			本部会議費	6,000-	集会費 食糧費 印刷費等
			専門委員会費	6,000-	研究費 印刷費 食糧費等
			渉外費	5,000-	三省 教委 PTA その他
			雑費	700-	消耗品等
合計	32,700-		合計	32,700-	

全国夜間中学校 学校調査報告

昭 和 4 0 年 度

全国夜間中学校研究会研究部

全国夜間中学校，学校実態調査について

I. 調査の概要

1. 調査の目的

昭和４０年度における全国夜間中学校の生徒，教員の実態 及び 学校の体制的諸条件の実態を明らかにすることを目的とした。

2. 調査の日時

昭和４０年９月２０日現在である。

3. 方　　法

全国の夜間中学校に対し，質問紙形式の調査票を配布し，各校において記入したものを，東京，横浜，京都の三地区で回収し，京都で統轄集計した。またこれらの方法と内容に関しては，8月5日横浜浦島丘中学校において例年の如く研究専門委員が集合し本会会長，研究部長の指導のもとで検討した。

4. 調査の回答

全国の設置校に対して配布したもののうち，川崎市川中島中学，京都府泉ケ丘中学，京都市藤森中学の３ケ校を除く２５ケ校から回答がよせられた。川中島中学，泉ケ丘中学は本年度設置されているかどうかは不明のまゝであつた。

5. 調査結果の集計

集計は回答数によつて個々に調べたものを合計，平均したものである。したがつて結果についての諸表のうち合計数が不斉であるのはまぬがれない。また，特に「ナシ」「０」等と明記したもの以外は「無回答」の数であるので，質問に対する応答ではない。したがつて，事項に対する数値の増減は潜在的にもありうると考えねばならない。

6. 附章の設置

本年度は特にその質的な面を分析したいという要求が専門委員会で各地から出され，特に「附章」として別章に組み立てて調査された。

Ⅱ. 調査の結果

1. 設置概要

(1) 地域別設置校及び9月10日現在生徒数

東京都 7校 258	(足立) 足立第四 38 35	(大田) 糀谷 40 42	(世田谷) 新星 57 53	(葛飾) 双葉 22 22	(荒川) 荒川第九 52 54	(墨田) 曳舟 31 33	(八王子) 八王子第五 23 23	
神奈川県 8校 66	鶴見 5	浦島丘 5 6	戸塚 5	西 21	平楽 9 11	蒔田 6 7	港 11	(川崎) 川中島 3
名古屋市 2校 18	天神山 9 8	東港 10						
京都府 4校 28	皆山 7	朱雀 8	嘉楽 5	藤森 6 9	(府下) 不明			
岸和田市 1校 6	岸城 6							
神戸市 1校 36	丸山 36							
広島県 3校 116	観音 44	二葉 46	(豊浜) 豊浜 26 27					
福岡市 1校 19	東光 19							

(2) 地域別校数と生徒数

	設置校数				1校平均生徒数 (人)				
	38年	39年	40年	本調査回答数	38年	39年	40年	在籍生徒数	前年度比較
東京	7	7	7	7	37.3	37.0	36.9	258 260	+1
神奈川	8	8	8	7	11.9	12.7	8.3	66	−36
愛知	2	2	2	2	15.0	15.5	9.0	18	−13
京都	10	9	4	3	9.0	8.3	7.0	28	−18
大阪	1	1	1	1	?	10.0	6.0	6	−4
兵庫	1	1	1	1	47.0	33.0	36.0	36	+3
広島	3	3	3	3	48.5	41.0	38.7	116	−7
福岡	1	1	1	1	47.0	?	19.0	19	?
計	34	32	27	25	21.2	22.6	20.3	547 549	−41 −40

(3) 学年別在籍生徒数(人)

学年	実数	%
Ⅰ	102	19.1
Ⅱ	155	29.1
Ⅲ	276	51.8
計	533	10.0

(4) 男女別在籍生徒数と性比(人)(%)

	実数	38年	39年	40年
男	323	54.2	62.4	60.4
女	212	45.8	37.6	39.6
計	535			

(5) 地域別・生徒の年令と過年生徒 (人)

	在籍数	12〜15才	%	16〜20	%	21〜25	%	26〜30	%
東京	238	96	37.2	96	37.2	27	10.5	19	7.4
神奈川	63	31	49.2	26	41.3	5	7.9	0	0
愛知	18	10	55.6	5	27.8	1	5.6	2	11.1
京都	20	15	75.0	5	25.0	0	0	0	0
大阪	6	5	83.3	0	0	0	0	1	16.7
兵庫	36	26	72.2	9	25.0	1	2.8	0	0
広島	116	39	33.6	42	36.2	29	25.0	6	5.2
福岡	19	9	47.4	4	21.1	2	10.5	3	15.8
計	536	231	43.1	187	34.9	65	12.1	31	5.8

	31以上	%	過年児数	%	最高年令(才) 男	女	前年度	
東京	20	7.8	162	62.8	50	40	36	43
神奈川	1	1.6	32	50.8	20	22	31	24
愛知	0		8	44.4	28	25	27	27
京都	0		5	25.0	20	17	16	21
大阪	0		1	16.7	28	14	15	15
兵庫	0		10	27.8	18	24	29	15
広島	0		77	66.4	30	27	34	23
福岡	1	5.3	10	52.6	27	34	—	—
計	22	4.1	305	56.9				

38年 35.2
39〃 45.4
40〃 56.9

(6) 年超生徒の年のおくれ

（人）

	1	2	3	4	5	6	7	8	9	10	10年以上
男	46	22	20	12	23	18	11	10	8	7	31
女	24	18	9	11	10	9	15	3	2	5	27
計	70	40	29	23	33	27	26	13	10	12	58
在籍生徒比	13.1	7.5	5.4	4.3	6.2	5.0	4.9	2.4	1.9	2.2	10.8

2. 学級の編成

(1) 学級編成種別 （校）

	単式	2学年複式	単級複式	その他	無回答
東京	6		1		
神奈川		2	3		3
愛知		1	1		
京都			3		2
大阪				1	
兵庫	1				
広島	2	1			
福岡		1			
計	9	5	8	1	5

(2) 複式化の基準

種別	校
普通の学年別	9
一部進度別	2
その他	2

3. 学習指導

(1) 始業時刻と終業時刻

（校）

時刻	始業時刻	実質開始時刻	終業時刻	実質終業時刻
4. 30	1			
5. 00	1			
5. 30	17	10		
6. 00	4	11		
6. 30		1		
7. 00	1	1		
7. 30				
8. 00			1	2
8. 30			13	12
9. 00			9	6
9. 30			1	2

(2) 1日の時限数

時限	2	3	3〜4	4	5
校数	1	10	1	10	1

(3) 各時間の長さ

1時限の時間	（分）	35	40	45	50		
	（校）	3	10	4	5		
休憩時間	（分）	0	5	10			
	（校）	1	14	7			
給食時間	（分）	10	15	20	25	30	40
	（校）	2	5	5	1	6	2

(4) 週授業時数

（校）

	時数	0	1	2	3	4	0.5
国語		—	1	2	12	7	—
社会		—	0	5	14	2	1
数学		—	1	4	11	5	—
理科		—	1	10	9	1	1
音楽		2	11	7	1	—	1
美術		1	14	5	1	—	1
保体		1	9	9	2	—	—
技家		—	6	9	5	1	1
英語		1	4	10	7	1	—
道徳		1	11	—	—	—	6
特活		3	9	—	—	—	4
HR		6	—	—	—	—	6
特殊	習字	—	1	—	—	—	1
	商業	—	1	—	—	—	1

4. 教員の態勢

(1) 1校の教員の状態（平均の教員数概要）

	専任数	兼任数	講師		専任数	兼任数	講師
東京	6	*3		大阪		4	
神奈川		7		兵庫	6		
愛知	*1	*1		広島	1又は3	*3	
京都	1又は2		専任1名の学校のみ 4	福岡	1		

*印はその地区のうちの1ケ校のみの現象である。

(2) 教員の数

専任の数（名）	ナシ	1	2	3	6			
（校）	9	6	1	1	8			
兼任の数（名）	ナシ	1	3	4	5	6	8	10
（校）	10	3	1	2	3	2	1	2
講師の数（名）	ナシ	1	2	3	4	5	6	8
（校）	12	1	1	4	1	1	1	1

(3) 兼務手当等の加算について

校長の加算	ナシ	×0.05	×0.07	×0.04+600	+900	+1000	+1400	+2000
（校）	12	3	2	2	3	1	1	1
専任の加算	ナシ	×0.07	+1000					
（校）	17	7	1					
兼任の加算	ナシ	×0.04	+1880	+2000				
（校）	18	1	1	2				
講師給	0	×0.04+600,+1000		時間250	時間300			
（校）	19	1	1	1	1			
校医手当	ナシ	年間12000						
（校）	23	1						
歯科医手当	ナシ	年 2000						
（校）	23	1						
用務員の手当	ナシ	+200	+500	+1000				
（校）	20	1	1	1				

(4) 兼務手当等の地域性

（校数）

	校長	専任	兼任	講師	用務員
東京	×0.07	×0.07	—	ナシ	—
神奈川	+1400 +2000	~~ナシ~~	+2000 +1880	ナシ	+500
愛知	×0.04 +600	~~ナシ~~	×0.04	×0.04 + 600	+1000
京都	+900	ナシ	時間 250	—	+200
大阪	—	~~ナシ~~	時間 300	—	ナシ
神戸	—	ナシ	—	—	—
広島	+1000	ナシ	—	+1000	—
福岡	—	+1000	—	—	—

〔注〕以上の他，東京のみ校医＋12000，歯科医＋2000が年間加給されている。なお，×0.07等は本俸×0.07が本俸に加算されることを意味し，＋1000は本俸に1000円が加算されることである。 —は無回答である。

5. 学習環境

(1) 教室

種別	夜間専用	一部専用	兼用
校	6	1	14
（39年）	3	1	22

(2) その他の専用室 （校）

職員室	生徒食堂	校務用作業室	生徒休養室	生活相談室
9	4	1	1	2

(3) 照明について　(校数)

種別 / ワット・灯数		螢光灯 1	2	3	4	5	6	7	8	9	10	12	14	白熱灯 1	2	3	4	5	6	7	8	水銀灯 1	2	4
教室	20				1		1						1											
	40	1	1	1	2	1		1	2		2	3	1											
	60		2		1		1																	
	100														1		1	1			1			
校庭	100														2	1								
	500													2	1									
	水銀灯																					1	1	1
便所通路等	20	1	2		1						1													
	40	1	3	1																				
	60	1	2		1	1																		
	100	2	1		1			1																
	300													1										
下校時通路	20	1																						
	40	3	2		3																			
	60	1	1																			1		

(4) 特別教室・施設等の利用　(校)

使用の時間	体育館	図書館	理科室	工作室	音楽室	裁縫室	調理室	衛生室	その他
始業前	4	2	1		2		1	2	1
授業時	12	11	9	9	13	6	8	6	2 卓球室 TV室
休憩時	5	3			1			2	
放課後	5	3						2	
必要時のみ	8	8	6	4	6	2	4	12	
使用不可能		1	2	2		2	2	1	
使用しない		4	6	7	2	6	4	2	

(5) 暖房設備　(校数)

全くなし	石炭	石油	ガス	火鉢	電気	石炭と石油
1	10	7	3	1	1	1

(6) 夜間専用備品について　(所有校数)

a．教材・教具等	教科書 14	図書 13	新聞雑誌講読 2	掛図 7	ラジオ 6	テレビ 7	テープレコーダー 12	映写機 4	幻灯機 8
	プレーヤー 10	オルガン 8	ミシン 6	編物機 1	野球用具 12	バレーボール 14	バスケットボール 6	バドミントン 13	ピンポン用具 19
b．設備・備品等	戸棚 22	生徒用ロッカー 7	下駄箱 12	生徒用休憩椅子 3	掲示板 9	ピンポン台 8	電気冷蔵庫 4	休憩用寝台 1	体重計 2
	タイムレコーダー 1	カメラ 1	拡声器 2	教員ロッカー 11	救急箱 10				

(7) 学習用具及び学校行事等の費用負担について

	教科書 校数	教科書 % 38年	39年	40年	学用品 校数	学用品 % 38年	39年	40年	実習材料 校数	実習材料 % 38年	39年	40年	生徒通学費	遠足費	修学旅行費	財源・取扱方等について
全額無償	16	56.7	48.0	66.6	11	30.0	52.0	45.8	14	44.9	56.0	58.3	2	14	13	教：4　市：1　準：2
全部貸与	4	36.7	28.0	16.7		6.7	20.0		1	10.3	16.0	4.2	1（6Km以上）			教：1
一部貸与・一部給与	2		8.0	8.3	4	6.7		16.7	4		4.0	16.7				P：1
一部給与・一部貸与・一部生徒負担	1		4.0	4.1	4	3.3	8.0	16.7	2		12.0	8.3				教+準：3　教+P：1
一部給与・一部生徒負担		3.3	12.0		4	43.3	12.0	16.7	2	31.1	12.0	8.3	2	5	5	教：2　市：1
一部貸与・一部生徒負担						3.3				3.4				1		
全額生徒負担	1	3.3		4.2	1	6.7	8.0	4.2	1	10.3		4.2	10	1		

〔注〕 教＝教育扶助，市＝公費，P＝PTA・後援会等，準＝準要保護の扱い。

(8) 学校行事における経費負担者 (校数)

	遠足		修学旅行		運動会		その他	
	全額	一部	全額	一部	全額	一部	全額	一部
公費	10	3	10	6	4		2	2
P.T.A.後援会等	5	3	1	2	4		2	2
生徒負担	1	6	1	5	1		1	4

6. 給　食

(1) 給食について

給食	なし	週6回
(校)	2	23

京都は補食と称しているが，ここでは給食として取扱つた。

(2) 給食品目 (校数)

品目	パン	市乳	脱脂ミルク	委託乳	副食	うどん等
学校で調理	1	1	8	—	6	3
完成品購入	18	10	—	4	2	3

(3) 一食当り費用

円	20	30	37	38.5	40	45	55.5	60	200
校	2	1	1	1	1	3	1	1	1

(4) 給食費負担

給食費負担	都県費	市・区費	都と区	国家と区	市と学校
校	2	9	2	1	1

(5) 給食の準備 (校)

	教師	給食婦	用務員	生徒
教師と	3			2
生徒と		1		3
給食婦と		5	2	
用務員と			2	

その他に商店からの直接購入が3校あつた。

7. 学校保健・安全指導

(1) 検診・予防接種状況 (校)

年間実施回数	1回	2回	3回	4回	計	38年%	39年%	40年%
身体計測	16	2	1	1	20	93.4	88.5	80.0
内科検診	17	1	1	1	20	76.8	76.9	80.0
X線検査	18	1	1		20	70.0	73.1	80.0
眼科検診	15				15	53.4	69.2	60.0
歯科検診	15				15	56.7	65.4	60.0
腸パラ接種	11	1			12	—	46.2	48.0
日脳接種	11	1			12	—	38.5	48.0
ツ反その他	10				10	—	46.2	40.0

以上の他，特に留意して回数を多くしている点は下表の通りであつた。

(校)

視力検査	2	保健所へ行かせる	1	生長度の測定	1
内科検診	3	歯科検査	1	疲労度の測定	1

(2) 主な疾病とその傾向

	眼疾	近視	風邪	消化器病	呼吸器病	歯科	皮膚	神経症	神経痛	鼻炎
通常からの傾向	2		3	3	1	1	1		1	1
夜間で倍加の傾向のもの	1	2		1						
通学によると考えられるもの		1	1	1				1	1	

(3) 最近1年間の事故の傾向とその処理

都市	発生	事故の概要	疾病の概要	治療と結果	治療費の負担者	学校安全会
F.T	ガラスを踏む	自転車で下校中	外傷	入院　治ゆ	生保	なし
K.S	交通事故	自転車で下校中	骨折	入院　治ゆ	国保と雇主	支給なし
T.S	体育時	体育時	外傷(頭部)	〃	自己	
T.S		登校時	外傷(頭部)	〃	安全会	支給

次頁につづく

都市	発生	事故の概要	疾病の概要	治療と結果	治療費の負担者	学校安全会
T. H	交通事故	自転車と自動車の接触	打撲傷	入院 治ゆ	タクシー会社	
H. K	—		歯痛	〃	市教委	
T. K	校内事故	校内事故	—	〃	後援会	

9. 学校経費

(1) 経費の出所 (校)

市区町村費	市費+PTA	市費+後援会	市+P+寄附金	市+P+寄+他	市・P・寄・後・他	市+その他
7	3	2	3	1	1	1

(2) 年間総額とその内容 (%)

記号	市区町村費	昼と合同の費用	PTA費	寄付金	後援会	その他
T-A	93.1		2.94	3.92		
H-F	95.8					4.2
T-F	52.13		47.87			
T-H	73.96		7.39	8.87	6.8	
T-Ad	100.00					
T-K	85.71				66.7	
F-T	91.67		8.33			
T-S	89.35		(23.20)	9.67		
N-T	85.72	14.28				
K-M	100.00					
H-K	75.00				25.00	
Y-N	66.67		33.33			
Y-U	100.00					
Y-T	100.00					
N-T_E	58.67		16.52	24.81		
Y-M_A	47.05		21.17	20.00		11.76
Y-M_I	100.00					

(3) 地域別生徒1人当り金額

	経費総額	回答校数	生徒数	生徒1人当り金額(円)	前年度比較 生徒数	前年度比較 1人当り(円)
東京	2,289,850円	97	258	8,875	259	8,605
横浜	245,000	5	49	5,000	92	6,630
名古屋	*205,100	2	18	11,394	31	3,306
京都	算定不能					
神戸	105,000	1	36	2,917	33	1,696
広島	509,312	2	90	5,659	123	3,741
福岡	240,000	1	19	12,631	—	—

*名古屋は1ケ校は給食費を含んでいないのでこのままの数字で考えるのは不適当である。

9. 学校行事

(1) 各種の学校行事

	学級単独		昼間と合同		夜間中学合同	
遠足	13	52.0%			9	36.0%
運動会	6	24.0	4	16.0	3	12.0
修学旅行	4	16.0	8	32.0	5	20.0
社会見学	7	28.0			3	12.0
その他	1	4.0			6	24.0

(2) 補修授業 (校)

夏休5～10日間	放課後	授業前	合計
4	4	1	9

(3) 夏休み中の行事 (校)

水泳	招集日	社会見学	登山など	施設(臨海林間)	合同遠足	健康調査
4	8	1	2	6	7	2

10. 緊急に必要とする設備等について (校数)

（設備） 校庭照明 4　教室照明 1　専用教室 1　相談室 1　給食室 1　給・排水設備 1　給食設備 1

（備品） 生徒用ロッカー 2　教員ロッカー 1　暖房 1　冷蔵庫 2　印刷機など 2

（教具） 教科備品 1　かけ図 1　プレイヤー 1　レコード 1　テープレコーダー 1　映写機 1　8ミリカメラ 1

専用ミシン 1　図書 2

（経費） 給食費 1

11. 昨年度の要求により今年度満足された設備・備品等について (校数)

（設備） 屋外灯 1　教室照明 1　黒板照明 1　専用教員室 1

（備品） 生徒用ロッカー 8　教員ロッカー 2　ガスストーブ 1　冷蔵庫 1　シンクロファックス 1　自転車 1

（教具） グラフ黒板 1　大型計算尺 1　大工セット 1　ミシン鋸 1　ヘラ台 1　運動用衣装 1

バドミントン 1　野球用具 1　ピンポン用具 1　国民百科事典 1　オルガン 3

附　　章

この附章は主として夜間中学校の主体的な立場を理解しようとする一面を見るため特に昭和４０年度から付け加えられたものである。したがつて，前章にあらわれた数的理解はこの章では不適当であり，よくほりさげて内面を理解されるよう期待したい。

(1) 生徒の通学の動機

動機	人	%	38年度	動機	人	%	38年度
貧困	135	26.0	26.5	家族の死亡	9	1.7	
就労	107	20.6	20.2	資格がほしい	5	1.0	
崩壊家庭	68	13.1	8.4	家人の病気	4	0.8	1.7
嫌学，学力遅滞	54	10.4	18.1	親の無理解	3	0.6	4.7
学校恐怖症	29	5.6	0.4	海外引揚等	4	0.8	0.4
家事・子守	28	5.4	1.2	年令超過	4	0.8	8.4
非行・ぐ犯	22	4.2	5.1	学力をつける	4	0.8	
怠惰	15	2.9		外国人	1	—	
精神神経系異常	15	2.9		本人の病気	14	3.0	0.8

(2) 生徒からみた夜間中学の考え方

	学令生徒		年超生徒	
	名	%	名	%
資格取得	86	19.4	94	24.7
実力をつける	19	4.3	56	14.7
義務教育の継続	82	18.5	44	11.6
憩いの場	15	3.4	8	2.1
友人がいるから	21	4.7	1	0.2
働かないと仕方ない	59	13.3	56	14.7
勉強をしたい	25	5.6	31	8.2
義務だから	35	7.9	18	4.7
昼間へは行けない	60	13.5	57	15.6
同上行きたくない	66	14.9	26	6.8
進学の手段	0	0	5	1.3
合計	444	100.00	380	100.00

（注） 自由な回答であり重複して表示した生徒も多くある。

(3) 夜中生の卒業後の状態 (287名)

a. 進 学 者

高校 進学	32名	11.1%	通信高校	公立夜間	私立夜間	公立	私立
			1	26	4	0	1
各種学校進学	6名	2.0%	美容	看護	簿記	その他	
			3	1	1	1	

b. 就業の状態

卒業時転職した者	26名
在校中のまゝの職業にいる者	151名

(4) 夜間中学生の社会復帰の可能性と社会資源の利用 (ケース数，重複記載もある)

関係機関	夜間中入学以前に関係した数			夜中入学に直接関与した数			夜中入学後に夜中から申告・関係した数			入学後に学校へ連絡して来た数			現在連絡をとりたいと考えているケース
	好転	不変	他	好転	不変	他	好転	不変	他	好転	不変	他	
福祉事務所	5	5		4			1	1		1			
児童相談所	8	3		2					1		1	4	3
家裁	3	5		1	3		1		2	1		2	3
民生委員	8	7		2	1								
民安	2	3		1				1					
職安	7						2	4					
労基局										1			
警察	1	10			4				3	2		4	
教育関係機関	25	7	2	19	9		24	3		3	1		
福祉(訪問)教師	3			3	3			26				2	1
カウンセラー		2		11	1					1			2
その他	1			1									
計	63	42	2	44	21	0	28	35	6	9	2	12	9

-16-

(5) 夜間生徒の意識の問題

a) 職業に関して (416名)

	不満に思う 146名 35.1%			満足に思う 213名 51.2%					何とも思わぬ
	給料のこと	勤務上のこと	人間関係のこと	給料のこと	勤務上のこと	人間関係	待遇のこと	その他	
人	56	47	43	41	66	55	16	35	57
%	38.4	32.2	29.5	19.2	31.0	25.8	7.5	16.4	13.7

b) 境遇について (390名)

	不満に思う 183名 46.9%			満足に思う 81名 20.8%			仕方ない
	家庭	経済上	その他	家庭	経済上	生活	
人	76	88	19	29	22	30	126
%	41.5	48.1	10.4	35.8	27.2	37.0	32.3

c) 二部学級について (460名)

	むづかしすぎる 48名 10.4%			よいと思う 378名 82.2%			何とも思わぬ
	学科が	時間が長い	人間関係が	学科が	時間が	人間関係が	
人	27	13	8	112	67	199	34
%	56.3	27.1	16.7	29.6	17.7	52.6	7.4

d) 昼の生徒に対して (298名)

	卑下する	何ともない	恥かしい	誇りに思う	なまいきだ	うらやましい
人	47	211	32.	6	1	1
%	15.8	70.8	10.7	2.0	0.3	0.3

-17-

(6) 生徒の将来に対する考え方

質問A　現在の社会で自分は，自分の希望する様にのびられる糸口が，どうすればつかめるだろうか。

n＝378

	人数	%
経済的改善	126	33.3
希望する職種につく	81	21.4
学校を卒業したらよい	118	31.2
社会的偏向の改善	16	4.2
学力をつける	7	1.9
社会保障の確立	7	1.9
実力を認めてほしい	11	2.9
家庭の改善	11	2.9
そ　の　他	1	—

質問B　現在の自分の身分の上でどう改善されれば自分がのびる糸口をつかめると思うか。

n＝315

	人数	%
技術の修得	112	35.6
学力がつけば	75	23.8
自分の家の事情好転	116	36.8
進学できれば	6	1.9
学歴の取得	3	1.0
卒業できれば	1	—
気分の安定	1	—
そ　の　他	1	—

質問C　「希望なんてないよ」と思うか。

思　う	10人

-18-

(7) 夜間中学の存在に対する展望についての各種の意見

質問A　各（市区町村）地区としての必要度はどうか。

	〔校　長〕	〔専　任〕
地域的特殊性から必要	横・西　横蒔福	広・観　東・曳　東・糀　東・八　東・新　京・朱
対象生徒がいる限り必要	横・戸　岸	横・西　横・戸
不就学生徒をなくすため必要	東・足　名・東	東・双　横・平　京・皆
生徒の通学範囲からみて必要	横・浦	
義務教育未了者に対して必要		名・東
社会状況からみて必要	広・豊	東・荒　岸　広・二　名・天
絶対的必要	東・荒　東・曳　東・八　広・観	
増設の必要あり	神	神　東・足　横・浦
地域性から必要性は減少してきた	東・新　広・二	福
基本的には昼に行かすべきだ	京・皆	
一つに統合したらよい	名・天	

質問B　各学校として考えて必要性はどうか。

	〔校　長〕	〔専　任〕
地域的特殊性から必要	神　京・皆　広・豊	東・新　東・八　東・足
長欠がいるから必要		横・平
非行防止上必要		横・浦
貧困が多いので必要		東・双　岸
長欠を完全救済できない以上必要		

-19-

義務教育遂行上必要	横・蒔	
生徒の通学区域からみて必要	東・新	京・皆
絶　対　必　要	東・荒　東・糀　東・曳　東・双　広・観　東・八	東・糀　東・曳
当分存続の必要		広・観　東・荒　　神
増　設　の　必　要		横・戸
地域的な変化で減少	横・戸　名・東	
生徒がそろわない	福	
一カ校に統合	名・天	名・天　名・東
必要性は減少しつつある	広・二　東・足	横・戸　京・朱　福　　横・西
ない方がよい	横・鶴	
勤務過大につき廃止	岸	

質問C　　あなたの学校を管轄している地方教委はどうみているか。

	〔校　長〕	〔専　任〕
必要を認めている・理解が深い	東・曳　東・双　東・荒　東・新　横・鶴　福	東・荒　東・曳　東・糀　横・平　名・東　広・観
特殊教育として重視している	広・観	
全面的指導・援助をしてくれる	東・糀　横・戸	東・新　東・足　横・戸
やむをえないが続けるという意向	岸	
当分存続のもよう	神	
不過生徒対策として理解している	東・足	
他に教育の場がないので同意	広・豊	
出来るだけ昼へ返すようにすゝめる	京・皆　京・朱	
対策を考えている	名・東	
統合を考えているようだ	名・天	名・天
やめることは考えていない	東・八	東・八
閉鎖したいようだ		福

質問D　　あなた自身はどう考えているか。

	〔校　長〕	〔専　任〕
長欠・不就学対策として必要	東・曳　東・荒	東・糀　東・双　広・二　東・曳
年超生のため必要	名・東	名・東
最後の一人まで必要	東・足　東・八	東・荒
特殊教育として重要	広・観	
内部充実せよ	東・糀　横・戸　名・天	横・西　横・戸　名・天
地域性から必要		横・平
もっと救済せよ		東・足　京・皆
交通便利な所へ移せ	東・新	東・新　　福
救済地域を拡大		東・八
存続してやりたい	岸　　福	岸
今すぐ廃止は不賛成	神	
社会政策の充実で昼へかえせ	東・双	
昼で問題点を考えよ	京・皆	
近く廃止したい	広・豊	広・豊
ない方がよい	横・鶴	
発展的に解消したい	横・蒔	
夜中の存在意義の明確化をしたい		京・朱

1966年度

第十三回全国夜間中学校研究大会開催のご通知

各位には爽涼の秋、愈々ご勇健で、すべての生活条件に恵まれない夜間中学生の唯一の心の支えとなつて、いつも寧日なく活躍を続けていらつしやる先生方のご労苦に深甚な敬意を表します。

この難しい教育活動に携わる者が、年に一度、文部、厚生、労働の三省の主務担当官のご臨席を得て開催する恒例の年次大会を、先般あらかじめご連絡申しましたとおり、次の決定実施要項にもとづき開催いたしますから、各地方とも是非多数がご出席下さいますようご通知申し上げます。

なお実施要項の内容中、いくつか増補された点がございますからご覧読の上、資料その他のご用意に特段のご配慮を煩したく併せてお願い申し上げます。

昭和四十一年九月二十一日

全国夜間中学校研究会長　横浜市立浦島丘中学校長　飯田赳夫
仝　副会長　東京都足立区立第四中学校長　岡野直
仝大会準備委員会委員長副会長　東京都八王子市立第五中学校長　広沢尭雄

各位

実施要項

一、名称　第十三回全国夜間中学校研究大会

二、主催　全国夜間中学校研究会

三、後援　東京都教育委員会　八王子市教育委員会　足立区教育委員会　葛飾区教育委員会
墨田区教育委員会　大田区教育委員会　世田谷区教育委員会　荒川区教育委員会

四、研究主題　「夜間中学の問題点を解明し、夜間中学の内容充実の方策について」

五、会場　(1) 本会議場（第一会場）八王子市立第五中学校体育館
八王子市神明町九一　電話（〇四二六）四二一□(代)
(2) 分科会場（第二会場）宿泊所と仝じ

六、会期　昭和四十一年十月二十八日（金）二十九日（土）

七、日程

28日(金)	
8.00	受付
9.00	開会式
	総会
	講演
12.00	昼食
1.00	研究発表
2.00	各地域の現状報告（スライド）・三省との懇談
4.30	分科会
6.30	夕食
7.00	自由

29日(土)	
9.00	報告と研究協議
10.00	閉会
11.00	昼食
12.00	見学
1.30	解散

☆講演　挨拶

八、分科会　第一分科会　経営管理部門　第二分科会　学習指導部門　第三分科会　生活指導部門

九、会費　参加者　一名　三百円（二日間の昼食代を含む）
各校分担金　東京、横浜地区以外は一校千円
なお全夜中の年間会費千二百円は大会当日お払込み下さい。

一〇、申込締切　参加申込みは既報のごとく九月三十日必着にて、足立区立第四中学校第二部主事町田義三宛お申し込み下さい。

一一、宿泊　宿舎は分科会場（第二会場）と仝じ（国鉄八王子駅前）一名　一泊二食付千五百円
ホテル千代田　八王子市旭町二十八番地　電話〇四二六－二一－□

一二、発表事項　1. 協議事項については地域毎にご相談の上、発表内容を原稿を添えて九月三十日までに準備局の前記町田までご連絡下さい。今回は新しい試みとして、準備局で各原稿を一冊に合冊して印刷物として配布したいと考えています。
2. このことは先般の文書に全然ふれておりませんでしたが、中央の官庁方面の強い要望もあり、地域による夜間中学の特色と云つたものを広く三省や教育界、識者間、放導関係者に知らせるため、各校共自校紹介用スライドを三～五景位ご持参下さい。（白黒、カラーの別は問いません。）なお簡単な情景説明文をおつけ下さい。

一三、交通　1. 京王線……京王新宿駅 ──→ 京王八王子駅（特急三七分間）徒歩五分間
2. 国電……新宿駅 ──→ 八王子駅（約六〇分間）徒歩一五分間
3. 順路略図
～会場への順路は裏面案内図をご参照願います～

一四、見学　第二日目の会議日程を終了後、開催地八王子市ご当局の協力をあおぎ、先帝大正天皇の多摩御陵方面を主として、市内見学を行います。

以上

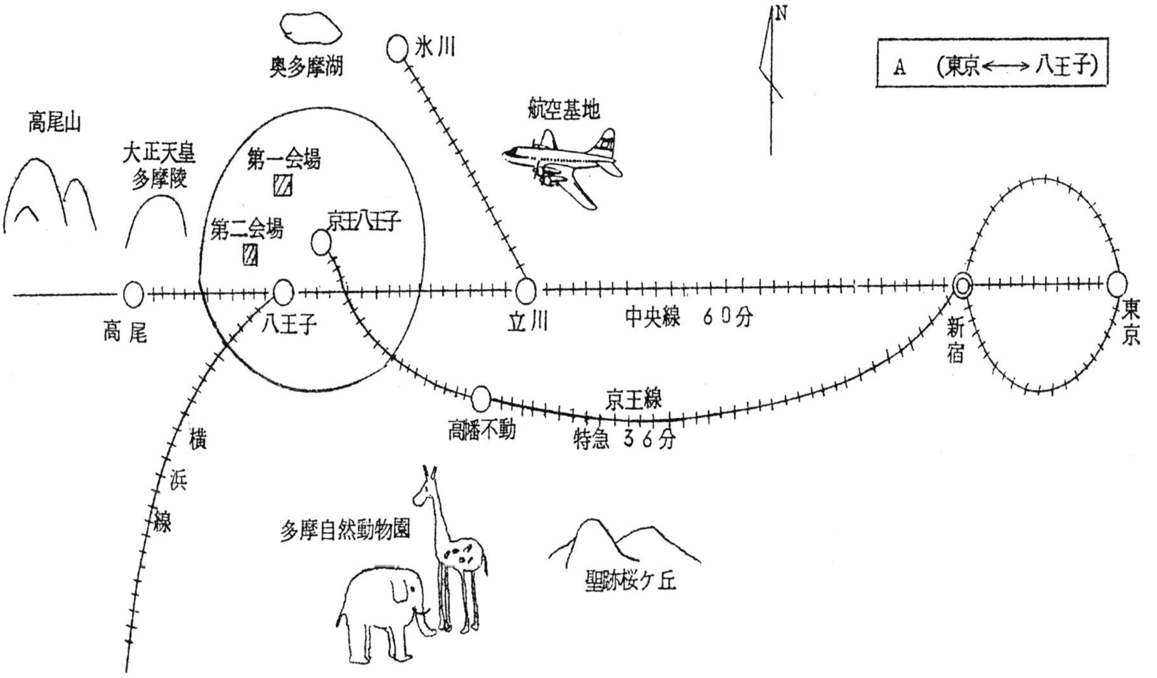
A (東京←→八王子)
奥多摩湖
氷川
航空基地
N
高尾山
大正天皇
多摩陵
第一会場
第二会場
京王八王子
高尾
八王子
立川
中央線 60分
新宿
東京
京王線
高幡不動
特急 36分
横浜線
多摩自然動物園
聖跡桜ケ丘

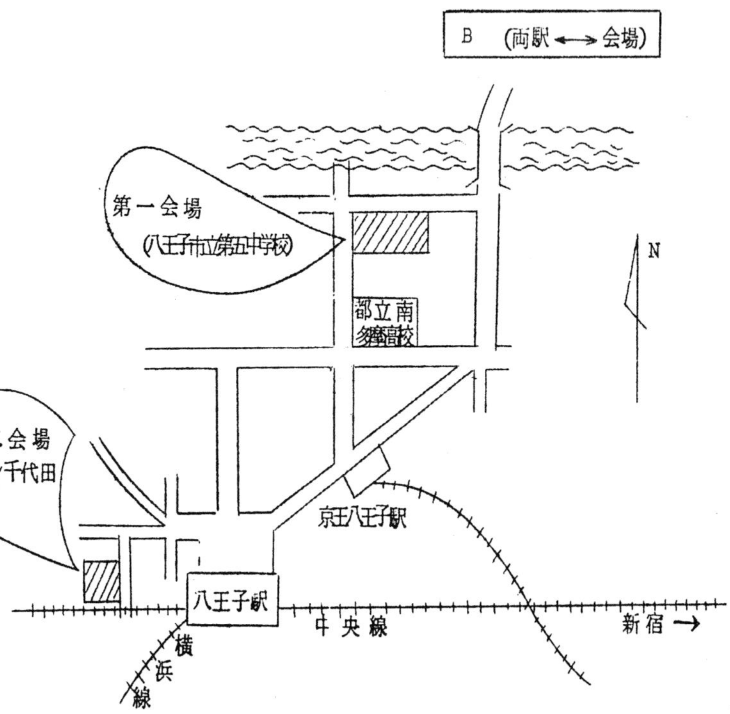
B (両駅←→会場)
第一会場
(八王子市立第五中学校)
都立南多摩高校
N
第二会場
ホテル千代田
京王八王子駅
八王子駅
中央線
新宿→
横浜線

第十三回全国夜間中学校研究大会並に年次総会開催について

今年度の全国大会は、広島地区で開催の予定でしたが、今年も広島地区では諸般の事情から開催不能になりましたので、やむを得ず急遽今年度も京浜地区で開催することになり、今回東京地区の設置諸校と協議の結果左記により大会を開催することになりました。

従いまして大会開催までの日数も少なく各校におかれましても準備等が大変と思いますが、右事情御了察の上絶大なる御協力を頂き、今年度大会にご参加下さいますよう、取りあえず大会開催に関する概要を予告連絡申し上げます。

昭和四十一年九月十三日

全国夜間中学校研究大会々長　横浜市立浦島丘中学校長　飯田赳夫
仝　副会長　足立区立第四中学校長　岡野直
大会準備委員会委員長　八王子市立第五中学校長　広沢堯雄

殿

概要摘記

一、日時　昭和四十一年十月二十八日（金）二十九日（土）
二、会場　東京都八王子市立第五中学校体育館
三、主題　「夜間中学の問題点を解明し　夜間中学の内容を充実する方策について」
四、日程

28日（金）	
8.00	受付
9.00	開会式 総会 講演
12.00	昼食
1.00	研究発表（③）
2.00	各地域の現状報告・三省との懇談（④）
4.30	分科会
6.30	夕食
7.00	自由

29日（土）	
9.00	報告と研究協議
10.00	閉会
11.00	昼食
12.00	解散

五、会費　参加者　一名三百円（二日間の昼食費を含む）
各校分担金　東京、横浜地区以外は一校千円
六、申込締切　大会参加申し込みは準備の都合上九月三十日までに必着するよう
東京都足立区梅島一ノ二ノ三三（電話東京（八八七）　・　）
東京都足立区立第四中学校第二部　町田義三　宛
七、宿泊案内　大会準備局で八王子市に感じのよい宿泊所を準備してあります。一泊二食千五百円。
分科会に参加していただく都合もありますのでなるべくこの宿舎をご利用ください。
申し込みは十月十日まで　予約金三百円。
八、発表事項、協議事項については地域毎にご相談の上、発表内容を原稿を添えて九月三十日までに準備局にご連絡下さい。
今回は印刷はまとめて準備局でやってみたいと考えています。

学校概要

1. 学校名
2. 所在地（電話）
3. 校長名
4. 二部開設年月日
昭和　年　月　日
5. 現在籍生徒数（9月15日現在）
（1年）（2年）（3年）
男　名　名　名
女　名　名　名
6. 専任教員数
男　名
女　名
7. 兼任又は非常勤講師数
男　名
女　名

キリトリ線

第13回全国夜間中学校研究大会並に年次総会参加申込書

（〆切　9月30日）

- 参加学校名
所在地
- 研究題（発表者）
- 参加者名

職名	氏名	宿泊		分科会		
		27日	28日	第1	第2	第3

（参考）
第一分科会　経営管理
第二分科会　学習指導
第三分科会　生活指導

第13回

全国夜間中学校研究会
大会要項
（資　料）

昭和41年10月28日（金）29日（土）

会　場　東京都八王子市立第五中学校体育館

主　催　全国夜間中学校研究会

後　援　東京都教育委員会
八王子市　〃
足立区　〃
葛飾区　〃
墨田区　〃
大田区　〃
世田谷区　〃
荒川区　〃

あいさつ

全国夜間中学校研究会会長
神奈川県横浜市立浦島丘中学校長
飯　田　赳　夫

秋たけなわの八王子にお出いたゞき，久し振りにお目にかかれて，ご同慶に堪えません。

われわれの研究会も，会員の皆さんのにえたぎる教育愛にさゝえられて第１３回の全国大会を迎える事になりました。

本年の研究も，昨年に続いて参会者全員の合宿研究を２日間にわたつて行なうようにいたしました。正直に申して恐縮ですがいつもスッキリしない形で運営されている夜間中学校の全国研究会がきびしい現実の中で，このような形で開催できることを心からうれしく思います。とくにこの衝に当つてくださつた準備委員長の広沢校長をはじめ，地元設置校の校長各位や夜間部主任の先生方のご努力に深く敬意を表します。また，この上なく有がたく感ずることは文字通りご多用の中をおさきくださつて，文部省の中等教育課長石川先生，労働，厚生の本省の先生方のご出席いたゞけたことです。さらに地元都，市区教育委員会の物心両面にわたつて理解あるご協力を賜わつたことです。参会の皆様とともに厚くお礼申し上げる次第です。

願わくは会員の諸兄，秋色の濃き高尾山を持つこの地で心おきなく年来の研究や抱負を披歴されておたがいの真摯な研究の成果を期待してます。

そして明日からの歩みの糧にしてください。生徒らに光と栄養を与えることのできるのは学校だけです。自分たちの今の立場こそ一番力強い人間を育てるのだという自信と誇りを本年もまた確認し合える大会であることを念願します。

第13回全国夜間中学校研究大会準備委員長
東京都八王子市立第五中学校長
広沢堯雄

第13回を八王子で開く事に決定されてから1年間の日時はありましたが，実際に準備のために動き出したのは1学期の半頃であつたのでしよう。そんなわけで皆様をおむかえするのに大変不行届の点が多く本当に相済みません。

然し会場や，方法や，接待の問題よりも久し振りにお会い出来ることを嬉しく思います。

何年か前にやはり急に横浜で会場をお引受けいただいた時に毎年の大会開催は大変なことだから，隔年に代表者会を持つようにしたらどうかという提案があつた時，会員の熱心な御意見によつて取り下げられた事を想い起します。

その意気込みで年を重ねる毎に盛大な大会を開き，多くの困難な問題の解決を考えて来ました。然しまだまだ現実に残る問題や，その根に巣食つている深い病根は，そのまゝに何時解決されるかもわかりません。そこで本年も，昨年に引続き，それらの中から問題を指導の一点にしぼり，より深く研究していただきたい念願から，夜に至るまでの方式を考えました。無理かと考えもしましたが，各地から多くの熱心な会員諸兄の御参加に驚くと同時に，いかに真剣に取組んでいられるかを，まざまざと見て，深い敬意と感謝を表する次第です。

御熱心な皆様をお迎えする準備はさぞ御不満だらけとは思いますが，御理解と御援助におすがりをして，意義のある大会として盛上げていただくよう，厚かましくお願い申します。

終りに来賓や，先輩各位の御臨席を厚く御礼申しあげ，こゝまでの日々を御苦労下さつた東京都夜間中研究会の方々ＰＴＡの皆様，其他御指導や御協力いただいた皆様方に心から感謝の意を表して御挨拶といたします。

もくじ

第１３回全国夜間中学校研究大会要項

Ⅰ 主　　題

夜間中学の問題点を解明し，夜間中学の内容を充実する方策について。

Ⅱ 日　　程　（第一会場）　　　（第二会場）

	8.00	9.00			12.00	1.00	2.00		4.30	6.30	7.00
28日（金）	受付	開会式	総会	講演	昼食	研究発表	各地域の現状報告（スライド）	三省との懇談	分科会	夕食	自由

（第一会場）

	9.00	10.00	11.00	12.00	1.30
29日（土）	研究協議と報告	閉会	昼食	見学	解散

Ⅲ 第１日日程

1 開会式次第

(1) 開会のことば
(2) 会長あいさつ
(3) 来賓祝辞
(4) 日程説明

2 総会次第

(1) 議長選出
(2) 業務報告
(3) 会計報告
(4) 予算審議
(5) 新役員選出

3 あいさつ

東京都教育委員会指導主事　大井芳雄先生

4 研究発表

(1) 夜間中学生と地域社会の協力について

横浜市立平楽中学校

(2) 国語教育の実践（作文指導）

東京都荒川区立第九中学校

(3) 学習指導にシンクロフアックスの使用を試みて

東京都荒川区立第九中学校

(4) 夜間中学生の入学に関する調査

東京都夜間中学校研究会研究部

5 各地域の現状報告

o 口頭による報告

o スライド映写による報告

6 三省との懇談

文部省	初等中等教育局中等教育課長	石川二郎先生
労働省	婦人少年局年少労働法規係長	篠原博先生
厚生省	児童家庭局養護課長	佐伯徹先生

7 分科会

第１分科会　（経営管理部門）

助言者	東京都教育委員会指導主事	大井芳雄先生
司会者	世田谷区立新星中	小池七郎
書記	仝	中村昭政
世話係		

第２分科会　（学習指導部門）

助言者	東京都教育委員会指導主事	竹之内章先生
仝		国領経郎先生
司会者	大田区立糀谷中	飯島孝夫
書記	仝	清水常吉
世話係		

第3分科会　（生活指導部門）

助言者	東京都教育委員会指導部	近藤政明先生
司会者	墨田区立曳舟中	茅根義雄
書記	仝	国谷藤吉
世話係		

Ⅳ　第2日　日程

1. 分科会のまとめ
   議長選出
   分科会の報告
      第1分科会報告者
      第2分科会報告者
      第3分科会報告者
   質疑応答研究協議
2. 閉会式次第
   1. 理事会報告
   2. 大会宣言
   3. 新旧役員あいさつ
   4. 来年度大会について
   5. 閉会のことば

設置校現況一覧

（昭和41年9月15日現在）

	都府県	学校名	所在地	電話	校長名
1	広島	広島市立 二葉中学校	広島市山根町	0822-62	橋本保人
2		仝 観音中学校	広島市南観音町	0822-31	吉野時弘
3		広島県豊田郡豊浜村立 豊浜中学校	広島県豊田郡豊浜村豊島	広島県トヨシマ 9	長谷川敏
4	兵庫	神戸市立丸山中学校 西野分校	神戸市長田区三番町3～1	078-55	細見美継
5	大阪	岸和田市立 岸城中学校	岸和田市町田町230	0724-2	内田安守
6	京都	京都市立 朱雀中学校	京都市中京区壬生中川町	075-81	井関忠直
7		仝 藤森中学校	京都市伏見区深草池ノ内町	075-64	中沢良三
8		仝 嘉楽中学校	京都市上京区今出川 千本東入	075-45	加藤幸三郎
9		仝 皆山中学校	京都市下京区間町七条上ル	075-37	高山五郎
10	愛知	名古屋市立 天神山中学校	名古屋市西区天神山2-70	052-521	水野清
11		仝 東港中学校	名古屋市港区港楽町1～9	052-661	近藤基治
12	神奈川	横浜市立 鶴見中学校	横浜市鶴見区鶴見町1,253	045-50	石井宗一
13		仝 浦島丘中学校	横浜市神奈川区白幡東町 17	045-42	飯田赳夫
14		仝 蒔田中学校	横浜市南区花の木町2-45	045-73	高田四郎
15		仝 平楽中学校	横浜市南区平楽町1	045-64	内田吉郎
16		仝 港中学校	横浜市中区山下町241	045-68	小林鶴蔵
17		仝 西中学校	横浜市西区西戸部町 3～286	045-23	斎藤滋
18		仝 戸塚中学校	横浜市戸塚区戸塚町4,542	045-88	石井金司
19	東京	東京都足立区立 第四中学校	東京都足立区梅島 1～2-33	045-887	岡野直
20		東京都葛飾区立 双葉中学校	東京都葛飾区お花茶屋 1～10-1	602	加藤閲

	開設年月日			在籍生徒数 I		II		III		性別小計		合計	専任教諭数		兼任並に講師数		合計
	年	月	日	男	女	男	女	男	女	男	女		男	女	男	女	
1	28	5	1	6	1	16	4	8	2	30	7	37	2	1	1	1	5
2	28	5	1	3	3	5	9	3	4	21	16	37	3	0	5	1	9
3	26	1	18	0	0	4	0	2	0	16	0	16	2	0	2	0	4
4	25	2	16	0	10	6	2	8	9	14	1	35	3	1	2	0	6
5	27	4	25	0	0	0	0	0	6	0	6	6	0	0	4	0	4
6	25	5	1	0	0	1	0	3	2	4	2	6	2	0	3	0	5
7	25	5	1	1	0	1	0	3	3	5	3	8	1	0	3	1	5
8	25	5	1	0	0	1	0	1	1	2	1	3	1	0	4	0	5
9	25	5	1	1	1	0	0	1	2	2	3	5	2	0	3	1	6
10	27	12	10	2	0	1	1	2	0	5	1	6	1	0	1	0	2
11	27	12	15	0	0	0	0	3	2	3	2	5	1	0	0	0	1
12	25	5	1	0	0	3	0	3	0	6	0	6	0	0	7	0	7
13	25	5	1	0	0	4	0	2	2	6	2	8	0	0	10	0	10
14	25	5	1	0	0	0	0	5	2	5	2	7	0	0	5	2	7
15	25	5	1	0	0	0	2	5	1	5	3	8	0	0	9	0	9
16	25	5	1	0	0	0	0	4	4	4	4	8	0	0	7	0	7
17	25	5	1	0	0	4	3	4	6	8	9	17	0	0	12	0	12
18	25	5	1	0	0	0	0	5	2	5	2	7	0	0	7	0	7
19	26	7	16	7	7	11	3	5	4	23	14	37	5	1	2	2	10
20	28	4	20	2	2	3	3	5	5	10	10	20	4	1	2	3	10

	都府県	学校名	所在地	電話	校長名	開設年月日			在籍生徒数						性別小計		合計	専任教諭数		兼任並に講師数		合計
									Ⅰ		Ⅱ		Ⅲ									
						年	月	日	男	女	男	女	男	女	男	女		男	女	男	女	
21	東京	東京都墨田区立 曳舟中学校	東京都墨田区文花 1〜18−16	612	茅根義雄	28	5	1	4	1	6	3	8	3	18	7	25	5	1	3	1	10
22	東京	仝 大田区立 糀谷中学校	東京都大田区西糀谷 3〜63−23	741	飯島孝夫	28	9	1	4	6	11	4	11	2	26	12	38	6	0	2	2	10
23	東京	仝 世田谷区立 新星中学校	東京都世田谷区太子堂 1〜3−43	421	小池七郎	29	5	1	8	8	7	5	16	8	31	21	52	4	2	6	2	14
24	東京	仝 荒川区立 第九中学校	東京都荒川区東尾久 2〜23−5	891	村上義恵	32	2	15	7	3	12	5	14	12	33	20	53	6	0	2	2	10
25	東京	八王子市立 第五中学校	八王子市明神町91	0426−42	広沢堯雄	27	5	12	2	2	5	0	8	5	15	7	22	6	0	3	2	11
計 25校									47	44	101	44	149	87	297	175	472	54	7	105	20	186

昭和40年度併設を廃止した学校

学校名	所在地	廃した時期
福岡市立 東光中学校	福島市西堅粕6〜250	昭和41年3月31日
川崎市立 川中島中学校	川崎市藤崎町2−1	同上

第１３回全国夜間中学校研究大会出席者名簿

学校名	職名	氏名	宿泊	志望分科会名
神戸市立丸山中学校西野分校	主事	佐藤幸郎	—	第一
京都朱雀中学校	主任	市川三次	○	第三
仝 藤森中学校	仝	松尾正夫	—	第三
仝 嘉楽中学校	仝	山田昌雄	—	第三
仝 皆山中学校	仝	川井戒本	—	第三
名古屋市立天神山中学校		水野清	—	第一
横浜市立岩崎中学校	校長	中山紀正	○	第一
仝 鶴見中学校	教諭	平井周	○	第二
仝 鶴見中学校	仝	上野巍	○	第三
仝 浦島丘中学校	校長	飯田赳夫	○	第一
仝 浦島丘中学校	教諭	中村勇作	○	第二
仝 浦島丘中学校	仝	橋本隆	○	第三
仝 西中学校	校長	斉藤滋	○	第一
仝 西中学校	教諭	府川淳蔵	○	第二
仝 西中学校	仝	石谷隆司	○	第三
仝 平楽中学校	仝	永田良平	○	第一
仝 平楽中学校	仝	柳沢弘美	○	第二
仝 蒔田中学校	校長	高田四郎	○	第一
仝 蒔田中学校	教諭	北川明	○	第二
仝 蒔田中学校	仝	石田広吉	○	第三
仝 戸塚中学校	校長	石井金司	—	第一

学校名	職名	氏名	宿泊	志望分科会名
横浜市立戸塚中学校	教諭	羽田一	○	第二
仝 戸塚中学校	仝	長谷部竜次	—	第二
東京都足立区立第四中学校	校長	岡野直	○	第一
仝 第四中学校	主事	町田幾三	○	第一
仝 第四中学校	教諭	松本敏郎	○	第三
仝 第四中学校	仝	海老原みよ子	○	第三
仝 第四中学校	仝	徳永孝	○	第二
仝 第四中学校	仝	河西靖堯	○	第二
仝 第四中学校	仝	藤崎康夫	○	第三
東京都葛飾区立双葉中学校	校長	加藤闓	○	第一
仝 双葉中学校	主事	広江栄一郎	○	第一
仝 双葉中学校	教諭	撫佐昭二	○	第二
仝 双葉中学校	仝	加藤忠幸	—	第三
仝 双葉中学校	仝	鳴沢実	—	第二
仝 双葉中学校	仝	古屋加寿子	○	第三
東京都墨田区立曳舟中学校	校長	茅根義雄	○	第三
仝 曳舟中学校	主事	国谷藤吉	○	第三
仝 曳舟中学校	教諭	高山璟子	○	第三
仝 曳舟中学校	仝	渡貫実	○	第三
仝 曳舟中学校	仝	村井稔	○	第三
仝 曳舟中学校	仝	鳥居照日	○	第二
仝 曳舟中学校	仝	横田祐介	○	第二

学校名	職名	氏名	宿泊	志望分科会名
東京都大田区立 糀谷中学校	主事	飯島孝夫	○	第二
仝 糀谷中学校	教諭	清水常吉	○	第二
仝 糀谷中学校	仝	阿部忠司	○	第三
仝 糀谷中学校	仝	都築達郎	○	第二
仝 糀谷中学校	仝	天野憲至	○	第二
仝 糀谷中学校	仝	井出迪夫	○	第三
東京都世田谷区立 新星中学校	校長	小池七郎	○	第一
仝 新星中学校	主事	中村昭政	○	第一
仝 新星中学校	教諭	池田定子	○	第三
仝 新星中学校	仝	上田喜三郎	○	第一
仝 新星中学校	仝	木原武子	○	第二
仝 新星中学校	仝	吉田安男	○	第二
八王子市立 第五中学校	校長	広沢堯雄	○	第一
仝 第五中学校	主事	石川元重	○	第一
仝 第五中学校	教諭	平　均二	○	第二
仝 第五中学校	仝	阿川貫至	○	第二
仝 第五中学校	仝	小沼昭夫	○	第三
荒川区立 第九中学校	校長	村上義恵	○	第一
仝 第九中学校	主事	塚原雄太	○	第三
仝 第九中学校	教諭	日下田進	○	第二
仝 第九中学校	仝	桜井和夫	○	第二
仝 第九中学校	仝	加藤春郎	○	第二
仝 第九中学校	仝	見城慶和	○	第二
仝 第九中学校	仝	山口哲男	○	第二

＊ 重複記事が収録されているため、本史料１５～１６頁は削除した。

全国夜間中学校研究会役員名簿

1．顧　　問	寺本喜一　氏	京都府立大学教授	
	伊藤泰治　氏	元東京都立一橋高等学校長	
	立石実信　氏	元横浜市立平楽中学校長	
	関根重四郎　氏	元東京都墨田区立本所中学校長	
	住友国春　氏	東京都八王子市立第六中学校長	
	小林俊之助　氏	元東京都大田区立糀谷中学校長	
2．会　　長	飯田赳夫	横浜市立浦島丘中学校長	
3．副会長	岡野　直	東京都足立区立第四中学校長	
〃	広沢堯雄	東京都八王子市立第五中学校長	
4．理　　事	広沢堯雄	東京都八王子市立第五中学校長	（東京都代表）
	石井宗一	横浜市立鶴見中学校長	（神奈川県代表）
	竹内親儀	名古屋市立天神山中学校長	（愛知県代表）
	高山五郎	京都市立皆山中学校長	（京都府代表）
	内田安守	岸和田市立岸城中学校長	（大阪府代表）
	細見義継	神戸市立丸山中学校長	（兵庫県代表）
			（広島県代表）
5．会計監査	村上義恵	東京都荒川区立第九中学校長	
	近藤基治	名古屋市立東港中学校長	
6．幹　　事	斎藤　滋	横浜市立西中学校長	
	町田義三	東京都足立区立第四中学校主事	

学　習　の　指　導

（荒川九中の現状）

東京都夜間中学校研究会

目　　次

I　夜間中学校の個別指導の歩み

こゝに才十三回目の研究会が、開かれるのであるが、これまで終始一貫して取り扱われてきたのは、長欠生徒の問題であり、彼等の教育を受ける権利を擁護する問題であった。そして具体的には、何よりも生活指導と学力向上の方法が、主軸をなしてきた。しかし、これこそ夜間中学校にとっては鉄の壁であり、巨岩であった。昭和三十二年の東京都八王子市立才五中学校の二部学級は、その二部学級概要の中で学習指導上の留意点という項目を設け、教育内容の重点主義をうたい、在校生徒の学力差に対処して、「個別指導」案が掲げられているが、三十五年には、これらを具体化した各教科ごとの指導方針を明らかにしている。例えば数学については、基礎的計算能力の充実に重点をおくといい、テストケースとして、学年のワクを外して能力別なグループ編成を学習の形態にすると述べ、国語科では、基礎的な文字の読み書きの能力向上に重点をおくといっている。名古屋市立東港中学校の昭和三十五年の研究誌「夜間学級生徒の実力実態とその指導」の中でも、発表者は、「はじめて夜間学級担任教師になって意外な感じをもったのは、生徒の学力差が著しいということであった。」と驚き、「我々は、まずこの問題に真正面からむかっていかなければならない」と、その決意を述べている。京都市立二部学級研究会編の「夜間部教育の研究」才十一集（昭和三十五年）も七ページを費して、「学力向上」の問題ととりくみ、「教員定数の不足「複式授業」の苦しさを前面におし出しながら、「理想主義と実学主義の板ばさみになっている。」と悩み、「二部教育として、なし得る限り重点的教育方法を行ってはいけないだろうか」と苦衷を訴え、「学力差を考えると壁にぶっつかってしまう。」と告白している。さらに「夜間学級生は、一般的に思考力、忍耐力を要するもの、自分たちの必要度の低いものを忌避する傾向があるらしい」といい、実践面では、生徒の中に学習リーダーをおいてみたり、二部学級用の指導計画の作成や、その指導計画を通しての指導の結果の反省も語られている。一応たどりついた線は、「生徒指導の方法は決して一様ではなく、教育は結局試行錯誤のくりかえだが、二部教育の場合、決定的な指導方法はない。」ということのようである。昭和三十八年横浜市夜間中学校教育研究会は、共同研究集録「夜間中学校における問題の多様性とその

指導効果について」の中で、九項目、三十一ページにわたって研究結果の報告を行っているが、今後に残された問題として、

一　実質的に学力を向上させるにはどうしたらよいか。
二　完全なプログラム学習を行うとしたときの予算問題。
三　時間数の不足を何によって補うか。
四　学力差のある生徒の多い現状では、個別指導が望ましいと思うがどうか。

などをあげており、特に「夜間学級における個別指導の有用性」という一項目を特においている点に注目したい。東京都夜間中学校研究会は、昭和三十六年度に「東京都夜間中学校生徒の知能並びに学力検査」の共同研究を発表しているが、この中で、「夜間中学生の平均知能指数が八十三点弱であり、さらに、全体の約六十五％の生徒が精神薄弱乃至境界線児であって、これらは、正常な学校教育では教育効果はあがらないと指摘し、学習効果については、学力検査の結果から、生徒在学中の三年間に、ほとんど学習効果のあげ得なかったもののあることを冷厳な事実としてつきつけ、機械的に昼間教育をモデルとした教育実践の展開が、ほとんど、夜間学級では効果をあげ得ないと判断している。昭和三十九年に東京都墨田区立曳舟中学校は、全国夜間中学校研究会の大会で、「学力充実のための現状」の報告を行なっているがこれは同校の数年にわたる実践報告として、個別指導のあり方とその有用性を示すものとして高く評価されている。昨年より引続き行なわれている東京都荒川区立才九中学校を中心とした、「個別指導の徹底」というテーマは、当然この流れの上に引きつがれてきたものであって、常に変りなく困難な学習指導方法の追求である。各校歴代の成果の上に更にいくばくかを加え得るならば幸である。

Ⅱ　個別指導が特に必要とされる事情

夜間学級に於ては個別指導が特に必要である、というよりむしろ個別指導しか方法はないといって過言ではない。というのは個人の差が大きい。ということであり、さらに少数学級であるため、この個人差を素通りしていけない教師の立場があることである。　個人差については、

一、年令差が大きい、つまり子供から社会人まで、精神年令・社会意識がまるで異なっている。

二、当然一人一人の生育歴が大へん違っている。

三、したがって学力差が大きく、その差は中学の該当学年から、義務教育の初歩的な段階にまで及ぶ。

四、更に夜間学級への編入・転入の時期が、年間を通して随時行われ、それまでにうけている指導内容との関連は望むべくもないこともある。

其の他知能指数のこと、実生活の重さがもたらす問題、などが重なって個人差をより複雑なものにしている。したがって学習を実質的なものにするには、必然的に個別指導によらざるを得ないのである。

Ⅲ　荒川区立才九中学校の現状

1．前　　書

我々は個別指導の徹底について、昨年の結果を土台として、更に有効な方策をさがす努力を重ねてきた。困難は依然として続き、現場のなやみはあとをたたないが、本年再び同じ問題をこの大会で取り上げるに当り、一応の結果をまとめて提供し参考としたい。尚資料としての便を考え、昨年度の資料の一部を表現もそのまゝ利用している部分が多いので重複のある点については御了承を願いたい。

2．本年度生徒の特質

特にこの項目を加えたのは、本校に於て、今年度新入生に、過年児が多かったからである。そして一方で、問題傾向を持った生徒が、減少している。

このため全般としては、生徒の中に、知的要求の度合が増してきたことが感じられる。他面年令超過者は、完全に一人前の社会人として生活しているため、仕事場における責任の大きさから、出席率が低下し、また意欲はありながら記憶力がにぶっていたりする問題が出てきている。更に別の面から考えると、彼等は概して自己の学習に重点をおき、また個人としても独立しているので、中学生らしい学校生活・生徒会活動等になじめない点があり共同生活・仲間意識がうまく育たないうらみがある。殆んどの生徒がまじめで、学令児との間に、まさつがおこるようなことはないけれども、いく分遊離した面が出てきている。然し面白いことにコーラス・フォークダンス・体育等に於て、学令児と共に案外楽しそうな様子を見せ、情操面での指導の重要さを考えさせられるものがある。このことは彼等が、過去の生活の中で得られなかったものを、今とりかえしている喜びの姿であるかも知れない。

3．学習の指導形態

主要五教科につき教科の特性及び教員配置の実情により、次のような、三種類の指導形態をとった。

A型　一斉授業の中で技術的に操作し、個人指導を実現する方法。（国語）

- 読解では作品を、部分部分に分析し総合をつみ重ねていく総合法をとっている。
- 作文では表現能力を養うため素過程作文を練習させている。また作品は、全生徒の集団思考による共同助言で推敲させている。
- その他文字指導、文法指導（構文法）の時間を設けて系統的に国語の基礎指導を行う。

B型　進度段階により、グループを編成する方法。　（数学・英語）

- 学習指導要領に示されている目標の達成は困難なので、ある程度緩和した目標を設けた。
- 英・数共に三段階のグループに編成し、それぞれ一・二名の職員を配し、同一時間に平行して学習する。
- 数学では小学校段階を、英語ではローマ字アルファベットの段階を設けた。

C型　一斉授業の中で学力及び意欲に応じ指導目標を限定する方法。

（社会・理科）

4.　各教科の実態

次に、各教科に関し、指導内容や指導方法等の実態について、やゝ詳細に述べたい。なお昨年度の発表では各形態一教科に代表させたが、本年度は五教科のすべてにわたっているので御注意願いたい。

(1)　国　　語

○　教科からみた生徒の実態と問題点

四月当初、新入生たちの国語の基礎的な力をみるために、作文のほかに、「平仮名と片仮名・簡単な漢字と送り仮名・仮名づかい・語イ」などについて調査してみた。

その結果、新人生十名中二名は平仮名の五十音からやり直さなければならないことや、また過年児のある者は、旧仮名づかいと新仮名づかいとを混同していることなども分かった。

語イの調査では、生活語イは比較的豊富だが、意味を問いただしてみると、自分の生活や経験で理解しているので、語本来の意味を歪めて使っていることが多いことも分かった。

（例『あけぼの＝商品のしるし』というような理解）

このように基礎学力そのものに問題があるということは、本年の新人生のみの特別の実態ではなく、大多数の夜間中学生にもあてはめられることである。

基礎学力の点ですでに個人差が大きいだけでなく、年令や経験もまちまちであり、更に指導上困難を極めるのは、入学の時期も一定してないということである。そのうえ、夜間中学生はほとんど例外なしに苦しい生活を背負っていて、勉強時間は学校にいる時だけであるため、教師も生徒も一時間一時間の授業だけで勝負しなければならないという厳しい条件に立たされているのである。

○　指導計画立案にあたつての留意点

このような実態と条件をふまえて、本来ならば小学校一年からきめ細かなステップを踏んで修得してこなければならない平仮名や片仮名のような基礎から出発して、これだけは社会生活を営むうえで欠かすことができないという最低限度の国語の基礎を網羅することを心がけている。

そのため一週四時間の国語は、三時間を**言語活動**「読む・書く・聞く・話す」の指導にあて、残りの一時間は、**言語要素**「語イ・文法・発音・文字」の**とり立て指導**にあてている。

指導にあたっては、国語では英・数のように能力別のクラスに分けないで、授業の中に各人がそれぞれの能力を最大限に発揮し得るような方法をとり入れて、学年ごとの一斉授業の中で個別指導を徹底するように心がけている。

①**読解指導では**—従来の三層法（通・精・味読）による一斉授業では、通読段階で教師も生徒も息切れしてしまうのが個人差の大きい夜間中学の実状である。そこで、はじめから作品をまるごと与えないで、意味段落ごとに立ちどまらせ、きめ細かに分析⇆総合させている。

生徒たちは、立ちどまりごとに「生き生きと表象化して話しかえる作業」や「前を読みかえして関係づける作業」「予想を立てる作業」などを行う。「話しかえ」は、くわしい話しかえ（具体化・表象化）とみじかい話しかえ（抽象化・要約化）の両方を指導している。この話しかえを中心にした集団思考で読解をさせているが、発言は教師の要求に応じて答えるというより、一人一人が捉えたものを（**発言のルール**にのせて）自分のことばで話すので、これには全部の生徒が活発に参加する。（40年度中間報告P5〜P6迄参照）

②**作文指導では**—以前私がやっていた作文指導を考えてみると、行事作文や日記、または偶然的なものをとりあげて書かせるものだった。これだと「何を書くか」の課題の指示のみに終わってしまい、「どう捉え」「どう表現するか」という指導がないので、「字を知らない。」「文章にまとめられない」というような悩みを持つ夜間中学生たちは全くお手あげの状態のまま放り出されることになり、ますます作文嫌いにさせてしまう。

この点を深く反省して、言語と認識・思考との不可分な一体性をふまえ、未分化な全体的対象を〔分析⇆総合〕する認識過程を大事にした**「表現能力とりたて」**の素過程としての作文を検討し、一応①描写能力　②説明の能力　③意見を述べる能力　④説得能力　⑤考えをまとめる能力——の五つにしぼってそれぞれの能力づくりの実践検討をここ三年ほどすゝめてきている。（40年度中間報告P7〜P8迄参照）

③**言語要素指導では**——**文法**では構文法の系統的ステップを何度も文図づくりなどでくり返すことによって文の基本的構造に気づかせ、難解な文でも主・述の対応を見抜き、一文の判断命題を正確に読みとれるように心がけている。

発音・文字・語イなどについても、ドリルを用意し、能力や進度に応じてどんどん進んだり反復練習（シンクロシートの利用）ができるように心がけている。

《言語要素とり立て指導のドリルの例》

言語要素学習

I have a book

［私は］—［持っている］—［一冊の］［本を］／［本を］［一冊］

I 私は→（どうしたか？）
have 持っている→（何を？）
a book 1冊の本を

I | have | a | book
10字4語からなりたった文

英語はａｂｃ26字からなるアルファベットで表記します、

三年用　ドリル　№1

⑴この英文と同じことを日本語でどう言いますか。
（イ

⑵それはほかにどのように言いかえられますか。
（ロ
（ハ
（ニ

③英文の組み立て（語順）と日本語とはどう違いますか。

④次の単語は日本語でどのような言い方がありますか。
I（　　　）　have（　　　）

⑤(イ)はどのように表記できますか。
(ア)漢字と平仮名で（　　　）
(イ)平仮名で（　　　）
(ウ)片仮名で（　　　）

⑥(ア)(イ)(ウ)はそれぞれ何字何語の文ですか。

⑦アルファベットと比べて共通点・相違点をあげてみましょう。

	片仮名	平仮名	漢　字	ローマ字
共　通				
相　違				

№2　№3の内容

①アクセント｛高低—日本語／強弱—英　語　②音節｛母　音／子　音　③開音節／閉音節　④文とは　⑤単位文　⑥基本文型｛名詞文／動詞文／形容詞文

○各学年でおさえたい国語の基礎的事項

<中学一年>

(a) 言語活動面

(イ) 一文読みの徹底――主・述をおさえ一文の判断命題を正確に把握する。
(ロ) 読解の基本作業「立ちどまり・表象化・話しかえ・関係づけ・感想意見出し・まとめ」の習得。
(ハ) 発言のルールの徹底。
(ニ) 作文の五つの能力育て。

(b) 言語要素面

(イ) 平仮名・片仮名が正確に読め書ける。
(ロ) 助詞(は)と(わ) (へ)と(え) (を)と(お)をはっきり区別して使えるようにする。
(ハ) 漢字の構造として象形・指示・会意・形声などについて理解を持たせる。
(ニ) 教育漢字の五四三字(小学校四年程度)
(ホ) 話し合いに必要な最低限度の語イ。
(ヘ) 構文法の基礎――単位文・単文・重文・複文がわかる。
(ト) 国語辞典・漢和辞典が自由に使える。

<中学二年>

(a) 言語活動面

(イ) 文と文・段落と段落との論理的な関係について、とくに指示語・接続詞をたどって正確に読みとる。
(ロ) 段落ごとに要約(「小見出し」)することができる。
(ハ) 構造にそって文を組み立てる力をつける。
(ニ) 文学作品をひとつくらいは読み、感想文をまとめる。

(b) 言語要素面

(イ) 品詞論の初歩的知識。
(ロ) 漢字の意味や働きを知って、送りがなに注意する。
(ハ) 古典教材に出てくる旧仮名づかいと新仮名づかいの相違――仮名づかいの徹底。

(ニ) 教育漢字の五年程度(一九四字)を中心にした当用漢字。
(ホ) 構文法――複々文や重複文の文図が書ける。

<中学三年>

(a) 言語活動面

(イ) 一読で、論旨やあらすじをつかみ主題を自分なりに把握する力をつける。
(ロ) 文章の中で納得のいくところと疑問のところをはっきりさせ、事実と意見を区別することができる。
(ハ) ことばのひとつひとつのニュアンスや感情の表現に注意する。(感受性を養う。)
(ニ) 作品の提出した事実が、自分にとってどのような意味を持つかをいつも探りながら読む。

(b) 言語要素面

(イ) 日本語の語イ体系を整理して理解する。「やまとことば・漢語・外来語・複合語・同義語・上位下位概念の語」など。
(ロ) 日本語の表記法の体系の整理。
　○片仮名と平仮名の使い分け。
　○平仮名と漢字(例えば副詞)の使い分け。
(ハ) 助詞・助動詞の基本的な使い方。
(ニ) 教育漢字八八一字が読んだり書いたりできる。
(ホ) 日本語の発音体系の特徴を英語と比較して捉える。(一音節一母音など)

以上が各学年で目標としている国語の基礎的事項を大まかにまとめたものである。

このような最低限度の基本的事項さえもなかなか徹底できないのが実状である。全国大会には研究授業を見ていたゞくことになっているので、その折りにでもいろいろな面からの御教示をいただければ幸いである。

(2) 数　　学

昨年度の大会では、進度段階によるグループ編成の方法をとる教科として、数学における段階区分基準と指導内容のみを一覧表としてあげた。本年度も引続いて同じ方法をとってはいるが、生徒側の構成の変化を主な理由とし前年度の実績への反省を含めて、段階区分及び指導内容にある程度の変更を行っている。

すなわち本年度の生徒の構成は、前記の通り知的意欲は従来になく高まっているが、意欲と能力は現実には別であって、基礎学力の低いものが昨年に比較して更に多くなっている。従って昨年度の四段階区分は無意味となり別記の如き三段階区分をとっている。また、各段階の指導内容については、昨年度のそれがなおかつ中学校の名称にとらわれすぎていたことを反省し、特に基礎段階における指導内容を著しく緩和させている。思うに夜間中学校は生徒の相当数について特殊学級以上の特殊学級なのである。知能段階劣又は最劣の生徒に、生きるために必要最少限度の知識を与えようとする。まさに寺小屋の「よみかきそろばん」の「そろばん」でなければならない。
中学校の教育課程を正しくふんでいくことは殆んど不可能といえよう。

A　基礎段階

この段階に編入している生徒は、整数小数分数の四則について不充分な者であるが、一部の生徒は不充分というよりは全く無知でさえある。

従って指導内容は、整数小数分数の四則と簡単な文章題に限定し、割合や比例、グラフは勿論、基本的な図形については及ぶべくもない。特に一部の生徒の場合には整数の四則に大部分の時間を使っても当然と考えている。

指導方法は特にシンクロファックスの使用によって効果をあげているが、この点は別項に詳述する。その他小学校四年程度の問題集も利用している。事実上は精薄であるがすでに成人して塗装工として相当の収入を得ているある生徒がシンクロファックスと格斗しながら九九を覚え、通勤通学の車中でその暗誦を反復している事例は、この基礎段階の存在価値の証明として高く評価されてよいであろう。

B　中位段階

この段階に属し得る生徒は、小学校における算数の内容について中位程度以上の理解を示したものであって、通常の中学校に入学してくる新一年生に相当する。たゞし図形その他についての理解が不充分であってもやむを得ないものとする。

指導内容は、整数の性質、正の数負の数、文字の使用の他、小学校程度の割合と比例及びグラフを加え、基本的な図形の性質と求積にふれる。

指導方法に特別なことはないが、何よりも少数学級であることゝグループ内部に限り学力が一定していることにより、極めて密度の高い指導ができるのは当然である。毎時間の指導内容と各人別の評価を一覧表にしているが、この評価のための毎時間の小テストについては全員が最低七割の理解を示しているのにかゝわらず、ある時間をおいた期末テストでは必ずしも好結果を得られないのは学習の場を他には求められないためのドリル不足によるのであって、夜間中学校生徒の宿命であろう。

C　上位段階

前年度の区分で中学二年段階に属した生徒を主として編成している。前年度の個別指導において一応基礎学力が充実した生徒であるので効果的に指導が進められている。

前年度、計画の中では存在した図形の部分にはほとんどふれられなかったので、前半を全部図形学習にあて、中学三年段階初期までをおえようとしている。後半で、乗法公式、因数分解より二次方程式に達したいと思う。

数学教育の一つの目的が思考過程の訓練にあるとすれば、この段階のみが夜間中学校としてはその目的を達しているといえる。特に数名にすぎない小グループであるため、図形学習における討議形態は極めて有効であって、論証の展開に全員が参加している事実は、逆に夜間中学校なればこそといえよう。

(3) 英　　語

導入段階のクラス

段階区分の基準	指導内容	41年度 現状	反省点
英語学習についての経験を持たないもの、及び学力から考えて普通の学習を受けることが無理であると考えられる者を対象とする。	1. ローマ字の読み書き。 2. アルファベットの習得。 3. 英単語及び簡単な文。 ・外来語として日常必要とされるもの ・名詞・身近かな名詞 ・人称代名詞 ・Good mornig・Good bye 等	シンクロファックス使用。 シンクロファックスのシートの項参照 アルファベットの段階まで進んでいる。	予定まで進めると思われるが、定着は思わしくなく此の点更に研究を要する。

Aクラス

段階区分の基準	指導内容	41年度 現状	反省点
導入段階を終えた者及び同等の力のある者。 中学1年の基準にほぼ一致させる。	単語はBK－1 442語の中から基礎的な語を選んで定着させる。連語も同じ。 発音符号は日英両語の差の大きい発音について重点的に指導する。文法事項は必要に応じて行う。 教科書の範囲を広くしないようにする。	BK－1 Lesson 10まで進めた。文型の定着度は高いが、単語の綴りなどは不徹底のまま進んだ。 音については比較的に正確に発音できる生徒が多い。	クラス分けについて調査の結果全員現状がいいとしている。また教科書の進め方についても現状で無理ないと感じている生徒が78%である。たゞし書くことの指導時間に欠け「週3回以上宿題をだしてもいい」という生徒が3名にすぎない。したがって定着度が低いこの点今後の問題点として残されている。

Bクラス

段階区分の基準	指導内容	41年度の現状	反省点
Aクラス以上の段階の者を対象とする。 主として中学2年の教科書を主とし3年のものを参考とする。	単語はBK－2の504語の中から基礎的なものを選んで定着させる。連語も同じとする。 基本的文型を反復練習させる。興味を失わないように留意して、頻度数の少い単語などの定着にこだわらないようにする。 余力のある者については個人指導によって進めて行く。	教科書は現在Lesson 5に入ったところ。 Aクラス同様書くことの領域において不徹底の点が多い。 発音、単語についてはシンクロファックスを利用させる。	授業時間が欠けたこともあり進度がおくれている。 常に前段階の復習によって前のことを補っていかなくてはならない。 無理のない範囲で予習させ興味を失わないように留意しなくてはならない。

(4)　社　　会

生徒各個の能力を教師側で把握しておき、それぞれの理解力に応じた指導目標の達成をはかるという方法以外に、学年単位の授業を行っている社会科では有効な学習指導はあり得ないと思う。この考え方から、昨年度は三分野にわたりそれぞれ三段階に分けた目標をもつ年間指導計画を作成してみたが、夜間中学校生徒の能力の実態はこの三段階でカバーし得るような生やさしいものではなかったようだ。文字を知らず言葉を知らない一部の生徒には一応は正規の教育課程をふんでいる指導計画は無縁な存在であった。にもかゝわらず学年により分野を異にするが故に学年単位の授業を行わざるを得ない社会科である。とるべき方法は段階別目標の大巾な緩和しかあり得ない。

前年度に設定した段階別目標それぞれの程度は、昨年度の資料中の別記三「歴史分野」の一例により推察いただくとして、本年度はその三段階中のA段階をやめ、BC段階を一段づつ繰上げた上で、学力の極めて低い生徒を対象とする新しいC段階を設けたのである。

この場合、A段階とはある程度社会科学習への興味関心を示す生徒であり、B段階とは小学校高学年程度の文字と言葉を使用し得るものであり、C段階とはそこまで達し得ない場合である。

地理分野

素朴な見解ではあるが、社会科の三分野中で夜間中学校の生徒に最も有効な知識を与え得るのは地理分野であろう。現在及び将来の彼等の生活経験の中で身近に必要ないくつかの知識を含むからである。

A段階の生徒には、世界の地誌を除いてほゞ正規の教育課程に従った目標を達したい。この場合重要なことは自然と人文の相関について明快な解釈を下して、彼等の知的興味を刺激することであろう。

B段階の生徒には、社会人として常識的に必要な部分を反復記憶させることにつとめる。彼等の興味を引くためには白地図利用の作業学習が有効であって、事実意外な熱意を示している。

C段階の生徒の場合、作業学習に参加はさせるがその効果を全面的には期待しない。たゞ地図の方位や縮尺、日本の国土に対する漠然たる知識は与えておく、さらに東京内外の鉄道や道路について理解させるような実用性を重視したい。

歴史分野

率直なところ、夜間中学校の生徒に対して歴史を身近に感じさせることは不可能といえよう。彼等の生活には現在とさゝやかな未来があるだけのことを思うと無理はないと考える。その上、「牛若丸と弁慶」の物語さえ聞いたことはなく、テレビの「源義経」を見る機会もない生徒である。いかなる導入に対しても反応皆無であっては教師もとまどってしまう。従って、教育課程と相当にはなれた独特の指導計画をたてざるを得ない。

すべての段階を通して現代史以外の部分では世界史を割愛し、A段階の場合は日本史の流れを一般的な時代区分とその絶対年代の把握を含みながら理解させたい。B段階の生徒には常識的な歴史的事実なり人物なりの概略とその前後関係をある程度理解させればよしとする。C段階の場合は歴史の中のエピソードについて前後関係を多少加えながら興味をもたせることをはかる。その上で三段階とも才二次大戦以後の現代史に重点をおき、生徒自身の生活経験との密着をはかることを理想としている。

政経社分野

いかに悪条件下にある生徒とはいえ将来における主権者の一人である。逆に悪条件下にあればこそ政治と経済についての的確な判断を下し得る知識を与えておきたいと思う。ここにいう的確な判断を下し得る知識とは公正妥当なものであらねばならない。進歩性を気取っての無責任な政治知識の注入でないように　戒すると共に、社会の底辺で政治的に受身のまゝで生涯をおえる人間でないようにとの願いをこめた指導内容でありたい。

授業時数の関係で社会分野を除き政治と経済に限った上で、能力を考慮する場合経済分野の学習は最小限にとゞめる。一見すると、生活に密着している経済分野の方がより大切なようだが、教育課程に示す経済分野の指導内容は抽象的で大部分の生徒の能力をこえたものであり、同時に彼等の日常の経済生活はあまりにも多様で一般化することは不可能だからである。従って最小限にとゞめることを予定しながらも経済分野の指導内容は本年度なお白紙のまゝであることを告白せざるを得ない。

政治分野の例では、前述の重要性の故に、三段階の差を設けない点が特徴的である。共に、政治の目的、民主主義の概念、日本国憲法の理念、基本的人権、など一般論を平易な用語で反復徹底することにつとめる。政治組織のディテールは、選挙と政党を除いては深入りしない。この場合C段階に当る生徒は編人者の一部に限られるから少数ではあるが、やはり文字や言葉のドリルを繰返さねばならないのである。

(5) 理　　科

理科教育はLeajng by doing であるといわれる。即ちできるだけ広く実験観察を通して学習を行うことを意味している。本校では理科室の夜間使用もでき、薬品購入等もかなり可能なので助かっている。二部は昼間部と異り、極く限られた時間で学習しなければならないので、より効果の上る学習方法が必要とされるため、昨年16㎜映写機をそなえ、今年は生物顕微鏡・投影器を購入し、実験・観察に視聴覚教育を併用した授業を行っている。以前よりあった顕微鏡一台は生徒用として自由に使わせているが非常に喜んで使用している。また寄贈された天体投影器もありこれらを活用している。以下参考までに才一学年の学習指導について記載する。

〔例〕　　指導計画概略（1年）

単元	指導内容	実験，観察，研究
生物の種類	①自然界 無機物 生物 植物 動物 の区分の理解	㋑16㎜フイルム使用
	②種子植物の特徴	㋑サクラ、校庭にある花を調べる ㋺禾木科植物の模型を使用し、双単子葉植物の特徴を調べる。 ㋩被子、裸子植物の観察
	③胞子でふえる植物	㋑顕微鏡の使い方 ㋺カビの検鏡 ㋩種子と胞子の関係の研究
	④脊椎、無脊椎動物の概略	㋑16㎜フイルム使用
	⑤脊椎動物の分類と特徴	㋑幻灯及び16㎜フイルム使用
	⑥無脊椎動物の特徴	㋑板書説明
	⑦微生物の種類と形	㋑細菌の検鏡
	⑧細菌と人間生活の関係を知る	㋑乳酸菌や納豆菌を検鏡

単元	指導内容	実験，観察，研究
	⑨微生物と人間生活の関係を知る	㋑プランクトンの検鏡
	⑩多細胞生物と単細胞生物の区別	㋑植物細胞の検鏡 ㋺動物細胞（ほおの粘膜）の検鏡
環境と生物との関係	①植物の発芽成長に必要な環境条件の理解	㋑ダイズ発芽の実験 ㋺成長と光の関係の実験
	②季節と生物の関係の理解	㋑16㎜フイルム使用
水の溶液	①物の体積	㋑メスシリンダーの扱い方 ㋺液体、固体の体積を測る
	②物の重さ	㋑上皿天秤の扱い方 ㋺固体、液体1㎤の重さを求める ㋩ゴム風船に空気を入れ空気の重さを求める
	③純粋な水	㋑三角フラスコ、ビーカー、試験管赤インキ等を入れた水を使って蒸留水を作る
	④溶液（溶媒，溶質，溶液の用語の理解）	㋑ホウ酸，食塩，砂糖をとかす。 ㋺それぞれの溶質の溶解度をグラフにして求める（この時はグラフの基本的学習も行なう）
	⑤濃度の計算を理解する	㋑問題提出解答する
	⑥水の成分	㋑水を電気分解する。（電源装置，電解装置の使い方も学習）
	⑦酸素の製法及び性質を調べる	㋑5％ H_2O_2，MnO_2，三角フラスコ，水槽等を用いて酸素を発生させる ㋺鉄線の巻いたのを酸素中に入れ燃えることをたしかめる
	⑧水素の製法及び性質を調べ	㋑三角フラスコ，亜鉛（粒状のもの）

単元	指導内容	実験，観察，研究
	る。	稀硫酸等を使用して水素を発生させる。 ㋺水素を試験管に捕集し，水素が燃えることをたしかめる。
	⑨原子記号，化学反応式を理解する	㋑分子模型を使用 （Zn，Al，S，Cl，Au，Ag，O，Hg，H，C，N，Fe，Cu，Na，Mg，I，P）

以上が4月より9月まで学習した内容であるが，2学期と3学期半ばまでで物質の概念と化学反応，燃焼，熱の単元を終了したいと思っている。

(6)　個別指導の一つの試みとして
「シンクロファックス」の利用について

能力に応じた個別指導は、大へん重要なことであるが、あまりにも教師の労力が大きく、また時間的にも限度があって、困難なことである。そのなやみを、少しでも埋められないものかと考えて、本校では「シンクロファックス」の利用を試みた。現在の所その使用結果として次のことが考えられる。

一、反復練習して暗記しなければならない学習については非常に便利である。

二、個人差のある生徒集団でスムースに運営して行くにはかなりの台数を必要とする。

三、これを使用した場合、生徒の反応は良好で、口頭で指導するより能率があがる。

四、シート作成に、いくらかの工夫と、努力を要する。

以上の通りである。本年初めての試みで、さゝやかなものであるが実状に即して作成した「シート」の一部を記載したので実演と合せて参考にしていたゞきたい。

シンクロファックス用シート作成例

教科	英語									数学					国語						
教材	ローマ字			アルファベット			英単語			九九算					五十音図		特殊な音節の表記		仮名づかい		漢字
	1	2	3…	1	2	3.4	1	2	3	1	2	3	4	5	1	2	3	4			
題名（番号）	アイウエオ・カキクケコ	サシスセソ・タチツテト	短い文章	通読及び書方	〃	実用名称集	人称代名詞	身近かな品物	身近かな動物	一の段－五の段	六の段－九の段	一の段－九の段	一の段－九の段	乱順序	ひらがな	かたかな	促音と拗音の表記	オ列の長音表記	助詞「オ・ワ・エ」	連濁「ぢ・づ」の表記	漢字
内容	正・乱順序	正・乱順序	短い文章 ア・タまでの四段を使った	通読二回吹込み	通読四回吹込み	乱順序練習（NTP HBT KSA）	適宜			通読	通読	通読	通読答のないもの		五十音図各行・各列(段)の通読		促音や拗音の入った語・文の吹込	オ列の長音〈おお/おう〉の二種	助詞「を は・へ」の入った文の通読	「じ・ず」と「ぢ・づ」の使い分け	日常生活に直接に関係を持つ漢字
留意点	・マニュスクリプト体の徹底	・促音・長音は別に指導する。	・以下四段毎りくりかえし同じ形で読ける。	・書写体の徹底	・興味と実益をかねて乱順序練習		・発音及びスペル特に暗称に重点をおいて	・各段階適時使用できる。							・ア行・ヤ行 ワ行の同音表記に注意させる。		・促音の「つ」拗音の「や・ゆ・よ」は右下に小さく書く。	・「おお」の表記を例外として全部覚えさせてしまう。	・助詞のはたらきを意識させ発音と一致しないことを覚えさせる。	・「ぢ・づ」と書く場合の原則を徹底させる。	・数・方位・季節・色彩・植物・動物・鉱物・人倫・人体・衣食住・労仂……等に関するもの

5.　全般としての評価

その効果について

- 。総括して、能力上位の者については、かなり明らかな効果をあげている。
- 。下位の者については、シンクロファックスの利用が効果をあげている。
- 。能力別編成ということで生徒の心理的影響を恐れたが、自己の能力を直視し、実力を少しでも高めることの重要さを、くりかえし説得することによって、現在までのところ特に不満を示す者はない。
- 。時間内での学習はいくらかスムーズに運ばれるようになった。

以上の通りであるが一方で、反省として、常に生徒の実状を把握して、教科内容の検討、グループ編成えの配慮を行い応変の対策を怠るわけにはいかない。効果はまだまだささやかなものでしかないし、困難は続いている。

6.　あ と 書

かなり不安な気持を残しながらも、思いきってこのグループ指導に踏切ってから、約一年半を経過した。勿論完全なグループ指導とか、個人指導というものは望むべくもない。学習活動いや学校生活以前に、彼等が直面している環境及び生活上の問題は、我々のなまじっかな介入を許さない場で大きな圧力を彼等に負わせている。我々は常に学習活動を教育の問題としてのみでなく、むしろ社会問題として考えなければならない。たとえば、授業中には先づ八・九分通りの生徒が、理解できたと確かに思える、ところがテストをしてみると、その結果は意外に悪い、勿論指導の反省はしなければならない、だがそれでことがすまない。知能指数のこと、過年児の頭のかたさ、昼間の職場での労仂、家庭内の複雑な問題。彼等の示すＩＱは本当に知能の指数であろうか？職場のつかれが、住込みの気苦労が、そこにからんではいまいか。過年児は頭がかたいという、それなら頭のやわらかい時にどんな生活をしていたのか、今は社会の中で一人前となっている、当然職場での責任もあろう、中学生としては通用しまい、ある程度の遅刻・欠席もやむをえまい、そして学習のとぎれは重なって行く。学習テストの結果がそこまでいってしまうのをさけられない。こうした条件の中で夜間学級の学習は続けられている。

生徒はかなりの意欲を持っている、それにこたえるために指導の対策は考えて行かねばならない、と同時に一方でこの条件そのものの問題が解決されてゆかなければならない、これは夜間教師のみの問題ではない、社会全体の問題として、もっと大きな所から根本的な策が構じられなければならない。

昨今教育の質的充実が取り上げられて来たが、夜間学級成立の要因である長欠児の問題には、長欠児をより少くするためにこの質的充実の思いきった施策が必要であろう、その上で尚種々の理由によって疎外されてきた生徒に救いの手をさしのべることはその一翼を担うものといえないだろうか、我々はほこりを持ってそれを自認している。各関係機関と一般のこだわりのない支援を御願いしたい。

夜間中学校と地域の協力

横浜市立平楽中学校教諭　柳　沢　弘　美

本校の位置は横浜市南区西南端の丘の上にありその学区は南区と中区との両区にまたがり学区の大半は昭和２０年５月の横浜大空襲の戦火によって焼失し、その後復興して今日に至ったものである。

校舎は学区のほぼ中央にあり地形的には山の手の台地に立ち屋上から南方に旧根岸競馬場が指呼の間にあり正面は伊セ佐木町繁華街をへだてて野毛公園に相対し東方は横浜港とそれにつゞく官庁街を一望におさめることができる。

学区域の概観は、丘の上の平楽、唐沢などの一般住宅地と、丘の下の中村町、八幡町、山元町などの商店街から住宅地を含む密集した地域になっている。中村町方面は、中村川沿岸に沿って、かつては回漕問屋などがあり、大いに栄えたが現在は県衛生研究所がたち、近くは病院などに利用され簡易宿泊所も多い。住民のなかには、工員や単純労ム者などの労仂者が多く生活保ゴ家庭も多くなっている。最近は区画整理が進められ新して市営アパートも完成し、愛泉ホームなどの社会福祉施設がたてられて、住民の生活向上をはかる計画がすすめられている。また山元町方面は、根岸湾の臨海工業地帯の成長にともない都心と結ぶ交通の要路となりつつある。

このように近代化がすゝめられている一方まだ、未解決の問題を多く残している地域なので社会教育上や、学校教育上いろいろな困難点があるのは当然である。家庭の経済状態も今年度の就学奨励金申請は全生徒の１７％に当り、市平均 6.5 ％よりかなり多く、一般によいとは言えないようである。
従って共稼ぎによる母親の不在、生徒の新聞配達、牛乳配達のアルバイトも多くなっている。このような経済的、教育的条件では、生徒の学習意欲も乏しく問題生徒も比較的多い。しかし進んで地域の生徒指導に力を入れる父兄や、町内会もあり、地域と学校との協力態勢も進められている現状である。

本校では毎年１～２回学区内の町会長、民生委員、保ゴ司、児童委員、地

区補導委員、警察署等の懇談会を開催し、町内の未就学生徒や、そのた問題生徒の意見や情報を交換し、それに基づいて、家庭訪問や生活指導を行い、その中から夜間中学該当生徒を発見し就学を促進している。本年卒業した女子生徒について一例ではあるが記述する。

上記の情報交換と前後して女子２名の生徒が警察署に補導された。理由は風俗営業である。この女子生徒は、小学校より入学通知があっただけで一度も登校していなかった。早速警察に行き、その間の事情を聞き、保護者と面接して、今後の対策をたてた。女子生徒の仂いていた所は、喫茶店であり、接客してはいけない年令であった。家庭環境等を調査して見ても昼間に入学させることは困難な状態にあり、職員会議では、警察にも諒承を求め、違反ではあろうが現在の職場に勤め夜学に入学させることにした。その方法としては、その店のマネージャー、警察署、学校長、地区の委員を含めた打合せ会合を開き今後の方針をとりきめた。マネージャーは今後、学校、警察、家庭との連絡は充分にとる。保ゴ者は、学校．警察に密接な連絡をとる。尚生徒の仕事は接客以外の仕事をさせ通学させることにし生徒自身に充分注意をあたえ約束をさせた。この様に多くの人の中で見守られたためか、約１年間は無事に行ったが、その店の経営者が急に変ってしまった。そしてマネージャーも入れ換ったため勤めがだめになってしまった。たまたま、人手不足のスマートボール店の店主に拾われ勤めだしたが、労基法に違反しているため問題があった。しかし、仕事をさせないわけにもゆかず、前述の署にゆき話し合いをした。しかし、今度の店は管轄が違っていたのでその署に連絡をしていただき、またその署に出むき、今迄の経過を話し一応仂く事にした。
この生徒は今年三月無事卒業してゆき現在は、社会人として立派に生活をしている。夜間中学の入学動機は色々とあるが、地域の非行化防止から始めた地域懇談会も、夜間中学の理解を深められた現在、恵まれない生徒や非行化してゆく生徒の指導に大変役立っている。

年々夜間中学の就学が低くなっていく傾向が見られるがしかし、昼間の中学校にゆきたくても経済的理由や家庭事情、あるいは本人の怠惰からくる怠学生徒もあると思うが私共は、それらの生徒をいかに発見しそれを収容していくか、真剣に対策を考えて見る必要があると思う。

調　査　報　告

No. 1　昭和40年度

夜間中学校入学理由に関する調査について

No. 2　昭和41年度

都夜中新入生に関する調査について

東京都夜間中学校研究会

研　究　部

昭和40年度東京都夜間中学校入学理由調査

目　次

Ⅰ　調査目的

「夜間中学」は現憲法の下では、あってはならない学校であることは誰でも知っている。しかし、昭和24年の神戸駒ケ林中学校の夜間部設置以来、その数の増減はともかくとして、現在の昭和41年に至っても、全国にまだ数百の夜間中学生が現に存在している。この現実に対して「法の盲点」「日本の恥部」あるいは「これこそ現実を解決する必要悪」といろいろな批判や質問を受けてきた。

しかし、現在我々が考えることは、先ず、義務教育未終了者が依然としてまだこの世の中にあるということ、またそれが過去から累積されてきているという事実である。この事実の分析や問題点の解明なくしては、「夜間中学生」を生み出す昼間義務教育未終了者の問題の解決を見出すのは困難なことではないだろうか。

我々は、この研究を以上の意味で、第一に今後の昼間の義務教育未終了者の防止の一助ともなればと思い行なったのである。但し、我々の覗く窓はごく限られた小さい窓口であり、勿論それをもって全国の義務教育脱落者の原因を類推することはできないであろう。しかし、我々は今すぐにその断定を下してはならないが、案外この小さな窓口から広い世の中の総況が覗けるかもしれないとも思うのである。

さてこの研究の第二の目標は、現場に立つ者としてのこの研究の利用である。夜間中学生を扱う我々にとっては、生徒の指導という具体的な問題が絶えず山積していて、それがその場かぎりの方法で解決するような生やさしいものでないことはよく知っている。実際生徒たちは、この研究で示されるように、本当に千差万別と言わねばならない。そこには生徒の過去の経歴という歴史的な不正規な結晶を見だす。我々はまたその時々に変わる時代の変遷を見る。我々はこの不正規な結晶がどう造られたかを知らなければ、これをどう解きほぐすかも分からない。こんな意味からも我々はこの調査を通して、個々の生徒に具体的にふれられることも期待していた。統計上の数字も大切であるが、個々の生徒を知るという意味でもまたとない機会であったと思う。

最後に一言、これを読まれる方々に申しあげておかなければならないことは、このプリントは昨年の全国大会の「中間報告」をさらに発展したものであるということ、つまり我々が昨年度いっぱいを予定した調査の結論であるということである。我々はこの調査を本年3月までに完成しようという目標をたてていたのであったが種々の事情でその完了がのびのびになってしまい、発表が今頃になってしまったことも申しそえておきたい。

Ⅱ　調査方法

1、調査対象

昭和40年10月現在、都内の夜間中学校は7校、生徒数は約230名であった。本調査は、その全生徒を対象として進められているが、太田区糀谷中と八王子五中の2校だけは、中間報告の集計におくれた。また残りの5校においても、集計にまに合わない生徒数がかなりあって、中間報告できる対象生徒数は134名となった。これらの生徒中には、美容師、看護婦試験に必要な資格を得るために入学した旧制度の修了者と、義務年限を未修了のまま海外から引揚げてきた者、合わせて11名が含まれている。従って全調査項目に該当する生徒数は123名である。

2、調査手段

数次の調整の後に作成した調査用紙にもとずいて、個々に面接して聴取した。面接員は、各生徒の生活背景を入学表、観察、把握している教師たちだった。それもあってか、プライベートな生活の秘密部分にふれても、かなりストレートな説明を得ることができた。

3、調査事項

調査用紙に設定した質問項目のあらましを説明すれば、以下の通りである。

「経歴」……長欠あるいは夜間中学校入学という現象は、個々の生徒の中でかなり以前から形成され蓄積された諸要因の作用の結果である。当然、出生以来の生活歴をさぐる必要を生じる。ここでは、「経歴」を構成するものとして、住所の特性、転居の理由、保護者の職歴、家族構成員の変動（死亡、離婚など）、本人の病歴・学歴・行動歴・職歴などを考えた。

但し、中間報告では、この事項の分析結果の一部を入学理由の分野で役立てた他は、ほとんど紹介する余裕がない。

「家庭状況」………子供の長欠あるいは夜間中学校入学は、多くの場合、家庭諸機能の停止・不能の表徴であり、子供への反映である。そうした意味でも、長欠あるいは夜間中学校入学という時点での家庭状況の把握は不可欠である。

「入学経路」………夜間中学校入学以前での長欠の有無を知れば、「危険な年令」を示せるかもしれない。また、夜間中学校入学までの経過年数をつかめば、学習、生活指導の上で役立つ示唆は大きいだろう。

「入学理由」………昼間小中学校への通学意思の有無によって、長欠あるいは夜間中学校入学の理由・形態に差異が有ると予想される。通学意思のあった場合の入学理由として、本人の病気、貧困、欠損家庭、保護者の義務教育軽視など8項目をおいた。また、通学意思のなくなった場合の入学理由には、勉強の遅れ、家庭のもつれ、差別、学校での対人関係、貧困など、9項目を用意した。

Ⅲ 調査結果の概況

1、夜間中学生の年令構成

1） 年令構成の推移

本調査の対象人数は僅か134名である。これは昨年調査時の東京都内夜間中学生の総数に比して、半数を多少越す程度で、この年令構成（表A₀）が、東京の夜間中学生の年令構成を直ちに示すものとは言い難い。

ここより大正生れ（39歳の欄を指す矢印）

性別＼年令	12	13	14	15	16	17	18	19	20	21	22	23	24	25	26	27	28	29	30	31	32	33	34	35	36	37	38	39	40	41	計
男	5	5	21	10	9	7	5	2	2	1	3	3				2		3		1											79
女	1	6	12	5	2	3	5	1	1	1	3						3	2		1								1			47
計	6	11	33	15	11	10	10	3	3	2	6	3				2	3	5		2								1			126

そこで、私どもは「東京都夜間中学校14年の歩み」から資料を探して作図して表A₁を作ってみた。いったい東京都の夜間中学生の年令構成はどういうものであろうか。

A₁は、東京都夜間中学生の昭和27年から昭和38年までの3月末の3年生の年令構成比とそれに都内6校（除、八王子五中）の昭和39年・40年の3月末の3年生と、本調査対象者及び今年度になってからの都内夜間中学校7校の入学者のそれを付してみたものである。

そこで、A₁からうかがえることを考えてみよう。

（4）

A₁　3年在籍生徒年令構成比推移表

（各年3月末）

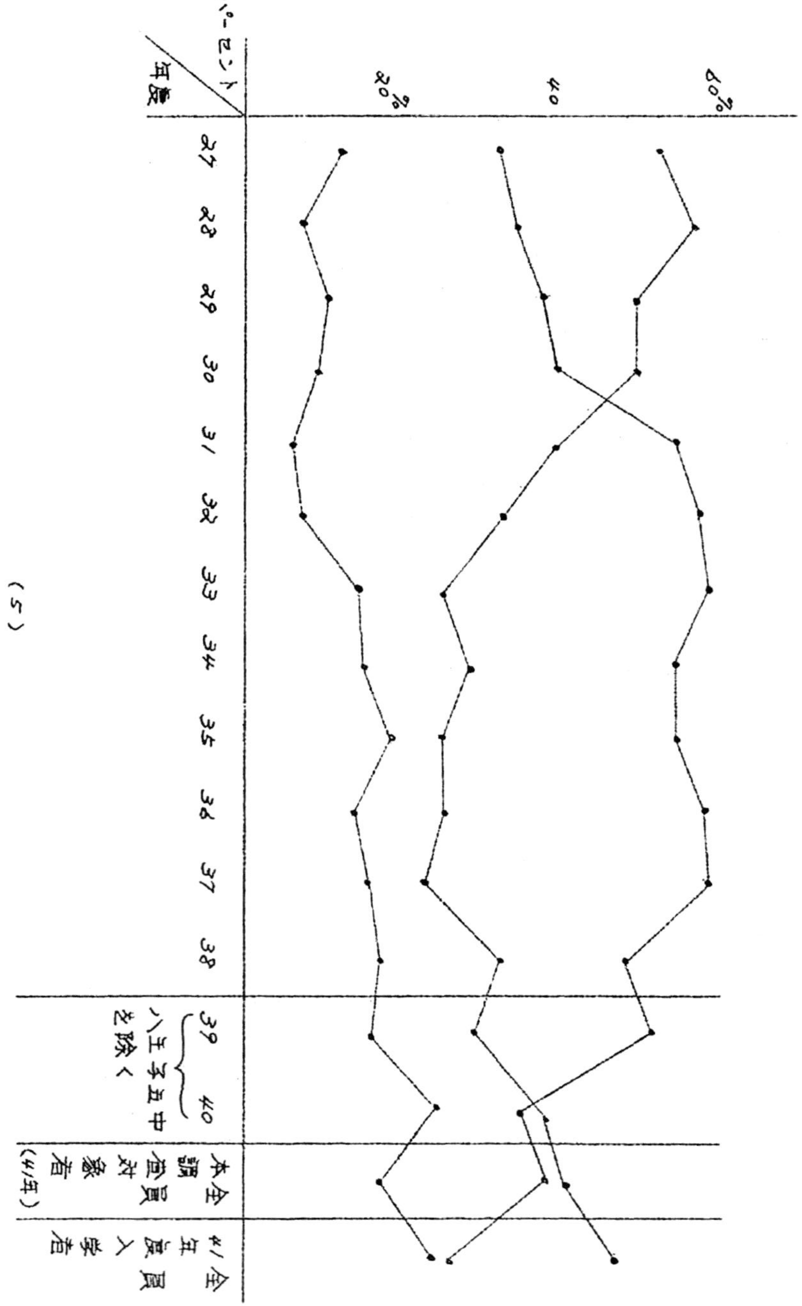

（5）

Ⓐ2 3年在籍生徒年令構成実数推移表
（各年3月末）

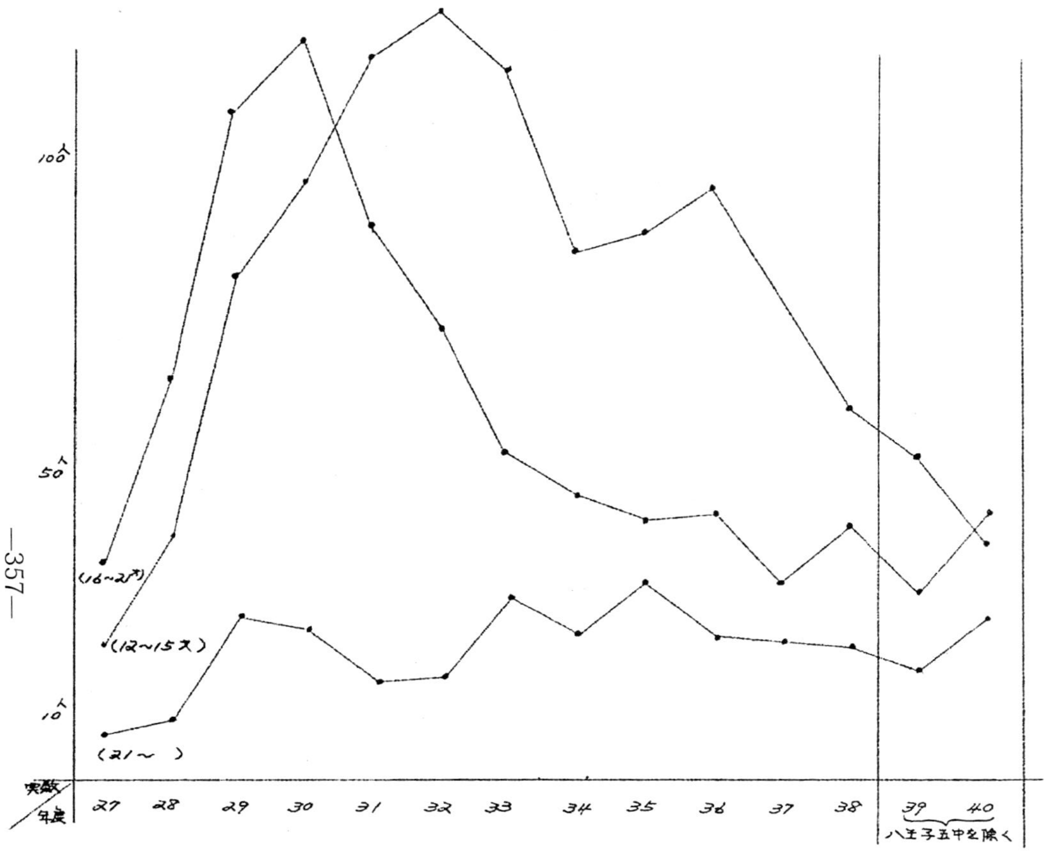

この表からすぐわかることは（A2も参照）大体年令構成比の上で三つの特徴のある部分があるということである．つまり昭和27～32年，昭和33～37年，昭和38～　という区分である．

(1) 昭和27～32年の傾向

ⓐ 適令児の増加（実数においても）

ⓑ 中間年令児（16～20才）の比率・実数とものピークから下落方向への転換

ⓒ 成人層の比率の横ばい（実数においては多少の増加）

(2) 昭和33～37年の傾向

ⓐ 全層とも比較的比率の面で落着いた時期

ⓑ 適令児・中間年令児の実数減少

ⓒ 成人層比の漸増（実数においては大体横ばい状態）

(3) 昭和38年以後

ⓐ 適令児の比率・実数ともの減少

ⓑ 中間年令・成人両層の比率上の増加（実数上は横ばい、又は僅かな増）

さらに、A1の今年度の入学者の年令比及びA3・A3'を合せて考えてみよう．

Ⓐ3 本調査学校別年令構成（実数）

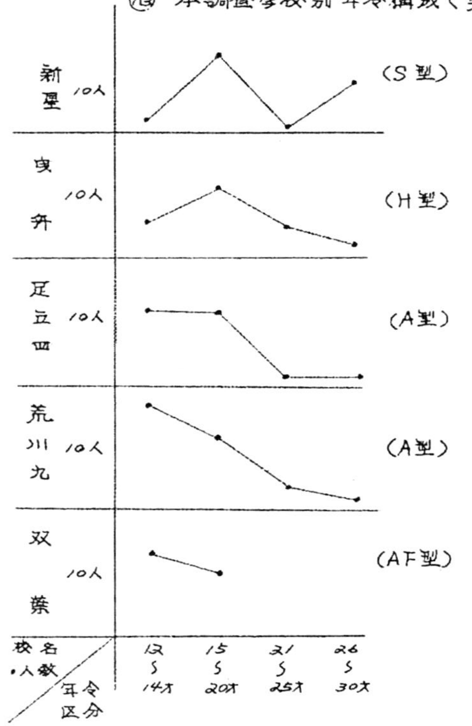

Ⓐ3' 昭和41年度都内七校入学者学校別年令構成（実数）

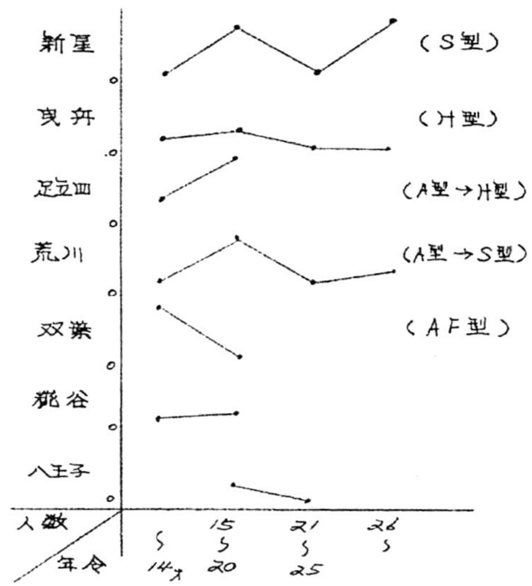

本調査対象者の年令構成が都の夜間中学生の年令構成を正しく代表しているとすると（ある程度まで、そのことは言えると思う．なぜなら40年度の3年生のそれと割りに対応しているから）今年度の入学者の構成比と考え合せて、過年者の比率は今後も上昇とみてよいの

ではないだろうか。

A_3・A_3'を比較してみると、本調査対象の5校で、A型・AF型（過年者比く適令児比）の三校中、今年度入学者の年令構成比が足立四中と荒川九中でH型及びS型（過年者比＞適令児比）へ移項している。つまり東京都では、今年度の入学者から推測できることは、やはり適令児の減少であり、高年令層も漸増という予測をたてうるのではないか。このことはさらにB_1・B_1'の2表の比較からも言えそうである。（B_1'では、B_1に比して15〜20才層と30才以上の層の上昇である。）

Ⓑ1 本調査対象者年令別構成表

（40年4月1日現在満年令）

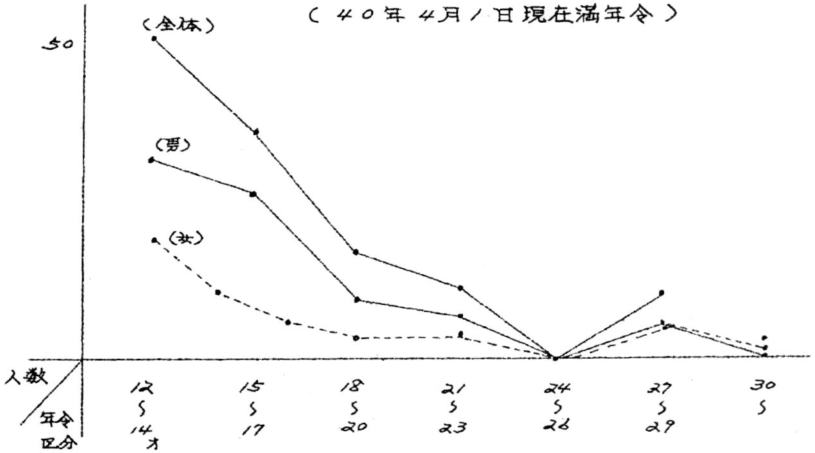

Ⓑ1' 昭和41年度都内七校入学者年令構成

（3年間隔区分によるもの）

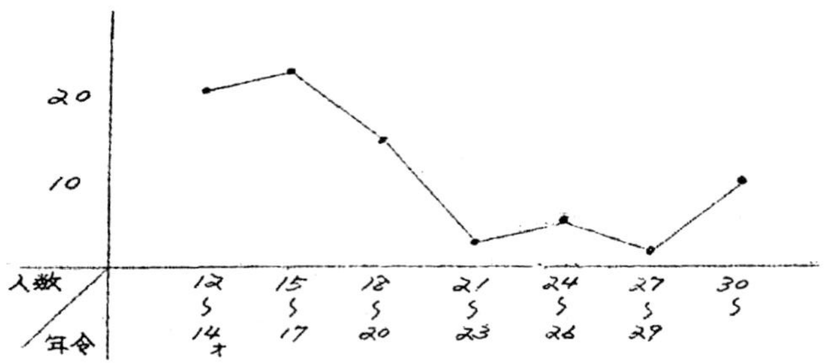

（8）

II）年令構成の推移と夜間中学校の立場

さて、以上の年令構成比の推移から、次に夜間中学校の問題点の推移も考えられる。（例えば、昭和32年に美・数・国の三教科に学年を解体して能力別の授業編成を採用した荒井中学校の場合も、ちょうどA1表でみると31年の適令児が過年者を抜いて、その問題点（意慾・体力等の面の差等）が見立ちはじめた時に当る。）

① 夜間中学存在価値の変化

A1より——昭和38年頃を境に適令児の比率は50％を割り、夜間中学の存在価値は次第に過年者、つまり過去においての堆積した長欠者の資格取得機関の役目を特に大きな課題として背負うようになった。また特に注意を要する点は、実数において、適令児の減少傾向に対して、16才以上のいわゆる過年者の数は、昭和34年以後はあまり増減をしていないという点である。この点から、夜間中学生の数の減少は、ひとえに適令児のそれのみに依ると言ってよいのであり、この点も昭和33年の東京都内の長欠生徒数の大減少と、都内夜間中学生徒数の減少が歩調を揃えていることでも裏付けされると思われる。

② 夜間中学校の授業上の問題

年令がまちまちな生徒が、一つの教室で授業を受けるときに起る問題は、夜間中学の発足当初より既に問題を孕んでいたようである。しかし、その種々の問題も、生徒の年令構成比率の変化によっては相当ニュアンスの違いをもたないわけがない。このように年令構成比率の変化から、どんな問題点の推移が考えられるであろうか。

ⓐ 全体生徒数の減少——指導方法として個人指導の徹底の方向へ向う。

ⓑ 過年者生徒数比の上昇——特に成年生徒の率の上昇等を考えると、今後、進路指導・生活指導・学活等の工夫

III）成人生徒層の内容

東京都に夜間中学が創設されて以来、漸増の現象をみている成人生徒層は、いったいどういう内容をもっているのだろうか。ここでは特に別の資料があるというわけでもないので、多少の推量を加えてこの問題を考えてみよう。

① 本調査対象者に24〜26才までの者が皆無であったことについて（B1表）——このB1表では、この年令が谷を作っているが、

（9）

これは単に偶然であるとしても、B1・B2を併せてみても、先に角23～26才までは非常に少いことが解る。このことは次の②で述べる27才以上の層と人生上の面白い対象を示しているのではないだろうか。

人間も20才を越すと、そろそろ自分の具体的な家庭の創造意欲をもちはじめ、そこに無形の内容の教養という考え方よりも、有形のものへと生活意識の重心が動き、また、社会も結局は24・25才ごろの青年に職場の働き手の期待を大きくするようである。

この二つの条件は自然にこの年代の青年に学校通学の困難を与えてしまうのであろう。

② 27才以上の生徒について —— 30才を越す近くになると、青年はもう特殊な場合を除いて、新に中学卒業資格を取る必要自体が少くなるはずである。しかるに27才以上の者は、東京都内の夜間中学には可成りな数を数え得るのはどういうわけであろうか。　この層を男女二層に別けて考えてみよう。

ⓐ 男子 —— 特別な場合を除いて考えてみると、男子にとって30近くの中卒資格は、既に社会的職場の開拓には遅いのである。しかし、彼等は来る。　そこに、何らかの男性社会の最低義務教育資格の個人に及ぼす無形の意味があるように思われる。それはいまいったように職場の開拓というものには結ばれない。言ってみれば教養の自負のようなものではないだろうか。

ⓑ 女子 —— 　ⓐで推量した男性のそれとは、何かかなり異るようなものを感ずる。特に独身女性においては、中学卒業資格は、ある意味では30才になっても40才になっても遅いとは言い切れないのではないだろうか。美容師など、女性中心の職場は、中卒後比較的短期間に開拓が可能であるし、収入の点でも、現在では女性が30才を越して仕事を変っても大した違いは現れないのではないだろうか。こんな面から、夜間中学に30才近く、あるいはそれ以上の女性が可成り多い点を理解してみたいと思う。

2、義務教育に遅れた年数

当然過年児がいる以上、その者たちは、どこかで何年間か学校生活を離れていたわけである。そして、年令が高い生徒程長い期間の遅れをもっている。本調査でも年令構成表とほぼこの「義務教育に遅れた年数」

(10)

表とは一致している。

そこで、全体的にはこの一致点をふまえて多少見方を変えてこの「義務教育に遅れた年」を考えてみよう。

(1) 男女別から見て（C、表）

Ⓒ1 義務教育を遅れた年数（男女別）

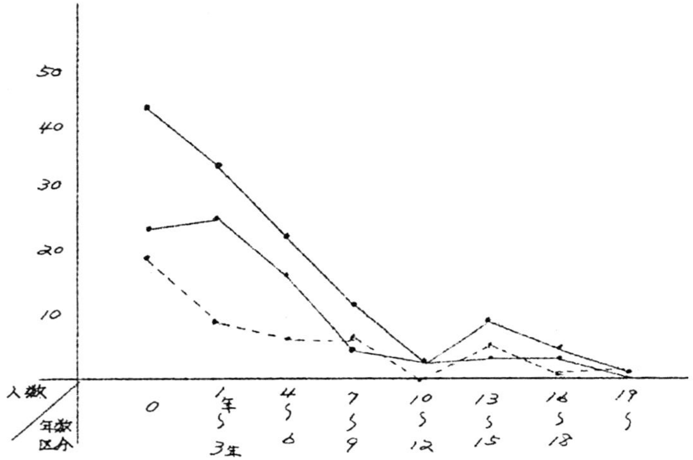

Ⓒ2 義務教育を遅れた年数（学年別）

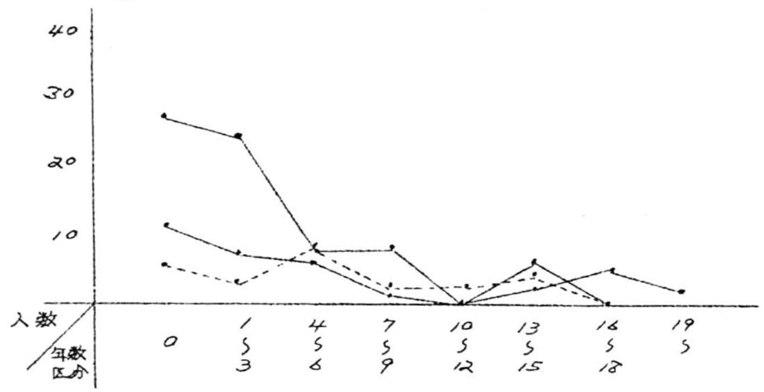

男子に比して女子は「遅れ」の多い者 —— つまりは年令の高い者が概して多いようである。男子はそれに比して数年遅れの、いわゆる中間年令層が圧倒的に多い。このことは何を意味するかは即答できない

(11)

が、社会の男女に対する学歴要求度のちがいの反影があるかもしれない。しかし、この結論はもっと深い調査を経なければ言うことは出来ないだろう。

(2) 学年別から見て（C₂表）

学年別から義務教育を遅れた年数を見直してみよう。そこには目立つことが一つある。2・3年生には、1年～3年遅れの生徒が非常に多いのに、1年生では一段ずれて4年～6年の遅れが、ストレートに来た順調児まで抜いていると言うことである。このことから、次のことが言えるのではないだろうか。1年も2・3年も夜間中学では概して年令差はない。そして、1年から入ってくる過年児には、2年3年に入ってくる同年輩の少年よりも、中学の経験が全くないか、あるいは少いだけに種々の指導上の問題点がある場合が多い。このことはさらにあるいは次の推論に、将来調査をすすめると発展するかもしれない。すなわち、同年令であっても、中学の生活を1年以上経験して長欠になったものの復学と、一度も中学経験をもたなかった者の夜間中学入学の決意は気持の上で、中学生活無経験者に障害を大きくしている。つまりはその気持の障害の強度（特に劣等感 etc ）で入学までの期間の長さも左右されやすいということである。

3. 長欠開始時の住居

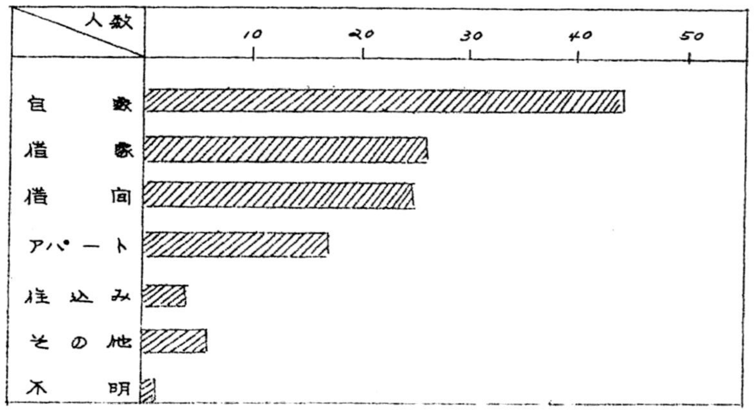

この結果から云えることは、

自家が最も多い、ということである。これは一見、夜中の存在と矛盾するようであるが、調査の結果自家と答えた者には、農業、零細企業者

が多かったこと、又貧困が原因でない、例えば非行等が夜中入学の原因の一部になっている者もいる。という事実と考え合わせれば、このことも全く矛盾しない。

「その他」と答えたものの多くは、都営住宅・民生住宅等の借家借住宅である。

4. 長欠開始時の経済状態

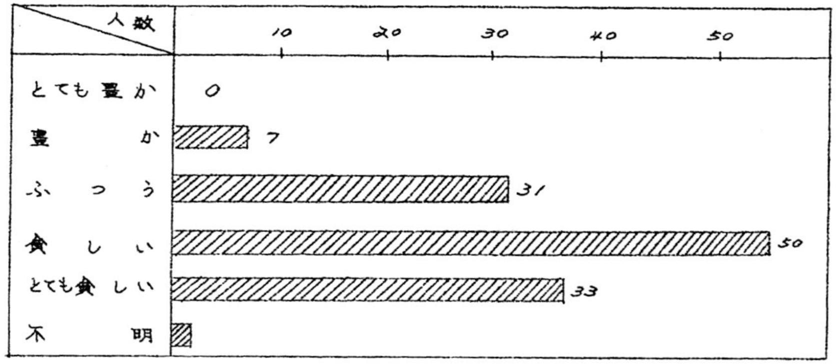

当然のことながら「貧しい」が最も多く、次の「とても貧しい」とあわせると、調査した人数の71%にもなる。

ここでことわっておかねばならないのは、この調査は生徒の判断によるので、記憶違いや、わからなかった面もあるのは当然であり、特に幼い頃長欠した者にはそれが多い。

「とても豊か」が一人もいないのは、当然であろう

「豊か」と答えている生徒の場合は、家庭不和、欠損家庭等による家庭の崩壊、それ等とも関連する非行、勉強のおくれ等が、その夜中入学の原因の一部をなしている。又、例え生徒自身は「豊か」と答えても、その内容には大いに疑問が残る。実家は豊かで、奉公先が貧しく、長欠した生徒が「豊か」と答えている例もある。

「ふつう」と答えた生徒の中に「豊か」と答えた生徒と同じな夜中入学の原因が存在する、と同時に昼間の中学校に適応して行かれず、はみ出した生徒も、何人か見られる。これは個々の家庭の問題でもあると同時に、日本の教育がつき当っている問題を、夜中もやはり非常に鮮明な形でいいえている、ということであろう。

5、長欠開始時の居住地

図 1.

◦ 生徒 1 人

外国 { 韓国 1
　　 { 中国 2

居住地区

図 2、居住地が都内の者 69 名の居住区

◦ 生徒 1 人

夜中のある区

（八王子はこの図に書けなかった）

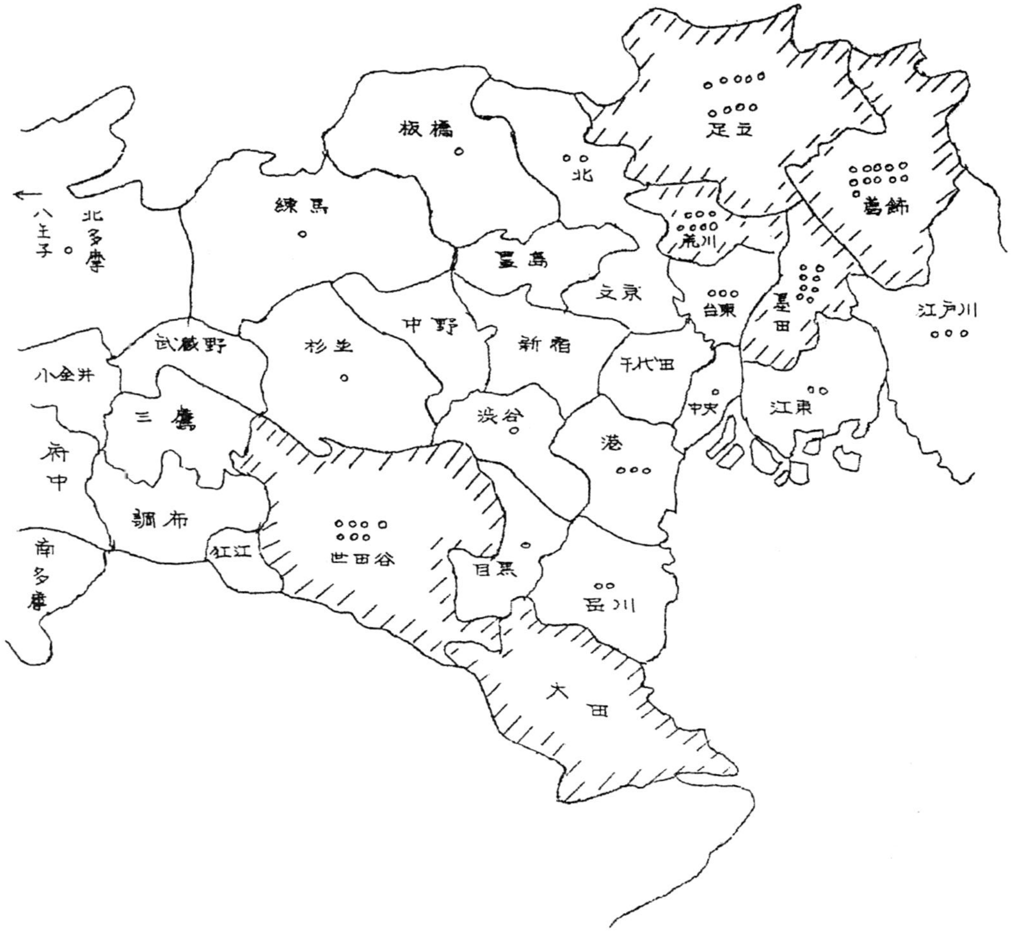

(1) 東京が長欠当時の居住地だとする者は126名中69名、55%で過半数を占めている。

(2) 次は千葉(12名)、埼玉(5名)、北海道(5名)であり、面積の広い北海道を除くと、近県が多い。東京に近いというだけではなく特に千葉県は長欠が多いことの反映であらう。

(3) 他府県は4名～1名の範囲で散らばっており、特に目につくことはない。ただ、北陸3県を居住地とする者は一人もいない。これはここが京都との関係が深い地方であり、長欠者が就職するとすれば関西へ出るからであろうか。同様に中国地方も広島の2名を除いてはいない。四国地方も香川の2名のみである。

(4) 東京を居住地とする者69名の内訳を区ごとにみると、数の多いのは足立(14名)、葛飾(11名)、墨田(8名)、荒川(7名)、世田谷(7名)の順であり、次の台東(3名)、江戸川(3名)、港(3名)との差は大きい。これ等の区はいずれも夜中が設置されている区である。都内の夜中はこの他に八王子と大田区にあるが、大田区が1名もいない、ということは、糀谷中が都合によってこの調査にとり組めなかった、ということによるものと思われる。

この事実は何を意味するのであろうか。長欠者の多い区に夜中が設立された故とも思われるが、その区に夜中があるということが、区内の長欠者を吸収しやすくしている故でもあろう。夜間中学は一般的に長欠者を少なくするのに力が有るだけでなく、それが置かれている特定の区では、よりその力を発揮していると見て良いのではあるまいか。

(5) 都下の郡部や市部にはほとんどいない。八王子五中で調査できなかった事とも少しは関係あるであろう。

6. その他居住地の特性

特性＼人数			
都市		男	59
		女	30
		計	89 (71%)
内小計	市街地	男	52
		女	27
		計	79 (　)
	郊外	男	6
		女	2
		計	8 (　)
	田園	男	1
		女	1
		計	2 (　)
農村		男	16
		女	9
		計	25 (20%)
漁村		男	3
		女	3
		計	6 (5%)
山村		男	1
		女	2
		計	3 (2%)
炭鉱		男	1
		女	
		計	1 (1%)
不明		男	2
		女	
		計	2 (2%)

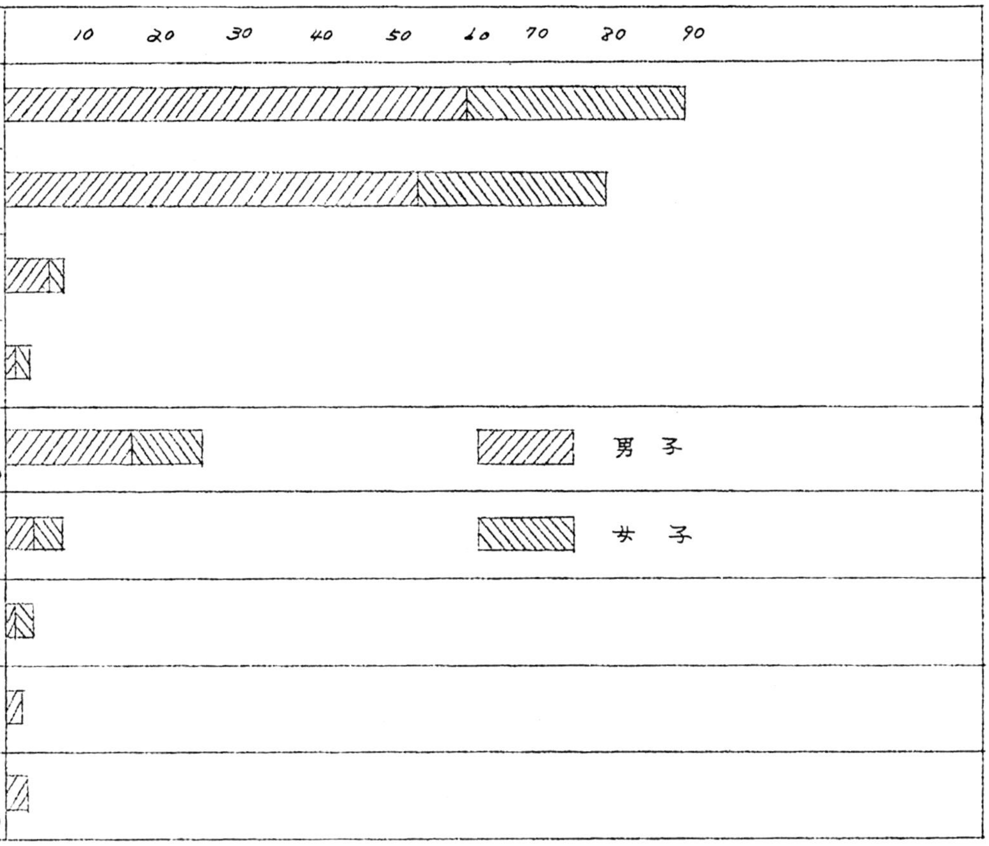

(17)

(1) 都市を居住地としたものが71%を占めるのは、居住地を東京とした者が全調査人員の過半数であったことから見ても当然であろう。都市の中でも市街地が多いのも同様である。

(2) 農村は20%、5人に1人の割合である。

(3) 炭鉱は1名しかなく、予想外に少なかった。

7. 出生より長欠開始時までの保護者の転居回数

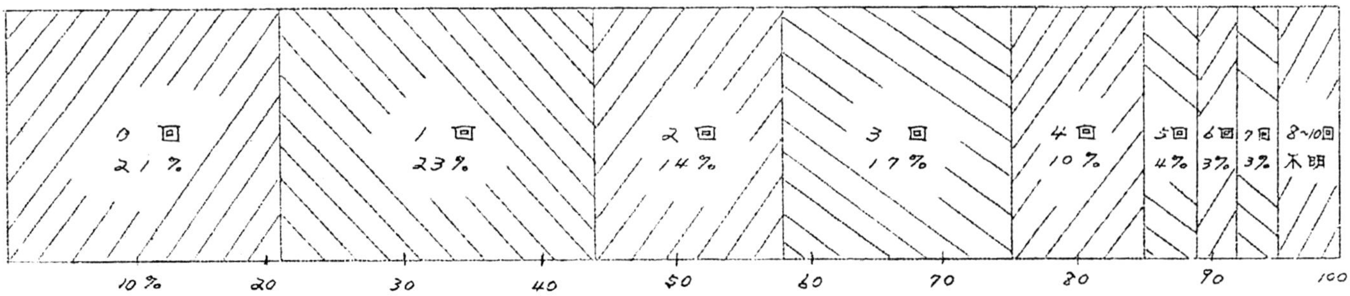

(1) 0～2回が58%を占め過半数である

(2) 5回以上は全体の13%で、ずっと少なくなっている。この調査からは夜中生を持つ家庭の状況を判断する材料は出て来ない。全国的に転居回数の平均はどのくらいなのかという資料がないので、その先の判断はしかねる。

(18)

8. 長欠開始時の学年と月

学年	月	4	5	6	7	8	9	10	11	12	1	2	3	計
小1年	男	1						1						2
	女							1						1
	計	1						2						3
小2	男													
	女	1											1	1
	計												1	1
小3	男	1					1					1		3
	女						1							1
	計	1					2					1		4
小4	男	2	1											3
	女	1	1											2
	計	3	2											5
小5	男	1												1
	女					1	1	1					1	4
	計	1				1	1	1					1	5
小6	男	1							1					2
	女											2		2
	計	1							1			2		4
中1	男	17	3	1	4		8	2	1		1	2	1	40
	女	7	3		1		1	1			3	1		17
	計													57
中2	男	7	1	2			7	5	2		1			25
	女	2	1	1					1		2	1		8
	計													33
中3	男	1	1	1										3
	女	1	1	1		2			1			1		7
	計	2	2	2		2			1			1		10
合計	男	31	6	4	4	0	16	8	4	0	2	3	1	79
	女	11	5	2	1	3	3	3	2	0	5	5	2	43
	計	42	11	6	5	3	19	11	6	0	7	8	3	122

調査対象１２２名（４名は引揚者なのでカット）について、小学校１年から中学３年までの長欠開始の人数を月別にみると４月と９月、すなわち新学期と第２学期の始まる月に集中していて、この２カ月だけで全体の５２％（４月は３６％・９月は１６％）を占めている。

長欠者の最も多い４月についてみると、長欠開始者４２名のうち２４名までが中学１年の４月に集中している。この数字は、小学校から中学校への進級に際して脱落する者が多いことを物語っている。

９月についてみると、まだ気づくことは、長欠開始者１９名のうち、１６名までが男子であることである。しかもそれが中学１年と２年に等分に分かれていて、中学１年で８名、２年で７名である。

このあたりから、長欠開始の時期が４月であった者と９月であった者とではそこに質的な相違が考えられるのではないだろうか。

すなわち、４月には長欠開始者が男女とも平均して多いということは

- 小学校から中学への入学手続きの時の脱落、親の手抜かりなど.
- 小学校時代から長欠気味であった者や無理してなんとか通学していた者が中学入学を機に仕事などに従事してしまう。

というような、多分に家庭の問題がからんでの長欠で、長欠時点での本人の通学の意志の有無で分類するならば、おそらく意志があったのにもかかわらず長欠になってしまったケースが多いのではあるまいか。

これに対して９月の長欠開始者は、男子が圧倒的に多く、それも中学１．２年に集中している。「夜間中学入学理由調査」の中間報告の中で、女子の学令児に対して男子の学令夜間中学生の場合、本人に問題のあるケースが多いことが指適された（P．１３～１４）が、そのこととこの数字とが符合する面があると考えられる。

夏休み後の２学期開始と同時に長欠になった者の多くが、本人に問題のあるケースで

- 学校嫌いなどで怠学の傾向にある者が長期休暇の延長で長欠になってしまう。
- 小学校から中学への移行がスムースに行かず、１学期に生じたスクールホビア的症状が昂じて夏休みを機に長欠になってしまう。

などのケースが考えられる。

荒川九中では、毎年３月の卒業式が終わると、卒業生の出身校である各小中学校に、その生徒が夜間中学を無事卒業した旨の挨拶状を出しているが、これなども長欠開始の最も多い月にぶつかるためか、間接的ではあるが効果的な生徒募集にもなっている。

９．兄弟の学歴と長欠

	卒業した者			長欠中の者			在学中の者		
	男	女	計	男	女	計	男	女	計
新　中	２７	２９	５６	４	８	１２	１１	９	２０
夜　中	５	９	１４				３	２	５
新　高	１２	８	２０	１		１	４	１	５
新　大（旧大）（高専・短大も含む）	３	１	４						
不　明	２	１	３						

調査対象となった夜間中学生１２２名の兄弟のうち、１４名が夜間中学の卒業生であり、１２名が現在中学を長欠している。

荒川九中の昭和３７年度の調査では、当時在籍５４名の兄弟姉妹２４２人中、義務教育中退者は１４人、夜間中学卒業生は６名で、在籍生徒、５４名を合計すると２４２人中７４人（３４％）即ち３人に１人が義務教育からの脱落か又は変則的教育の中におかれていることが指適された。

本調査では、調査対象の兄弟姉妹の総数が集計されていないので、３７年度の調査と正確な比較をすることはできないが、わずかに就学率が好転しているようである。しかし、９９．９％の世界第１位の義務教育就学率を誇る日本の現状から相対的にこれを検討してみた時、夜間中学生やその兄弟たちがいかに義務教育から疎外されているかに驚かされるのである。

このことは、後期中等教育に進む者の比率からも明らかである。

すなわち、昭和３９年度には高等学校進学率は全国平均７０．６％、東京では８４．３％にも達しているのに、１２２名もの夜間中学生の兄弟（おそらく３５０人以上）のうち高校進学者はたったの２１名にすぎないのである。

夜間中学生及びその兄弟たちの就学率は絶対的な統計のうえで多少は好転しているようにみえても相対的にみれば、依然として大きな疎外の差別の中におかれているのである。

参考資料　〈家族人数の調査〉

人数	1	2	3	4	5	6	7	8	9	10	計
世帯人数	5	8	14	17	29	21	8	2	0	2	106
家族人数	6	7	15	19	34	25	12	3	3	1	125

（注：これでみると一家族平均　約5人となる。）

10、保護者の産業、職業分類

夜間中学生が長欠時、その保護者の産業及び職業上の所属が全国の国勢調査とどう異なるかを比較検討することにより、その当時の生徒の家庭の社会的位置を理解するのに役立てようとするためのものである。

保護者と昭和35年度国勢調査全国都道府県市町村人口総覧、その(一)全国編に関して、日本標準産業分類による分類（表1）と日本標準職業分類による分類（表2）の比較検討を行なった。その結果、明らかな結論は得られなかったが、読みとれたとすれば次の諸項目になる。

表1について

(1) 全国の状態に比べ農業が少く、製造業が多い。それは生徒の出身家庭が東京都内である場合が約半数という多数に上ることからだと考えられる。

(2) 分類不能の項が多くなっているのは、当時父兄がどういう職場にあったか、勤務先の名称が明確に記憶されていないためと考えられる。

表2について

(1) 全国の状態に比べ表1同様農業、漁業が少い。

（22）

表1　日本標準産業分類による分類

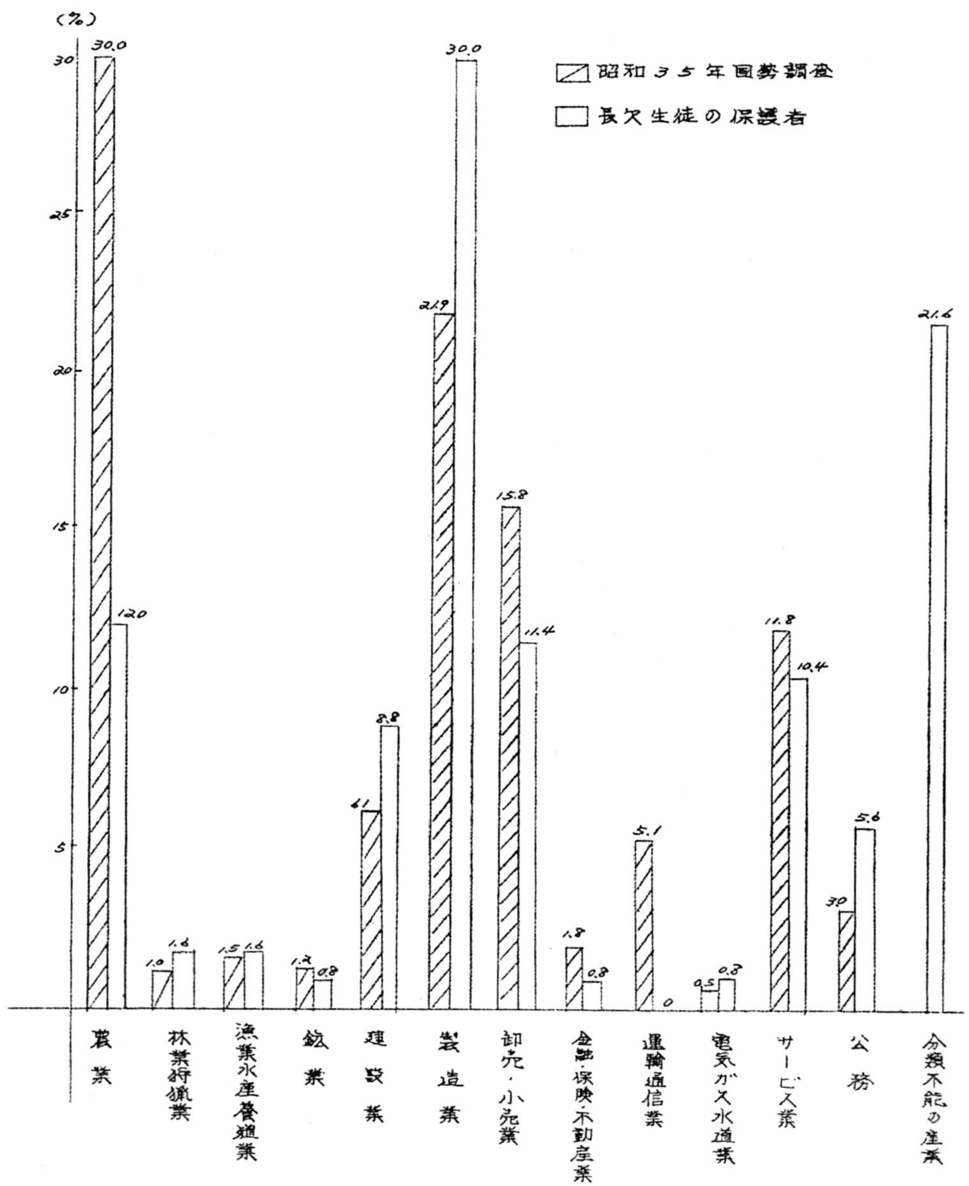

（23）

表２　日本標準職業分類による分類

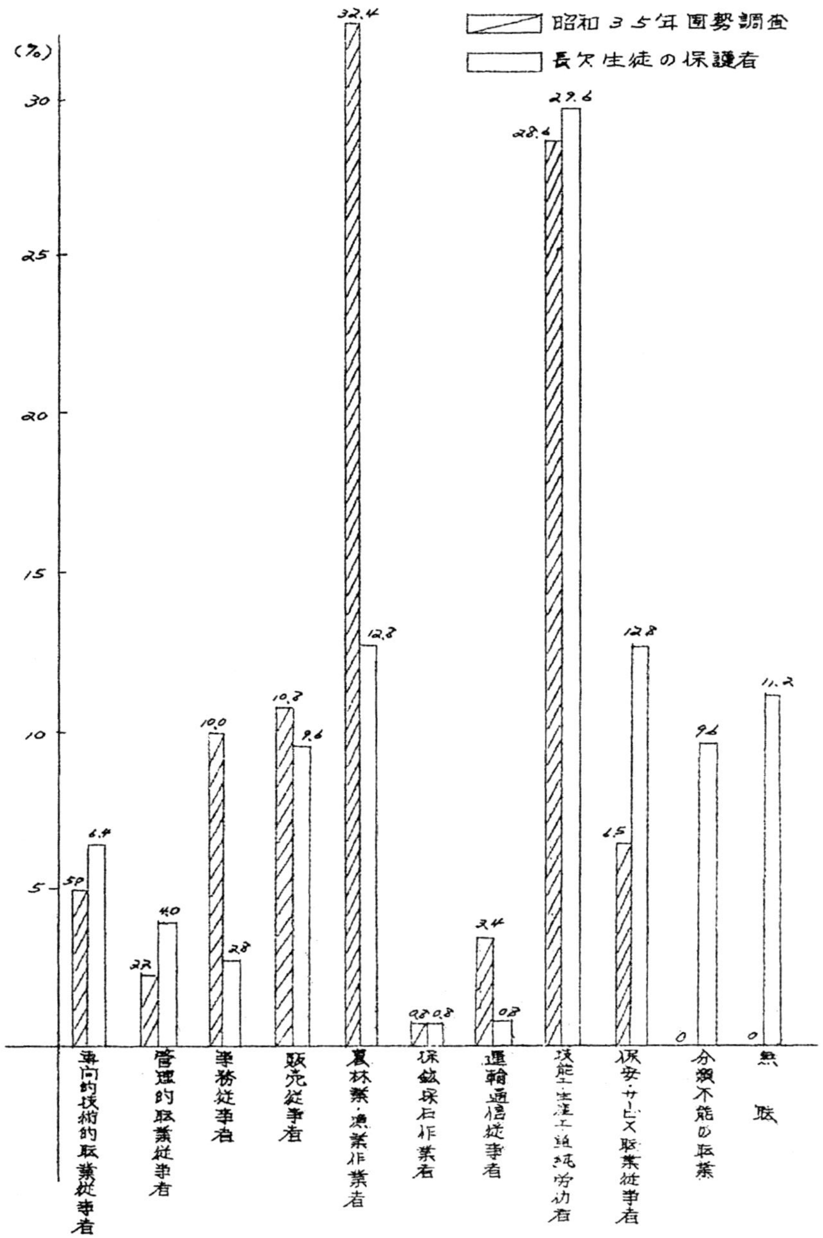

(24)

11．保護者の転職回数

生徒が生れてから長欠しはじめるまでのもので、本人が記憶しているものをメモして回数を割り出したためやゝ不正確ではあるが、大略の傾向は掴むことができる。表１にそれが示されている。

これからみてとれるものは、本人が長欠しはじめる頃、１５才以下で既に３、４回保護者が転職している例がかなりあるのは、その一家の経済的生活の不安定を物語るものと思われる。

表１　保護者の転職回数

（生徒出生より長欠開始までの）

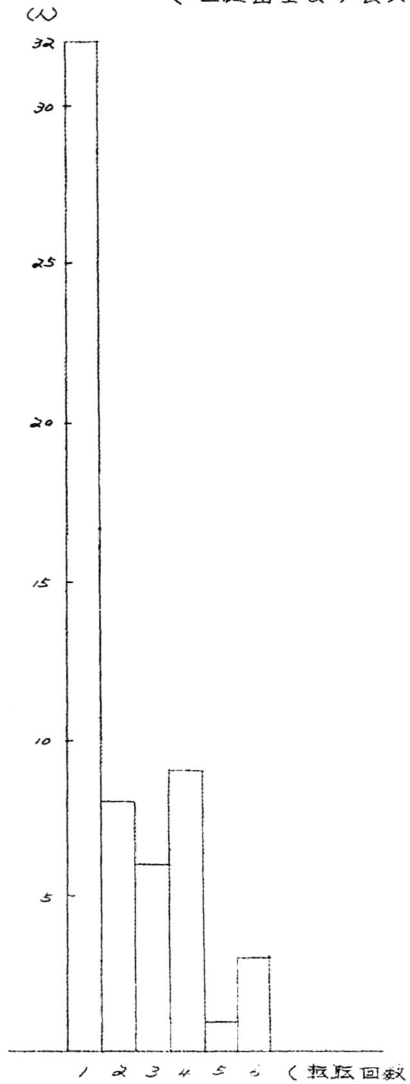

(25)

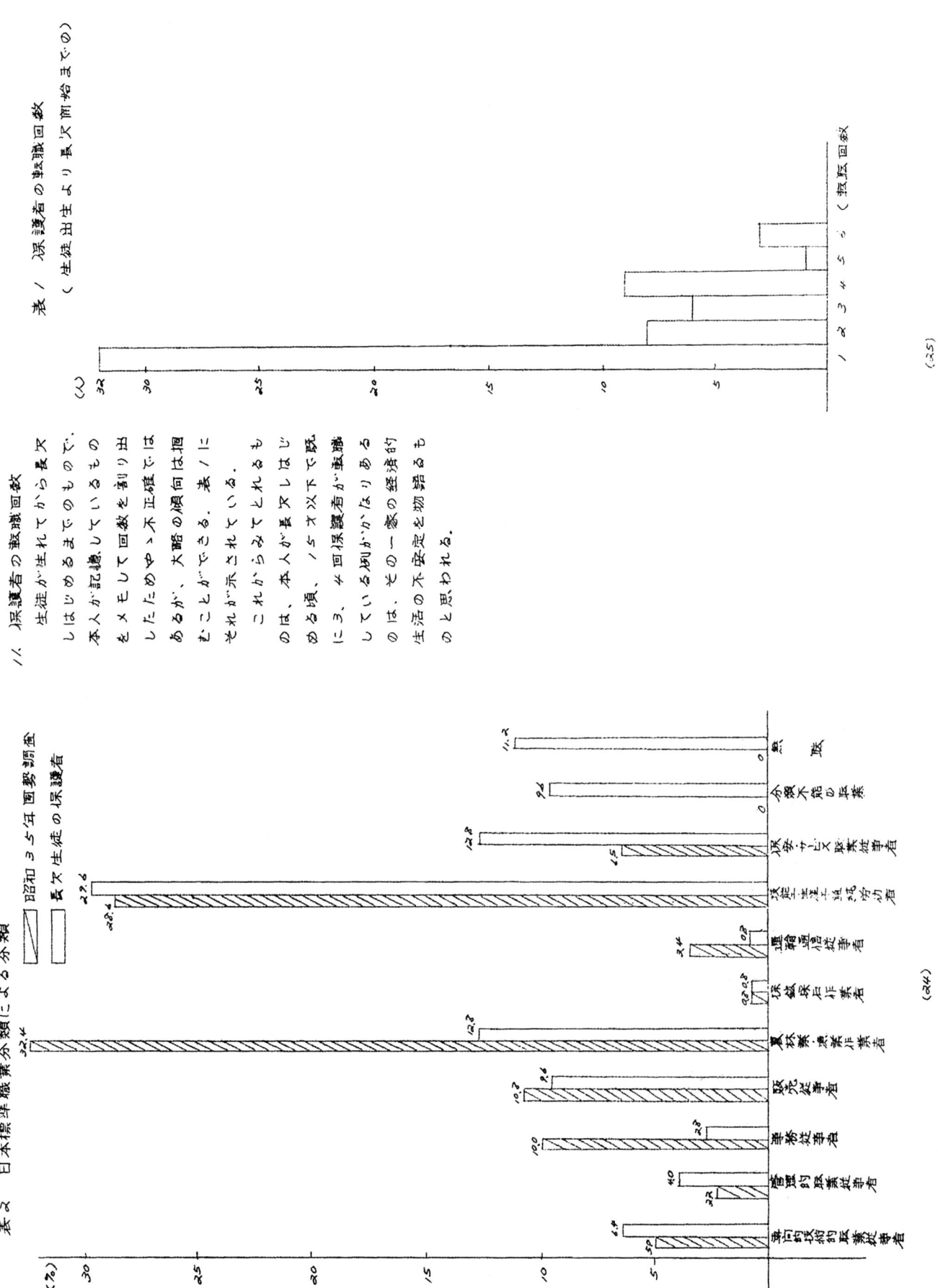

12、保護者の健否

保護者の健否

	計	否
祖　父	2	0
祖　母	0	0
父	83	7
母	21	6
おじ	6	1
おば	1	0
兄	2	0
姉	1	1
雇　主	7	0
担　任	1	0
本　人	1	0
不　明	1	0

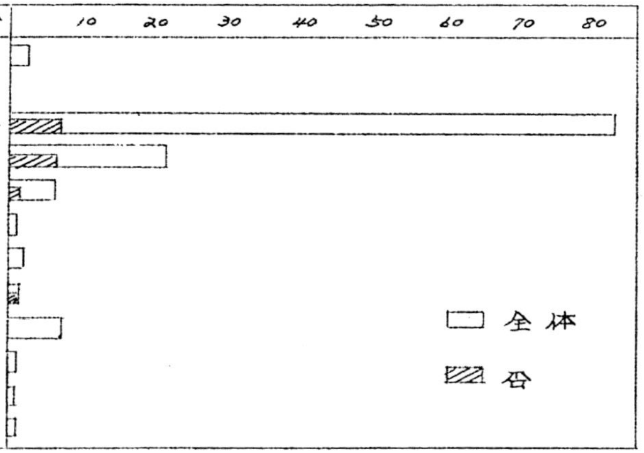

上表は家庭状況 ── 長欠し始めた頃、あるいは転校（昼→夜）した頃の ── の項の保護者の健否について集計したものである。

父母が保護者であるものが83%にもなっているが、これはあくまでも長欠しはじめた頃あるいは転校した頃の保護者を対象としたものであって現在の夜間中学生の保護者ではないので当然であろう。

保護者が健康であると答えた者の中にはアルコール中毒者や浪費癖、女癖の悪いもの、ギャンブルにこっている、など精神的な面で欠けている者がかなり含まれている。

（入学理由の項参照）

13、入学経路

Ⓐ（1図）

入学経路	人数
① 昼間の中学校を長欠し夜間中学校へ入学	64 40 24
② 小学校卒業後長欠し夜間中学校へ入学	19 11 8
③ 小学校在学中より長欠し卒業せず夜間中学校へ入学	8 4 4
④ 昼間の中学校から夜間中学校へ転校	19 14 5
⑤ 小学校卒業後すぐ夜間中学校へ入学	9 5 4

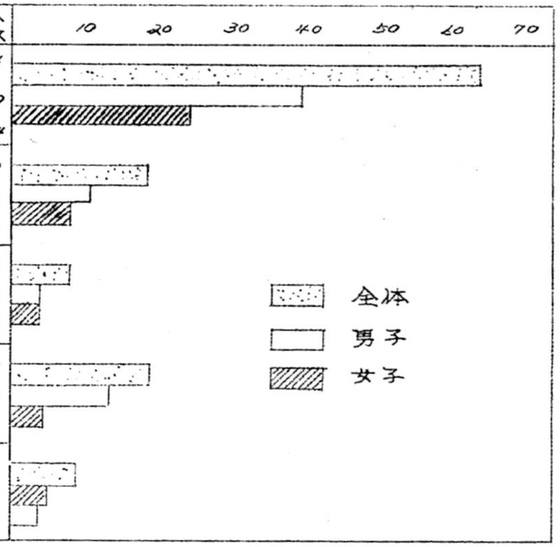

（2図）

入学経路	人数
① 昼間の中学校を長欠し夜間中学校へ入学	47 12 5
② 小学校卒業後長欠し夜間中学校へ入学	4 7 8
③ 小学校在学中より長欠し卒業せず夜間中学校へ入学	4 1 3
④ 昼間の中学校から夜間中学校へ転校	14 3 2
⑤ 小学校卒業後すぐ夜間中学校へ入学	2 4 3

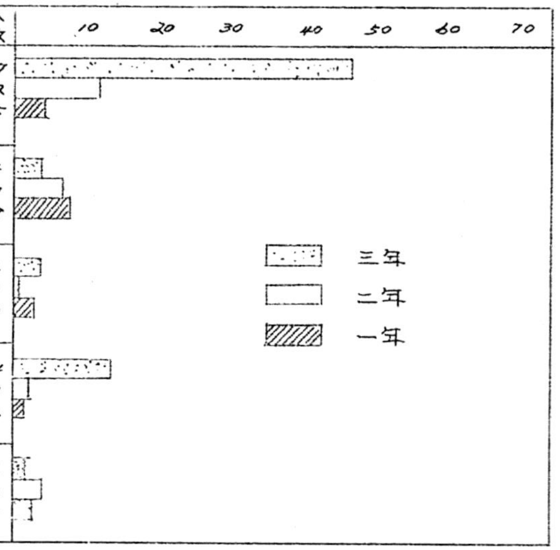

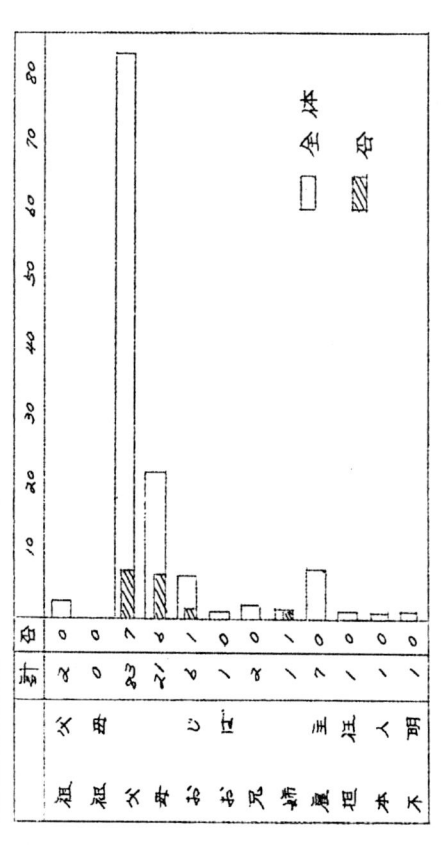

（26）　（27）

夜間中学校に入学するまでの学歴として上表①～⑤項目の他に⑥「旧制義務教育を終了し夜間学校へ入学」　⑦「その他」は⑧表及び他の調査項目との関係から上表には表記せず下記説明程度にとどめた。

中学校の段階で長欠又は夜間中学校へ転校せざるをえなくなったもの（①項＋④項）は全体の過半数（６１％）を占めており予想通り中学校在学中に正常の形で形で義務教育を続けられない事態が決定的になることを示している。

昼間の義務教育を続けることができなくなって次善の策としてただちに夜間中学校に入ってこられた生徒（④項＋⑤項）は全体の$\frac{1}{4}$（２３％）にすぎない。つまり夜間中学生の$\frac{3}{4}$が次善の策として夜間中学校に入る前にいろいろな障害によって長欠せざるをえなくされていると云える。

②項の該当者は１９名であるが、この中には形のうえでは小学校を卒業しているが高学年になって実際にはほとんど通学しなかったのに卒業はさせてもらったと云う例が含まれている。この②項と③項を合せ考えると夜間中学校は中学校とは云え小学校段階からの長欠問題をも抱えこんでいることがわかる。

入学経路各項の男女による差はほとんど見受けられない（１図）。

学年による差では三年生は１、２年生に比べて①項に集中しているのがめだつ（６６％）。夜間中学生の普通の型と思われる①項＋④項に該当する者は３年生では８６％を占めているのに対して２年５５％、１年３３％と減少傾向を示している。この傾向は４１年度入学者（２、３年への転入者を含む）── ４１年９月３０日現在調査 ── を対象とした入学経路調査で①項＋④項に該当する者が４２％を占めている事から見てだいたいうなずけると思う。このことは夜間中学校が夜間中学生の普通の（正常）型と思われていた昼間の中学校の脱落者の救済という事からなり変貌して来ていることを示しているのではないだろうか。

「⑥旧制義務教育を終了し夜間中学校へ入学」したものは（７名）主として美容師、看護婦国家試験受験などに必要な資格を得るためである。「⑦その他」（８名）には（１）新制度になってから全然学校に行かなかった者、（２）旧制度での義務教育未終了者、（３）外国にいたもので日本での義務教育に相当する９年間の学校教育を終了しないうちに引揚げてきたものなどが含まれている。

（28）

⑧

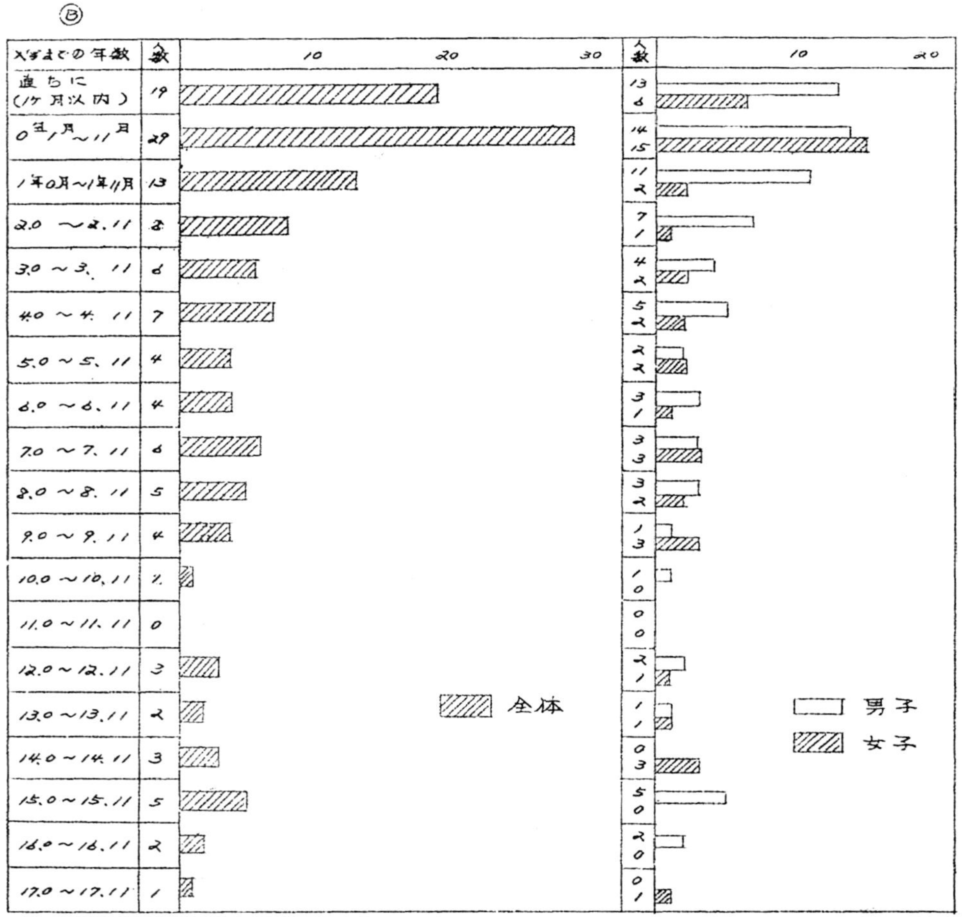

入学までの年数	人数	男子	女子
直ちに（１ケ月以内）	19	13	6
０年１月～１１月	29	14	15
１年０月～１年１１月	13	11	2
2.0 ～2.11	8	7	1
3.0 ～3.11	6	4	2
4.0 ～4.11	7	5	2
5.0 ～5.11	4	2	2
6.0 ～6.11	4	3	1
7.0 ～7.11	6	3	3
8.0 ～8.11	5	3	2
9.0 ～9.11	4	1	3
10.0～10.11	1	1	0
11.0～11.11	0	0	0
12.0～12.11	3	2	1
13.0～13.11	2	1	1
14.0～14.11	3	0	3
15.0～15.11	5	5	0
16.0～16.11	2	2	0
17.0～17.11	1	0	1

上表は長欠し始めてから夜間中学校へ入学するまでの年数を入学経路Ⓐの①～⑤の該当者について集計したものである。

直ちに又は１ケ月以内に夜間中学校に入学できたものは１６％にすぎない。もっとも多いのは１ケ月 ～ １年１１ケ月で$\frac{1}{3}$（３４％）を占めている。

女子は男子に比べて０ケ月 ～ １１ケ月が多く男子が３５％なのに対して女子は４７％とほぼ半分に達している。又１年～３．１１ケ月の間では男子が２９％なのに対して女子は１１％と少くなっており後は男女ほぼ同じぐらいである。

（29）

Ⓑ 昼間の中学校へ通学する意思のなくなったもので、長欠または、転校（昼→夜）した理由

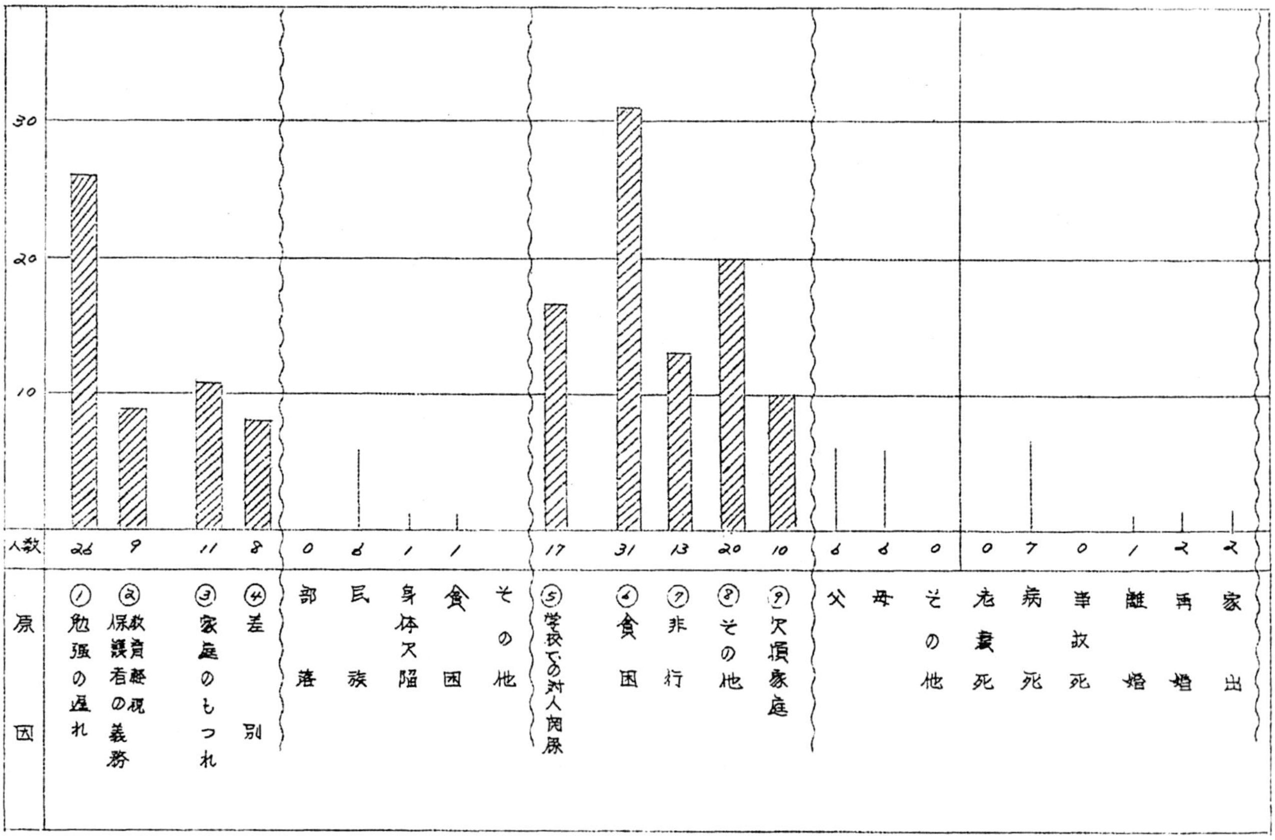

（31）

14 入学理由

Ⓐ 昼間の中学校へ通学する意思があったにもかかわらず、長欠までは、転校（昼→夜）した理由

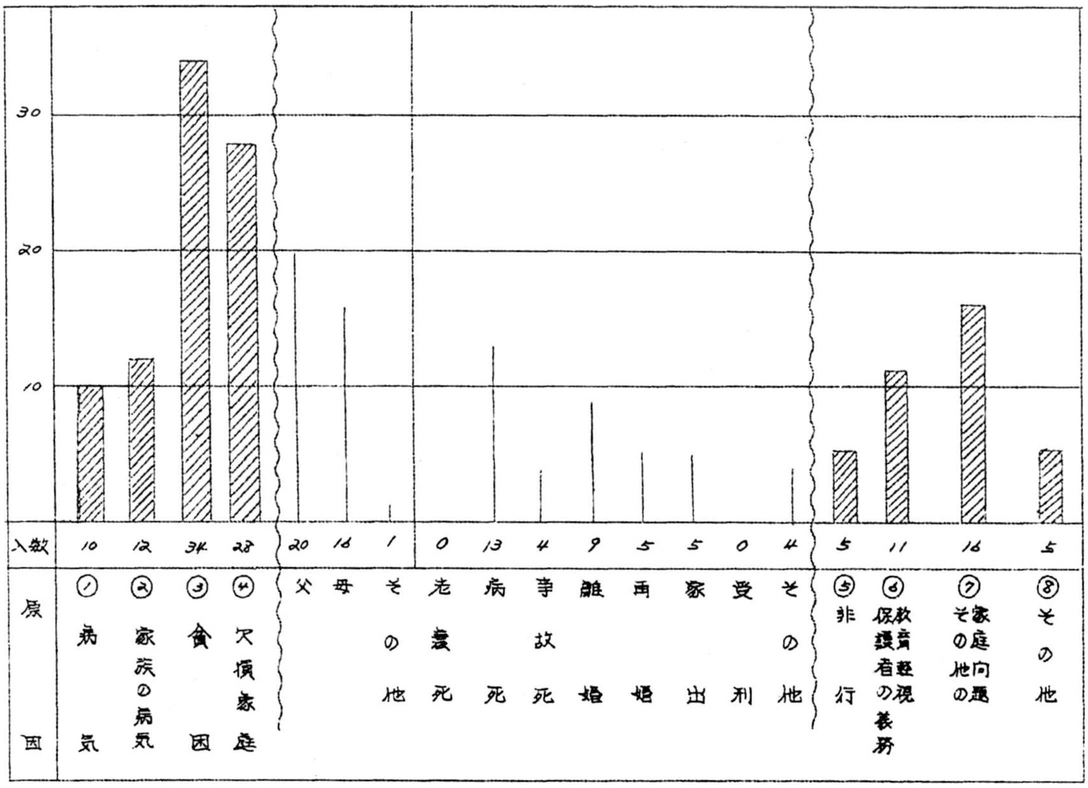

（30）

長欠又は、転校（昼→夜）理由の項目の分類はプリテストの結果を基礎としてなされたものである。

まず、長欠又は、転校（昼→夜）当時（A）通学意思のあったもの、（B）通学意思のなかったものの二大項目に分類し、次にそれぞれを（A）は8つの小項目、（B）は9つの小項目に分類した。

又（A）、（B）とも欠損家庭の項においては、その内容を明らかにするために父、母、その他（祖父母、兄弟等）の老衰死・病死・事故死・離婚・再婚・家出・受刑・その他・に分類し又（B）の差別の項は部落・民族・身体的欠陥・貧困・その他に分類した。

なお、調査にあたっては生徒によって原因が同時に何項目かにわたるので、無理に1人1項目とせず面接調査者の判断によって重複している。

調査結果を全体として見渡すと（A）項においては貧困（34人―28%）、欠損家庭（28人―23%）、（B）項においては貧困（31人―23%）、勉強の遅れ（26人―19%）が目立っている。

（A）項、（B）項、共に貧困が1位を占めているのであるが他の項と重複している貧困が多数存在しているものと思われる。又他の項にあたるものでも間接的には貧困が原因している場合が多いと思われる。

（A）項において欠損家庭、その他の家庭問題、家族の病気など家庭に問題のあるものを合計すると46%で約半分を占めている。

（B）項において勉強の遅れ、学校での対人関係など学校教育に原因があると思われるものは32%で約1/3である。

（B）のその他は20人―15%でかなり多いがおもなものをあげると本人の病気・本人の性格に問題があった、養子である事から気兼をして、あるいは非行化して昼間の中学校へ通学せず、終戦後の混乱期における中学校義務教育の軽視、中学校へ行くよりも働いて金をためた方が良いと思っていた、などがあらわれる。

（A）項のその他の家庭問題では本人と家族間のトラブル、もつれ、父親の酒乱・ギャンブルによる、素行が悪いなどがあげられる。

（A）通学意思があったものは64人、（B）通学意思のなかったもの、60人でほぼ半々であった。

Ⅳ まとめ

読まれた方々は、どういうことを見出され、またどういう感じを抱かれたことだろうか、我々は前文（調査目標）で示した二つの点から、もう一度この研究の結果を見直してみよう。

第一の点：昼間の義務教育脱落者の問題

この調査から考えると、夜間中学就学の原因は、「貧困」と「家庭機能の正常な運営の崩壊」とのからみあい、及び学校教育や家庭情況の影響を受けておこる「昼間義務教育に適応しきれなくなるため」とに大別できると思う。すると夜間中学の問題を解決する努力は、結局このようなものの解決が先ずなされなければならないことになるが、特に、これらの対策には、「家庭崩壊」の場合も充分考慮して、子供の健全な成長に合せて施策（社会保障 etc.）を講じられなければならないことが理解できる。

また、第二の原因の解決のためには、敗戦後の民主教育は個々の子供をスクスクと伸ばすはずであったものが、いつしか社会ムードに乗って、受験主義に堕したことを考えてみなければならないであろう。

第二の点：夜間中学での現場での利用

我々は前文でも示したように、この研究が統計を出すため　　　だけのものではなかったと思う。そこには確かに夜間中学生の抽象像が得られた。これは大変大切なことでもある。しかし、我々はそれ以上に、表面の数字にはあらわれない個々の生徒の問題をじかに考えることが出来たことを喜んでいる。実は、現場の我々としては初期の目的はこれで大半は達せられたとも言える。我々は個々の生活を知り、個々のこの冷えきった生活をあたためるべく努力しなければならない。

早期就労、家庭の分解、対人関係の不調、いろいろの人生のハンディを背負い、しかも、その背負い方が千差万別である生徒を、我々はもっと深くおりて理解しなければならないだろう。教育の直接の場の教室では、その方法はどうあれ、生徒の実態把握→個別指導につながらなければならない。

それでは、我々は本当に生徒の生活をあたためることができるのだろうか。我々は弱音ではなく、度々このような問題にぶつかる。そして、教育の限界を感ずる。一つの職業指導、一時間の数学の授業などに、ふとこんな感を抱く時もある。それはなぜだろう。やはり、我々に言わせるなら、校舎内の問題までも、その生徒の生活自体のよどみをうつしているからである。

さて、以上のように我々は当初の目的をある程度はたし得たと思うのであるが、実はこの研究の最後に当り、もう一つ申し添えておきたいことがある。それは、

① 夜間中学校の教師は特に社会の動きに注意を払い、深い認識をもたねばならない。

② 夜間中学の存在価値を現在の時点での長欠者数で計るべきではない。

ということである。

①については、社会の変動のシワ寄せの中に生れてくるものが、夜間中学生の殆んどであるからである。生徒を理解することは、その後の社会をも理解しなければならないからである。

また、②については、本調査の中に示されている通り、長欠者が夜間中学に入って来るには、たいていある日時を要するということである。現在東京では本調査に現れたかぎり、このようないわゆる過年児は、昭和34年以来実数においても減少しているとは言えない。そしてまた②の点については、次のような点からも強調されてよいのではないだろうか。つまり、現在、他に夜間中学に代る過年児救済の機関がない限り、彼等に対する唯一の機関が「夜間中学」であるからである。我々は、「唯一の道」を断たれた少年や少女のことを考えてみようではないか。我々は「夜間中学校」の存在を、このような面からも意味づけてみたいと思う。

付、 昼間義務教育中断原因の屈折

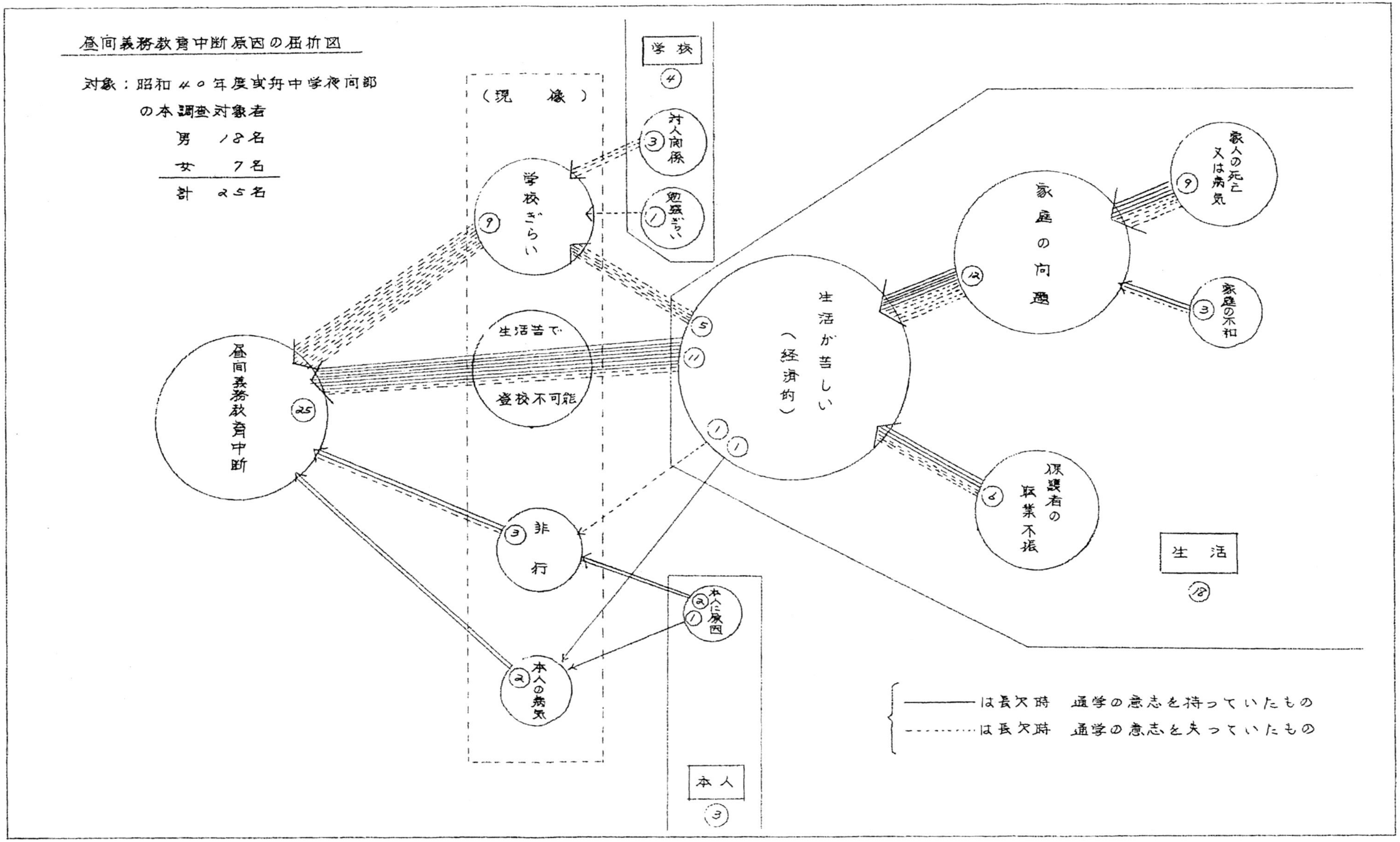

（35～36）

本調査対象生徒中、東井中学校の25名の昼間義務教育中断の原因を多少さかのぼって追求してみた。むろん長欠の第一原因は何かを求めることは非常に困難であり、どこかで、例えば、経済因が先か、家庭崩壊が先か等という「鶏か卵か？」式のぐるぐるまわりになってしまう恐れもある。そこでむろんこの25名の対象者に対しては、ある所までと言う以外にはその原因を遡及することは出来なかった。

さて、この図は多少図式化しすぎているかも知れないが、大きく言うと、大体次のことが言えそうである。

1、昼間義務教育中断の現象には四つのタイプが考え得る。

　ⓐ 経済原因に依るもの

　ⓑ 学校ぎらいによるもの

　ⓒ 非行によるもの

　ⓓ 病気によるもの

2、この四つの現象のうしろに我々は三つの直接の義務教育中断の主因を見出し得る。それは

　ⓐ 生活上の問題

　ⓑ 学校教育の問題

　ⓒ 生徒本人の性格上身体上の問題

（但し、この三つの主因が図上では全く独立して示されているが、この図は多少模型化されているのでこの主因間の複雑なからみ合いはむろん充分に考えられることである）

3、生活上の行き詰りが、特に多方面の現象に結ばれている。

4、家庭問題が非常に直に生活問題に移行しやすい。

本対象者では18名が、生活上の問題が主因、4名が学校教育、3名が生徒本人の主因と見られる。（生活問題が、保護者の職業上の問題より、家庭内の問題から派生する点は現代型の貧困として重視しなければならないのではないだろうか）

次に、25名のたどった義務教育中断への道を夫々について簡単に示そう。

(37)

	(調査番号)	(学年)	(性)	
主として学校の指導に問題	10	2	M	低知能 ─→ 勉強ぎらい ─→ 学校ぎらい
	109	3	F	友だち出来ず ─→ 学校ぎらい
	7	1	M	クラス友達にいじめられる ─→ 学校ぎらい
	16	3	M	転校後友達出来ず ─→ 学校ぎらい
主として本人の心身の問題	11	3	M	非行 ─→ 家出
	14	3	M	非行 ─→ 施設入り
	102	2	F	結核 ─→ 療養生活
主として生活苦によるもの	105	3	F	父の結核と母の死 ─→ 生活苦 ─→ 本人の結核 ─→ 療養
	18	3	M	父の転転による母と別居 ─→ 生活苦による教育上の放任 ─→ 非行
	21	3	M	母の死 ─→ 父の経営工場つぶれる
	12	3	M	家業の倒産
	106	3	F	家業の不振
	17	3	M	父の戦傷 ─→ 父の働き不充分
	2	1	M	母の死 ─→ 父の再婚 ─→ 養子へやられる ─→ 養父母の死 ─→ 生活苦
	8	2	M	父の死亡 ─→ 生活苦
	15	3	M	貧困 ─→ 父の素行問題 ─→ 学校ぎらい
	107	3	F	母の死 ─→ 母代理をつとめる ─→ 学業不振 ─→ 学校ぎらい
	13	3	M	父の結核療養 ─→ 貧困を苦に嫌学
	19	3	M	父の戦死 ─→ 母の再婚 ─→ 義父の素行問題 ─→ 母の死 ─→ 生活苦 ─→ 住込
	3	1	M	母の離婚 ─→ 父の再婚 ─→ 父の戦死 ─→ 義母の生活苦
	20	3	M	妹の結核 ─→ 生活苦
	22	3	M	父母の別居 ─→ 父の職業気質 ─→ 生活苦
	101	2	F	父の会社の倒壊 ─→ 生活苦
	105	2	F	父の職人気質 ─→ 生活苦
	9	2	M	父母の別居 ─→ ごたごたによる長欠

以上であるが、経済上の問題が学校嫌いを惹きおこすケースは、調査番号13の生活苦を他のクラスの友達の生活と比較しての嫌学以外は、ほとんどすべて、調査番号2・8・15・107の欠席がちによる学業不振を以っての嫌学である。

４１年度都夜中新入生に関する調査

１９６６、９．３０現在

目次

東京都夜間中学校研究会・研究部

まえがき

昨年の9月を起点に、我々は約一年、東京都内の夜間中学生の入学理由の調査を手掛けてきた。その結果は、その「まとめ」でも述べたように、種々の問題の認識や確認であった。

ところで、昨年の調査は、生徒個々については割りに時間的に遡及してその経歴を調べ得たと言えるが、この個々の生徒を含む夜間中学校自体の変遷や推移については、それを跡づけるものとはなり難かった。つまりは昨年の調査は昨年の9月の時点での夜間中学の現状であったということである。

そこで、我々は昨年の調査と出来るだけ同一基準で、今年度の入学者の調査を加えて、今度は夜間中学の変化を見てみたいと思ったのである。それはつまり一つの我々の研究の発展であったわけである。そこに生まれたのがこの調査である。

そこで昨年の調査で落した生徒個々を通して知ることの出来る夜間中学の社会的位置と問題点も（例えば、夜間中学の存在をどこで知ったか）調査の項目に入れることにした。

しかし、非常に切迫した時間で、短時日に、しかも昨年の資料のまとめを並行してこの調査は行なわれたため、調査上の手ぬかりや、分析不充分で発表しなければならなかったことは残念である。

正直に言って、昨年の調査と今年度のこの調査を行なって、我々は夜間中学の問題点をさらに深く知ることが出来たと同時に、我々自身更に討議して調査項目ももっと考えなければならないことを知ったのである。つまり、我々の研究は決してこれで終ったとは言い難いことを、さらに研究を続けなければならないことを痛感したのである。これを機会に各方面からの調査項目等の細部にわたることまで含めてご教示、ご批判を頂ければ幸いである。

(1) 在籍生徒数及び新入生数

1966. 9. 30現在

	在籍生徒数								新入生数							
学年	1年		2年		3年		計		1年		2年		3年		計	
学校名＼男女	男	女	男	女	男	女	男	女	男	女	男	女	男	女	男	女
足立四中	7	7	10	3	5	4	22	14	7	7	1	0	1	0	9	7
双葉中	2	2	3	2	5	5	10	9	2	2	1	0	3	3	6	5
曳舟中	4	0	6	3	8	3	18	6	0	0	3	1	3	0	6	1
新星中	8	8	7	5	16	8	31	21	8	8	1	0	4	4	13	12
荒川九中	7	3	12	5	10	17	29	25	7	1	2	2	2	2	11	5
八王子五中	2	2	5	0	8	5	15	7	0	0	1	0	2	0	3	0
糀谷中	4	6	11	4	11	2	26	12	4	6	1	1	3	2	8	9
計	34	28	54	22	63	44	151	94	28	24	10	4	18	11	56	39
合計	62		76		107		245		52		14		29		95	

(2) 夜間中学を知った経路

① 公共機関によるものが約15%にしかすぎない。（長欠児童対策がほとんどなされていないのではないか。）

②

夜間中学を初めて知った経路		人数
1. 新聞・テレビ・ラジオ等で		22
2. 前に在学していた学校の先生から		10
3. 近親者や近所の人などから		28
4. 夜間中学校のポスターで		4
5. 公共機関	①教育委員会	7
	②児童相談所	2
	③福祉事務所関係	3
6. 職場のすすめで		2
7. その他		1

③ 直接マスコミの力よるものが約28%，間接的（クチコミ等）なものを加えると60%を越す。しかし、短所としてマスコミの夜間中学に対するとりあげ方、取材のしかたにより夜間中学のイメージが異なるという危険性が生じるのではなかろうか。あくまでも本質的な解決法とすることはできないだろう。だが現状としてはマスコミの力を認め、利用す

る事も考えなければならないだろう。

③　ポスターによる効果が小さいか実施校が少ないのではないか。また掲示する場所等に困難さがあると思われるので広報的なものにきりかえる事も考慮すべきであろう。

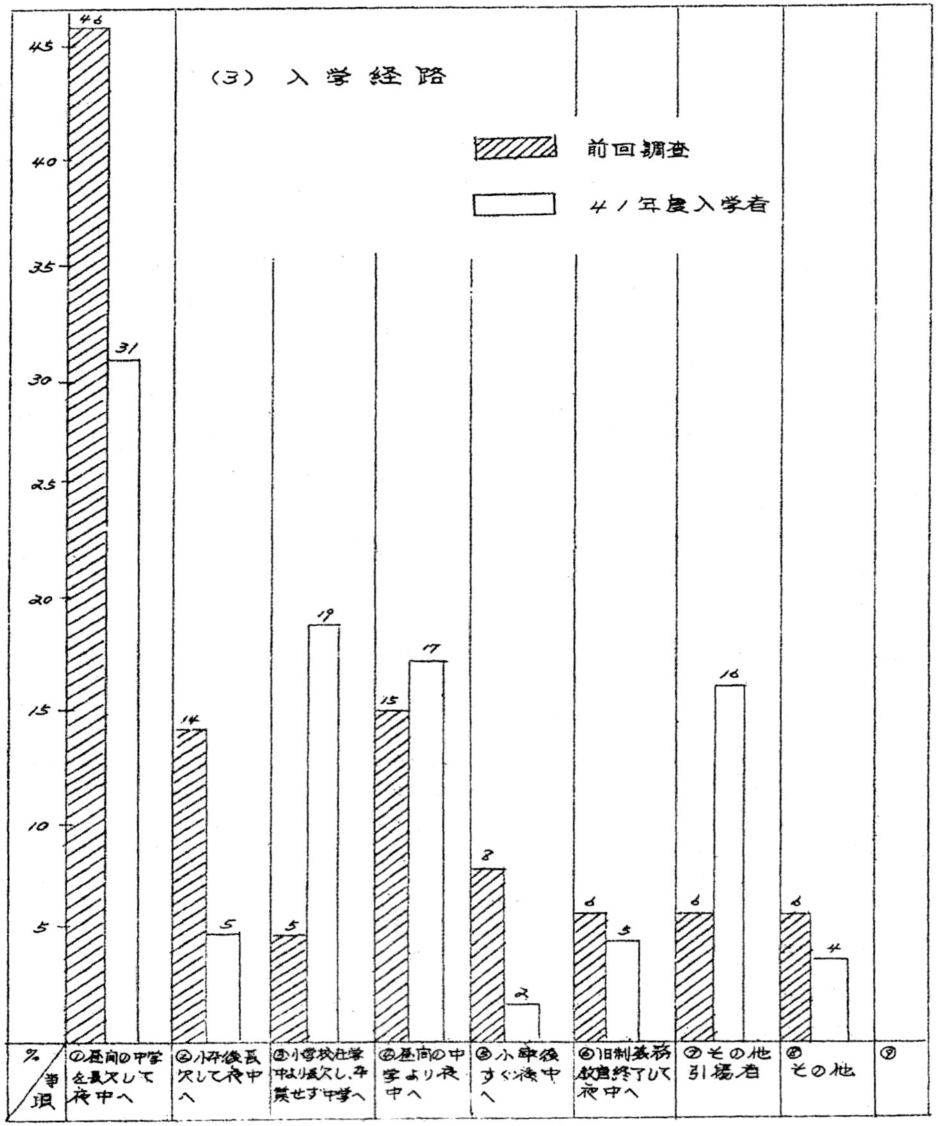

⑦、⑧と「その他」が出ているのは前回調査では「引揚者」の項を「その他」に含めてしまったので、比較のため⑦⑧の両方に「その他」を出してみた。

（1）①「昼間の中学を長欠し、夜中へ」は共に一番多いが、全体の中での割合は約半分から⅓に減っている。

（2）①と③を合わせると４８％で約半数である。中学校在学中に正常の形で義務教育が続けられなくなる事態が相変らず多いが、前回調査、６１％より減っている。

（3）変化が大きく目立つのは②の「小学校からの長欠」である。これは（2）で述べたことと共に考えると、前回の調査に比して４１年度入学者の中で、正常の形で義務教育を続けられなくなる例が多くなっている。ということである。その原因、またいつ頃小学校で長欠したものかは、この調査では不明である。

（4）特徴としてあげられるのは、⑦の「引揚者」の入学が増えていることである。前回の調査では「その他」の中に引揚者を含めてある。入学者調査での引揚者は、そのほとんどが韓国から来たものである。これは日韓条約の影響であり、現在の政治が特殊な形で、はっきりと夜中に現われている。といって良いであろう。

（4）今年度入学者の年令構成

今年度入学者の年令（昭和４１年４月１日現在満年令）

校名＼年令	12	13	14	15	16	17	18	19	20	21	22	23	24	25	26	27	28	29	30	31〜35	36〜40	41〜45	46〜50	51〜55	56〜60	計
足立四	1		3		1	2	6	1																		14
八王子					2		1						1													4
双葉	2	1	6	1			1																			11
曳舟			2	1	2						1									1						7
糀谷		2	1	3	1																					7
新星		1			3	3			2	1			1		1			1		3	2	1	.		1	20
荒川九	1		1	1		3	4			1			1		1			1		1		1				16
計	4	4	13	6	9	8	12	1	2	2	1		3		2			2		5	2	2			1	79

今年度の入学者の年令の特徴は、昨年度の調査資料にも取り入れて、説明も加えているので、個条書きにこれをとどめることにしたい。

(1) 通令生徒数比の減少

(2) 中間年令層（15～20才）の増加

(3) 30才以上のいわゆる超過年者の実数及び年令構成比上の急増（但し、これをもって夜間中学の新しい傾向とはいまだ言い難い）

(5) 今年度入学者の長欠期間

（引揚者等、不明なものはこれをはぶいた）

校名＼期間(年)	0	1	2	3	4	5	6	7	8	9	10	11	12	13	14	15	16	17	18	19	20	21	22	23	24	25	計
足立四	1	1		1					1																		4
八王子	2				1						1																4
双葉	8		1	1																							10
曳舟	1	1	1	2																				1			6
糀谷	5	2																									7
新星		1	2	2	1	1		2			2							1	1		1						14
荒川九	1	3	1	1			5		1						1			1									14
計	18	8	5	7	2	1	5	2	2		3				1			2	1		1			1			59

長欠期間

（引揚等で不明なものを除く）

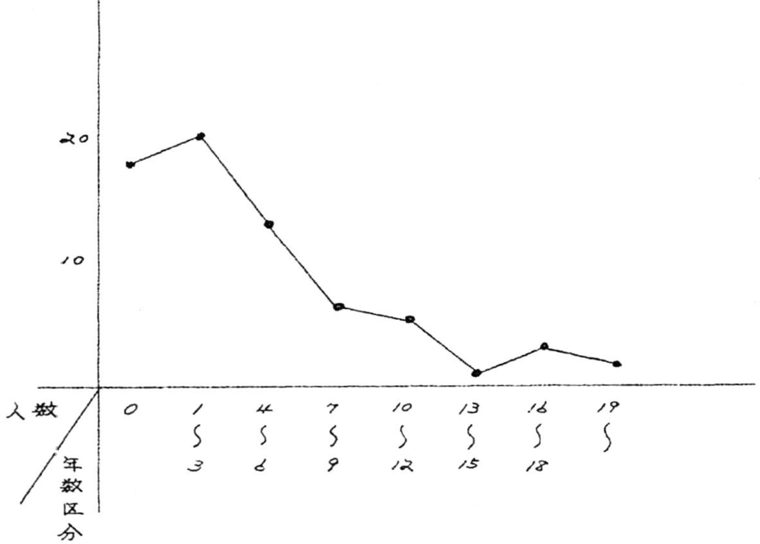

今年度入学者の長欠期間の傾向を、昨年度の総体調査中のそれと比べると、次の点に違いを見出す。

(1) 長欠期間1～3年のものが、0年の者より多くなっている。

(2) 昨年の調査で長欠期間10～12年のものが谷を作っていたのに、今年は13～15年に谷が移動した。

以上のことでは、全く資料不足で多くを言うことは出来ないが、今年はやはり過年児に入学が多いことを語っていることは確かだろう。

（6）入学理由（63名についての集計）

A　通学意志があったにもかかわらず、長欠または転校（昼→夜）した理由（47名）

------は、昨年の統計

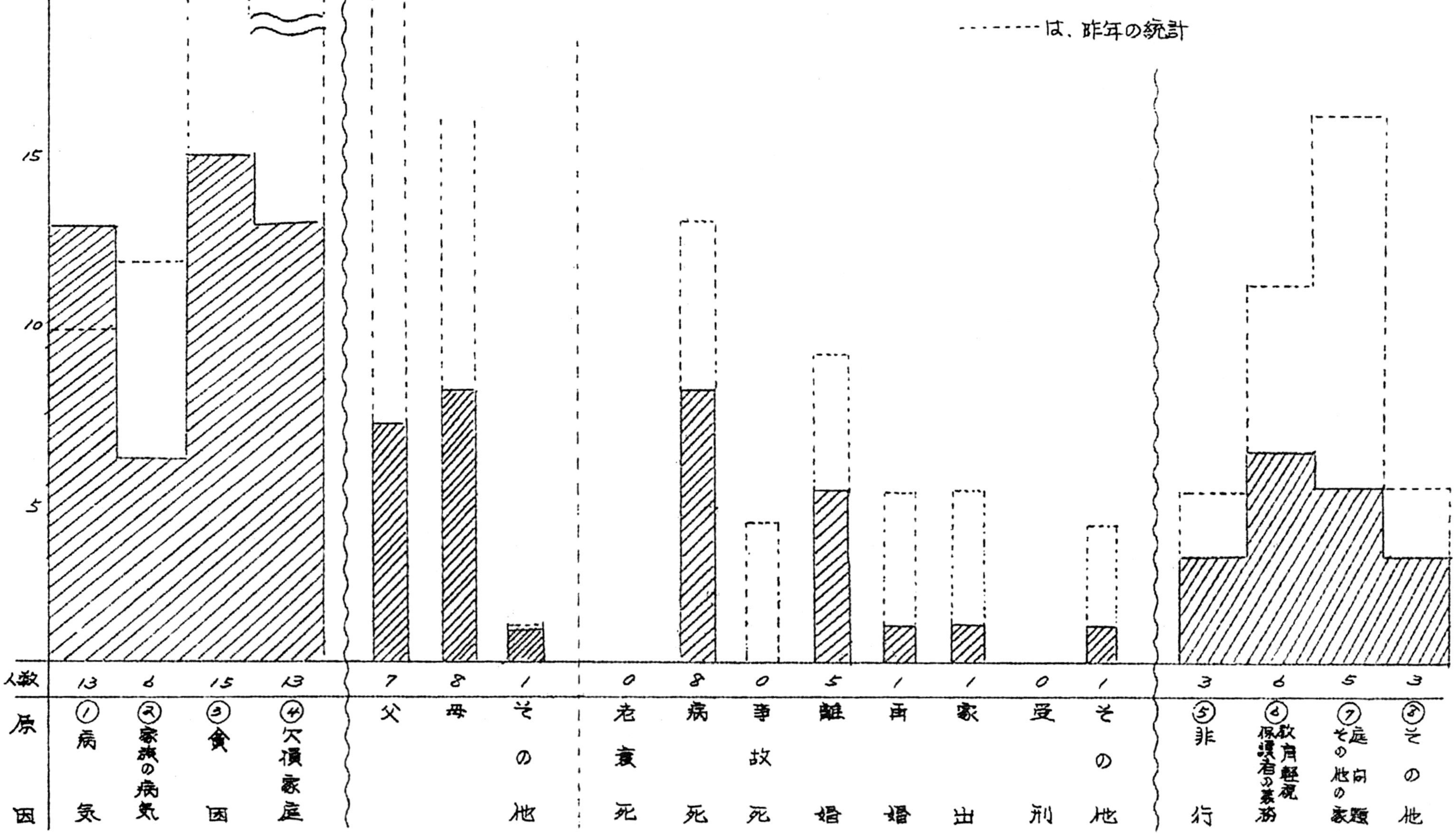

B、通学意志のなくなったもので、長欠または転校（昼→夜）した理由（16名）

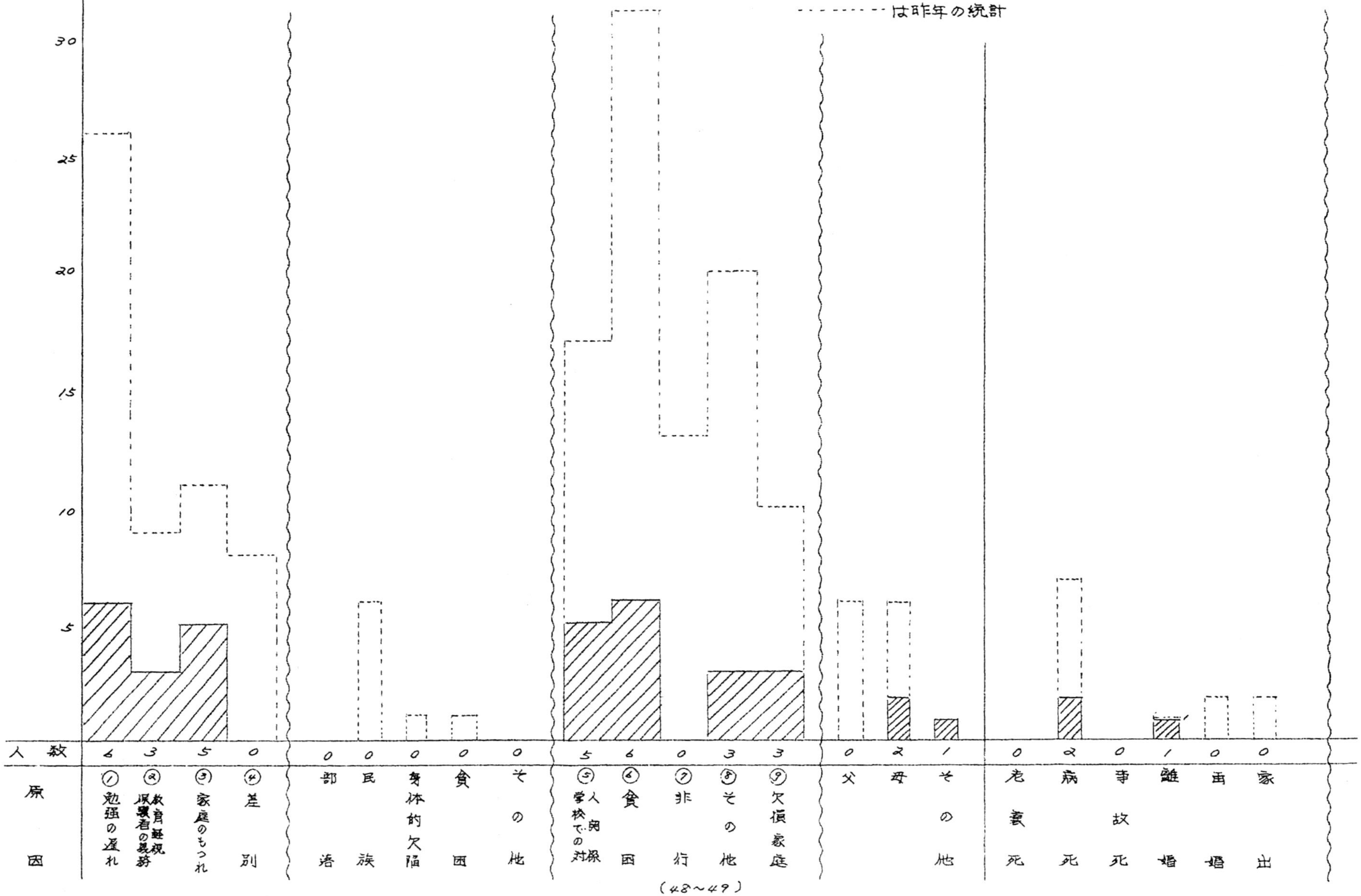

４１年度の新入生について、昨年度在校生に行なったと同じ項目で入学理由を調査した結果は、次のようであった。

まず、調査総数６３名中、長欠または夜間中学への転校当時、Ⓐ通学意志のあったものは４７名、Ⓑ通学意志のなくなっていたものは１６名であり、およそ $3/4$ と $1/4$ の割合になっている。昨年のほぼ半々（６４名と６０名）の割合から、Ⓐが増加している原因の一つは、本年度本人の病気によるものが全体の $1/5$ を占めているからではないかと考えられる。（昨年は８％であった。）

Ⓐ表について ――。今年度新入生の長欠原因の最たるもの三つは、貧困・欠損家庭・病気である。昨年度在校生全員の長欠原因の最たるもの三つは、貧困・欠損家庭・その他の家庭問題であった。長欠の原因は大略、貧困・欠損家庭・病気・その他の家庭問題にあると結論できる。

Ⓑ表について ――。今年度の新入生の長欠理由は、貧困・勉強の遅れ・家庭のもつれ・学校での対人関係等が主だったものであるが、調査人数が少ないため、きわだった特徴をこれから引き出すことはやや難かしい。

(7) 夜間中学入学にあたっての障害の調査

はじめに ―― この調査の目的は、生徒たちが入学にあたってどのような障害を持っていたか、云いかえればどのように障害を克服して夜間中学に入学したかを探ることによって、夜間中学にも来られないでいる多くの潜在長欠者に対する具体的な手立てを少しでも明らかにすることにあった。

そのためには、長欠者にどの程度夜間中学校が知られているかをはかるための①夜間中学を知るうえでの障害と、②夜間中学を知ってから入学しようとした時に障害となったもの（本人の通学を阻んだ直接の障害）――の二つを区別して調査しなければならなかった。

しかし、この調査では、この二つの段階を区別しなかったために、調査の目的にかなった結論を導くことのできる結果は得られなかったが、今後の参考のために、とりあえず七校の調査結果をを次に掲げてみる。

入学にあたっての障害		足立四中	双葉中	曳舟中	新星中	糀谷中	八王子五中	荒川九中	七合校計
1	親・兄弟など家族の反対		1					2	3
2	雇い主の無理解				2			2	4
3	相談したり保護者になってくれる人がいなかった				1			2	3
4	年をとりすぎていた			1			1	1	3
5	体が丈夫でなかった				1			2	3
6	小学校を卒業してなかったから		1		1				2
7	とにかくはずかしかったから		1		1				2
8	学力がないと思ったので				2		1		3
9	学歴など必要ないと思ったので		1					1	2
10	その他の障害		2		2			1	5
11	障害はなかった	10	4	1	13	7	2	2	39
	夜間中学を知らなかった。学校がどこにあるかわからなかった。	4	0	3	4	0	0	3	14

(1) 新入生のほぼ2割にちかい生徒たちが、夜間中学を知らなかったことを障害にあげている。このことからも夜間中学はまだまだ一般に知られていないことがわかる。PRの必要性を再認識して、その効果的方法なども積極的に検討されなくてはならない。

(2) 障害がなかった者が39名もいるが、これは最初に断ったような調査上のミスが多分に影響していると思われる。このあたりの実態を更に明らかにするためには、夜間中学を知ってから入学するまでに要した期間の調査などをする必要がある。

(8) 新入生の実態からみた各校の特色と問題

(a) 足立四中

新入生(1年生)14名中、10名が引揚者である(韓国8、中華民国1、中共1)。

大部分のものが、日本語が出来ないため、1つのクラスでは指導が出来ないので、促進学級(国語)により問題解決をこゝろみている。

教科面では特に社会科、国語科に多くの問題がある。

(b) 八王子五中

10月6日現在新入生は4名、これに加えて現在手続き中の者が4名である。少ない人数なので特色を概括することは控えたいが、以前に比べて、生徒が無気力で労力も低下しているようである。そのため授業では個人指導に力を入れている。

新入生の中には、以前在学していた学校の先生から夜間中学を紹介されて来た者が2名ほどいるが、過年児の潜在長欠者に対してはジャーナリズムにたよる以外に方法がないようである。

(c) 糀谷中

1、入学者総数18名中、学令児が13名(72%)

2、20才以上の者4名(22%)

3、学令児13名中、11名は教委、学校の先生が保護者と十分検討して入学している。欠席日数も連続長欠という者がなく学習意欲も旺盛で性格も明るい。生徒がより悪い事態にならないうちに適切な処置がとられたことは生徒の為に誠に嬉しく、今後とも是非このような処置を取って下さることをお願いしたい。

(d) 曳舟中

本年度新入生の一番の問題は、新入生が二、三年に偏ってしまい肝心の一年生にいないということである。

また例年に比して過年児が増加していることも、本年の特色である。

本年は生徒募集の一方法として、入学勧誘のポスターを区で作製してもらい、方々に掲示していることである。

(e) 双葉中

(1) 肉親や身辺(雇傭主・友人・知人)に夜中出身者がいるか、又は雇っている場合(雇傭主)が多い(11名中7名、内肉親にいる者3名)

(2) ほとんどが学令児であり、しかも順調に義務教育の年令で夜中に入学して来ている生徒である。(過年児一名)

(3) 数は少ないが韓国からの引揚者の来校が目につく。

(f) 新星中学校二部の場合

(1) 年令的にみて、20才以上が約半数を占めているように、高年令層の入学者が多い。

(2) 中学校を長欠して入学した者が大部分であるが、小学校を長欠して入学した者がかなりを占めている点は注目される。

(3) 身体面での障害がある人の入学も少数ながらある。

(2) 新入生は16名であるが、入学理由のタイプでみると、「本人の病気4名」「家庭の問題4名」「貧困4名」「欠損や家族の病気4名」に分類される。

1年の新入生に過年児が多い（25才以上が3人）のが本年の特色である。

また入学にあたって、教育委員会などの公共機関から夜間中学を紹介されたものが5人もいるが、これも本年の特色の一つである。

第一分科会（学校管理部門）　司会　東京都世田谷区立新星中学校　小池七郎

1、文部省公認としての研究団体について

全国大会に出席した各校は、旅費、分担金、年間会費の捻出に苦労して参加している。全夜中研を公認教育研究団体として登録して国の補助金をうけ全国大会に出席しやすいようにおしすすめる。

2、夜間中学校法制化　問題について

(1) 文部省は消極的に事実上認めるだけでなく全国の各教育委員会に対して積極的に援助するよう指導してもらいたい。
(2) 制度化にともなういろいろなむづかしさもでるのではないか
(3) 学令超過者に対する措置については夜間中学校側の助言と協力を得て今後研究したい
(4) 学令超過者は積極的に入学させてほしい。

第二分科会（学習指導部門）　司会　東京都大田区立糀谷中学校　飯島孝夫

○昨年からの引継ぎとして（この分科会では）テーマを個別指導に限る。

提案者　荒川九中　加藤寿郎

知識欲の強い過年児が本年度多く入ったため、特に力をいれた。

しかし、生徒の能力の低さが、依然として壁。ただし、本人をとりまく条件に責任があり、結局は社会全体の問題。

意見　1、小人数の学級内で、生徒のプライドを傷つけてまで能力別に分ける必要があるか。　2、能力別編成にすると、無免許で教えることがあるのではないか。　「すべてが始まる。

結論　今後更に研究を続けるが、生徒ひとりひとりを大切にすることから

第三分科会（生活指導部門）　司会　東京都墨田区立曳舟中学校　茅根義雄

1. 経済的原因以外による問題生徒（長欠、怠学等）に対する地域の具体的な協力について。

2. 「大人の条件について」（別紙プリント）、内容の分析、説明
昼間部二年生と夜間部生徒の大人に対する見方、考え方、感じ、期待についていろいろ相違がみられる。

3. 現今の雇用主対夜間中学生、又夜間中学生対一般社会の関係において、それぞれ前者の後者に対する考え方に甘さがあるようにみえる。

4. 夜間中学生の教師に対する信頼感について。
信頼され理解される教師であって欲しい。

5. 時間的に生徒が教師に接する機会が少ないが、より多く接するように努めると共に、雇用主懇談会等を開き、種々の資料を得て、生活指導の徹底を図ることが望ましい。

大会宣言

我々は第十三回の全国夜間中学校研究大会を東京都八王子市で開き、過去十二回の研究、協議の累積と、新学制発足以来二十年間の長欠児問題対策についての現場の声とを結集して、本大会でもまた、長欠、不就学対策の積極的、有機的諸施策を当局に要請するとともに、これら対策の実践現場として夜間中学校の向一層の充実に全力を尽すことを決意したことを宣言し、この目的達成の為昨年に引き続き次の通り決議する。

決議

一、義務教育未修了者の完全就学のため当局は抜本的な施策を立てられたい。

1. 児童憲章及び福祉諸法の具体化を図る特別機構の設置。
2. 全国の中学校特に夜間中学校に生徒指導主事（カウンセラー）の完全配置。
3. 夜間中学校の本来の目的とその実績を再認識し、夜間中学の増設とその内容のいっそうの充実を図る。

二、夜間中学校教育条件の充実と地域格差の是正を図られたい。

1. 無償による完全給食の実施。
2. 専任教諭の配置及び教員定数の増加。
3. 施設、設備、材料、教具の充実。
4. 教職員の待遇改善。

右決議する

昭和四十一年十月二十九日

第十三回全国夜間中学校研究大会

第13回全国夜間中学校研究大会決算書

昭41. 11. 19.

▲収入の部

費目	金額	摘要
1. 大会参加費	22,350 00	300.-×74名分 ＋150円
2. 大会分担金	3,000	3校分（天神山中・東港中・丸山中）1,000×3
3. 横浜地区負担金	21,000	7校分　3,000×7
4. 東京地区負担金	210,000	7校分　30,000×7
5. 全夜中研本部負担金	10,000	
合計	266,350 00	

▲支出の部

費目	金額	内訳 品目	内訳 数量	内訳 金額	摘要
1. 印刷費	5,500 00	印刷・開催通知	400枚	4,000 00	
		記念写真代	10枚	1,500	9,600.- − 8,100 = 1,500.-
2. 研究物製本費	55,000 00	大会要項	100	45,000	調査報告50を含む
		大会調査報告複写		※10,000	
3. 通信連絡費	17,275 00	郵便料金		5,342	
		連絡費		4,680	
		電話料金		※7,253	
4. 講師謝礼費	35,000 00	文部省		11,000	3名（5,000＋3,000＋3,000）
		労働省		5,000	
		厚生省		5,000	
		都教委		14,000	4名（5,000＋3,000×3）
5. 弁当料	25,800 00	弁当代	172ヶ	25,800	150円×172ヶ（28日 92 / 29日 80）
6. 会場運営費	26,140 00	茶菓子代		1,550	
		やかん・灰皿		1,890	やかん3ヶ・灰皿 30.-×20ヶ
		お茶代	1Kg	1,500	大会当日のお茶 100g 150円
		会場使用料		5,000	
		会場手伝謝礼		2,000	体育関係クラブ1,000, 放送関係1,000
		分科会和菓子代	80	6,800	85円×80
		八王子五中P.T.A接待謝礼		1,400	和菓子 100円×14
		生花代		700	会場用として
		臨時電話設備料		3,200	会場に設置
		杉10尺 12×13	12丁	1,440	展示物のため
		ヒートン・ラシヤ紙	1箱, 6枚	660	〃　〃
7. 渉外費	46,450 00	貸切バス1台		5,500	多摩御陵－京王八王子駅
		出席生徒補助金	10名	15,000	
		来賓接待費		15,950	
		京都へのオルグ		※10,000	
8. 準備会諸費	42,060 00	8/31 準備会		3,500	大会打合せ 八王子五中
		9/28 〃 〃		600	於足立四中
		10/3 〃 〃		2,190	於足立四中
		10/17 〃 〃		1,960	於八王子五中
		10/21 〃 〃		800	於足立四中
		10/22 〃 〃		7,430	於八王子五中
		10/27 〃 〃		5,380	於八王子五中
		10/29 〃 〃		10,200	於八王子五中 解散式
		11/19 〃 〃		※10,000	於八王子五中
9. 消耗品費	8,395 00	封筒印刷代	300	1,100	
		角封筒印刷代	200	2,000	
		キ章代		1,550	リボン1,340.-　菊花 210.-
		展示用品		1,195	洋トウツリ1,500.- 針金70.- 板目用紙625.-
		紙代		900	模造紙20×20, 障子紙250×2
		ラシヤ紙	3枚	150	
		セロテープ他5点		1,500	マジック, 画鋲, サインペン, のり等
10. 予備費	4,730 00	車代		480	来賓送迎車代 八王子駅～五中
		〃　〃		240	八王子五中－宿舎
		〃　〃		960	〃　〃　7台分
		会長記念品		3,050	賞状紙代 50.-
合計	266,350 00			266,350 00	

上記のとおり報告いたします。

昭和41年11月19日

全国夜間中学校研究大会

会計　中村昭政

昭和41年度 第13回 全国夜間中学校研究大会予算書

昭和41. 9. 6.

	費目	金額	摘要
収入	1. 大会参加費	15,000	300円×50人
	2. 大会分担金	20,000	1,000円×20校
	3. 横浜地区負担金	21,000	3,000円×7校
	4. 東京地区負担金	210,000	30,000円×7校
	5. 全夜中研本部負担金	10,000	
	合計	276,000	
支出	1. 印刷費	50,000	案内状200部、 大会要項150部
	2. 研究物印刷製本費	100,000	研究部.調査部等の研究物 300部
	3. 通信連絡費	20,000	
	4. 講師謝礼費	32,000	文部.労働.厚生各省 及び講演 8,000×4人
	5. 弁当料	25,200	180円×70人×2食分
	6. 会場運営費	20,000	設営費.会場謝礼 分科会茶菓子代
	7 渉外費	10,000	折衝費等
	8 準備会諸費	10,000	地区連絡会.校長会.準備委員会等 2,000×延5日
	9 消耗品費	5,000	用紙.封筒.筆墨類
	10. 予備費	3,800	
	合計	276,000	

昭和四十一年十月十八日

市区立　中学校
夜間中学常務会々員並に
全夜中研究大会各係責任者　各位

全国夜間中学校研究大会準備委員会委員長
八王子市立第五中学校長　広沢　尭雄
東京都夜間中学校研究会長
足立区立第四中学校長　関野　直

全国夜間中学校研究大会準備委員会拡大委員会開催について

標記につきましては過般の常務会において、期日を十月二十二日に決定いたしておりますが、なお左記ご承知下さいまして、関係各位のご出席方お願い申し上げます。

記

一、日時　十月二十二日午前十時三〇分
一、場所　八王子市立第五中学校
一、招請者　常務会並に全夜中研究大会各係責任者

昭和41年度　第13回　全国夜間中学校研究大会　予算書

収入の部			支出の部		
項目	金額		項目	金額	
大会参加者会費	15,000	00	印刷諸費	50,000	00
横浜地区外各校分担金	21,000	00	資料研究物製本完成費	100,000	00
東京地区特別分担醵出金	210,000	00	通信諸費	20,000	00
			来賓，講師関係費	32,000	00
京浜地区外各校分担金	20,000	00	会場用昼食費	25,200	00
本部支出大会資金	10,000	00	会場設備運営費	20,000	00
			準備委員会諸費	10,000	00
			渉外費	10,000	00
			消耗品費	5,000	00
			予備費	3,800	00
合計	276,000	00	合計	276,000	00

昭和40年度　　全国夜間中学校研究会決算報告書

収入の部				支出の部			
項目	予算	金額	備考	項目	予算	金額	備考
前年度繰越金	300	300		次期大会補助金	10,000	10,000	横浜大会へ
会費増額分		1,400	2校分	通信 交通費	5,000	3,080	切手 電話 旅費等
年間会費	32,400	22,800	東京 7校 横浜 7校 名古屋 2校 京都 2校 広島 1校 ¥1200×19校	本部会議費	6,000	4,105	茶菓 食糧費等
				専門委員会費	6,000	0	
				渉外費	5,000	4,000	三省 教委 PTA等
				雑費	700	1,295	消耗品等
				次年度繰越金		2,020	
合計	32,700	24,500		合計	32,700	24,500	

会計監査の認証を得ましたので上記の通り収支決算報告を致します。

昭和41年10月28日

全国夜間中学校研究会長　飯田赳夫 印

仝 会計幹事　斎藤滋 印

昭和41年度　　全国夜間中学校研究会予算（案）　　昭和41年10月28日

収入の部			支出の部		
項目	金額	備考	項目	金額	備考
前年度繰越金	2,020		次期大会へ補助	10,000	東京大会へ
年間会費	24,000	東京　7校	通信交通費	3,000	切手電話 旅費等
		横浜　7校	本部会議費	5,000	集会費 食糧費 印刷費等
		川崎　1校	専門委員会費	4,000	研究費 食糧費 印刷費等
		広島　1校	渉外費	3,000	三省 教委 PTA その他等
		名古屋　2校	雑費	1,020	消耗品等
		京都　2校			
		計　20校			
合計	26,020		合計	26,020	

全国夜間中学校研究会史料収集・保存・管理委員会
（全国夜間中学校関係史料集編集委員会）

浅野　慎一	摂南大学教員・編集事務局
江口　怜	摂南大学教員・編集事務局
葛木　知行	元東京都夜間中学校教員
川地　亜弥子	神戸大学教員
金　孝誠	天理市夜間中学校教員
草　京子	元神戸市夜間中学校教員（故人）
黒川　優子	元東大阪市夜間中学校教員・編集事務局
見城　慶和	元東京都夜間中学校教員
澤井　留里	元東京都夜間中学校教員
須田　登美雄	東京都夜間中学校教員
関本　保孝	元東京都夜間中学校教員
竹島　章好	大阪市夜間中学校教員
都野　篤	元東京都夜間中学校教員
宗像　善吉	
村井　達生	東京都夜間中学校教員
山崎　靖彦	豊中市夜間中学校教員
横関　理恵	拓殖大学北海道短期大学教員

※本史料集の刊行にあたり、日本学術振興会科学研究費・2017－2020年度「戦後日本の夜間中学とその生徒の史的変遷：ポスト・コロニアリズムの視座から」（基盤研究C　研究代表者　浅野慎一）、同2021－2024年度「戦後日本の夜間中学にみる公共圏の史的変遷：ポストコロニアリズムの視座から」（基盤研究B　研究代表者　浅野慎一）の助成を受けた。また編集作業において、深山徹氏に多大な協力を得た。

全国夜間中学校研究会70周年記念事業

全国夜間中学校関係史料集　第2巻

第Ⅰ期 成立と模索の時代 1954−1970年・全３巻　第１回配本（全３巻）

編集・解説　全国夜間中学校研究会
史料収集・保存・管理委員会

2024年10月25日　初版第１刷発行

発行者　船橋竜祐　　　発行所　不二出版株式会社
〒112-0005　東京都文京区水道２-10-10
電話　03（5981）6704　http://www.fujishuppan.co.jp
組版／昴印刷　　印刷／富士リプロ　　製本／青木製本
乱丁・落丁はお取り替えいたします。

第１回配本・全３巻セット　揃定価82,500円（揃本体75,000円＋税10%）
（分売不可）　ISBN978-4-8350-8801-3
第２巻　ISBN978-4-8350-8803-7

2024 Printed in Japan